2012年教育部人文社科规划项目《农民发展权保障模式与实证研究》
（项目批准号：12YJA820014）结题成果

Nongmin
Fazhanquan Fazhi
Baozhang Yanjiu

农民发展权法治保障研究

丁德昌 著

中国政法大学出版社
2015 · 北京

图书在版编目（CIP）数据

农民发展权法治保障研究/丁德昌著.—北京：中国政法大学出版社，2015.8
ISBN 978-7-5620-6250-9

Ⅰ.①农… Ⅱ.①丁… Ⅲ.①农民－权益保护－研究－中国 Ⅳ.①D621.5

中国版本图书馆CIP数据核字(2015)第195586号

出 版 者　中国政法大学出版社
地　　址　北京市海淀区西土城路25号
邮寄地址　北京100088信箱8034分箱　邮编100088
网　　址　http://www.cuplpress.com（网络实名：中国政法大学出版社）
电　　话　010-58908289(编辑部)　58908334(邮购部)
承　　印　固安华明印业有限公司
开　　本　720mm×960mm　1/16
印　　张　20.75
字　　数　340千字
版　　次　2015年8月第1版
印　　次　2015年8月第1次印刷
定　　价　52.00元

序

PREFACE

农业是百业之基，立国之本。农民问题始终是中国作为一个世界性农业大国所面临的涉及亿万农民切身利益、极为重要而又异常复杂的社会问题，也是改革开放和社会主义现代化建设不容回避的重大问题。这一问题的解决，不仅需要执政理念的更新，也需要从政治、经济、文化、社会等多角度入手，是一个庞大的系统工程。近年来，随着改革开放逐步进入“深水区”，无论官方还是民间都对此更加关注，国内外学界也从不同角度对此予以研究。本书就是从法社会学视角对农民问题，尤其是农民发展权法治保障问题进行研究的不可多得的新作。

农民问题是国家的根本问题。在“三农”中，农民始终是一种生产力，一种不竭的动力。没有农民，农村、农业都不复存在，更不要说国家发展了，“几千年来，农民问题始终是中国的根本问题。农民是沉默还是怒吼，决定着一切朝代的兴衰存亡；农民是积极还是消极，决定着任何社会是前进还是停滞；农民是拥护还是违抗，决定着所有政治家的政治生命是存活还是死亡；农民是支持还是反对，决定着所有政策是成功还是失败。”[1]历代封建统治者由其阶级本质所决定，其

〔1〕 李佐军：《中国的根本问题——九亿农民何处去》，中国发展出版社2000年版，第1页。

对农民采取的态度是一种双重态度。一方面，他们深深懂得，没有农民作为其政权的根基，其统治则失去基础，“根基不牢，地动山摇”，“水能载舟，亦能覆舟”。故而，开明封建统治者往往坚持民本原则，轻徭薄赋，休养生息。另一方面，又由其阶级本性所决定，更多时候统治者往往视民如草芥，横征暴敛。在两千多年的封建历史中，许多中国农民一直食不果腹，挣扎在温饱线上；甚至连最基本的生存权都得不到保障，此时农民的发展权就受到了严重抑制。

中国古代的统治者还会用法律手段规范农业行为，保障农民的一些权益，保证农村的稳定，巩固自己的政权。这里以中国现存第一部内容完整的法典《唐律疏议》的规定为例。它以刑事手段规范农业行为，用刑罚惩治侵害农民的行为，并突出表现在保护农民的土地、依法分配土地和差科赋役等一些规定中。《唐律疏议·户婚》规定，如果官吏“居官挟势”侵夺包括农民的土地在内的“私田”，就要被追究刑事责任，量刑为：“一亩以下杖六十，三亩加一等；过杖一百，五亩加一等，罪止徒二年半。园圃，加一等。”还规定，里正要依法授予农民土地、征收赋税，“若应受而不授，应还而不收，应课而不课”，都要被追究刑事责任，即“失一事，笞四十；三事，加一等”。另外，还规定，官吏必须依法差科赋役，即“凡差科，先富强，后贫弱；先多丁，后少丁”，如有违反，同样要被追究刑事责任，量刑是“杖六十”等。这些规定都有利于保障农民的生存、发展权，发展农业，维护社会的稳定。《唐律疏议》中的这些规定还被宋、元、明、清等一些封建朝代所沿革，对后世的农业立法产生了深远影响。

到了现代，农民问题不仅是中国革命的根本问题，也是我国社会主义建设的根本问题。毛泽东指出：“中国这个国家，离开了农民，休想干出什么事情来。”[1]我国农民人口最多，是中国革命的主体。农民不仅是中国革命军队的主要来源，也是中国革命最主要的动力之一。

---

〔1〕董边等主编：《毛泽东和他的秘书田家英》，中央文献出版社1989年版，第63页。

新中国成立后，中国亿万农民是我国社会主义建设的主力军。农业是人类的衣食之源、生存之本。农民的劳动生产不仅直接关系到占中国人口比例最大的农民的生存和发展，也关系到整个中国的生存和发展。中国农民以其勤劳的双手解决了世界上人口最多的国家的人民的吃饭问题。农民是我国亿万人民的当之无愧的“衣食父母”。同时，农民问题也是我国稳定的根本问题。农业稳，则天下稳；农民稳，则天下定。“农村不稳定，整个局势就不稳定。”〔1〕

农民问题是我国构建和谐社会的根本问题之一。和谐社会的核心理念在于社会关系的和谐，关键在于社会发展。只有社会和谐发展、均衡发展，和谐社会关系的构建才会有牢固的根基。从20世纪50年代起，由于我国人口多底子薄，国家工业化资金匮乏，为了实行资金积累，不得已采取“工农剪刀差”等措施，农业为国家工业化提供了源源不断的支持，最终导致输血过多，自身供血不足。由此在城乡发展问题上，事实上实行的是“一国两策”、“城乡分治”的政策，导致了城乡二元体制的对立。工人在“九天之上”，农民在“九天之下”，城乡关系、工农关系极不和谐。与城镇相比较，农村大部分地区更为贫穷落后。改革开放以后，这种情况有所改变，但城乡差距依然存在。据国家民政部发布的2015年4月社会服务统计月报，目前我国享受农村最低生活保障人数达5143.5万人〔2〕，其中大部分是贫困人口。

农民问题的本质主要是权利问题。尊重和保障人权不仅是人类文明和国家进步的基本标志，也是现代法治社会的基本特征。如同有的学者所说：“人权、民主、法治构成了近现代人类政治法律思想生长的胎盘，也构成了近现代人类政治法律制度的中心架构。”〔3〕它们在现代

---

〔1〕 中共中央文献研究室编：《建设有中国特色的社会主义》（增订本），人民出版社1984年版，第66页。

〔2〕 参见《2015年4月份社会服务统计月报》，载 http://files2.mca.gov.cn/cws/201505/20150525144824843.htm，最后访问日期：2015年7月17日。

〔3〕 齐延平：《人权与法治》，山东人民出版社2003年版，导论1。

社会中，都不可或缺。其中的人权作为人的权利，是之所以成为人的基本前提，“不享有基本人权的人还不是人，仍是动物而已；不尊重基本人权的社会还不是社会，仍是丛林而已。”[1]追求人权，享有人权不仅是现代公民社会的永恒追求，也是一个民主政府努力奋斗的最为重要最根本的价值目标。农民的权利中包括了人权，其应该受到保护和尊重。

从表象看，农民问题是农民的经济贫困，农民经济贫困在很大程度上源于文化贫困，而农民文化贫困则进一步加剧其经济贫困。农民文化的贫困则必然导致其发展权利意识发育不足。农民发展权利意识不足则使其权利实现与维护缺乏内在的动力。从本质上看，农民问题是农民权利的贫困，“经济的贫困，必然导致文化的贫困；文化的贫困必然导致权利意识的贫困。”[2]而农民权利问题的核心是农民土地权利问题，“农民土地权利的贫困和平等权利的缺失是当代中国农民问题的‘双核’。”[3]

农民权利问题的关键是农民发展权法治保障问题。发展权作为第三代人权，是以发展为引擎引领人权向更高层次迈进的基本人权，“发展权是人类社会借以实现自身平等和谐发展的重要手段，而真正实现发展权又是社会进步与历史发展的归宿，体现了人类社会从必然王国向自由王国的飞跃。”[4]经过三十多年的改革发展，我国农村社会获得长足的发展，农民的生存权得到基本保障。农民作为中国最大弱势群体，其生存权得到保障后势必谋求发展。生存权是发展权的基础，发展权则是生存权的延伸和必然要求。没有生存就谈不上发展，没有发展生存则只能是维持低水平的生存。

“权利永远也不能超出社会的经济结构以及由经济结构制约的社会

---

〔1〕齐延平：《人权与法治》，山东人民出版社2003年版，导论2。

〔2〕丁德昌：《民初湖南省宪自治研究》，上海人民出版社2011年版，第294～295页。

〔3〕张英洪：《认真对待农民权利》，中国社会出版社2011年版，第4页。

〔4〕汪习根：“论发展权的本质”，载《社会科学战线》1998年第2期，第237页。

文化发展。”[1]要解决农民发展权的法治保障，必须尊重农民的主体地位，从制度建设入手，加快经济体制改革。改革开放之初，随着家庭联产承包责任制的推行，农民经营自主权受到尊重，农村生产力获得解放，农村经济得到前所未有的发展，日新月异，但发展仍不平衡，部分偏远地区农村甚至因青壮年劳力外出务工、资金外流而“空心化”。重视农民权利的核心是必须重视农民发展权。农民、农村和农业问题只有在发展中才能得到根本解决。只有农民的发展权得到尊重和保障，农民才能真正发展起来，“三农”问题才能得到根本解决。农民只有发展起来，才能摆脱贫穷，缩小农村与城市的差距，才能迈上幸福富裕的康庄大道。随着社会主义新农村建设方略的提出，农民发展权保障问题日益成为解决“三农”问题、促进农村发展的重大课题。

目前，我国已经明确提出城乡一体化发展战略，这标志着我国社会主义新农村发展的又一个春天已经到来，农民发展权的法治保障将进一步完善。总体来看，我国城乡发展的二元格局正在被打破，代之以经济社会的全面协调和谐发展。农民发展权的法治保障问题十分重要，但其解决也不得不受到一些现实因素的制约，是一个渐进的过程，不可能一蹴而就。然而，亿万农民在呼唤，时不我待，只争朝夕。无论是党和政府的努力，还是像本书作者一样的学人的理论思考，都给人以希望，加快全面实现农民发展权的步伐。农民发展权的法治保障落到实处，国家才能实现真正的公平正义。

中国正在全面推进依法治国，加快建设社会主义法治国家。这是坚持、发展中国特色社会主义的本质要求和重要保障，也是实现现代国家治理的必然要求，事关国家的长治久安和人民的幸福安康。这不仅决定了中国必须用法治来维护社会公平正义，促进共同富裕；也决定了农民的发展权要纳入法治的轨道，得到法治的规范，受到法治的保护，在法治下不断得到发展。当前，有关农民发展权法治保障全面、

〔1〕《马克思恩格斯选集》（第3卷），人民出版社1972年版，第12页。

系统的研究成果不多，是一个可以深挖、开拓的研究领域。深入研究有利于正确认识法治环境下农民发展权法治保障的重要性、保障途径、保障范围等一系列问题，有利于中国农村向法治化转型和农业现代化的实现。这一研究意义非凡。

本书作者丁德昌同志是我2011届博士生。在校就读期间，他就学习刻苦，勤于思考，科研突出，博士学位论文也取得优异成绩。毕业后，他仍锲而不舍，努力进取，先有《民初湖南省宪自治研究》一书出版，现又有由其主持的关于农民发展权法治保障的教育部规划项目结题的最终成果，即呈现在读者面前的这部专著。他身上有一种湖南人特有的韧性，有主见，有较强的问题意识和进取精神，在科研中表现得尤为强烈，以致他不断进步。本书的主要亮点和创新体现在以下三个方面。首先，作者从法学的视域以发展权的视角审视农民权利和农民发展，无疑是将法学的前沿理论运用于社会生活重大实践问题的新的理论探索；其次，作者对农民发展权理论体系进行构建，对农民发展权的内涵特征、权利属性、价值定位、权利构成以及农民发展权的子系统进行全方位的较为深入的阐释，建构了该课题的基本理论体系；最后，作者在结合湘西北农村实证调查的基础上，较为系统地提出了农民发展权保障的法治路径。当然，本书也还存在一些问题。虽然作为部级课题，研究地域主要集中在湘西北，但可进一步拓展，以取得更多的成果。

作为作者的导师，对于学生在学术上的勤勉和取得的成绩深感欣慰，故而欣然为其作序。

华东政法大学教授、博士生导师　王立民

2015年7月1日

目 录 CONTENTS

导论

第一节　研究背景与研究价值

一、研究背景

发展是人类文明的永恒主题，也是人类社会最重要的价值目标和价值取向之一。人类告别茹毛饮血的野蛮时代，就一直在自我发展的道路上艰难前行。就人类的自我价值而言无非有两个：一是生存；二是发展。没有生存就没有发展，没有发展人类就难以维持生存。在生存权得到保障后，人们必然谋求发展。在生存中求发展，在发展中求生存是人类社会前行的基本态势。人是天地之精英，万物之灵长。作为世界主体的人的发展不仅是世界发展的核心，也是其发展的最终目的，“人的发展既包括人自身的发展，也包括为人的发展而提供各种条件。”[1] 联合国《发展权利宣言》指出：“发展权是每个人不可剥夺的人权。每个人及各国人民均有权参与、促进并享有经济、社会、文化和政治的发展。在这种发展中所有人权的基本自由都能获得充分实现。”[2]

人的自由而全面的发展始终是马克思主义的理论旨趣和追求的革命目标。马克思主义认为，人类社会发展的终极目标是实现人的自由而全面的发展，“代替那存在着阶级和阶级对立的资产阶级旧社会的，将是这样一个联合体，在那里，每个人的自由发展是一切人的自由发展的条件。”[3] 马克思主义的自由而全面的发展是马克思主义关于人的解放学说的出发点和归宿，甚至

---

〔1〕 张琢、马福云：《发展社会学》，中国社会科学出版社 2001 年版，第 18 页。

〔2〕 联合国大会 1986 年 12 月 4 日第 41/128 号决议：《发展权利宣言》第 1 条。

〔3〕《马克思恩格斯文集》（第 2 卷），人民出版社 2009 年版，第 53 页。

“从一定意义上讲，实现人的全面而自由的发展是马克思主义全部学说的理论归宿和落脚点”。[1]

马克思根据社会经济发展形态将人类社会发展史划分为五个阶段，即原始社会、奴隶社会、封建社会、资本主义社会和共产主义社会。社会主义作为共产主义的初级阶段，为共产主义的高级阶段提供准备。百川归海，社会发展最终将迈向真正的大同社会——共产主义社会，“以每个人的全面而自由的发展为基本原则的社会形式。”[2] 马克思主义认为，在阶级社会作为主体的人只有认识到自身发展的必然性后，才能使自由而全面发展的追求成为一种自觉行动。只有每个人获得自由而全面的发展，人类社会才能从必然王国向自由王国迈进！

马克思主义认为，社会主义是共产主义的初级阶段。我国目前又处于社会主义初级阶段。党的十二大政治报告指出，我们的社会主义社会，现在还处于初级阶段，物质文明还不发达。党的十三大报告指出，社会主义初级阶段包括“社会主义”和“初级阶段”两层含义。具体来说，我国已经处于社会主义社会，我国社会主义还处于初级阶段，社会主义初级阶段将经历长期的历史过程。虽然，社会主义初级阶段的命题是在改革开放以后才在理论上予以总结和提出的，但实际上从1956年我国社会主义改造完成，我国从一个新民主主义国家转变为社会主义国家开始，我国实质上就一直处于社会主义初级阶段。在此阶段，如何将我国从一个落后的农业国家发展成为现代化的工业国家，一直是新中国成立以来横亘在新中国领袖面前的重大课题，也是一个重大难题。

20世纪50年代，在我国社会主义初级阶段初期，为了使我国迅速摆脱“一穷二白”的社会面貌，加快社会主义工业化发展，国家采取了“城乡分治，一国两策”的发展战略。这种“城乡分治”是以为国家工业化提供原始积累为目的的，实行的是“挖农补工”政策，“采取农业集体化、公社化和计划控制、统购包销与户口管制等手段，使农业失去了土地所有权、生产自主权、农产品支配权和流动与择业自由，形成了城乡二元结构，使农民成了

[1] 周春燕：“人的全面发展与社会主义核心价值体系”，载《齐鲁学刊》2011年第6期，第81页。

[2] 《马克思恩格斯全集》（第23卷），人民出版社2008年版，第649页。

‘二等公民’。”〔1〕“计划经济时代的城乡关系是以牺牲农村的利益，剥夺农村的发展权来支撑城市的发展。”〔2〕

城乡二元社会结构使得城市和农村发展“两张皮”，早在城乡二元社会结构形成的初始阶段，著名学者梁漱溟就曾一针见血地指出：“近代建设重点在工业，精神所注更在此。生活之差，工人九天，农民九地。”〔3〕在计划经济时代，城乡二元社会结构将农民严格限制在农地上，使农民完全过着一种“日出而作，日落而息”的生活，农民的生产积极性得不到应有的发挥。在农村集体经济时代，“出工一条龙，干活一群虫，收工一窝蜂”就是农民主体性被漠视的生动写照。

农民被严格禁锢在土地上会导致一方面农民作为农村建设的主体其能动性、主动性和创造性被遏制；另一方面农民作为农村社会的利益主体，其人格权、财产权、平等受教育权、自由迁徙权等各种基本人权得不到应有的尊重和保护。

改革开放以来，随着农村家庭联产承包责任制的推行，农村人民公社管理体制的废除和社队所有体制的改革，农民的经营自由权和财产权得到了一定保障，为农民主体发展奠定了一定的物质基础。同时，乡镇企业在全国各地突飞猛进的发展，很大程度上解决了农村剩余劳动力的出路问题，一定程度上实现了农民的就业发展权，对于农村经济的发展具有不可估量的价值。村民自治在我国农村基层社会的萌生和推广，使得农民获得了一定的社会权力，很大程度上在农村基层社会实现了“人民当家做主”。农民通过“民主选举、民主决策、民主管理和民主监督”对农村公共事务和公益事业进行自治自理，激发了农民的权利意识、责任意识、参与意识、公共意识等公民意识，农民的主体性获得了很好的发育。家庭联产承包、村民自治、乡镇企业被誉为中国农民的三个伟大创造，对激活农村发展活力、促进农业发展、保障农民发展权的实现具有极为重大的意义，使中国农业发展迎来了春天。

然而，随着农村经济体制改革产生的制度红利的逐步显露，农村经济在

〔1〕张英洪等：《认真对待农民权利》，中国社会出版社2011年版，序1。

〔2〕谈步稳、马璇：“城乡统筹规划中城乡发展权转移研究”，载《现代城市研究》2010年第5期，第36页。

〔3〕梁漱溟：“1953年9月11日政协扩大会议上的发言草稿”，载《梁漱溟全集》（第7卷），山东人民出版社1993年版，第5页。

体制转轨时期的落差效益也逐步耗尽。由于深层次的农村制度供给未能及时出台，从20世纪80年代末至21世纪初叶，农村各种社会矛盾凸显，集中表现为农地抛荒现象严重，农村经济出现严重滑坡。湖北监利县棋盘乡党委书记李昌平在20世纪90年代初上书时任国务院总理朱镕基，疾呼“农民真苦、农民真穷、农业真危险”，这可谓当时农村社会和农民发展状况的真实写照。随着众多有良知的学者的呼吁，党中央日益认识到农村问题的严重性。“三农”问题日益成为社会的焦点问题，成为制约我国社会主义现代化发展的“瓶颈”。站在新世纪新千年的门槛，21世纪中叶基本实现现代化的雄伟目标已迫在眉睫！党中央审时度势，明确意识到解决“三农”问题的重要性。从2003年到2013年，党中央先后10年以“中央一号”文件求解“三农”问题，彰显党和国家对于“三农”问题的高度重视。2005年10月，党的十六届五中全会通过《十一五规划纲要建议》，提出要按照“生产发展、生活宽裕、乡风文明、村容整洁、管理民主”的要求，着力推进社会主义新农村建设。新农村建设战略的提出，不仅是在我国农村落实科学发展观的重大举措，也是确保我国农村实现现代化，最终实现国家层面的现代化的战略举措，同时也是构建农村和谐社会的基石。社会主义新农村建设战略的实施，激发了亿万农民建设美好家园的热情，新农村建设10年来，农村社会发展焕然一新。2005年12月29日，十届全国人大常委会第19次会议决定，自2006年1月1日起国家取消农业税，一个在中国存在2600多年的古老税种宣告终结。农业税的取消，给亿万中国农民带来了看得见的物质利益，极大地调动了农民的积极性，再一次解放了农村生产力，对中国农业、农村和农民发展具有划时代意义。2008年10月，党的十七届三中全会作出“城乡一体化”的发展战略，标志着我国城乡二元社会体制的终结，标志着我国将进入城乡一体化发展的新时期。“三农”问题，包括农村、农业和农民问题，其核心是农民问题。从农民发展权角度而言，“城乡一体化”发展战略的推进，意味着我国农民将和城市居民一样享有平等发展的机会，将平等享有改革开放的社会成果。

新农村建设虽然取得初步成绩，然而由于中国农村在计划经济体制下长期形成的积贫积弱，新农村建设依然任重道远。党和国家城乡一体化发展战略的提出，为农民平等发展权的保障提供了政策基础，为农村、农业和农民发展指明了方向。三农问题的核心是农民问题，而农民问题的关键是农民发展权保障问题。农民在生存权得到保障后，必然谋求发展。在新农村建设背景下，在城乡一体化发展战略下，如何实现农民发展权的保障，促进农村和农业持续、稳定、快速发展成为我们面前的重大时代课题。

二、研究目的和价值

纵观历史，一个国家现代化的过程，就是从传统农业国向现代工业国转变的过程；也是农村公民从传统的农业生产领域向非农业生产领域转移的过程。这个过程，本身意味着社会的发展从低级走向高级，意味着作为我国最大公民群体的农民自身发展也从低级走向高级，意味着农民从必然王国向自由王国迈出了具有实际价值具有标志意义的关键一步。21 世纪中叶基本实现现代化，是 20 世纪 80 年代初党和国家确定的宏伟的国家发展目标。长期以来，由于种种原因我国城市和农村社会发展呈现“两张皮”，农村成为制约我国社会现代化发展的重大“瓶颈”。中国社会主义现代化的实现关键在于统筹城乡发展，实现城乡一体化发展。统筹城乡发展，赋予和落实农民平等发展权是解决我国“三农”问题的根本之策。“三农”问题的根本是农民问题，“三农”问题的核心是农民权利保障问题，“三农”问题的关键是农民发展权保障问题。保障农民发展权，是解决我国“三农”问题的根本之策，对于实现我国城乡一体化，乃至对于实现我国社会主义现代化宏伟目标具有极为深远的意义。

（一）本书研究目的

1. 通过对农民发展权的基本内涵和特征、权利构成、价值定位等的分析阐释，建构农民发展权的基本理论体系。农民发展权作为农民的一项基本人权，是农民在生存权获得保障的基础上追求发展的一项基本人权。尽管近年来，学界对农民发展权进行了一些阐释，但农民发展权的基本理论体系尚未建构起来。本书的目的首先旨在建构农民发展权的基本理论体系。

2. 在实证调查基础上，分析探讨农民发展权的子系统的权利体系和具体法治保障机制。农民发展权是一项母权利，是一个综合权利体系，具体包含农民经济发展权、政治发展权、文化发展权和社会发展权。农民发展权子系统权利保障的内在机理和运作机制如何？本书在实证调查的基础上力图对农民经济发展权、政治发展权、文化发展权和社会发展权的具体的法治保障机制进行探索。

3. 本书研究有助于为农民发展权的实现提供有力的法治保障路径。农民发展权法治保障是一个系统工程，一方面包括各系统的权利保障。由于农民经济、政治、文化和社会发展权具有各自的特性，其法治保障机制当然具有个性差异。另一方面，农民发展权作为一个整体性人权，其法治保障又具有共性的路径。如主体意识在农民发展权实现中的地位和机制，如何通过法治保障激活农民主体意识、激励农民主体性的发挥，从而为农民发展权的实现提供内驱力？又如，政府作为公民权利的“保护神”，如何在城乡一体化背景下充分发挥政府职能保障农民发展权的实现？政府如何为农民发展权的实现提供权威推动？本书既要探索农民发展权子权利系统的法治保障机制，更要探索和建构农民发展权整体保障和实现的法治化路径。

（二）本书研究价值

1. 理论价值。

（1）通过对农民发展权的基本理论分析，对农民发展权的内涵和外延、法理基础和理论逻辑进行研究，丰富和发展现有发展权和农民发展权理论。由于农民发展权理论研究目前处于零星、零碎的阶段，本书较为系统全面地研究了农民发展权的基本理论和保障的法治路径，必将较为有力地丰富农民发展权理论。

（2）通过对农民平等发展权的分析，拓展了宪法规定的公民平等的研究视域。平等权是法律规定的公民基本权利，将平等权和发展权有机融合，并且共同置于农民权利研究的理论视域，必将拓展和深化公民平等权研究的理论视域。

（3）本书研究将有助于深化农村法治理论研究。农村法治问题研究是社会主义法治研究的重要内容。传统的农村法治研究的主题主要集中于村民自治的法治化、农村社会纠纷的法律解决机制以及农村社会治安等问题。在城乡一体化发展的新的时代主题下，如何利用法治手段促进和保障农民发展，保障农民发展权，成为社会主义农村法治研究的重大课题。

（4）本书研究对于社会主义新农村建设具有基础理论研究价值。社会主义新农村建设是一个系统工程。理论是行动的先导。建设社会主义新农村最根本在于发挥农民的主体性。因为，解决“三农”问题的根本在于农民问题的解决，而解决农民问题的根本在于农民发展权的保障和实现。农民发展权理论的探讨必将丰富和发展社会主义新农村理论。

(5) 农民发展权问题也是农民实现科学发展的应有之义，本书研究对于在农村落实科学发展观，促进农村科学发展具有重大意义。社会主义新农村建设离不开科学发展，必须将科学发展观理论引入社会主义新农村发展实践。农民发展权理论研究必将在农村发展视域丰富和拓展科学发展观理论。

2. 实践价值。

(1) 农民发展权研究有利于促进农民主体性发展。农民发展关键在于发挥农民主体性，激活农民的主体意识。社会主义新农村建设关键也在于农民的主体性发展，在于农民享有平等的发展机会和发展权利。本书在分析农民发展权基本理论的基础上，探讨了农民主体意识与农民发展权实现的辩证关系，并在此基础上探索了通过激活农民主体意识发挥农民主体性从而实现农民发展权的基本路径。

(2) 本书研究将有助于改变城乡二元社会结构，促进农民发展。城乡二元社会结构是制约农民发展的重要“瓶颈”，实现农民发展权必须打破城乡二元社会结构。本书研究较为深入地分析了制约农民发展权实现的城乡二元社会结构的机理、影响以及破除路径。此外本书研究成果还为改变城乡二元社会结构提出了一些合理化的法治建议，必将有助于改变城乡二元社会结构，促进农民发展。

(3) 本书研究有利于促进城乡一体化发展战略的有效实施。“三农”问题已经成为制约我国社会主义现代化实现的重大“瓶颈”。2008 年 10 月，党的十七届三中全会作出“城乡一体化”的发展战略，标志着我国将进入城乡一体化发展的新时期。党的城乡一体化发展是统筹城乡发展缩小城乡差距的根本战略。城乡一体化发展离不开政府有力的制度供给和财政支持，但关键在于农民自身的发展，在于农民发展权的实现。因为内因才是事物发展的基础，外因是事物发展的条件。因此，本书所提出的农民发展权实现的法治路径将有助于促进城乡一体化发展两极中的一极——农村的发展，从而将有利于促进城乡一体化发展的实现。

(4) 本书研究有利于促进我国“三农”问题的解决。“三农”问题的关键在于农民问题，而农民问题的关键又在于农民权利保障问题，而农民权利保障的核心是农民发展权的保障问题。本书抓住解决“三农”问题的“牛鼻子”问题——农民问题，以发展权的视角加以审视。本书对于农民发展权问题的理论探索和法治化对策必将为我国“三农”问题的解决提供有益的积极的对策和措施。

(5) 本书研究将有助于推进社会主义新农村建设的伟大实践。社会主义新农村建设，重在建设。而建设社会主义新农村关键在于发挥农民的主体性力量。保障农民发展权，促进农民自由而全面的发展是社会主义新农村建设的出发点和归宿。因此，农民发展权研究对于亿万农民的新农村建设的伟大实践具有一定的实践指导意义。

第二节 国内外研究现状

一、发展权问题研究现状

发展权作为一种崭新的权利话语，是倡导“第三代人权理论”的前联合国教科文组织法律顾问卡雷尔·瓦萨克首先提出来的，现已被国际社会认可为一种具有法律性质的人权形式。加拿大学者皮特曼·波特所著的《发展权：哲学上的分歧和政治上的含义》以中国和加拿大为视角阐释了发展权的政治内涵和哲学层面的分歧。玛戈特·所罗门、阿吉·森加塔在《发展权：国家的义务、少数民族和土著民族的权利》中认为，发展权是国家的义务，是少数民族和土著民族追求发展的权利。世界人权与发展中心主编的《发展权导论》阐述了发展权源流、概念，论述了生存权和发展权关系，重点探讨了发展权在印度设置的实际应用。阿吉·森加塔、阿卡纳·涅吉、穆舒米·巴苏在《发展权的反思》中认为发展权包括公民权，政治、经济、文化和社会发展权。在国际上，发展权的研究是多元的，不同国家的学者从不同的价值立场和人权观（等）出发，往往根据自身的需要对发展权的内涵和外延进行取舍和选择。

发展权问题作为专门的法学命题，在我国起步不久。汪习根教授所著的《法治社会的基本人权——发展权法律制度研究》，被李龙教授评价为“中国社会科学领域第一本全面阐述发展权这一基本人权的专著”，该书从法治社会的基本人权理论出发，全面而富有创见性地对发展权的法律制度进行了研究。汪习根教授系统地对发展权的内涵和外延、权利构成和权利属性、价值定位及其法治保障路径等基本理论进行了构建。汪习根教授从哲学层面对发展权进行了高屋建瓴的研究和分析。汪习根教授从法哲学角度对发展权概念进行分析后认为："所谓发展权是人的个体和人的集体参与，促进并享受其相互之间在不同时空限度内得以协调、均衡、持续地发展的一项基本人权。"〔1〕"它立足于'人'，奉'以人为本'为根本价值目标，以每个具体的人的全面发展为基础，旨在实现所有人全面持续的发展自由权利。"〔2〕他又从后现代主义哲学角度对发展权的权利属性、权利重心地位进行了分析，指出发展权是超越现代性的必然要求，是后现代人权的基本形式，发展权是后现代人权法的权利重心，是后现代法学视野中人权实现的必由之路。〔3〕汪习根教授认为，发展权是人的本质的全面反映，其法律性质是一项基本人权，同时发展权是人类社会发展的依归。〔4〕他还从法哲学角度分析了发展权主体，认为："发展权的主体既包括国家、民族之类的由个体的人所组成的集合体，但又不应囿于集体主体，单个的实在的人更应是发展权的首要的最终的享有者。""发展权是个体主体与集体主体相对独立又相互沟通的历史产物。"〔5〕

不仅如此，汪习根教授还对重要的发展权的子权利进行了深入探讨。他研究了文化发展权，认为"文化发展权是公民个体及其组成的集合体包括一个民族、区域、国家拥有的文化得到保护与发展并由此获益的权利"。关于文化发展权的价值，他认为"文化发展权以实现人的全面发展为目的，通过促进国家、民族、地区的文化可持续发展，进而实现人与人的和谐共生、人与自然的和谐共生、均衡发展。"〔6〕汪教授《发展权全球法治机制研究》认为发展权是后现代人权法律的重心，是后现代人权实现的必由之路，并在此基础上提出了发展权全球法治的机制构建。

汪习根教授研究了妇女发展权，认为其实质"在于赋予妇女同男性同等的参与经济、政治、社会和文化发展并享受发展成果的发展权利"，但"妇女发展权要求国家对其提供福利或者国家积极参与才能得到保障"。〔7〕汪教授还研究了体育发展权，认为"体育发展权是人类参与、促进并享受体育的一

---

〔1〕汪习根："发展权含义的法哲学分析"，载《现代法学》2004年第6期，第7页。

〔2〕汪习根："发展权含义的法哲学分析"，载《现代法学》2004年第6期，第8页。

〔3〕参见汪习根、涂少彬："发展权的后现代法学解读"，载《法制与社会发展》2005年第6期，第53页。

〔4〕汪习根："论发展权的本质"，载《社会科学战线》2008年第2期，第230～241页。

〔5〕汪习根："发展权主体的法哲学探析"，载《现代法学》2002年第1期，第41～47页。

〔6〕汪习根、王信川："论文化发展权"，载《太平洋学报》2007年第12期，第78页。

〔7〕汪习根、占红沣："妇女发展权及其法律保障"，载《法学杂志》2005年第3期，第78～80。

项新型人权，权利均等和成果共享是其理论精要，促进人的全面自由发展的人本体育观是其价值基础”。同时他认为，我国体育发展权的法律保障制度设计必须实现以下转换，即实现抽象至具体、下位法至上位法、义务至责任、职业化至均衡化、公私法调整至政策性平衡。[1]

何颖认为，“发展权作为不可剥夺的人权，是参与特殊发展进程的权利。”她指出，“发展权概念的提出，是人权发展史上第一次赋予了人权以动态发展的理念，是人们对发展的涵义由单纯经济发展到以人为核心的综合发展的认识结果，消解了消极人权与积极人权之间的对立关系。”[2]姜素红所著的《发展权论》探讨了发展权的由来、构成、特征、价值、法律重心、发展权的实现等内容。夏清瑕研究了个人发展权，在分析个人发展权的历史演进的基础上，分析了个人发展的特点，着重探索了个人发展的实现。夏清瑕认为，集体发展权的实现是个人发展权实现的前提与条件，个人发展权是集体发展权实现的最终目的。个人发展权的实现以生存权与自由权利为保障、以个人能力的扩展与个性的充分发挥为导向，平等地参与发展及公平地分享发展成果是实现个人发展权的主要手段。[3]李蕾分析了发展权与主权相辅相成，相互促进的辩证关系，认为“主权和发展权均是集体人权的体现”，“主权的保障与发展权的目标是一致的”。同时，李蕾认为“主权是一个国家的根本属性，只有主权独立，人民才能自由地选择国家的政治制度和参与经济、文化、社会的发展。”在此基础上，李蕾指出，“中国只有在国际社会中争取经济、社会、文化各方面的发展才是巩固和增强国家主权的前提条件，保障中国发展权与捍卫主权存在着密切的互动性。”[4]李剑宇认为，人要有发展权必须先有劳动权，自由权、社会权对于保护和完善劳动权具有重要意义。[5]

土地是人的衣食父母，土地发展权显然是我国发展权研究的重点。学者一般将土地发展内涵界定为将土地变更为不同使用性质之权。如孙弘认为：

---

〔1〕参见汪习根、兰薇：“论体育发展权”，载《西南民族大学学报》（人文社会科学版）2012年第5期，第95~99页。

〔2〕何颖：“发展权：人权实现与发展的保障”，载《新视野》2008年第5期，第18页。

〔3〕参见夏清瑕：“个人发展权探究”，载《政法论坛》2004年第6期，第171~179页。

〔4〕李蕾：“发展权与主权的互动是实现发展权的基本要求”，载《政治与法律》2007年第4期，第20页。

〔5〕参见李剑宇：“从劳动权看国内发展权的实施路径——兼论自由权、社会权、发展权三代人权的合阶关系”，载《湖南财经高等专科学校学报》2004年第3期，第73~75页。

"所谓土地发展权，就是土地变更为不同使用性质之权……。创设土地发展权后，其他一切土地的财产权或所有权以目前已经编定的正常使用的价值为限。至于此后变更土地使用类别的决定权属于发展权。"〔1〕对于土地发展权的性质，梁慧星认为，"土地发展权是一种可与土地所有权分离的独立财产权。"〔2〕江平等则认为，从我国的国情出发，土地发展权应定位于农地发展权。〔3〕显然，根据江平教授的观点，土地发展权主要是农地发展权。

刘国臻分析了土地发展配置的必要性和可行性，其必要性不仅在于加强耕地保护的需要，而且在于完善双层经营体制的需要；不仅在于经济发展的需要，而且在于防止国有资产流失的需要。在此基础上，他设计出了中国土地发展权制度的基本构架："改变土地使用性质之权的土地发展权归国有，包括农用地变更为建设用地之权和未利用土地变更为农用地或建设用地之权。土地使用性质不变但对原有土地增加投入而形成的发展权归土地使用权人所有，包括农用地性质不变、承包人增加对农用地的投入而形成的发展权和在建设用地上进行建设而形成的发展权。"〔4〕刘国臻进一步认为，"土地发展权作为一项独立的不动产权利形态，其客体却并非独立的物，而是土地开发利用所产生的发展性利益。"〔5〕段潇潇、张占录认为，土地发展权是一项独立的可以让渡的物权，是土地具有更高开发强度潜在性的对价。我国土地发展权的实现具有中国特色，即政府主导、行政色彩浓厚，权利交易范围受限，只针对存量土地、平面化操作，土地发展权实质上隐含在了土地整治中。〔6〕陈柏峰分析了土地发展权的理论基础和制度前景，认为土地发展增益主要源于外力，是全体社会大众努力的结果。我国应当坚持土地发展权国有模式，并通过完善具体制度来保障土地发展增益全民共享。〔7〕马韶青在对英国、美国、法国和台湾地区土地发展权的国际实践进行比较的基础上，提出应借鉴

---

〔1〕孙弘：《中国土地发展权研究——土地开发与资源保护的新视角》，中国人民大学出版社 2004 年版，第 8 页。

〔2〕梁慧星主编：《中国物权法研究》，法律出版社 1998 年版，第 369 页。

〔3〕参见江平主编：《中国土地立法研究》，中国政法大学出版社 1999 年版，第 386 页。

〔4〕刘国臻："中国土地发展权论纲"，载《学术研究》2005 年第 10 期，第 64 ~ 68 页。

〔5〕刘国臻："论土地发展权在我国土地权利体系中的法律地位"，载《学术研究》2007 年第 4 期，第 84 ~ 89 页。

〔6〕参见段潇潇、张占录："城市化过程中的土地发展权"，载《中国地产市场》2012 年第 9 期，第 86 ~ 87 页。

〔7〕参见陈柏峰："土地发展权的理论基础与制度前景"，载《法学研究》2012 年第 4 期，第 99 页。

其经验建构中国特色的土地发展权制度，应以立法形式确立土地发展权制度，明确土地发展权的归属，建立土地发展权流转机制。[1]徐志强认为发展权设置在国家独占的土地所有权之下，他区分了财产性发展利益和资源型发展利益，并从发展权的价值形成、本土性、实践运行、实现效果等方面论证了发展利益的归属，主张在国家和农民之间进行合理分配。[2]朱嘉晔对土地发展权转让制度进行再思考，认为要使农民能真正分享城市化的成果，一方面要通过完善我国现有的土地增值税征收制度，充分发挥其二次分配作用；另一方应当加快我国农村集体建设用地流转制度的建设。[3]

除了直接研究发展权相关问题外，将发展权作为方法论或问题视角研究相关社会问题也是发展权研究的重要范畴。如汤璇、綦书纬分析比较了发达国家与发展中国家的知识产权与发展权的冲突与矛盾，提出了联合发展中国家同发达国家进行国际谈判推进 Trips 协议的修改，力争建立与自己国家发展水平相适应的知识产权保护体系的主张。[4]潘高林、伍金平将农民发展权置身于社会主义市场经济背景下予以研究，认为只有形式平等是不能解决农民发展问题的，必须从实质平等上加以解决，因此还需制定新的法律来保护。[5]龚向前以发展权为视角探析了自然资源永久主权原则，认为当代自然资源永久主权原则“确定的核心”乃是可持续发展权。[6]

将发展权引入现实社会生活是发展权研究的重要实践取向。何志鹏所著的《发展权与欧盟的法律体制》主要概述了发展权理论及其自欧洲联盟的发展、区域政策，认为西方国家人权只包括自由权而不包括生存权和发展权，而发展中国家则主张生存权和发展权是首要人权。以发展权审视民族发展问题是发展权研究的一个重要视角。张文香所著的《中国少数民族生存权与发

---

〔1〕 参见马韶青：“土地发展权的国际实践及其启示”，载《河北法学》2013 年第 7 期，第 77 ~ 84 页。

〔2〕 参见徐志强：“论农地流转改革背景下土地发展权的权利归属”，载《商业时代》2014 年第 28 期，第 96 页。

〔3〕 参见朱嘉晔、黄朝明、詹丽华：“土地发展权转让制度的再思考”，载《安徽农业科学》2015 年第 6 期，第 33 页。

〔4〕 参见汤璇、綦书纬：“发展权视野下的知识产权”，载《科技与法律》2011 年第 6 期，第 72 ~ 75 页。

〔5〕 参见潘高林、伍金平：“论市场经济条件下农民发展权的法律保护”，载《北京工业大学学报》（社会科学版）2005 年第 4 期，第 60 ~ 63 页。

〔6〕 参见龚向前：“发展权视角下自然资源永久主权原则新探”，载《中国地质大学学报》（社会科学版）2014 年第 2 期，第 66 页。

展权理论研究》，在对中国少数民族生存权和发展权保障历史和现状进行考察的基础上，提出了其法律保障的设想。韩小兵、喜饶尼玛从人权角度审视少数民族发展权，认为中国的少数民族作为发展权权利主体的地位具有法律上的明确性，其权利主体地位已为实践所证明。〔1〕王培舒从知识产权的角度研究了 Trips 框架下发展中国家的发展权。他认为，从长远的角度看，Trips 协议对发展中国家并不是无利的，但是，至少在较短的时期内，知识产权保护在贸易和投资方面给发展中国家带来的利益不足以抵消其可能付出的巨大代价，Trips 协议对大多数发展中国家的经济发展的作用是负向的。他认为要保证发展中国家发展权的实现，在知识产权制度的设计上应避免适用同发达国家一样的标准。〔2〕尹乃春以发展权为视角对我国现行社会救助制度进行反思，认为“它不能从根本上使贫困群体脱贫解困，无法顺应贫困主体结构变化的需要，难以实现助人自助的根本目标”，“发展权保障理念的引入，将极大弥补生存权保障理念的不足，并由此推进我国社会救助制度在保障基本生存的基础上从生存型救助向发展型救助转变”。〔3〕

二、农民发展权问题研究现状

目前，农民发展权作为专门的学术话语进入我国学术视野的时间不久。可以说，对于农民发展权问题的研究，特别是法学研究目前尚处于起步阶段。概而言之，对于农民发展权的法学研究主要集中于以下几个方面：

1. 对农民发展权的概念、价值、权利构成等基本理论问题进行初步探索。关于农民发展权的概念。刘新等认为，农民发展权是指农村居民作为社会成员、国家公民享有的政治、经济、法律、文化、教育、卫生及社会保障等各种权利和应得到的利益。〔4〕周明海认为，农民发展权是关于农民发展机会均等和发展利益共享的权利。〔5〕王莹丽则进一步提出了“农民金融发展权”的

〔1〕参见韩小兵、喜饶尼玛：“以人为本理念下的中国少数民族发展权”，载《中央民族大学学报》（哲学社会科学版）2010 年第 1 期，第 6 ~ 7 页。

〔2〕参见王培舒：“Trips 框架下发展中国家的发展权”，载《长白学刊》2007 年第 5 期，第 67 ~ 69 页。

〔3〕尹乃春：“发展权保障理念下我国社会救助的制度转型”，载《特区经济》2012 年第 1 期，第 301 页。

〔4〕参见刘新、鲁可荣、刘永功：“新农村建设应突出农民发展权利”，载《农村经济》2006 年第 11 期，第 14 页。

〔5〕参见周明海：“农民发展权及其实现——兼论新农村建设的合理性”，载《理论研究》2008 年第 5 期，第 33 页。

概念，认为农民金融发展权是指农民对整个社会生活中金融发展状况和结果所应享有的权利。国家是实现农民金融发展权的首要的义务和责任主体。寻求发展权入宪、构建农民保障法、完善金融制度、加强金融监管等法律保障机制的构建则是促进农民金融发展权实现的根本法律出路。[1]吕军书、翟龙源认为，农地发展权是指农村土地产权人以及其他利益相关者对于因土地用途改变、开发强度增加而产生的增值利益进行分享的权利。同时，他们提出农地发展权配置中应坚持参与式发展、私权化构建、平等保护等基本原则。[2]

关于农民发展权的性质。单飞跃、范锐敏认为，农民发展权既是一种抽象的政治理念，也是一项具体的法律权利。[3]李长健认为，农民发展权为“社会弱势群体的权利”，“发展权就其本质而言，主要是弱势群体的发展权利。农民作为弱势群体，更符合发展权的本质。”[4]

关于保障农民发展权的意义和价值。周明海认为，“三农”问题的实质是农民问题，农民问题的核心是发展权问题，而农民发展权问题之根本又在于如何实现发展权。他认为，新农村建设中保障农民发展权是“国家尊重和保障人权”宪法神圣条款内容的必然延伸，是科学发展观“以人为本”的价值取向的具体体现，是构建和谐新农村的现实要求。[5]倪荣远认为，保障农民发展权是统筹城乡发展的核心。他认为，国家及各级政府应为保障、维护农民发展权承担起应有的责任。[6]

2. 从平等权的角度审视农民发展权是农民发展权保障研究的基本视角。刘若峰较早提出农民平等权思想，他认为农民和市民一样都是公民，理应享

---

〔1〕参见王莹丽：“农民金融发展权及其法律保障机制”，载《上海经济研究》2010年第7期，第41页。

〔2〕参见吕军书、翟龙源：“试论农村土地发展权配置中应坚持的基本原则”，载《农业经济》2015年第3期，第81～83页。

〔3〕参见单飞跃、范锐敏：“农民发展权探源——从制约农民发展的问题引入”，载《上海财经大学学报》2009年第5期，第29页。

〔4〕参见李长健、蒋诗媛、陈志科：“农民发展权问题探析”，载《沈阳大学学报》2009年第3期，第31页。

〔5〕参见周明海、张晓路：“试论新农村建设中的农民发展权及其保障机制”，载《农村经济》2008年第7期，第122页。

〔6〕参见倪荣远：“保障农民发展权是统筹城乡发展的核心”，载《重庆科技学院学报》（社会科学版）2012年第2期，第52～53页。

有平等的发展权。[1] 周明海则认为，农民享有新农村建设中的资源平等权是实现农民发展权的首要前提。[2] 真正明确提出农民平等发展权思想的是汪习根教授，他认为“农民发展权的核心在于赋予农民平等的发展机会”。汪教授指出，“在13亿中国人口中，农民占了9亿，也就是说中国社会的平等发展权建立在农民的平等发展权基础之上。农民问题的症结并不仅仅在于农村或农业发展问题，也不能泛泛而论农民的权利问题，而应当上升到发展权这一基本人权的高度来认识。”[3] 李长健所著的《中国农业补贴法律制度研究：以生存权与发展权平等为中心》以生存权和发展权平等为视角探索了中国农业补贴法律制度，创新性大胆地提出新设“白箱”农业补贴制度。李长健认为，“农民作为弱势群体由于自然的或者社会的原因，欠缺较多的发展机会，发展的能力也显得不足，应该得到优先的照顾并给予有意识的倾斜，以保障他们享有平等的发展成果和发展权利。”[4] 为了促进农民平等权的实现，李长健实际上提出了对农民发展实行优惠待遇的思想。

3. 农地发展权的法治保障是农民发展权研究的核心课题。陈柏峰认为，“征地纠纷的本质是各方对土地发展增益的争夺，土地发展增益在法律上表现为土地发展权。”[5] 有关专著仅见孙弘，其论述了中国建立土地发展制度的可能性、必要性和现实意义，设计了中国特色的实用的土地发展权制度体系。臧俊梅、朱一中等研究了农地发展权的法律定位、类别及其运行机制，认为我国创设农地发展权的权力属于国家，农地发展权有四项权能：拥有、使用、处分和收益。并在此基础上提出了农地发展权制度的预期社会经济效用，认为其创设可实现效率与公平的目标、实现土地利用权利与权力的制度化、实现保护环境与农地资源的目标。[6] 李祖全所著的《农地发展权之法律建构——以私权为研究视点》从私权的角度论证了农地发展权的公法性质，从

---

〔1〕 参见牛若峰：“21世纪中国农业变革与发展的走向”，载《四川政报》2001年第15期，第5页。

〔2〕 参见周明海：“农民发展权及其实现——兼论新农村建设的合理性”，载《理论研究》2008年第5期，第34页。

〔3〕 汪习根、杨丰菀：“论农民平等发展权”，载《湖北社会科学》2009年第9期，第153页。

〔4〕 李长健、蒋诗媛、陈志科：“农民发展权问题探析”，载《沈阳大学学报》2009年第3期，第31页。

〔5〕 陈柏峰：“土地发展权的理论基础与制度前景”，载《法学研究》2012年第4期，第99页。

〔6〕 参见臧俊梅等：“中国农地发展权制度构建及预期社会经济效用”，载《中国国土资源经济》2009年第12期，第12~14页。

而阐明了农民发展权的权利属性。

4. 失地农民的发展权保障问题也是学界探讨的重要问题。失地农民发展权问题是农民发展权问题研究的重要方面。王志彬、宋俊丽、张丽丽分析了失地农民发展权，认为失地农民发展权存在的主要问题在于，土地征收过程中农民利益的流失及失地农民自身素质限制了发展权。实现失地农民发展权应明晰产权主体，确立利益诉求主体、加快失地农民职业化的进程、建立土地换保障机制。何子张、李渊认为，“农村集体土地自发流转就是农民争取农地发展权益的表现形式。其中，将集体建设用地发展权划归农村集体，而‘农村预留地’模式是在征地城市化中按比例返还征地农村建设用地，实质上是地方政府和被征地农村对土地发展权的再分配。”〔1〕秦祖伟分析了三峡库区移民的发展权，认为，在当前的市场经济条件下，我国三峡库区农村就地后靠移民作为一种弱势群体，未能享有与其他社会主体平等的发展权。应以统筹城乡发展为契机，完善相关的法律制度、构建形式机制、营造权利救济机制，保护库区农村移民的发展权。〔2〕

5. 农民发展权法治保障路径是农民发展权保障的重点问题。为了保障农民发展权，于朝霞认为，自由而充分地表达利益诉求，是农民实现其发展权的前提条件；并提出应健全农民的利益表达机制。〔3〕丁同民认为，不仅应确立农民的法律主体地位，也应明确政府在农民发展权实现方面的法律责任；不仅应依法培育维护农民发展权益的社会组织，而且应实现农民政治参与的制度化、规范化、法治化；还应加强农民发展权益保护的法制支持。〔4〕周建国主张，加强农民发展权保护的法律对策主要在于，一是建立以农地发展权保护为核心的农民发展权保护的法律体系；二是消除城乡二元体制，坚持公平立法；三是强化政府责任能力；四是建立新型农民维权组织；五是提高农民法律权利意识。〔5〕

李长健提出了较为系统的农民发展权保障路径。他提出了农民发展权保

〔1〕何子张、李渊：“城市化过程中农村集体土地发展权的划分与运作——兼评厦门‘金包银’工程模式”，载《生态文明视角下的城乡规划——2008 中国城市规划年会论文集》，第 1 ~ 7 页。

〔2〕参见秦祖伟：“三峡库区农村移民发展权的现状与对策思考——以城乡统筹为视野”，载《重庆三峡学院学报》2009 年第 6 期，第 6 ~ 8 页。

〔3〕参见于朝霞：“农民发展权实践的回顾与思考”，载《理论前沿》2009 年第 24 期，第 27 ~ 28 页。

〔4〕参见丁同民：“农民发展权法律保护的路径初探”，载《中州学刊》2011 年第 4 期，第 90 ~ 93 页。

〔5〕参见周建国：“农民发展权的法律保护探讨”，载《安徽农业科学》2010 年第 9 期，第 62 ~ 65 页。

障的立法、行政、司法和社会的保障路径。如在立法上，应赋予农民发展权，并提升其立法的位阶，明确农民的法律主体地位，应赞同宪法在发展权的规定中采取概括化和原则化的方法。同时应发挥具体的单行法在调整特别的发展权内容事项方面的功能和作用。[1]

王克忠从城镇化的视角分析了农地发展权和集体建设用地入市的必要性，在此基础上主张应改革征地制度，加快建立农地发展权；建立城乡统一建设用地市场；稳妥推进农民住房抵押、担保和转让。

除此之外，以城乡一体化审视农地发展权问题是农民发展权研究的新视角。罗云方、于高杨认为，审视、改革及完善我国当前的土地权利制度，在土地流转中创新农民的土地发展权机制，对于保护农民合法的土地权益、推进城乡一体化建设有重要的现实意义。[2]

此外，以发展权作为审视农民权益的视角是农民发展权研究的相关视域。如李长健、伍文辉所著的《基于农民权益保护的社区发展权理论研究》主要从社区发展的视角对农民权益保障问题进行了探讨，从发展利益和发展权利两个视角展开论证，认为发展利益是农民权益的社区发展权保护的基点，而发展权利保护则是其核心。

总结现有研究成果，其不足主要体现在如下几方面：首先，迄今为止，对农民发展权的研究尚处于局部、零碎的初始阶段，还只是对于农民发展权的某些局部问题的初步探讨；农民发展权保障的理论体系构建尚未起步，对农民发展权保护的内涵、体系、价值、现状以及实施路径缺乏系统的整体的认识，农民发展权理论体系的宏观理论需要学界着力构建。其次，关于农民发展权实现和保障的某些命题至今尚未涉及。如农民主体意识与农民发展权实现的关系、农民文化发展权理论与实践等问题学界尚属空白。本人前期成果也只是涉及本书某些局部命题，很多重大理论与实践问题缺乏深入系统的研究。再次，“在当代中国的话语体系中，农民发展权并不是一个确定的、规范的法律范畴，更不具有法律上的强制效力。”[3] 尽管有关学者对农民发展

[1] 参见李长健、蒋诗媛、陈志科：“农民发展权问题探析”，载《沈阳大学学报》2009 年第 3 期，第 33～34 页。

[2] 参见罗云方、于高杨：“城乡一体化建设中农民土地发展权研究”，载《人民论坛》2014 年第 35 期，第 85 页。

[3] 汪习根、杨丰菀：“论农民平等发展权”，载《湖北社会科学》2009 年第 9 期，第 153 页。

权有关问题提出了一些局部的措施和办法，但农民发展权法治保障的系统路径目前尚未构建起来，农民发展权法治保障的系统综合研究有待进一步深入。最后，缺乏实证研究。缺乏将农民发展权保护现状奠定在某一典型地区的调查研究基础上的实证分析，使得得出的结论缺乏有力的实践支撑。

第三节 研究内容、思路与方法

一、研究内容

本书的研究目标是从法学的角度，结合社会学、政治学等学科最新研究成果，以湘西北常德市及周边地区实证调查为分析个案，深入探索农民发展权的基本内涵和特征、权利系统等基本理论体系；并力图从理论和实践相结合的角度重点探索农民发展权保障中的基本问题，力求探索农民发展权法治保障模式和保障路径。具体而言，本书研究主要包括以下内容：

第一章，农民发展权的基本内涵、特征以及价值定位。①农民发展权的基本内涵、特征和权利属性。农民发展权是作为个体的农民和作为集体的农民平等参与和增进经济、社会、文化和政治等全面发展并平等享受发展利益的权利。农民发展权是一种农民发展的主体性、母体性、目标性和动态性权利。②农民发展权的法律关系构成探讨。农民发展权主体，应包括农民个体发展和农民集体发展，是二者的有机统一。农民发展权客体，即农民谋求发展过程中农民权利和义务指向的对象。农民发展权内容，即农民在谋求发展过程中在法律上应享有的权利和负担的义务。③农民发展权的价值定位。农民发展权是农民发展的母体性权利，它不仅促进了农民的主体性发展，也是农民人权保护的发展方向。农民发展权不仅是建设社会主义新农村的必然要求，更是统筹城乡发展、构建和谐社会的客观需要。

第二章，农民平等发展权研究。①平等权是我国宪法赋予公民的基本人权，农民平等发展权保障是落实宪法所赋予公民的基本人权的必然要求；②主要探索农民平等发展权的基本内涵、农民平等发展权的权利属性、农民平等发展权在农民发展权中的地位、农民平等发展权对于农民发展权的价值意义；③从历史和现实的双重视角探索农民平等权保障的得失，最后探索农民平等发展权保障的法治路径。

第三章，农民经济发展权研究。①农民经济发展权主要包括农民财产权、经营自主权、土地发展权、劳动成果收益权等内容；②从农民经济发展权现状着手展开研究，集中探讨财产保障与农民经济发展权保护的内在关系；③重点探讨农民土地发展权、农民产权对于农民经济发展权的价值和意义、保护现状以及保障路径。

第四章，农民政治发展权研究。①农民政治发展权的基本内涵、特征和对于农民发展权的价值和意义；②分析农民政治发展权现实保障的得失，探索村民自治与农民政治发展权保障的关系，最后试图构建农民政治发展权保障路径；③重点探索村民自治与农民政治发展权的内在关系，如何重塑村民自治而促进农民政治发展权的实现。

第五章，农民文化发展权研究。①农民文化发展权的内涵特征，文化发展权的权利构成，即文化权利包含哪些权利；②农民文化发展权保障对于农民主体性发展的价值之所在；③在应然性分析的基础上，阐释农民文化发展文化的保护现状，并进一步分析内在原因；④教育发展权对于农民文化发展权具有举足轻重的意义，如何以保障教育发展权为突破口促进农民文化发展权的发展。

第六章，农民社会发展权研究。①农民社会发展权包括农民社会保障权、洁净环境权、公共设施供给权以及社会帮助发展权等一系列社会权利；②湘西北农村农民社会发展权保障现状及原因分析；③在实证调查的基础上探索农民社会发展权保障的现状并深入探讨其原因，最后力图为农民社会发展权保障设计一条切实可行的法治化路径；④重点探索农民社会保障权对于农民社会发展权的价值意义以及如何以农民社会保障权为突破口保障农民社会发展权。

第七章，主体意识和农民发展权研究。本章乃至下一章主要是对农民发展权保障的动力研究。①马克思主义关于人的自由而全面发展理论在本书中的运用；②发展的根本动力主要在于主体的自我发展，农民主体意识的发展对于激活农民发展的积极性、主动性以及创造性具有内在的根本意义；③着重探讨主体意识对于农民发展的价值，最终落脚于如何培育农民主体意识，从而激活农民自我发展的“内驱力”。

第八章，政府责任和农民发展权研究。①西方自然法思想的社会契约论的理论运用；②人本主义价值理念对政府保护农民发展权的理论导引，保护包括农民在内的公民权益是现代政府的基本职责，也是政府以人为本、关注民生的价值体现；③农民发展权保障中政府缺失的现状及原因分析；④如何通过打造责任政府、增强政府“培力”、实现社会和政府互动等多层面建构责任政府，从而构建政府保障农民发展权的法治路径。增强政府“培力”、打造责任政府是促进农民发展权实现的关键。

二、研究思路和研究方法

（一）本书的研究思路

本书在充分获得湘西北常德市及其周边地区与农民发展权保障相关的第一手资料的基础上，首先从农民发展权的基本理论体系的构建出发，认为其基本理论主要包括农民发展权的概念和特征的界定、权利体系的构成、理论基础以及价值定位等；在此基础上探索农民平等发展权的相关理论与实践问题，再具体探索农民发展权子系统，即农民经济发展权、农民政治发展权、农民文化发展权和农民社会发展权的基本内涵、保障现状以及法治保障路径等问题；最后探索农民发展权实现的“动力系统”，主要从主体意识、结社自由以及政府推动等方面加以探讨，从而形成基本理论 - 子系统 - 动力系统“三步走”层层推进的研究思路。

本书是以发展权为视角审视农民和谐社会构建在新农村建设背景下的发展问题，是一种全新的理论构建。因此，本书的研究重点有两个：一是农民发展权的基本理论构建，包括其内涵的科学界定、农民发展权的权利体系、农民发展权的基本特征以及农民发展权的价值定位等；二是农民发展权保障的“动力”因素研究，着重探索主体意识和政府推动对于农民发展权实现的作用。

本书研究的难点有两个：一是由于农民文化发展权是全新的命题，其内涵、权利构成以及保障路径需要全新的理论建构；二是主体意识对于农民发展权的价值意义的深入探讨涉及哲学和心理学等跨学科理论，具有一定难度。

（二）本书研究的主要方法

一方面，采取实证研究和比较分析相结合的研究方法。前者主要通过对湘西北农村农民发展和发展权保护现状的调查，获得第一手材料，使书研究奠定在坚实的实证研究基础之上。所谓比较分析是将发展权和农民的其他权益、农民发展权和其他社会主体的发展权进行比较分析以探索农民发展权的基本特点，从而有针对性地设计农民发展权的法治保障路径。

另一方面，价值分析法与综合分析法相结合。所谓价值分析法，是以科学发展观为指导，探讨农民发展权保障对于激励农民主体性发展、促进农民致富奔小康和新农村建设、统筹城乡发展与建设和谐社会的价值。所谓综合分析法，是借助法学、政治学、经济学和社会学等多学科的工具和方法及最新研究成果，探讨实现农民发展权的法律保障的全新法治模式构建。

具体而言，本书研究方法主要有：

1. 历史分析法。历史是一条永不停息的长河。人类社会的发展，总是从历史发展到今天，而又从今天走向未来。所谓历史分析法是指遵循历史发展的顺序，通过对历史现象的内在联系的把握，揭示历史发展的规律性。通过对发展权学术史的回顾和中外学者对发展权研究的历史，把握发展权的学术发展史和发展权在社会实践中的保障现状。通过对我国农民发展权的保障历史的扫描，勾勒农民发展权保障的历史与现状，在此基础上探讨农民发展权保障的现实路径。本书运用历史分析方法主要从历史发展的脉络来梳理农民发展权保障的历程，从而找出农民发展权保障的一般性规律，进而来分析和解决当前农民发展权保障中面临的种种困境。

2. 价值分析法。价值分析法是通过对社会现象的价值属性的分析和评判，对相关事物或命题的社会价值予以确认和肯定或批判和否定的分析方法。价值分析法作为法学方法之一，无论是在法学理论还是在司法实践中都具有不可替代的价值。价值分析法往往从一定社会的价值体系入手，根据一定社会的价值理念，对法律现象和法律问题进行分析、评价。价值分析法是在事实判断的基础上对客观事物作出价值评判，而价值判断是指“某一特定的客体对于特定的主体有无价值，有什么价值，有多大价值的判断”〔1〕，价值判断是“依据一有效规范对于事实行为所做的应当是这样或者不应当是这样的判断”〔2〕。

价值分析法具有超越现行制定法的姿态，其以哲人的眼光和终极关怀的理念来分析具有法律意识的法律现象或法律问题的应然状态。显然，以价值

〔1〕 胡玉鸿：《法学方法论导论》，山东人民出版社2002年版，第69页。

〔2〕［美］E. 博登海默：《法理学、法哲学与法律方法》，邓正来译，中国政法大学出版社2004年版，第503页。

分析法分析研究农民发展权的价值取向是该书研究的基本方法。通过对农民发展权的应然价值的描述和分析，为农民发展权的实现指明方向，为农民发展权的研究提供深切的人文关怀。

3. 实证分析法。实证分析法是在对客观事实进行描述、说明和解释的基础上，从经验角度对客观事物的内在规律予以揭示的研究方法。实证研究方法有广义和狭义之分。广义的实证分析法泛指所有经验型研究方法，包括实地研究法、社会调查法、统计分析法等等，其以经验为科学研究的基础，以实践为研究的起点。狭义的实证分析研究法是指利用专门的数量分析技术，对客观事物的影响因素之间的数量关系和作用方式予以分析和确认的研究方法。显然，本书的研究方法主要是广义的实证分析研究法。本书通过对湘西北典型区域常德市辖下鼎城区、桃源县、汉寿县等农村区县农民发展状况进行调查，获得第一手资料。本书的研究结论正是以这些地区农民发展状况的调查为基础，通过法理学理论抽象提炼而得以形成的，因此本书研究有较强的实证分析的基础和特征。

第一章

发展权与农民发展权

第一节 发展与发展权

一、发展的多重内涵

发展本身是一个生物学概念，“发展”一词，直接渊源于近代生物学中的胚胎发育学说。发展本义是指生物体个体从小到大，从不成熟到成熟的成长过程。种子发芽、开花、结果，这种生物体内在潜能的逐步实现过程，就是“发展”。但这种发展，还只是生物界的生命轮回，在一个生物轮回中便完成一个生物发展周期。

发展一词后被引入到社会科学研究领域中。发展（development）成为哲学术语。实际上，发展内涵的胚胎隐喻，在古希腊时似乎已经出现，古希腊哲学家认为，“有机体渐次向生物成熟的阶段演化就是发展。……简短地说，发展指涉的是一个实现本体的过程，由dunamis而至energeia，由潜能（potentia）而至行动（actus）。”[1]在近代，特别是18~19世纪，“发展”、“进化”、“进步”等词的意义几乎没有什么大的区别，“发展”与“进化”的初始含义是一样的。就哲学层面而言，发展意味着事物由小到大，由简到繁，由低级到高级的不断自我提升的运动变化过程。发展意味着旧事物的灭亡和新事物的产生，是一个新陈代谢、除旧布新的过程。事物的发展是一个由低级向高级螺旋式的上升过程。唯物辩证法认为，物质是运动的物质，运动是物质的根本属性，而向前的、上升的、进步的运动即是发展。唯物辩证法认为，事物变化发展的内因是事物的内在矛盾，内因是事物发展的根本；客观

〔1〕 转引自［英］汤林森：《文化帝国主义》，冯建三译，上海人民出版社1999年版，第292页。

事物的外在矛盾是其发展的外因，外因是事物发展的条件。客观事物的发展就是其外因和内因相互作用的共同结果。

发展也是社会学概念。在发展社会学中，发展是指一个国家或社会从不发达、欠发达的落后状态向较发达和发达状态的转化。经济发展是社会发展的基础，经济发展引起社会各方面的变革，其中最核心的是社会结构的重组和变革。著名发展经济学家托达罗（Todaro，M. P.）认为："'发展'既是一种物质现实，又是一种精神状态：通过社会的、经济的和制度过程的某些综合，社会取得了美好生活的手段。不管这种美好生活包含什么内容，所有社会的发展最少必须具备以下三个目标：其一，增加食物、住房、健康和保护等基本生活必需品的数量，并扩大它们的分配。其二，提高生活水平。除了获得更高的收入以外，还应提供更多的工作，更好的教育，并对文化和人道主义给予更大的重视。所有这些不但用来增进物质福利，还用来产生个人和国家更大程度的自尊。其三，通过把人们从奴役和依附中解放出来，来扩大个人和国家在经济和社会方面的选择范围；这种奴役和依附不仅与其他人和民族国家有关，而且与无知和人类的痛苦的力量有关。"〔1〕

社会发展是一个涵盖政治、经济、文化和社会生活发展系列指标在内的综合发展。联合国教科文组织1994年向社会发展世界高峰会议提交的文件指出："发展是一个综合过程，目前这已被国际社会承认。经济增长是一种动力，但其本身并不是目的，因此除经济增长之外，发展首先是社会性的。发展还与和平、人权、民主管理、环境以及最后但并非最不重要的文化和人们的生活方式有着密切联系。"〔2〕社会发展不仅包括经济的发展，也包括政治的发展，如大众政治参与程度的提高；社会发展不仅包括教育的普及与提高，还包括由教育普及所带来的人的素质的不断提升；社会发展不仅包括人们生活质量的提高，还包括社会财富的公平分配；社会发展不仅包括卫生保健的普及和人均寿命的提高，还包括社会保障的普遍化，等等。

发展的实质是人类在自然、社会和自身等各个领域及各个方面全方位地获得发展。发展归根到底是个人的发展，人的发展是一切发展的核心和最终目标。所以发展的本质问题是个人问题，发展权归根结底是个人的发展权。

〔1〕转引自齐良书编著：《发展经济学》，中国发展出版社2002年版，第2页。

〔2〕何志鹏编著：《发展权与欧盟的法律体制》，吉林大学出版社2007年版，第3页。

个人发展权保障是发展权保障的出发点也是其归宿。社会是人的社会，人既是发展的目标主体，也是发展的参与主体，是目标和手段的辩证统一。《发展权利宣言》第8条第2款特别指出："各国应鼓励民众在各个领域的参与，这是发展和充分实现所有人权的重要因素。"人的发展要求在满足其基本需求的前提下，提高其素质，提高其能力和潜能。就个人的发展而言，一方面，要求个人充分发挥其主观能动性，在认识自我的基础上不断超越自我，向理想的人生境界迈进；另一方面，要求社会为其成员提供发展的有利条件，使人摆脱束缚人发展的各种不利条件和环境，从而让人获得自由而全面的发展。

二、发展权的基本内涵和特征

（一）发展权的基本内涵

1. 发展权的基本含义。发展权概念是由非洲发展中国家在国际社会谋求民族发展的运动中率先提出的，时间可以追溯到20世纪70年代。《非洲人权和民族宪章》可谓第一个将发展作为一项权利规定的国家文件。发展权的正式确立是在1979年联合国大会上通过的《关于发展权的决议》，该《决议》明确规定"强调发展权利是一项人权，平等的发展机会既是各个国家的特权，也是各国国内个人的特权"。从此发展权开始进入国际社会人权研究视野，成为人权领域一项具有重大意义的新课题。1986年12月，第一届联大通过《发展权利宣言》，将发展权规定为"每个人和所有国各国人民均有权参与促进并享有经济、社会、文化和政治发展，在这种发展中所有人权和基本自由都能获得充分实现"。[1] 同时《发展权利宣言》指出，发展权是"不可剥夺的人权"。1990年1月在日内瓦召开的发展权问题全球磋商会上，不少第三世界国家对发展权的理解不再满足于"基本需要"的发展，更强调本国发展过程中提高公众参与水平，促进政治转型及政治民主化，并号召全世界人民为维护民主而奋斗。[2]

人权的发展是一个随着社会经济、政治、文化和社会生活不断发展而逐步演变的动态开放体系。在法学界，发展权作为一种新型人权，被学界称为"第三代人权"，"人权经历了从以自由权为核心的第一代人权，到以社会权为

---

〔1〕 联合国大会1986年12月4日第41/128号决议：《发展权利宣言》第1条。

〔2〕 U. N. Doc. HR \ RD \ 1990 \ CONF. 35, 1990.

核心的第二代人权，再到和平、发展权等第三代人权的发展过程”。[1] 在第三代人权体系中，占据首要的核心位置的人权便是发展权。

然而，由于发展权是一种新型人权，在我国学界关于它的研究尚不够充分和深入。武汉大学汪习根教授可谓较早专题研究发展权的学者。他认为，发展权是人的个体和人的集体参与、促进并享受其相互之间在不同时空限度内得以协调、均衡、持续发展的一项基本人权。简言之，发展权是关于发展机会均等和发展利益共享的权利。显然，发展权包括发展机会和发展利益两个方面。发展机会是指国家或社会为主体提供充分的发展机遇，从而满足社会权利主体发展自身、实现自身价值的现实需要。同时，社会价值主体在为社会作出自己的贡献时，基于自身自我价值的需要，要求平等地享受社会发展的利益。发展权既是一项集体权利，也是一项个人权利。因此发展权的主体既是集体，也是公民个人，是二者的统一。集体人权是个人人权的基本前提，是个人人权充分实现的保障。而发展最终是个人的发展，公民个人发展权是发展权的起点和归宿。发展权是以追求人的自由而全面的发展为根本目的的，是在发展的动态过程中予以实现的。[2]

发展权和生存权是密切相连的人权形式。生存权通常被称为首要人权和第一人权。近代启蒙思想家们提出“天赋人权”思想，其中生存权就是首要的基本人权。洛克将生命权、自由权和财产权视为三大最基本的人权，显然生命权即生存权的雏形。没有生命何来生存？生存权最早见于安东·门格尔（Anton Menger）所著的《全部劳动史权论》，在该书中他将生存权、劳动权与收益权并列提出，认为生存权是生命不受非法剥夺和得以延续的权利。生存权首次入宪是在1919年德国的《魏玛宪法》，该宪法第151条第1款明确规定保障生存权，“经济生活秩序必须与公平原则及维持人类生存目的相适应。”《联合国人权宣言》第3条指出，“人人有权享有生命、自由和人身安全。”同时，该《宣言》第22条进一步指出：“每个人，作为社会的一员，有权享受社会保障，并有权享受他的个人尊严和人格的自由发展所必需的经济、社会和文化方面各种权利的实现。”我国现行《宪法》第45条规定了生存权

---

〔1〕汪习根：《法治社会的基本人权——发展权法律制度研究》，中国人民公安大学出版社2002年版，第1页。

〔2〕参见汪习根：《法治社会的基本人权——发展权法律制度研究》，中国人民公安大学出版社2002年版，第60~61页。

的社会保障，“中华人民共和国公民在年老、疾病或者丧失劳动能力的情况下，有从国家和社会获得物质帮助的权利。国家发展为公民享有这些权利所需要的社会保险、社会救济和医疗卫生事业。国家和社会帮助安排盲、聋、哑和其他有残疾的公民的劳动、生活和教育。”

生存权内涵是随着人类社会的进步和发展而不断发展变化的。生存权的基本权利包括本源性权利和派生性权利。本源性生存权是生存权的狭义内容，主要包括生命权、生命维持权和基础生活物质保障权。广义的生存权还包括生存权的派生性权利，主要包括为保存生命的和平权、环境权以及社会基本福利权等衍生性权利。二战后，生存权获得新的内容，主要包括：免受饥饿和贫困的权利、发展权、防卫非法暴力权、社会救济权、特殊主体的生存权、和平权、环境权、人道主义援助权等。〔1〕其实，生存权是发展权的基础，人类得不到发展就难以维持生存；发展是生存的必然要求，发展权是生存权的延伸和升华。在二者关系上，“一方面，生存权是发展权的前提，因为没有生存就无所谓发展。另一方面，发展权是生存权的必要要求，因为只有实施发展权，生存权的实现才能获得持续的、可靠的保障，并进一步改善和提高生存权的质量。”〔2〕作为公民的个人只有发展了，生命才能真正享有自由和尊严，生命权才能真正得到有效的维护。

如果说生存权是弱者维持其基本生存的权利的话，那么发展权则是弱者和弱势群体缩小与强者和强势群体之间差距的权利。平等与公平是发展权的核心价值，发展权是弱者向政府和社会强势群体主张的在保障生存的基础上追求发展的权利，“发展权利是21世纪一项新型的权利，其实质也就是弱者权利。”〔3〕社会弱势群体在其基本生存权得到保障后，追求发展是其必然要求。因为只有在发展中才能获得更好的生存，在发展中其生存权才能得到根本的保障。

2. 发展权的权利属性。发展权作为一项基本人权，具有所有基本人权的共性，即具有不可取代性、不可转让性和不可分割性。公民在生存权获得保障后，必然谋求发展。追求发展是理性人在其智慧指引下追求幸福的一种冲

---

〔1〕参见李龙：“论生存权”，载《法学评论》1992年第2期，第4～5页。

〔2〕王启富、刘金国主编：《人权问题的法理学研究》，中国政法大学出版社2003年版，第192页。

〔3〕李长健、伍文辉：“基于农民权益保护的社区发展权理论研究”，载《法律科学》2006年第6期，第35页。

动，因为人只有在发展中才能求生存，在发展中才能获得更好的生存。如果没有发展，公民维持其基本的生存都不是一件容易的事情。发展是人过上有尊严的生活的基本价值取向。对于发展的权利追求是每个人具有的一种向上提升自己的生活品质和生活质量的基本生存态势，是其他任何权利都无法替代的。发展权既然是一种基本人权，就像生存权、人身权、自由权、财产权和平等权等基本人权一样，对于每个人都是不可或缺的，很难想象一个公民能舍弃其自由、平等和财产权等基本权利。发展权是一个伴随公民终身的基本权利，一个人只要气息尚存，一辈子都在追求发展。发展权作为基本人权，任何人都无法将其让渡给他人，既不能出租出借，也不能易主，更不能由他人代理。因此，发展权作为公民的一项基本人权具有不可转让性。

同时，发展是一个具有综合体系指标的范畴。发展是一个包含经济、政治、文化和社会生活在内的综合概念。而每个公民的发展就是一个包含经济、政治、文化和社会生活在内的综合发展体系，因此，公民发展权也是一个包含经济发展权、政治发展权、文化发展权和社会发展权在内的综合权利体系。而这些权利涉及公民生活的各个方面，缺乏其中任何一方面，公民的自由而全面的发展就是一句空话。因此，发展权作为一项综合权利体系，具有不可分割性。发展权的综合权利体系缺少其中任何一项都会坍塌。

（二）发展权的基本特征

1. 发展权是一项主体性权利。“所有的人权都要为主体所享有。”〔1〕在发展权中，虽然主体的发展离不开对客体的占有和改造，但发展归根结底是主体的发展，是一项主体性权利。“它要求主体自由选择发展模式，是主体自主地行使参与、促进发展的行为权和获取发展利益的收益权的统一。”〔2〕客体的价值是以满足主体的需要为价值尺度的。发展归根结底是主体的发展，是一个表征主体需要及其满足程度的范畴。发展是与作为主体的人的一生相伴随的。作为有智慧的人，生命不息，其追求发展的脚步就不会停止。因为只有发展才能维持生存，才能获得更高的生存质量，获得更好的生存。因此，以发展为根本价值引领的发展权，必将是一项主体性的人权。

---

〔1〕 徐显明、曲相霏：“人权主体界说”，载《中国法学》2001年第2期，第58页。

〔2〕 汪习根：《法治社会的基本人权——发展权法律制度研究》，中国人民公安大学出版社2002年版，第61页。

2. 发展权是一种母体性权利。发展权是我国宪法规定的基本人权，是政治、经济、社会、文化等诸方面发展权的统一体，“发展权又是一项综合人权，渗透到各项具体人权中，推动各项具体人权的实现，发展权构成了实现各项具体人权的必要条件。”〔1〕发展权作为宪法规定的基本人权，一方面优先于普通法律规定的权利，具有推导法律和求证法律存在必要性的价值；另一方面又优先于其他人权，它以人类的普遍发展为价值理念，具有繁衍、派生其他具体权利的功能。从整体的发展权中可以衍生出政治发展权、经济发展权、文化发展权和社会发展权等发展权子权利系统，而发展权子权利又各自包含若干具体的发展权。“它不是对农民经济、社会和文化权利的简单相加，而是全面促进农民平等参与经济、政治、社会和文化活动并享有发展成果的一个高度抽象概括。”〔2〕总之，发展权在人权体系中不仅具有以发展的价值理念聚合其他人权形式的具有原生意义的新型人权形式，也是推动人权不断向前发展的动力性人权。

3. 发展权是一项比较性权利。发展是一个事物从简单到复杂、从低级向高级永恒进步的历史过程。事物是否得到发展以及主体发展权的实现程度在很大程度上源于和现有的既成先在参照物的比较。发展权是一项弱者向强者或政府主张的基本人权。通过对强势群体和弱势群体的生存和发展状况的比较，国家和政府有责任促进弱者或弱势群体的发展，从而实现社会的共同富裕与共同发展。因此，国家与政府决策应该更有利于弱者和弱势群体，应对社会弱势群体实行政策倾斜予以特别优惠的保护，使二者之间的不平等“在与正义的储存原则一致的情况下，适合于最少受惠者的最大利益。”〔3〕

4. 发展权主体具有普遍性，发展权是全人类共享的人权。某种人权形式之所以成为基本人权的前提条件是，其权利主体具有普遍性。发展是世界所有人的共同利益，发展权是每个人都应该享有的权利。因为如果没有发展，生命个体的人维持基本的生存都困难，更谈不上提高生活质量。每个人只有在发展中求生存，在生存中求发展，才能获得更好更高质量的生存。对发展的需求是超越国界的，也是别除民族、种族、性别、年龄、宗教信仰等各种

---

〔1〕肖巍：“作为人权的发展权与反贫困”，载《社会科学》2005年第10期，第29页。

〔2〕李长健：《中国农业补贴法律制度研究：以生存权与发展权平等为中心》，法律出版社2009年版，第25～26页。

〔3〕［美］约翰·罗尔斯：《正义论》，何怀宏等译，中国社会科学出版社1988年版，第302页。

要素的。不仅每个自然人个体对发展具有普遍的需求，而且公民集体也是需要在发展中获得生存，从而提升其品质和质量的。每个公民个体或公民集体既是发展的参与者，也是发展利益的享受者。

5. 发展权是一种动态性人权。发展是客观事物运动过程中的积极状态，发展意味着客观事物从简单到复杂，由低级向高级地积极运动。发展既然是客观事物的积极向上的运动，相应地，发展权也不是孤立的、静止不变的。发展权的内涵和外延随着时代的变迁而变迁，随着社会的发展而发展。发展权也是一个从外在到内在、从物质到精神的动态权利体系，“发展权的提出在人权发展史上第一次赋予了人权以动态发展的理念。”〔1〕

6. 发展权是一种目标性权利。公民在生存权得到保障后，势必谋求发展以不断改善生活条件，提高生活质量。当一个较低的发展目标实现后，人们必然指向更高的发展目标。发展目标是引领人类社会不断向前发展的路标。发展权主体参与并促进经济、政治、文化和社会生活发展的目的是享有社会发展的成果，最终实现“个人的全面自由发展”的终极目标。

三、发展权的价值意蕴

发展权的提出，不仅拓展了人权的基本内容，深化了人权的发展空间，同时也必将使宪法对人权的规范和保障力度实现最大化。发展权的实现不仅是社会弱势群体的发展权益的实现，而且标志着社会全面发展和社会正义的实现，是社会文明进步的基本标尺。罗尔斯认为，制度正义是社会的首要的基本正义。而制度正义要符合两个原则，“第一个原则是，每个人对与所有人所拥有的最广泛平等的基本自由体系相容的类似自由体系都应有一种平等的权利。第二个原则是，社会和经济的不平等应这样安排，使它们：①在与正义的储存原则一致的情况下，适合于最少受惠者的最大利益；②依系于在机会公平平等的条件下职务和地位向所有人开放。”〔2〕实际上，无论是罗尔斯主张的平等权还是“最小受惠者”社会和经济利益的最大化，还是“机会公平平等的条件下职位和地位向所有人开放”，都是为弱者争取发展权而张本。罗尔斯的正义论可以认为是发展权的基本的理论基石。发展权理论的提出丰

---

〔1〕何颖：“发展权：人权实现的保障”，载《新视野》2008年第5期，第18页。

〔2〕［美］约翰·罗尔斯：《正义论》，何怀宏等译，中国社会科学出版社1988年版，第302页。

富和发展了人权的内容、形式和功能，发展权被称为第三代人权。具体而言，发展权主要具有如下价值和意义：

1. 发展权拓展了人权发展空间，推动了人权理论的创新。发展权是一项母体性的基本权利，是现行权利的聚集；更主要的是发展权将现有公民的一系列基本人权注入了发展的价值理念，提升了现有基本人权的价值品位。发展权以发展为视角，对传统的公民人权进行必要审视，拓展了人权的理论视野，极大地丰富了人权的形式、内容和功能。发展权以发展为价值，对现有人权进行现实关照，高屋建瓴地对现有人权的价值观念进行审视。发展权增添了人权主体极为重要的价值内容，拓展了人权的价值谱系。发展权以发展为引擎，在发展价值的引领下，国家和政府在通过各种法律法规和政策引导社会各阶层努力发展的同时，也在努力促进其协调发展，从而推动社会发展和人类进步。

2. 发展权能不断消减发展差距，引领社会均衡发展。根据马克思主义的矛盾普遍性和特殊性原理，无论是国际社会、民族国家还是国内不同民族、行业、地域等还是公民个人，发展总是不均衡的。发展的非均衡性必然导致世界两极分化严重，包括国与国之间、民族与民族之间、行业与行业之间、地区与地区之间都存在着严重的贫富差距。这种严重的两极分化已经成为制约世界和平与民族国家社会稳定的重大隐患。均衡发展、平等发展已经成为第三世界人民对发达国家的强烈呼声，而且成为民族国家人民对政府和强势群体发出的强烈呐喊！有鉴于此，联合国《发展权利宣言》确认了发展权的平等和非歧视原则，“发展权认可并尊重国际人权法案特别列出的所有基本人权，认为平等及不歧视原则是发展权的基础。”〔1〕《发展权利宣言》明确宣告：“由于这种权利，每个人和所有各国人民均有权参与，促进并享受经济、社会、文化和政治发展，在这种发展中，所有人权和基本自由都能获得充分实现。”〔2〕

3. 发展权能促进社会和谐发展，对和谐社会的构建具有重要意义。“和谐”是中国传统文化的重要范畴，构建和谐社会是千百年来人类孜孜以求的梦想，“即使到了人类的最高理想得以实现的社会，和谐依然是那个时代的主

〔1〕引自孙哲：《新人权论》，河南人民出版社1994年版，第619页。

〔2〕联合国大会1986年12月4日第41/128号决议通过：《发展权利宣言》第1条。

旋律。”〔1〕和谐社会的实现关键在于消除社会矛盾，实现社会关系的和谐。我国是一个相对落后的欠发达的第三世界国家，目前又处于从传统向现代转型的转型期，各种社会矛盾非常突出，要真正实现社会内在和谐任务非常艰巨。构建和谐社会的关键在于发展，解决中国问题的关键在于发展，“发展才是硬道理”。

改革开放三十多年来，我国在社会发展战略上推行的是“效率优先，兼顾公平”的原则。在实践中，国家和政府在发展中特别注重“效率优先”，极大地促进了我国经济的发展，取得了举世瞩目的成就。然而，在坚持“经济建设为中心”、“效率优先”时，“兼顾公平”却被严重忽略，以致社会两极分化现象极为严重，不公平现象大量存在，严重制约了社会的和谐发展。2004 年 9 月 19 日，中共十六届四次全体会议审时度势提出了“构建社会主义和谐社会”的发展战略。在我国经济和社会获得很大发展、人民生活水平普遍得到较大提高的历史背景下，发展权的提出有助于促进整个社会均衡发展、和谐发展。因为发展权本质上是弱者和弱势群体对强者和强势群体所主张的追求发展的权利。只有整个社会各个阶层、不同层面的人们都获得较大发展，社会的两极分化现象才能得到有效的遏制。只有社会各阶层都得到相对均衡发展，社会矛盾和社会冲突才能有望得到根本的解决，社会长治久安的政治局面才能最终出现。只有社会各阶层都得到和谐发展，“共同富裕”的社会主义本质的光辉的理想图景才能辉耀于世界的东方。总之，公民发展权的实现是构建社会主义和谐社会的根本要求，发展权是和谐社会中公民追求发展的基本人权。

第二节 农民发展权的基本内涵与价值定位

一、农民发展权的基本内涵

（一）农民的内涵

农民是本书课题的核心概念之一。《说文解字》曰：“农者，耕也。”《汉书·食货志》曰：“辟土植谷者曰农。”关于农民的概念，《辞海》的解释是：“直接从事农业生产的劳动者。在资本主义社会和殖民地、半殖民地社会，主

〔1〕 卓泽渊：《法政治学》，法律出版社 2005 年版，第 456 页。

要指贫民和中农。在社会主义社会，主要指集体农民。"《现代汉语词典》对农民的解释是，"在农村从事农业生产的劳动者。"《经济学大辞典》对农民的解释是："直接从事农业生产的劳动者（不包括农业工人）。……在社会主义社会，农民是社会主义建设事业的基本力量。"要正确理解农民发展权，首先必须厘清农民这一概念的含义。"农民"概念的内涵根据多数学者的观点并结合社会生活实践，主要有两种解读：

第一种解读是，农民是一种社会职业，是从事农业生产的劳动者。农民是以农业生产，以耕种土地为主要生活来源的职业。由于农业生产对自然条件具有很大的依赖性，农民"靠天吃饭"现象严重，大多农民生活水平相对较低。郭殊认为，"农民指的是生活水平、社会地位均处于相对弱势、居住较为分散的农业人口群体。"〔1〕美国农村社会学者埃弗里特·M. 罗杰斯（Everett M. Rogers）认为，"农民是农产品的生产者和传统定向的乡下人，他们一般比较谦卑，大多是自给自足的（虽然并非完全需要），就是说他们生产的粮食和其他东西，大部分都是自己消费的。因此，农民和自给自足的农业生产者是一个意思。"〔2〕

第二种解读是，农民是一种社会身份。农民是一种具有农村户籍的公民身份，是一种与城市户籍身份相对应的身份。这种具有农村户口身份的公民却不一定从事农业生产。法国社会学家孟德拉斯（Henri Mendras）从与市民相比较的角度理解农民，认为"农民是相对于城市来限定自身的。如果没有城市，就无所谓农民，如果整个社会全部城市化了，也就没有农民了"。〔3〕同时，孟德拉斯认为，工业文明最终将取代农业文明，传统意义上的农民必将走向"终结"，但是"孟德斯鸠所说的农民的终结，并不是农民的终结，而是小农终结"。〔4〕

农民是前工业时代我们星球上的主要居民。中国城市化具有后发性，中国城市化大发展是20世纪90年代以来的事。至今中国农村人口占社会总人口的绝大多数。大多城市居民也是刚刚"洗脚上岸"的农民或农民的亲属。

〔1〕郭殊：《和谐农村与农民权利的宪法保障》，中国社会出版社2010年版，第7页。

〔2〕［美］埃弗里特·M. 罗吉斯、拉伯尔·J. 佰德格：《乡村社会变迁》，王晓毅、王地宁译，浙江人民出版社1988年版，第321页。

〔3〕［法］H. 孟德拉斯：《农民的终结》，李培林译，中国社会科学出版社1991年版，第8页。

〔4〕李培林："从'农民的终极'到'村落的终结'"，载《传承》2012年第15期，第84~85页。

因此，中国缺乏市民文化传统，依然是传统的农业文化；而传统的农业文化受封建专制主义的影响极为深远。在传统小农经济条件下，农民普遍过着“早晨听鸡叫，晚上听狗叫”的生活，“日出而作，日落而息”，生活自然散淡。部分农民不仅性格相对封闭、保守和内向，而且缺乏一种独立自主的精神。农民由于经济条件和社会地位较为低下，容易自轻自贱，不把自己视为平等的公民主体。特定历史条件的制度歧视和观念歧视更加重了农民自身的自卑意识。农民因为自卑而封闭，惧怕外面的纷繁芜杂的世界的挑战，加之传统农民对土地的感情，使其安土重迁，固步自封。

由于自我意识的缺乏，在强大的社会外力和自然力量面前，农民往往表现出强烈的乏力感和听天由命的宿命论。农民经济实力普遍很弱，不少地区农民由于自然条件差靠天吃饭，在市场经济中往往凭运气吃饭。农民抗风险能力极弱，一旦遇到自然灾害，只能寄希望于政府扶助。天长日久不少农民的意识中形成了“坐、等、靠”的思想。传统农民的自卑、自贱，自我人格的缺失，导致现代的自由意识、平等意识、权利意识、责任意识和公共意识等现代公民意识难以发育。随着家庭联产承包责任制度的推行和农村市场经济的孕育和发展，农民由人民公社时期的“社员”变成了自主经营的个体，农民的自主性和独立性有了一定程度的增强，但也仅仅是刚刚发育，没有得到较好发展。农民人格意识的薄弱，使发展权的实现不仅缺乏人格的支撑，更缺乏主体内驱力。

（二）农民发展权的内涵

所谓“农民发展权”，是指作为个体的农民和作为集体的农民自由参与和增进经济、社会、文化和政治等全面发展并享受发展利益的权利。汪习根教授认为，“所谓农民发展权，是指农民阶级中的每一个个体和农民集体拥有的公平参与、促进经济、社会、文化和政治发展过程并公平分享发展成果的基本人权。”“其核心是农民的平等发展权，包括机会、规则与结果意义上的公平发展的权利。”[1] 农民发展权是农民发展机会均等和发展利益共享的权利。农民在解决了基本的温饱问题以后，必然追求自身的自我发展，“生存权是发

〔1〕汪习根、杨丰菀：“论农民平等发展权”，载《湖北社会科学》2009年第9期，第153页。

展权的基础和条件，而发展权又是生存权的存续和发展”。[1] 农民在满足了基本的生存权之后，面临的便是如何发展的问题；而发展权是“每个人和所有各国人民均有权参与、促进并享受经济、社会、文化和政治发展，……所有人权和基本自由都获得充分实现”。[2]

新中国成立后，中国农民为我国工业化发展被动地作出了巨大牺牲，国家通过工农“剪刀差”、“统购统销”等手段，把农村农民劳动的利益无偿地“贡献”给国家的工业化建设，使本来“靠天吃饭”的农民长期以来连温饱问题都难以解决，基本的生存权都得不到应有的保障。城乡差别日益扩大，严重制约着农民的发展。中国农民作为人口最大的公民群体，由于历史和现实的原因，农民成为我国最大的弱势群体。农民发展权保障的缺失，导致农民利益严重受损，导致大多农民长期在生存线上苦苦挣扎。

生存权和发展权是农民首要的基本人权。农民是中国最大的公民群体，中国人口约70%是农村人口。改革开放以来，农民解决了基本的温饱问题，生存权得到保障。农民生存权得到保障后必然谋求发展，发展权问题提上日程。农民首先必须生存，国家必须保证农民的基本生存条件。农民在受到天灾人祸而生活困难时，国家和政府有责任救济以保证其基本的生活。若农民不幸患上大病，面对高昂的医药费往往无能为力，政府应该完善医疗保障体系，保证农民享有“住得起院、看得起病”的权利。同时，农民在维持基本生存的基础上，也享有追求发展的权利，追求幸福生活的权利，追求社会地位向上流动的权利。农民追求充实而多姿多彩的文化生活，追求洁净舒适的生活环境、安定和谐的社会环境，追求“生产发展、生活宽裕、乡风文明、村容整洁、管理民主”的新农村风尚。

英国哲学家柏林将自由分为积极自由与消极自由，相应地，公民权利也可分为积极权利和消极权利。公民的消极权利，要求国家权力以不作为的方式予以配合就能实现。而公民的积极权利，则要求国家或政府以作为方式，采取积极的措施予以促进和保障才能有效实现。显然，农民发展权就是公民的一种积极权利，要求国家或政府积极推动和大力保障其发展权利，这种权

---

〔1〕 李长健、伍文辉：“基于农民权益保护的社区发展权理论研究”，载《法律科学》2006年第6期，第38页。

〔2〕 联合国大会1986年12月4日第41/128号决议：《发展权利宣言》第1条。

利才能有效实现。发展权作为弱势群体向强势群体、弱势群体向国家和政府所主张的一种在生存之后追求发展的权利，国家和政府有义务积极履行自己应尽的职责，为实现公平公正的发展权而努力。农民发展权概念的提出更有利于催生政府的农村法治意识，从而切实保障农民人权。农民发展权的确立和保护，对于新时期构建和谐的新农村，对于农村、农民、农业的发展都具有不可估量的价值和意义。

（三）农民发展权的权利构成

1. 农民发展权的主体。发展权的主体论有三种不同的论点，即集体主体论、个人主体论和混合主体论。集体主体论者认为，只有社会、集体才是发展权的主体。“第二次世界大战后，人权理论与实践又进入了一个新的发展阶段。……从个人发展，这是人权主体理论的又一次革命。”〔1〕因为“集体人权是实现个人人权的基础和前提，也是实现个人人权的手段和保障”。〔2〕个人主体论者认为，个人是发展权的享有者。混合主体论者认为，发展权主体既包括个人又包括集体，是二者的有机统一，“发展权的主体是个人也是集体，正是其作为一项新型人权的基本标志。”〔3〕农民发展权的主体应是混合主体，农民发展权是农民个体发展权和农民集体发展权的统一。一方面农民发展权首先是农民个体的发展。社会是由个人组成的集合体，集体的发展最终要落实到个人的发展上来。没有个人的发展，所谓集体的发展只是一句空话。因此，个体农民的发展既是农民发展权保障的出发点，也是农民发展权保障的归宿。相对于集体农民发展权，个体农民发展更是农民发展权的本质和核心内容。另一方面农民发展权也是农民集体的发展。在我国，个体农民主要是通过“村”的组织形式组成农村基层村社集体，实行村民自治的管理模式。在基层社会层面，农民集体发展权主要是指“村”的发展权。只有农民个体得到充分发展，农民集体发展才有意义和价值。农民集体的发展是以农民个体的发展为基础的，而农民集体的发展为农民个体的发展提供更好的平台和组织保障。农民发展权的外延应是集体农民发展权与个体农民发展权的高度统一。

---

〔1〕 徐显明、曲相霏：“人权主体界说”，载《中国法学》2001年第2期，第58页。
〔2〕 徐显明、曲相霏：“人权主体界说”，载《中国法学》2001年第2期，第58页。
〔3〕 肖巍：“作为人权的发展权与反贫困”，载《社会科学》2005年第10期，第31页。

2. 农民发展权的客体。即在农民发展权实现中其发展权利和义务指向的对象。农民发展权的客体，既包括农民从事的农业生产劳动行为本身，也包括农民通过农业生产劳动获取的劳动成果。农民发展权的客体还包括农民离开土地从事其他劳动行为及其获取的劳动成果，如农民工的务工行为及获得的劳动报酬等。农民发展权的客体除了农民从事体力劳动的行为及其创造的物质财富外，还包括农民从事脑力劳动行为及其创造的智力成果等精神财富。当然，由于农民普遍科学文化知识较为低下，农民发展权客体主要是以土地为劳作对象进行的生产劳动，以及土地所产出的农产品等物质财富。英国著名古典经济学家威廉·佩第（William Petty）指出，“劳动是财富之父，土地是财富之母 。”〔1〕

3. 农民发展权的内容。即农民发展权实现中有关权利主体应该享有的权利和负担的义务。农民发展权的主体主要是农民和政府，一方的权利往往意味着另一方的义务。农民发展权实质上是农民作为最大的公民弱势群体对政府和社会强势群体所主张的帮助其发展的权利。因此，农民发展权的内容，就农民而言，其核心权利是发展机会均等和发展利益共享的权利。同时，农民和城市市民相比，二者发展的天平严重失衡。为了促进农民发展，逐步缩小城乡发展失衡，国家应该努力促进和帮助农民发展，农民应该享有发展帮助权。当然，权利和义务是统一的。农民在享有发展权利的同时，应该依法履行法定的义务，服从国家和政府的管理等。就政府而言，政府应该对农民发展具有促进和助长义务，帮助实现农民发展权。政府有权要求农民在追求发展权实现过程中服从其依法进行的管理行为，要求农民履行法定的义务。具体来说，农民发展权包括经济、政治、文化和社会发展权四个方面。其中，农民经济发展权是农民发展权的经济基础，政治发展权是农民发展权的政治保障，农民文化发展权和农民社会发展权是农民发展权的应有之义和必然要求。

二、农民发展权的价值定位

（一）农民发展权是农民发展的母体性权利，是农民人权保护的发展方向

发展权作为基本人权，在人权关系中具有上位性和母体性，是一种概括

〔1〕《马克思恩格斯全集》（第23卷），人民出版社1956年版，第57页。

性人权，“农民发展权作为一项发展权，是最高和最基本的人权”。[1]“从地位上来看，发展权是其他人权形式得以生存与融合的场所，是人权大厦的基石，尤其是对公民权利和政治权利等人权形式具有奠基的价值。”[2]在功能上，发展权是一种母体性人权，“发展权作为一项基本人权，孕育着以人类的普遍发展为价值的法律的形成与发展”，“发展权作为一项母人权，繁衍、派生出一系列子人权”。[3]在农民权利体系中，包括一系列的基本人权，包括农民作为权利主体应享有的经济权、政治权、文化教育权、生活质量提高权、社会保障权、洁净环境权、发展权等一系列具体人权。在农民的一系列人权体系中，农民发展权显然是具有母体性地位的权利，因为农民在生存权获得保障后，势必谋求发展，而发展包括政治、经济、文化和社会生活等方方面面，农民人权势必向第三代人权——发展权方向发展。在发展权的基础上，农民人权衍生出经济发展权、政治发展权、文化发展权以及社会发展权等权利。由此可见，发展权和其他的人权相比不仅具有母体性，而且也是农民在基本权利获得满足后权利追求的努力方向。

(二) 农民发展权是促进农民主体性发展，建设社会主义新农村的必然要求

“天地之间，以人为贵。”[4]人的自由而全面的发展，是马克思主义的终极理想和人文关怀。人是社会的主体，也是社会发展的动力，社会发展归根到底是人的发展，以人的发展为出发点和归宿，“发展权以人的全面发展和价值实现为终极理想”。[5]农民作为中国公民的最大群体，其发展程度和发展状况应是衡量中国社会发展的重要指标。新中国成立以来，经过半个多世纪的曲折发展，中国农民的生存权基本得到满足，当前摆在当政者面前的重要课题，便是农民的发展问题。建设社会主义新农村解决“三农”问题，归根

---

〔1〕李长健：《中国农业补贴法律制度研究：以生存权与发展权平等为中心》，法律出版社 2009 年版，第 25 页。

〔2〕汪习根：《法治社会的基本人权——发展权法律制度研究》，中国人民公安大学出版社 2002 年版，第 1 页。

〔3〕汪习根：《法治社会的基本人权——发展权法律制度研究》，中国人民公安大学出版社 2002 年版，第 128～130 页。

〔4〕《混俗颐生录·序》。

〔5〕汪习根：《法治社会的基本人权——发展权法律制度研究》，中国人民公安大学出版社 2002 年版，第 74 页。

到底要在发展中解决，而农民作为社会关系的主体，其自身发展的程度，对农村、农业的发展直接起决定性作用。只有充分保障农民的发展权，才能有力地激发农民的积极性、主动性和创造性，从而使其成为推动社会主义市场经济发展，有力推进社会主义新农村建设的生力军。而农村社会主义市场经济的发展，又为农民作为价值主体的进一步发展奠定坚实的物质基础。

（三）农民发展权保障是统筹城乡发展，构建和谐社会的客观需要

农民问题是事关我国经济和社会发展全局的战略问题，统筹城乡发展是促进社会主义现代化建设、构建和谐社会的根本大计，“城乡统筹是全面实现小康社会目标的根本途径”。[1] 随着社会主义市场经济的发展，城市发展突飞猛进一日千里，而农村地区发展仍迟缓和滞后，城乡差别正在进一步拉大，农民和城市市民生活水平差距进一步加大，这种状况成为制约农村发展和整个社会和谐发展的重要瓶颈。近几年，城乡关系有了较大改善，城乡差距也在不断地缩小，和谐的城乡关系正在逐渐形成，但是我们也应该看到，影响城乡协调发展的因素还很多。其中大多数农村地区较为落后，农民生活较为贫困，农民发展权得不到保障是影响城乡差距缩小的一个关键因素。因此，确立与保障农民的发展权，是统筹城乡发展构建和谐城乡关系的根本途径。

第三节　农民发展权保障的目标定位

一、农民发展权实现的根本目标：自由而全面发展

（一）自由而全面发展是马克思主义发展理论的核心内容

“人的发展本质是一个目的论命题，是人的追求和理想。”[2] 广义的人的全面发展，是指类和个体各方面都得到发展；狭义上是指个体的体力、智力、心理、品德、能力等各方面的发展。个体的全面发展，即人人都应该有高尚的人格情操、健康的体魄、广博的知识和技能，在德智体美等基本方面具备较高的素质。只有这样的个体的人才能具有良好的社会价值和自我价值，才能实现个人自我价值和社会价值的有机统一。发展归根结底是人的发展，主

---

〔1〕曾业松：《新农论》，新华出版社2004年版，第106页。

〔2〕陈新夏：《认识·主体·人》，中国社会科学出版社2007年版，第208页。

张发展权根本上是主张主体的发展权，“发展权作为一项人权，是全体人类中的每一个人都享有的权利”。[1] 发展权是人的全面自由发展的权利。

人的全面发展是马克思主义为之奋斗的崇高理想和价值目标。马克思主义认为，人的全面发展是人类社会发展的根本目的。人类社会努力发展生产力，通过革命、改革和改良变更生产关系，从而促进社会制度从低级向高级发展，从根本上来讲，是为了促进社会自由而全面的发展。人的发展是历史发展的基本标志。而人的发展的实质内容是人的个性解放与实现。马克思以人的个性为基本线索，从历史发展的合规律性与合目的性相统一的原理出发，探索了人的发展历程。马克思主义认为，“人类的发展历史是确立和实现自己个性的历史。”[2] 他指出：“人的依赖关系（起初完全是自然发生的），是最初的社会形态，在这种形态下，人的生产能力只是在狭窄的范围内和孤立的地点上发展着。以物的依赖性为基础的独立性，是第二大形态，在这种形态下，才形成普遍的社会物质变换、全面的生产关系、多方面的需求以及全面的能力体系。建立在个人全面发展和他们共同的社会生产能力成为他们的社会财富这一基础上的自由个性，是第三阶段。第二阶段为第三阶段创造条件。”[3]

马克思主义自由而全面发展理论的核心价值是自由。发展的终极目标中，首要的根本的价值是自由。马克思主义强调发展的首要的核心价值是自由，是相对于以往社会发展的不自由而言的。马克思主义认为，自由首先是对客观规律的认识。人们只有对客观世界认识越全面、越深刻，才可能认识规律驾驭客体，使客体能满足主体的需要，人获得的自由才会越大。否则，就难以摆脱客观必然性的制约与支配。其次，自由还表现为对客观规律的认同。主体认识客观规律还只是实现自由的前提。主体只有在认识客观规律的基础上进一步认同客观规律，并把它转化为行动意志才有可能获得自由。试想，主体虽然认识到客观规律，但在意志上并不认同，并没有把它转化为自己的行动计划的话，主体依然没有自由可言。最后，自由体现为对必然性的驾驭。人在认识客观必然性之前，显然是不自由的；认识客观必然性如果不将其转

[1] 陈新夏：《认识·主体·人》，中国社会科学出版社2007年版，第64页。

[2] 《马克思恩格斯选集》（第1卷），人民出版社1995年版，第121页。

[3] 《马克思恩格斯全集》（第46卷·上），人民出版社1979年版，第104页。

化为自己的行动意志，依然无自由可言。主体只有认识并认同客观必然性，把它转化为自己的行动意志，并在此基础上按客观规律办事，做到知行合一，才可能征服、改造客观世界，才能在此基础上获得自由。主体只有充分全面地认识客观世界，才可能最终从必然王国走向自由王国，才能真正实现人的自由而全面的发展。

马克思主义自由而全面发展的理论又是全面发展的理论。18 ~ 19 世纪资本主义生产力虽然获得空前发展，但资本主义发展却是片面的发展，其基本特征是“物”对人的统治。在资本主义社会，由于人的物化现象非常严重，劳动者只是机器的一个零件，机器支配人；在此情形下，人不仅不能获得自由发展，更谈不上全面发展。劳动者每天从事枯燥的、单一的劳动，人不能完整发展、公平发展，人成为资本的奴隶，资本占有劳动。马克思主义认为，未来社会是“以每个人的全面而自由的发展为基本原则的社会形式”，[1]“代替那存在着阶级和阶级对立的资产阶级旧社会的，将是这样一个联合体，在那里，每个人的自由发展是一切人的自由发展的条件”。[2] 这个自由人的联合体，是以生产资料社会所有制为前提，以社会产品的极大丰富为基础，以社会公民的精神境界巨大提高为条件。在这个自由人的联合体中，人的各种潜能和能力都获得充分发挥，人的多元性需求得到较为充分的满足，人的社会关系日益丰富。

马克思主义自由而全面发展的理论的立足点是尊重个人的主体性发展。马克思主义创立唯物史观的前提“是从现实的、有生命的个人出发”，这不仅在于“任何人类历史的第一个前提无疑是有生命的个人的存在”，而且还在于“现实的个人”是唯物史观所有范畴的原始依凭并渗透于所有的这些范畴中。……[3] 马克思主义认为，每个人全面而自由的发展是一切人自由发展的前提。马克思主义认为，“人们的社会历史始终只是他们的个体发展的历史，而不管他们是否意识到这一点。”[4] 马克思恩格斯的许多论著在论及“全面发展”、“自由发展”或“自由而全面的发展”时，往往都冠以“个人”一词。譬如，在《德意志意识形态》中，说共产主义是“个人的独创和自由

[1]《马克思恩格斯全集》（第 23 卷），人民出版社 1972 年版，第 649 页。

[2]《马克思恩格斯选集》（第 1 卷），人民出版社 1995 年版，第 294 页。

[3]《马克思恩格斯选集》（第 1 卷），人民出版社 1972 年版，第 24 页。

[4]《马克思恩格斯选集》（第 4 卷），人民出版社 1995 年版，第 532 页。

的发展不再是一句空话的唯一的社会”，“个人的全面发展……正是共产主义者所向往的”，“不可避免的共产主义革命……本身就是个人自由发展的共同条件”。[1]马克思在强调个体发展的同时，特别强调个体的范围是“全部”或整体中的“每个”，而不是部分更不是个别人的发展。

（二）自由而全面发展是构建和谐社会的根本追求

“和谐是一个关系范畴和存在状态，是指事物之间协调、均衡、有序的发展状态。”[2]构建和谐社会是人类孜孜以求的崇高理想。2005 年 2 月 19 日，在省部级主要领导干部提高构建社会主义和谐社会能力专题研讨班上，胡锦涛总书记在讲话中明确指出：我们所要建设的社会主义和谐社会，应该是民主法治、公平正义、诚信友爱、充满活力、安定有序、人与自然和谐相处的社会。和谐社会是一种关系的和谐，包括人与自然、人与人、人与社会、人与国家、国家与国家之间关系的和谐。其中人与自然关系的和谐是和谐的基石。如果过分强调对自然的控制、征服和利用，必然会导致人与自然关系的紧张，最终必将威胁到人类自身的生存和发展。其实人自身的身心和谐发展是和谐社会发展的根本要旨之所在，要求人的自我物质和精神、理性和感性、生理与心理都得到和谐的发展，即个体的全面发展。如果个体过分沉溺于物质生活的追求与享受，忽视对理想人生的价值和意义的追问的话，那么它必将成为精神空虚的“单向度的人”。

和谐社会是以发展为价值基础的。和谐社会必须以发展为价值基石，没有发展的和谐社会只能是低水平的和谐。社会和谐离不开发展。没有发展的的和谐社会只能是建立在沙堆上。由于社会生产力的低下，人们精神和物质的贫困，最终导致社会动荡，社会和谐也就丧失殆尽。

人的自由而全面的发展是社会主义和谐社会的根本追求。“发展权具有对人的终极关怀性。发展权旨在实现人的基本价值，促进人自身内在能力的充分发展及人与外部世界的协调统一。”[3]因此，人自由而全面发展是和谐社会的根本价值追求。

---

〔1〕《马克思恩格斯全集》（第 3 卷），人民出版社 1960 年版，第 330 页。

〔2〕袁银传、郑洁：“社会公平及其在构建和谐社会中的作用”，载《学习与实践》2005 年第 5 期，第 58 页。

〔3〕汪习根：《法治社会的基本人权——发展权法律制度研究》，中国人民公安大学出版社 2002 年版，第 122 页。

“社会和国家的最终目的和个人的最终目的一样，是实现最美好的生活。”〔1〕江泽民指出，“我们建设有中国特色社会主义的各项事业，我们进行的一切工作，既要着眼于人民的现实的物质文化生活需要，同时又要着眼于促进人民素质的提高，也就是努力促进人的全面发展。”〔2〕党的十六大报告强调，“要推动社会全面进步，促进人的全面发展”。这表明，我们的一切工作在满足人们的物质文化需要的同时，人的自由而全面发展才是其终极目标。

“天地之间，以人为贵。”〔3〕人是社会的主体。社会的发展，本质上在于人的自由而全面的发展。一种理性的社会制度，其价值就在于能促进社会成员的自由而全面的发展。和谐社会的构建，关键在于促进人与社会的和谐、人与自然和谐，最终根本的也在于促进作为个体的人的自由而全面的发展。

（三）自由而全面发展是农民发展权根本的主体性目标

人的自由而全面发展是马克思主义为之奋斗的最高理想和价值目标。人的自由而全面发展的理想和目标绝不是一句空洞的理论，其实现必须通过现实的、具体的社会主体来完成。天地之精英，唯在于人。主体的发展，是主体从事社会实践的内在价值。1998 年诺贝尔经济学奖获得者阿马蒂亚·森（Amartya Sen）在其名著《以自由看待发展》中的核心思想为：发展是扩大人们享有的真实自由的一个过程，扩展自由既是发展的首要目的，又是发展的主要手段。

农民作为我国最大的社会群体，是我国社会主义现代化建设的重要的主体力量。农民不仅是社会主义现代化的建设主体，也是社会主义现代化的价值主体，是建设主体和价值主体的有机统一。马克思主义的自由而全面发展的价值目标和价值理想为人类社会的发展指明了方向，当然也为这个蓝色星球最大的人群——农民指明了发展的根本目标。农民是我国人口最多的群体，没有农民的自由而全面发展，就谈不上作为“类”的人的自由而全面发展。千百年来匍匐在封建专制重压之下的中国农民一直在基本的生存线上挣扎，发展对于其只是奢谈！

社会主义新中国的建立，为农民发展奠定了根本制度基石。然而由于计

〔1〕［英］鲍桑葵：《关于国家的哲学理论》，汪淑钧译，商务印书馆 1995 年版，第 188 页。

〔2〕中共中央文献研究室编：《江泽民论有中国特色社会主义（专题摘编）》，中央文献出版社 2002 年版，第 383 页。

〔3〕《混俗颐生录·序》。

划经济体制的消极作用和消极影响，新中国成立后相当长的时期内，农村经济极为落后，农业发展非常缓慢，农民长期挣扎在温饱线上。社会体制与社会根本制度的背离使得农民生存艰难，生存权受到严重威胁。改革开放后，随着家庭联产承包责任制、村民自治的推行以及乡镇企业的兴起，农村经济一度获得长足发展，农村温饱问题得到基本解决。农民生存权得到保障后，势必谋求发展。农民发展权保障成为新世纪摆在国家和政府面前的重大课题！“发展权作为一项人权，是全体人类中的每一个人都享有的权利。”〔1〕“发展权以人的全面发展和价值实现为终极理想。”〔2〕主张农民发展权本质上是主张农民作为社会建设主体和价值主体的发展权，农民发展权归根结底是农民的发展权利。

21 世纪初，党和国家在提出建构社会主义和谐社会的基础上，提出了社会主义新农村的伟大构想。社会主义新农村建设是指在社会主义制度下，按照新时代的要求，对农村进行经济、政治、文化和社会生活等方面的全面建设，最终把农村建设成为经济繁荣、设施完善、环境优美、文明和谐的社会主义新农村。建设新农村，首先必须回答一个根本性问题，即谁是主体？这不仅是一个理论问题，同时也是一个实践问题。在理论上讲，建设新农村要以科学发展观为指导，坚持以人为本的核心理念。在实践上讲，新农村建设的落脚点在农村，关键在农民。农民即是新农村建设的建设者，是主要的建设主体；同时也是新农村建设中的直接受益者，是受益主体。如果新农村建设没有农民积极、主动、创造性地参与，那么新农村建设的目标和愿望就会落空。同时，如果在新农村建设中农村不能真正受益，农民建设新农村的积极性、主动性和创造性必然会受挫。在新农村建设中缺乏亿万农民的主体性推动，建设新农村必将是一句空话，所谓新农村也必将是镜中之花、水中之月。所以，亿万农民公民是新农村建设的主体。以人为本是新农村建设的根本价值。在农村，以人为本就是以“农民”为本，尊重农民的人格，尊重农民的主体性。

社会主义新农村建设的核心价值是发展。发展是指引新农村建设的基本

〔1〕汪习根：《法治社会的基本人权——发展权法律制度研究》，中国人民公安大学出版社 2002 年版，第 74 页。

〔2〕汪习根：《法治社会的基本人权——发展权法律制度研究》，中国人民公安大学出版社 2002 年版，第 74 页。

价值理念。社会主义新农村建设的基本目标是“生产发展、生活宽裕、乡风文明、村容整洁、管理民主”，这无一不是农村经济、政治和社会生活的发展指标和发展目标。新与旧是相对的，随着社会主义新农村建设的不断推进和升华，农村社会发展必将一步一个台阶向前发展。社会主义新农村发展是新农村建设的引擎，将引导新农村建设从一个发展目标走向另一个发展目标。新农村建设中农村社会发展的核心是农民的发展，是农民的主体性发展。

衡量社会主义新农村建设的终极价值目标即是农民的自由而全面的发展。新农村建设是以农民的自由而全面发展为根本价值取向。新农村建设是以保障农民的自由为核心价值的。新农村建设发展的目标是让农民享受自由，过上有尊严的生活。在计划经济时代，不仅农民的自由权受到严重禁锢，农民被严重禁锢在土地上，而且财产权、人身权，甚至基本的生存权都得不到保障，农民生产积极性和创造性受到严重遏制。“出工一条龙，干活一群虫，收工一窝蜂”是农民生产积极性的真实写照。农民政治自由缺乏，表现为不仅选举权缺失，而且表达权也缺失。新农村建设的根本价值是自由。不仅要保障农民的消极自由，更要保障农民的积极自由。必须赋予农民表达自由权、结社自由权，进一步完善村民自治制度，真正实行“四个民主”，让农民具备自身发展的政治发展能力。同时，公共政策的制定要以促进农民自由为核心。社会主义新农村建设的公共政策选择必须坚持公平正义的原则，废除城乡二元结构体制，建立统筹城乡发展的一体化机制，从制度上保证农民享有平等的社会地位，从而促进农民的自由发展。

在新农村建设中，只有让农民全面发展才能充分保障农民的自由权利。在新农村建设中，农民的发展不仅表现为经济、政治、文化和社会生活等方面的权益和能力的扩展，关键是在社会主义新农村建设中，必须让农民成为能动的参与者，对于事关其切身利益的公共事物和公共事业必须在自由和民主的基础上自治自理；同时在国家层面的事务中，要让农民能够参与设计与自己切身利益相关的社会决策，并能够主导其贯彻落实。

总之，在社会主义新农村建设中，只有坚持自由而全面发展的终极价值目标，充分保障农民发展权，农民和农村社会才会一步一个台阶向前发展。在新的发展平台和新的发展起点上，党和国家必将提出新的发展目标。这就使得社会主义新农村建设中农民发展权的实现呈现为螺旋式上升的态势，最终无限逼近马克思主义所勾画的人的自由而全面发展的美好的理想图景和主体发展的终极目标。

二、农民发展权保障的中期目标：实现农村现代化

（一）现代化：中国人的世纪之梦

所谓现代化（Modernization），常被用来描述现代发生的社会和文化变迁的现象，指人类社会从农业社会向现代工业社会转变所经历的一场涉及社会生活诸领域的深刻的变革过程。“现代化过程虽然是起源于西欧，但已经从根本上改变了世界其余各地，因此表达这一过程的概念不能局限于地理上的西方，而应当比它更广阔。”〔1〕现代化是在社会分化的基础上，以科技进步为先导，以工业化、城市化为主要内容，经济与社会协调发展的过程。罗荣渠先生指出：“现代化是工业化，这确是现代化的主要动力，也是现代化的经济层面的中心内容，但仅此是不够的，现代化还将包括从经济基础到上层建筑、价值观念等的全面变革。”〔2〕马格纳雷拉（Magnalei La）认为，“现代化是发展中的社会为了获得发达的工业社会所具有的一些特点，而经历的文化与社会变迁的全球性过程。”现代化是人类文明要素不断创新、选择、传播的过程，是人类文明推陈出新的过程。尽管站在不同角度可以对现代化的内容做出不同的分类，但最基本的分类可以从主客体角度分为物的现代化和人的现代化。现代化是一个价值理念、政治制度、社会结构乃至风俗观念新陈代谢的过程，是一个现代性不断生长的社会历史进程。现代化是一个具有鲜明特性的进程，而且一定意义上来讲是世界各国发展面临的客观趋势。现代化进程是一个知识大爆炸的进程，知识信息量以惊人的数量和速度增长和传递。现代化是人类文明的深刻嬗变，是一个不断追赶、达到和保持世界先进水平的过程。现代化的核心是“生产力（效率）解放”和“人性的解放”，虽然从欧美等西方社会开始，甚至有时也被称为“西方化”，但不专属于西方社会。

现代化进程以某些既定特征的出现作为完结标志，这些标志的出现表征社会实现了由传统向现代的转变。在人类追求现代化的进程中经历了三次大

〔1〕杜维明：“多种现代性：东亚现代性含义初步探讨”，载［美］塞缪尔·亨廷顿、劳伦斯·哈里森主编：《文化的重要作用——价值观如何影响人类进步》，程克雄译，新华出版社2010年版，第314页。

〔2〕罗荣渠：《现代化新论》，北京大学出版社1993年版，第93页。

的具有标志性意义的科技革命。第一次科技革命发生在18世纪末，以蒸汽机的发明和应用为主要标志，实现了从工场手工业发展到大机器生产的历史飞跃。这次科技革命以大机器生产代替工场手工业，使人类进入机器时代，是一场生产技术上的革命，使社会生产力发生了革命性的变革。同时，第一次工业革命也是一次深刻的社会革命，更引起了生产关系上的重大变革。第二次科技革命发生在19世纪末到20世纪初，以电力技术为标志。19世纪末，随着资本主义经济的发展，自然科学取得的研究成果不断被推广，各种新技术、新发明层出不穷，并被迅速应用于工业生产，由此促进了资本主义经济的迅速发展。发电机和电动机的发明和应用，把社会的工业化提高到一个崭新阶段，使社会生产力进入电力时代。第三次科技革命发生于20世纪中期，以空间技术、原子能和电子计算机的发展为主要标志。人类面临的这一新科技革命，将使世界发生前所未有的深刻变革。它以生命科学、信息科学、材料科学等为前沿，以生物工程技术、计算机技术、激光技术、空间技术、新材料技术和新能源技术应用为特征，将人类社会推进到信息时代。第三次科技革命是人类文明史上继蒸汽技术革命和电力技术革命之后科技领域里的又一次重大飞跃。不仅极大地推动了人类社会经济、政治、文化领域的变革，而且也影响了人类生活方式和思维方式，使人类社会生活和人的现代化向更高境界发展。第三次科技革命是迄今为止人类历史上规模最大、影响最为深远的一次科技革命。

在封建时代，中华文明一直是世界领先的文明，中国曾经是世界上最发达的国家。只是到了近代由于封建专制的腐朽导致各种社会矛盾爆发使得中国内忧外患，中华文明才衰败下来。新中国成立后，赶超西方实现社会主义现代化一直是中国人的梦想。我国现代化实现的基本标志主要在于经济上的工业化、政治上的民主化、社会生活上的城市化、思想领域的自由化、学术知识上的科学化、文化上的人性化等。应该说，经济上的工业化是现代化的物质基础，政治上的民主化是现代化的政治保证，社会生活的都市化是现代化在人们生活方式上的表征。经济、政治和社会现代化需要主体思想的自由化、学术知识的科学化。现代化主体只有思想自由，创造的灵感才会如泉源奔涌，才能不断创造出足以支撑现代化实现的科学的学术知识，从而为现代化的实现提供强大的精神动力和智力支持。而只有坚持“以人为本”，塑造人性化的文化，器物层面的现代化才能真正为作为社会主体的人所用。文化的人性化使得社会主义现代化具有熠熠的人性光辉！

中国科学院中国现代化研究中心主任何传启指出，“从现代化科学角度看，如果一个发达国家下降为发展中国家后，经过不懈努力，再次成为一个发达国家，那就是一种国家复兴。”现代化是中国复兴的必由之路，中国复兴的过程就是全面实现现代化的过程。他认为，现代化包括六个现代化，即经济现代化、社会现代化、政治现代化、文化现代化、生态现代化和人的现代化，全面实现六个现代化，即都达到世界先进水平。与20世纪60年代中国提出的农业、工业、国防、科技四个现代化的“四化建设”相比，按领域分类的“六化建设”内涵更丰富、内容更全面，其经济现代化包括农业、工业和服务业现代化等；社会现代化包括教育、医疗和交通现代化等；政治现代化包括国防、政府和法制现代化等；文化现代化包括科技、文化内容和文化产业现代化等；生态现代化包括生态文明建设、城市和农村环境现代化等；人的现代化包括人的全面发展、公民素质、公民行为和公民观念现代化等。〔1〕我国社会主义现代化可分为两个阶段：第一阶段是从农业经济向工业经济、农业社会向工业社会、农业文明向工业文明的历史转变；第二阶段是从工业经济向知识经济、工业社会向知识社会、工业文明向知识文明、物质文明向生态文明的历史转变。

（二）农民发展权的中期目标：农村现代化

我国是一个以农业人口为主的国家，在一定意义上讲，中国实现现代化的核心是实现农村现代化。没有农村的现代化，中国现代化的实现是不可想象的。传统农业社会自给自足的自然经济是一种相对封闭的经济形态。传统农业经济的封闭性，导致我国农业社会发展较为落后。我国广大农村地区，特别是中西部地区至今仍然较为落后，经济、政治、文化和社会生活欠发展。农村现代化是一个包括政治、经济、文化和社会生活等方面均获得全面发展的现代化。农村现代化不仅包括了农村经济的快速增长、农村民主政治制度的相对完善而且还包括农村生态可持续发展、农村社会的和谐进步以及农民自身的自由而全面发展等。农村现代化的核心是农民的现代化，是农民素质的根本提高。农村现代化是以农业现代化为基础的。农业现代化应建立高产、

---

〔1〕参见何传启：“中国复兴之路需全面实现‘六个现代化’”，载中国新闻网，http://www.chinanews.com/gn/2013/02-03/4543709.shtml，最后访问日期：2013年2月3日。

优质、高效的农业生产体系，大幅度提高农业综合生产能力，确保农业可持续性发展，实现农业经济效益、社会效益和生态效益的有机统一。这不仅是用现代科学技术改造农业、用现代工业装备农业的过程，而且也是用现代科学文化知识提高农民素质、用现代管理方法管理农业的过程。

首先，农村现代化是农村经济现代化。传统农业社会在经济发展状态上是一个自给自足的自然经济。农村经济现代化是农村经济从传统的自给自足的自然经济向市场经济转变的过程。农村经济现代化关键是农业现代化。所谓农业现代化主要是指农业生产部门的现代化，即在现代科学技术基础之上的农业，通过农业机械化、信息化等科学技术将传统的粗放型的农业生产转变提升为集约化规模化的现代农业生产模式，从而促进农业生产效率和效益的跨越式提高。

农村工业化也是农村经济现代化的重要标志。农村现代化是以所谓农村工业化，即以农村乡镇企业为核心的农村经济能够实现快速的发展壮大，并通过企业化、市场化的管理和科学的生产制度来影响农村经济社会的变革，从而大力促进农村经济发展和农民生活水平的不断提高。农村经济现代化是以农业生产率的显著提高、农民收入持续增长、经济福利的大幅改善和城乡居民经济收入相对均衡为基本指标。农村经济现代化意味着从农业经济向工业经济的转变，从而为农业社会向工业社会、农业文明向工业文明转变奠定坚实的物质基础。

其次，农村现代化是农村政治现代化。农村政治现代化是现代民主、宪政和法治等从思想到制度再到广泛的农民实践的过程。农村政治现代化是农民的政治主体意识不断增强的过程，是农民的权利意识、责任意识、自由意识、参与意识、公共意识和公共精神生成并不断发育的过程。农村政治民主化的基本标志是农村基层政治的民主化、自治化、法治化。马克思主义认为，随着人类文明的逐步演进，国家与社会逐步二元化分离，民主也可分为国家形态的民主和社会形态的民主两种。法治和民主成为型构农民生活的基本的理念、制度乃至基本的生活方式。就国家层面的民主而言，农村政治现代化意味着国家建构起了现代民主政治制度和框架，农民能像其他社会阶层一样平等参与国家层面的民主生活，成为有尊严的社会主体，农民真正成为“国家的主人”。

农民政治现代化的现实表现更多地体现在农村基层民主政治上。村民自治作为我国基层民主制度，是我国为了充分发挥农民自身的主体性作出的宪政制度安排，是我国农民行使社会民主的基本方式和形式。广大农民群众通过村民自治的“民主选举、民主决策、民主管理和民主监督”的“四个民主”的政治制度的安排，对事关其切身利益的村内公共事务和公共事业进行自治自理，从而达到“自我管理、自我教育和自我服务”的自治目的。村民自治在20世纪80年代的萌生之初，就被学界誉为“民主的蝴蝶在飞”。〔1〕村民自治三十多年的自治运行历程，就是农村政治现代化的历程，是农民政治现代性得到不断生长和发育的历程。

再次，农村现代化是农村文化现代化。文化现代化，“即指文化诸因素、门类达到国际最新、最高发展水平，是在继承、弘扬民族的、全人类的优秀传统文化的基础上创造、发展，并不断向现代文化转型的特殊变迁过程”，“其内涵应包括思想观念现代化、制度现代化、文化设施现代化、文化信息化、文化产业化、文化消费经常化、文化交流国际化、文化科技化、文化人口高比例化、文化人才高档化和文化管理法治化等等。”〔2〕如果说文化设施现代化等是文化现代化的“硬件”的话，那么文化思想和观念的现代化则是文化现代化的“软件”。文化现代化对于社会具有文化整合、激励和凝聚的功能，为社会政治现代化、经济现代化和社会生活现代化的发展提供强大的精神动力和智力支持。

农村文化现代化，不仅意味着农村文化设施的现代化，更主要的是农村科学文化知识的普及和农民的思想观念的现代化。农村现代化，关键是农民现代化，是农民自身素质现代化。我国农村落后表象来看是经济的贫困，里层是农民权利的贫困，深层的是文化的贫困。因此，农村现代化根本的是实现农村文化的现代化。农村文化现代化是现代民主政治和法治有效运作的根本驱动，也是构成农民作为主体的人的现代化的重要前提。长期以来，由于农村经济的落后，大多农民接受教育的机会很少，受教育的程度很低，农村文盲半文盲比例非常大。同时我国是一个具有两千多年专制文化传统的国家，封建专制者为了强化其统治的需要，实行愚民政策，“民可使由之，不可使知

〔1〕参见蒋铁刚：“‘民主的蝴蝶在飞’：荣敬本教授访谈录”，载《改革内参》1998年第3期，第68页。

〔2〕陈依元：“现代化、文化现代化、文化现代化指标体系”，载《福建论坛》（经济社会版）2000年第10期，第57页。

之”，[1] 采取禁锢人的思想的消极手段，大多农民所受教育非常有限。受封建专制传统的影响，义务本位一直以来是传统社会占主导地位的农民政治文化的价值核心，以权利意识、责任意识、平等意识、参与意识和公共意识为核心的现代公民文化发展缓慢，缺乏应有的发展空间。因此，普及科学知识，培育公民文化是农村文化现代化的基本要义。

最后，农村现代化是农村社会生活现代化。社会生活是主体直接的现实生活，是与衣食住行直接相连的世俗生活，“这个领域的生活，是经济生活、政治生活和文化生活的回归和综合，使人得以生存、享受和发展。”[2] 社会主义新农村提出的“生产发展、生活宽裕、乡风文明、村容整洁、管理民主”中，“生活宽裕、乡风文明、村容整洁”就是对于农村社会生活现代化发展的基本要求。农民社会生活现代化的基本要求主要在于农民生活的城镇化、社区化、乡风文明化、生活方式健康化、生活保障化、生态环境洁净化与绿色化等等。城镇化与社区化是农民社会生活现代化的基本标志。我国农村地区地域广大，农民一直以来过着一种散居生活。这种散居的生活方式，使得农民一盘散沙，这也是农民封闭保守等传统缺点形成的基本原因。农民散居的居住方式不仅不利于农民的互助与合作，也不利于现代化的思想观念在农村的传播。因此，城镇化和社区化将彻底改变农民的居住方式，从而为农村社会生活现代化奠定基石。

（三）农村现代化的实现主体

“三农”问题是我国现代化进程中的关键问题。农村现代化归根结底是人的现代化，是作为农村社会主体的农民的现代化。没有农民的现代化就没有农村的现代化。“从根本上说，传统政治文化现代化的完成是人的现代化，即塑造独立自主、自由平等、个性凸显、具有公共人格的新型政治人，使个体成为充满主体意识和权利意识的公民。”[3] 农民现代化意味着农民具有现代化的素质，农民不再是传统意义上的“面朝黄土背朝天”、“日出而作、日落而息”的农民，而是具有科学知识、技术能力、现代思想的现代农民。目前，我国解决“三农”问题进入关键时期，解决“三农”问题不仅是国家政府的

---

[1]《论语·泰伯》。

[2] 孙显元：“论社会生活”，载《江淮论坛》2006年第2期，第6页。

[3] 李文冰：“中国传统政治文化现代化的目标定位”，载《浙江学刊》2004年第6期，第187页。

责任，也是农村社会的责任。农民是农村社会的主体，是农村现代化建设的主体，也是新农村建设的主体。胡锦涛总书记指出，“农民是社会主义新农村的建设主体、受益主体和价值主体”，〔1〕由于受中国两千多年专制传统的影响，中国农民主体意识缺失，体现为平等意识、权利意识、自主意识、责任意识等的缺失，农民臣民意识厚重而公民意识缺失。“在皇权专制统治下，老百姓被看作是自身没有任何自主权利而只能接受专制权力之恩赐的存在者。”〔2〕大多农民各自为利，自由而散漫。同时，分散而封闭的小农经济导致农民一盘散沙，公共意识、参与意识缺失，农民缺乏社会交往，难以形成有效的集体行动。可以说，分散而封闭的小农经济是导致农民主体意识缺失的经济基础。构建社会主义和谐新农村、建构农村法治社会，迫切需要培育具有主体意识和主体精神的新一代农民。“广大农民群众是推动生产力发展最活跃、最积极的因素。充分发挥广大农民群众的主体作用，是建设社会主义新农村成败的关键。”〔3〕

为了充分发挥农民在社会主义现代化建设中的主体作用，首先在经济发展权保障上，应完善农村市场经济体制，大力发展农村市场经济，为农村、农业、农民发展夯实物质基础。在政治上，应优化乡村关系，彻底改变乡镇压力型体制。乡镇管理体制的创新，将为广大农民主体性的充分发挥奠定体制基础。应强化基层政权对村民自治的指导，消除乡村关系的异化。应科学界定哪些事项属于乡镇政府职权，从实际出发明确界定哪些事项乡镇政府应予指导，哪些事项完全属于村民自治自理乡镇政府无权干涉。同时应该明确界定乡镇政府指导村民自治的具体方式。立法上应强化乡村指导关系，在法律上明确乡村法治关系，不仅为乡村关系的良性运作提供了法律依据，而且对于提高村民自治的主体地位，提升其从事社会主义现代化建设的积极性、主动性和创造性具有深远的意义。

在文化发展权上，应大力加强农民教育与培训，培育一代新型农民。一方面应加强就业技能培训；另一方面应着力提高农民素质。农民素质的提高

〔1〕“中共中央国务院关于推进社会主义新农村建设的若干意见”，载《人民日报》2006年2月22日，第1版。

〔2〕李翔海：“中国文化现代化历程的哲学省思”，载《中国社会科学》2002年第6期，第62页。

〔3〕胡锦涛：“在中共中央主办的省部级领导干部‘建设社会主义新农村专题研讨会’开班式上的讲话”，2006年2月14日。

关键在于培育农民的主体意识和公民精神。李慎之指出，中西“千差距，万差距，最大的差距就是人民的公民意识方面的差距”。[1] 农民主体意识和主体精神的培育离开公民教育别无他途，“公民教育是现代文明的必然产物”。[2] 公民教育能使传统农民向现代公民嬗变，让农民既不是一个个俯首帖耳的“顺民”，更不是一个个穷凶极恶的“暴民”，而是具有平等意识、权利意识、参与意识和责任意识等主体意识和主体精神的现代公民。

在社会发展权上，应彻底废除城乡二元社会结构，赋予农民自由迁徙权、平等的社会保障权、平等的就业权，为农村社会平等提供公共产品。只有充分保障农民社会生活权利，才能为农民从事社会主义现代化建设提供基本的社会条件和社会保障。

三、农民发展权保障的近期目标：城乡一体化发展

（一）城乡一体化的基本内涵和价值

城乡一体化发展，是指在生产力发展到一定水平和城市发展到一定阶段的基础上，国家通过各种政策和措施打破城乡发展的壁垒，实现城乡之间生产要素的合理流动和优化配置，从而实现城乡均衡、协调和可持续性发展。城乡一体化发展是使城乡人口、资本、技术、资源等要素互为资源，互为市场，相互融合，互相服务，从而逐步达到城乡之间在经济、社会、文化、生态等各方面上协调发展的过程。城乡一体化发展是在随着生产力发展到一定水平为城乡均衡发展提供了一定物质支撑的基础上产生的社会历史进程。人类文明发展进程是城市和农村互相协调发展的过程，农村的发展为城市发展奠定基础，城市发展为农村繁荣提供动力。推进城乡一体化，是农村现代化实现的根本途径。农村现代化是国家全面现代化的基础，没有农村的现代化就没有全面的现代化。大力推进城乡一体化发展，不仅是深入贯彻科学发展观的客观要求，也是全面实现小康社会目标的重要保障；不仅是建设社会主义新农村的必然要求，也是构建社会主义和谐社会的应有之义。城乡互动发展主要是针对城乡发展的不平衡而提出来的。城乡一体化发展，有利于城乡

---

〔1〕 李慎之：“修改宪法与公民教育”，载《改革》1999年版第3期，第5页。

〔2〕 束锦：“农村民间组织与村民自治的共生与互动——基于市民社会语境下的探讨”，载《江海学刊》2010年第4期，第101页。

资源优化配置，从根本上推动增长方式的转变，加快新型工业化的进程，有利于保障农民平等发展权的实现，有利于促进农村经济社会快速发展，从而实现农村社会全面进步。

（二）城乡一体化理论依据与实践基础

1. 理论依据。城乡一体化发展是社会主义本质的根本要求。“社会主义的本质，是解放生产力，发展生产力，消灭剥削，消除两极分化，最终达到共同富裕。”〔1〕在城乡差距日益扩大的今天，若不统筹城乡发展逐步缩小城乡差距，那么“消除两极分化，最终达到共同富裕”终将成为一句空话。

2003年7月28日，胡锦涛总书记在十六届三中全会报告中提出“坚持以人为本，树立全面、协调、可持续的发展观，促进经济社会和人的全面发展”，按照“统筹城乡发展、统筹区域发展、统筹经济社会发展、统筹人与自然和谐发展、统筹国内发展和对外开放”的要求推进各项事业的改革和发展的一种方法论，也是中国共产党的重大战略思想。2007年10月，在党的十七大报告中胡锦涛总书记指出：“我们必须正确认识和妥善处理中国特色社会主义事业中的重大关系，统筹城乡发展、区域发展、经济社会发展、人与自然和谐发展、国内发展和对外开放，统筹中央和地方关系，统筹个人利益和集体利益、局部利益和整体利益、当前利益和长远利益，充分调动各方面积极性。要统筹国内国际两个大局，树立世界眼光，加强战略思维，善于从国际形势发展变化中把握发展机遇、应对风险挑战，营造良好国际环境。”科学发展观的第一要义是发展。邓小平指出，“发展才是硬道理”。发展是马克思主义的重要范畴之一，马克思主义认为发展社会生产力是社会发展的根本。消灭贫穷、消除两极分化、实现共同富裕最根本的在于发展。把握发展规律、创新发展理念、转变发展方式、破解发展难题、提高发展质量和效益、实现可持续发展是科学发展观的基本要义。

城乡一体化发展是科学发展观“五个统筹”中“统筹城乡发展”的具体体现。实际上，早在党的十六届四中全会上胡锦涛总书记就明确提出了“两个趋向”的重要论断。他指出，“纵观一些工业化国家的发展历程，在工业化初始阶段，农业支持工业，为工业提供积累是带有普遍性的趋向；但工业化达到相当程度以后，工业反哺农业、城市支持农村，实现工业与农业、城市

〔1〕《邓小平文选》第3卷，人民出版社1982年版，第373页。

与农村协调发展，也是带有普遍性的趋向。”在随后的中央经济工作会议上，胡锦涛总书记再次强调：“我国现在总体上已进入了以工促农、以城带乡的发展阶段，我们应当顺应这一趋势，更加自觉地调整国民收入分配格局，更加积极地支持‘三农’发展。”胡锦涛总书记提出的“两个趋向”的重要论断，是深入考察世界各国城乡关系发展史后对现代工业化发展普遍规律作出的科学总结，是在深刻洞悉我国经济社会发展基本特征后作出的科学判断。“两个趋向”重要论断也是总结我国过去几十年工业化的经验和教训后作出的科学论断，为我国推进城乡一体化战略提供了思想理论依据。科学发展观是指导城乡一体化发展的重要理论基石。

2. 实践基础。历史经验告诉我们，认清国情是一切革命和建设的最基本问题，也是我们制定正确路线、方针和政策的出发点和立足点。推进城乡一体化发展，是由我国的基本国情决定的。我国是一个发展中的农业大国。新中国成立后，为了尽快实现国家工业化，国家推行了“挖农补工”的“城乡分治”“一国两策”的发展政策。国家长期以来运用政策和制度手段，通过工农业产品价格的“剪刀差”，将资本从农业转向工业。这种“城乡分治”是以城乡分割二元化的户籍制度为基本特征。在城乡分割的二元户籍制度下，农民在税负、就业、教育、医疗、社会保障等方面没有享受到与城市市民同等的国民待遇，农民作为公民的平等发展权保障缺失。城乡分割的二元化户籍政策，不仅强化了城乡的先天身份差别，造成城乡居民发展机会和发展权利的严重不平等，而且加剧了城乡社会发展的失衡。

改革开放以来，我国社会生产力水平明显提高，综合国力显著增强，人民生活水平总体上实现了从温饱到小康的历史性跨越。但直到国家实行统筹城乡发展战略之前，城乡差距非但没有缩小，反而是正在逐步增大，“城乡差距是进行现代化社会政治上的症结所在”。[1]城乡发展的严重失衡，成为我国社会发展的重大问题，也是制约我国社会主义现代化实现的重大“瓶颈”。统筹城乡发展、实现城乡一体化发展，是解决制约我国现代化实现的“三农”问题“瓶颈”的根本要求。

（三）城乡一体化发展的总要求

城乡一体化发展就是要在消除城乡二元社会结构体制的基础上，不断缩

---

〔1〕［美］塞缪尔·亨廷顿：《变动社会中的政治秩序》，张岱云等译，上海译文出版社1989年版，第327页。

小城乡发展差距，按照“地位平等、开放互动、互补互助、共同进步”的要求建立城乡经济社会发展新格局。一方面要在城乡之间实现资源的均衡配置，不能顾此失彼；另一方面应促进城乡发展的共同推进、良性互动、相互协调，在经济的高速发展过程中，实现社会的同步演进。

城乡一体化发展，要求把农村经济社会发展纳入整个国民经济与社会发展总体布局之中，统筹政治发展、经济发展、文化发展以及社会生活发展。不仅应加快推进城乡规划、产业布局、基础设施、公共服务、就业社保和社会管理等方面的“一体化”步伐；而且应努力促进发展要素在城乡之间平等交换，公共资源在城乡之间均衡配置，从而实现城乡良性互动共同繁荣。新中国成立以后相当长的历史时期内特别是改革开放以来，国家优先发展工业的政策实现了城市的高度繁荣与发展。这种城市的发展模式与国家“挖工补农”的政策是密不可分的，中国农民为中国工业化和城市化发展作出了不可磨灭的贡献。当下，在“三农”问题成为制约我国现代化实现重大“瓶颈”的今天，工业“反哺”农业已成为时势所必然！

城乡一体化发展应统筹城乡制度建设。应在《宪法》中赋予公民自由迁徙权，消除农民进城制度性障碍。应创新农村地区产权制度，深化土地使用权流转制度改革。应赋予农民国民待遇，保障农民享有平等发展权，促进农民在经济、政治、文化和社会生活方方面面和城市市民享有平等发展权利和发展机会。应消除城乡二元户籍制度，深化户籍制度改革；应改革城乡分割、区域封闭的二元户籍就业制度，要打破城乡二元结构，必须实行按居住地登记的新型户籍制度。要加快建立城乡统一的劳动就业制度、义务教育制度、社会保障制度，逐步推进税收城乡一体化。建立新型行政管理制度，适应城乡一体化的客观要求。

城乡一体化发展，不仅要统筹城乡经济发展，而且要统筹城乡社会发展。其中，统筹城乡经济发展应推行农村工业化道路，科学规划小城镇建设，加强城乡产业之间的相互联系；应推进城乡经济发展资源和优势互补、相互促进、共同发展；应构建城乡发展一体化的投融资新机制和平台，确保城乡统筹发展的资金需求。统筹城乡社会发展，应大力开发农村人力资源，保障农民享有平等就业权；应统筹城乡公共产品供给制度，推动城乡基本公共服务均等化；应建立健全城乡一体化的社会保障制度和机制，确保农民在年老、疾病和意外事故等情况下能享有基本生活保障。

同时，也应该看到，由于历史和现实原因，农村和城市发展差距非常巨大。农村要想尽快缩小和城市的发展差距，最终实现城乡一体化发展，达到在21世纪中叶实现社会主义现代化的宏伟目标，只是赋予农民平等发展权利和发展机会显然是不够的。在一定的历史时期，应加大农村发展的筹码，在很多方面赋予农民优惠待遇，在发展政策上对农业、农村和农民予以一定的倾斜。城市和农村的发展正如一个天平，但由于长期以来，国家政策和公共财政的投入主要是向城市倾斜，导致城乡发展的天平严重失衡。为了使城乡发展的天平平衡，在一定时期内国家应加重农村发展的砝码，在发展政策上对农村予以倾斜。

目前而言，为了尽快实现城乡一体化发展，政府应打造平台促进农村和城市的双向渗透。一方面，应加大农村剩余劳动力向城市转移的力度，保障农民平等就业权；加强农民工就业技能培训，设立农民工工会，保障农民工子女享有平等的入学入托和义务教育的权利。另一方面，应加快城市向农村的渗透。引导城市资本流向农村，促进农村公共产品和公共服务的一定程度的社会资本化；引导城市资本向开发农村特色旅游、休闲农庄等提升人们生活品质的社会事业发展。

第二章

农民平等发展权

第一节　平等——人类发展追求的基本价值

一、平等的基本内涵

在现代汉语中，“平等”一词取“平”与“等”二字含义相通的部分。“平”字有“平坦”、“公正”、“齐一”、“均等”等意义。〔1〕“等”字有“高下次序”、“比较、衡量”、“同样”等意义。“平等”用语本来源于佛教。佛教认为，宇宙本质皆属同一体，宇宙众生本无差别，故称平等，“慈心一切平等，真如菩提自现。”〔2〕可见，在社会生活领域，平等一般泛指地位相等，这是指和其他人相比较而言，具有“公正、均等、同样”之意。平等除“地位相等”外，与之相联系的是人们在社会、政治、经济、法律等方面享有同等待遇。在英文中，“平等”对应的词是“equality”，《牛津法律大词典》将“平等”一词定义为“人或事物处于相同的标准或水平并被同样的对待”。〔3〕

恩格斯指出：“一切人，或至少是一个国家的一切公民，或一个社会的一切成员，都应当有平等的政治地位和社会地位。要从这种相对平等的原始观念中得出国家和社会中的平等权利的结论，要使这个结论甚至成为某种自然而然的、不言而喻的东西。”〔4〕E. 博登海默也指出，“平等乃是一个具有多种不同含义的多形概念。它所指的对象可以是政治参与的权利、收入分配的的制度，也可以是不得势的群体的社会地位和法律地位。它的范围涉及法律

〔1〕《辞源》，商务印书馆 1988 年版，第 536 页。

〔2〕《大乘赞》，《景德传灯录》卷二·九。

〔3〕［英］戴维·M. 沃克编：《牛津法律大辞典》，李双元等译，法律出版社 2003 年版，第 383 页。

〔4〕《马克思恩格斯全集》（第 3 卷），人民出版社 1995 年版，第 444 页。

待遇的平等、机会的平等和人类基本需求的平等。它也可能关注诺成合同的义务与对应义务间的平等的保护问题、关注在内损害行为进行赔偿时作出恰当补偿或恢复原状的问题并关注在适用刑法时维持罪行与刑罚间某种程序的均衡问题。”〔1〕

平等是人类生生不息追求的永恒价值，在法律上表现为平等权。“平等是一种原则，一种信条，而平等这个词的革命象征就意味着：平等是一项神圣的法律，一项先于其他一切法律的法律，一项派生其他法律的法律。”〔2〕朱应平认为，平等权的基本含义是，“公民不分民族、种族、肤色、性别、语言、职业、政治或其他观点、宗教信仰、财产、居住地点、户籍、家庭和其他身份等差异，在宪法法律上地位相同；平等地享有宪法和法律规定的权利、平等地履行义务、平等地受罚和获得司法救济；同样情况同样对待，不同情况不同对待；没有合适的理由不得实施歧视和不合理的差别待遇。”同时他认为，“平等权是由成文宪法、宪法性法律、人权公约、宪法解释、宪法判例、宪法惯例等确认或默认的，要求国家机关或强势者对作出差别待遇的行为须承担举证责任的宪法权利规范，是一般平等权和多项具体平等权的统一体。”〔3〕

平等权至少在三个层面上使用。首先，平等权是一种理念、一种理想。平等一直是人类追求的理想的社会境界。平等权作为一种基本人权是应然性权利。平等权作为一种理念和理想，正如皮埃尔·勒鲁（Pierre Leroux）在《论平等》中所指出的，“正当卢梭精神传播到人民中间，并为我们定下法律的时候，由全体人民大声说出的平等这个词就成为一种原则、一种信条、一种信念、一种信仰、一种宗教。”〔4〕如果说，民主和人权是法治的价值核心的话，那么平等权则是民主和人权的核心。因此，平等权是宪法和宪政的价值核心。一个公正的社会，应当一视同仁地认真对待每一个公民个体。社会每个公民都能有尊严地活着，而有尊严地活着的基本前提条件是享有作为人

---

〔1〕［美］E. 博登海默：“正义、自由与平等”，邓正来译，载高鸿钧、马剑银、鲁楠、陆宇峰编：《法理学阅读文献》，清华大学出版社 2010 年版，第 312 ~ 313 页。

〔2〕［法］皮埃尔·勒鲁：《论平等》，王允道译，商务印书馆 1988 年版，第 239 页。

〔3〕朱应平：“论平等权”，载杨海坤主编：《宪法基本权利新论》，北京大学出版社 2004 年版，第 37 页。

〔4〕［法］皮埃尔·勒鲁：《论平等》，王允道译，商务印书馆 1988 年版，第 20 页。

应该享有的平等权利。其他的价值理念大都是以平等权为基础的。“不自由，毋宁死”，自由是建立在平等基础之上的。没有平等权的享有，社会必将异化为少数人压迫、剥削多数人的不公正的社会，大多数人的自由权便将会受到严重限制甚至被扼杀。

其次，平等权是一种法律制度层面的法定人权。1948 年《世界人权宣言》第 1 条规定，“人人生而自由，在尊严和权利上一律平等。他们富有理性与良心，并以兄弟关系的精神相对待。”第 2 条规定，“人人有资格享受本宣言所载的一切权利和自由，不分种族、肤色、性别、语言、宗教、政治或其他见解、国籍或社会出身、财产或其他身份等任何区别。”就法律层面而言，平等权是制度化的基本人权。它既是一个宪法原则，又是一项宪法权利。作为一个宪法原则，其经典表述是，“公民在法律面前一律平等。”我国《宪法》第 33 条规定，“中华人民共和国公民在法律面前一律平等。”我国《宪法》规定的平等主要是执法平等和守法平等。如我国《宪法》第 5 条第 4、5 款规定，“一切国家机关和武装力量、各政党和各社会团体、各企业事业组织都必须遵守宪法和法律。一切违反宪法和法律的行为，必须予以追究。”“任何组织或者个人都不得有超越宪法和法律的特权。”

最后，平等权是一种现实中人们享有的平等权利。平等在其现实性上，则表现为人们是否现实地真实地享有平等权。现实的平等权是追求平等权的实际意义，是对作为基本人权理念的平等权在实践中的反映，是对法律层面的平等权在人们实际生活中的具体落实。没有现实平等权的实际享有，任何理论上的、制度上的平等权都将只是虚妄的空话。人们实际上享有平等权的程度如何，关键看宪法和法律规定的各项平等权能否完全充分实现。这种实现一方面取决于国家和政府对于平等权的实现程度和公民对于法律规定的平等权的遵守程度；另一方面从根本意义上来讲取决于人们赖以生存和发展的社会物质生活条件。在社会生活实践中，不平等现象比比皆是，出现在政治、经济、文化和社会生活等各个领域。在现实中，人们往往由于出生、社会分工甚至所处地域不同，而被贴上各种“身份”的标签。人们往往由于这些身份标签的不同，而享受实际上不平等、不公平的社会地位和社会待遇。农民正是因为其农民身份，无论教育、就业、社会保障等各个方面都不能和城市户口的市民一样享有平等的权利。在人身损害赔偿案件中，农民和市民“同命不同价”现象依然是严重的社会问题。

二、平等观的历史演进

（一）西方平等观念的历史演进

平等观念发源于西方文明的发源地雅典。其渊源可追溯至古希腊时期斯巴达人来库古在内部创建的“平等者公社”。公元前5世纪，古希腊政治家伯里克利最早提出平等理念，在雅典阵亡将士国葬典礼上的讲演中率先提出“法律面前人人平等”的口号。[1]早期自然法认为，人人都是平等的。平等原则是早期斯多葛学派自然法学说的重要原则，人在本质上是平等的，因性别、阶级、种族或国籍不同而对人进行歧视的做法是不正义的，是与自然法背道而驰的。[2]斯多葛学派以法律面前人人平等为依据反对奴隶制。亚里士多德认为：“所谓‘公正’，它的真实意义，主要在于‘平等’。”[3]亚里士多德认为平等是一种美德，他把平等分为两类即“数量平等”和“比值平等”。他认为，“‘数量平等’的意义是你所得的相同事物在数目和容量上与他人所得者相等；‘比值平等’的意义是根据各人的真价值，按比例分配与之相衡称的事物。”[4]西塞罗认为，人是理性动物，人与人之间存在理性的平等，“由于所有的人都服从一个法律，所以他们同是公民，就某种意义来说他们必然是平等的。”[5]

英国是近代宪政的发源地，有“宪政之母”美誉，“近代宪法正是以平等自由为思想基础和价值追求的”。[6]近代资本主义商品经济的发展，催生了商品价值等价、商品所有者地位平等的平等观念。随着资产阶级反封建斗争的深入，平等自由理念日益深入人心，逐步取代等级特权观念成为社会的主流价值观，成为时代的主旋律。

法国大革命时期提出“自由、平等、博爱”的人权口号，平等成为引领人们为追求崇高的理想而努力奋斗的基本价值理念。孟德斯鸠认为，“平等是

---

〔1〕［古希腊］修昔底德：《伯罗奔尼撒战争史》，谢德风译，商务印书馆1960年版，第13页。

〔2〕参见［美］E. 博登海默：《法理学、法哲学与法律方法》，邓正来译，中国政法大学出版社1999年版，第16页。

〔3〕［古希腊］亚里士多德：《政治学》，吴寿彭译，商务印书馆1965年版，153页。

〔4〕［古希腊］亚里士多德：《政治学》，吴寿彭译，商务印书馆1965年版，第234页。

〔5〕［美］乔治·霍兰·萨拜因：《政治学说史》，盛葵阳、崔妙因译，商务印书馆1986年版，第30页。

〔6〕周叶中主编：《宪法》，高等教育出版社、北京大学出版社2000版，第55页。

国家的灵魂”，他指出：“在民主政治下，爱共和国就是爱民主政治；爱民主政治就是爱平等。”〔1〕孟德斯鸠认为，“在共和政体之下，人人都是平等的。在专制政体之下，人人也都是平等的。在共和国，人人平等是因为每一个人‘什么都是’；在专制国家，人人平等是因为每一个人‘什么都不是’。”〔2〕平等权是公民一个不可或缺的权利，也是在社会主义法治国家建设过程中必须遵循的基本原则。我国《宪法》明文规定公民享有平等权，它是公民基本权利的组成部分，也是现代法治社会所追求的价值。平等发展权是平等权在发展权上的具体应用，它是以发展为目标，以平等为尺度的公民平等权的拓展和升华。平等发展权是公民个人或集体在政治、经济、文化和社会生活等各方面享有的平等发展机会并平等分享社会发展成果的基本人权。

平等是卢梭政治法律思想的核心。罗素指出，“自由是卢梭思想的名义目标，但实际上所重视的、他甚至牺牲自由以力求的是平等。”〔3〕卢梭区分了自然不平等和社会不平等。卢梭认为在人类中有两种不平等：第一种可以称作自然的或生理上的不平等，因为它是基于自然，由年龄、健康、体力以及智慧或心灵的性质的不同而产生的；另一种可以称为精神上的或政治上的不平等，因为它是起因于一种协议，由于人们的同意而设定的，或者至少是它的存在为大家所认可的。第二种不平等包括某一虚无缥缈的人由于损害别人而得以享受的各种特权，譬如：比别人更富足、更光荣、更有权势，或者甚至叫别人服从他们。〔4〕卢梭认为，“人与人之间本来都是平等的。”〔5〕同时，卢梭把经济平等的原则放在所有平等的首位，“各种不平等最后都必然会归结到财富上去”。〔6〕卢梭指出，“人们可以在力量和才智上不平等，但是由于约定并且根据权利，他们却是人人平等的。”〔7〕卢梭坚持法律平等，认为在法律面前人人都是平等的，既没有主人，也没有奴隶。

皮埃尔·勒鲁是卢梭平等思想的追随者，他认为“在现代的社会，无论

〔1〕［法］孟德斯鸠：《论法的精神》（上卷），张雁深译，商务印书馆1978年版，第41页。

〔2〕［法］孟德斯鸠：《论法的精神》，张雁深译，商务印书馆1982年版，第4页。

〔3〕［英］伯特兰·罗素：《西方哲学史》（下卷），马元德译，商务印书馆1976年版，第237页。

〔4〕［法］卢梭：《论人类不平等的起源和基础》，李常山译，商务印书馆1982年版，第70页。

〔5〕［法］卢梭：《论政治经济学》，王运成译，商务印书馆1962年版，第34页。

〔6〕［法］卢梭：《论人类不平等的起源和基础》，李常山译，商务印书馆1982年版，第111页。

〔7〕［法］卢梭：《社会契约论》，何兆武译，商务印书馆1980年版，第30页。

从哪一方面看，除了平等的信条外，再没有别的基础”。[1]皮埃尔·勒鲁认识到平等对于人类而言具有极为珍贵的价值。他指出，“历史演变的终结，无论平等怎样毫无组织，缺乏内容，平等总是灵魂的法则，各种法律的法律，它是一项法权，一项唯一的法权。”[2]他在《论平等》中指出，“平等这个词概括了人类迄今为止所取得的一切进步，也可以说它概括了人类过去的一切生活。从这个意义上说，它代表着人类已经走过的全部历程的结果、目的和最终的事业。……人们个人的苦难，正像他们经受的集体的苦难一样，其神圣的目的正是为了平等，为了平等的感情、平等的观念。”[3]“平等是自然万物的萌芽，它出现在不平等之前，但它将会推翻不平等，取代不平等。”[4]

思想是制度的先声。平等观念对西方现代政治制度产生了深远影响，“没有什么价值观比平等观念更完整地深入地浸润在西方文化中。甚至在美国社会承认奴隶制度并允许妇女没有权利的情况下，也作出明确的声明‘所有人生来平等。’”[5]1776年美国《独立宣言》第一次将“人人生而平等”以政治宣言的形式确定下来。

正是因为启蒙思想家们的以平等和自由为核心的宪政思想的启蒙，直接导致了西方资产阶级革命，从而使平等思想从理想成为制度。1789年法国《人权宣言》第1条规定，“在权利方面，人们生来是而且始终是自由和平等的，”同时规定，“法律对于所有的人，无论是实行保护还是处罚都是一样的。在法律面前，所有的公民都是平等的。”《人权宣言》在人类历史上首次提出人权口号，第一次提出“公民在法律面前一律平等”的原则。1776年，美国《独立宣言》指出，“一切人生而平等，上帝赋予他们某些不可转让的权利，包括生存、自由、追求幸福的权利。”被誉为20世纪资本主义世界民主宪法典范的德国《魏玛宪法》（1919）第109条明确规定，“公民在法律面前一律平等。”

---

〔1〕［法］皮埃尔·勒鲁：《论平等》，王允道译，商务印书馆2005年版，第5页。

〔2〕［法］皮埃尔·勒鲁：《论平等》，王允道译，商务印书馆2005年版，第5页。

〔3〕［法］皮埃尔·勒鲁：《论平等》，王允道译，商务印书馆2005年版，第266页。

〔4〕［法］皮埃尔·勒鲁：《论平等》，王允道译，商务印书馆2005年版，第14页。

〔5〕Christopher Gray (Editor), *The Philosophy of Law —An Encyclopedia*, Garland Publish, INC., 1999, pp. 262~263.

笔者认为，“人生而平等”应予以正确理解。“人生而平等”是指人生来应该是平等的，因为人都具有同等的人格、相同的做人的尊严。在社会生活中，每个人都具有受到平等尊重的价值。实际上，在现实中由于出生、能力、机会、性别等原因，人实质上是不平等的，“事实上，人不仅生而不平等，而且随着文明的发展，将愈加不平等。”〔1〕正是人在现实中的不平等催生了人的平等观念，人作为有智慧有理性的高等动物尽管生活在“此岸世界”，但总是向往平等自由的理想的“彼岸世界”。正因为人在事实上是不平等的，所以人们渴望得到法律的平等保护，追求法律平等，“法律平等涵盖的范围很广，主要体现在立法平等、执法平等、司法平等、守法平等、护法平等五个方面。”〔2〕

罗尔斯认为正义意味着某种平等。罗尔斯提出的社会正义原则是建立在人的“原始的平等地位”基础之上，在“无知之幕”背后选定的。人们选定的社会基本结构的正义原则是，“第一个原则，每个人都具有这样一种平等权利，即和所有人的同样自由相并存的最广泛平等的基本自由体系。第二个原则，社会和经济的不平等应这样安排，使它们：①在与正义的储存原则一致的情况下，适合于最少受惠者的最大利益；②依系于在机会公平平等的条件下职务和地位对所有人开放。”〔3〕显然，罗尔斯的社会正义论是以平等为理论支点的。在罗尔斯看来，基于天赋和出身等原因导致的不平等是合理的，国家应该给予合理的补偿。在政治权利上国家应该为公民提供公平平等的机会；在经济和社会生活领域由于社会选择导致的不平等，国家应“适合于最少受惠者的最大利益”，尽量缩小这种不平等。乔·萨托利（Giovanni Sartiori）将平等分为法律-政治平等、社会平等、机会平等和经济平等四类。〔4〕阿瑟·M. 奥肯（Arthur M. Okun）指出：“法律面前人人平等被誉为我们权利中最高的精华”，他认为，“最大的机会均等带来更大的收入平等。”〔5〕

德沃金从人本主义出发，认为在个人所有权利中，最重要的是平等权利，即关怀和尊重的平等权利。“政府必须关怀它所治理的人，……政府必须不仅

〔1〕沈宗灵：《现代西方法理学》，北京大学出版社1992年版，第253页。

〔2〕夏勇主编：《法理讲义——关于法律的道理与学问》（上），北京大学出版社2010年版，第299页。

〔3〕［美］罗尔斯：《正义论》，哈佛大学出版社所属Belknap出版社1971年版，第302页。

〔4〕参见［美］乔·萨托利：《民主新论》，冯克利、阎克文译，东方出版社1998年版，第303页。

〔5〕［美］阿瑟·奥肯：《平等与效率》，王奔洲等译，华夏出版社1999年版，第20页。

关怀和尊重人民，而且要平等地关怀和尊重人民。”〔1〕德沃金认为平等内在于权利之中。德沃金提出了“平等对待”和“被视为平等来对待”两个概念，其“自由主义式的平等概念”在西方引起了强烈反响。

经济分析法学的代表人物波斯纳，把平等的价值直接融入法律定义之中。他批判以往人们将法律简单界定为是以国家强制力为后盾的命令，凡是主权者权力的任何命令都是法律。他认为法律的定义必须包括四种要素：一是作为法律，这种命令必须是人们必须遵守的；二是对类似的人必须平等对待；三是必须是公开的；四是必须有用以确定事实真相的程序。〔2〕

19 世纪 30 年代，托克维尔（Tocqueville）认为：“追求平等的激情是一个不可抗拒的力量，凡是想与它抗衡的人和权力，都必将被它摧毁和打倒。在我们整个时代，没有它的支持，就不可能实现自由，而专制制度本身没有它也难以统治下去。”〔3〕美国法理学家博登海默认为，平等“所指的对象可以是政治参与的权利、收入分配的制度，也可以是不得势群体的社会地位和法律地位，它的范围涉及法律待遇的平等、机会的平等和人类基本需要的平等”。〔4〕

马克思主义认为平等实质上是人与人的同等对待的关系，“平等是人在实践领域中对自身的意识，也就是人意识到别人是和自己平等的人，把别人当作和自己平等的人来对待。”〔5〕马克思将平等分为形式平等和事实平等，在共产主义社会之前的任何社会的平等都只能是形式上的平等。社会主义社会是共产主义社会的初级阶段，“平等就在于以同一尺度——劳动——来计量。”〔6〕马克思依然意识到这种不平等的存在，“因为每个人都像其他人一样都只是劳动者，但是它默认不同等个人天赋，因而也就默认不同等的工作能力是天然的特权。……，它像一切权利一样是一种不平等的权利。”〔7〕只有到了共产主义社会才能真正实现事实平等，才能实现人类的真正的大同世界。

---

〔1〕［美］德沃金：《认真地看待权利》，哈佛大学出版社 1977 年版，第 272 ~ 273 页。

〔2〕参见［美］波斯纳：《正义的经济学》，哈佛大学出版社 1981 年版，第 115 页。

〔3〕［法］托克维尔：《论美国的民主》（下卷），董果良译，商务印书馆 1988 年版，第 624 页。

〔4〕［美］埃德加·博登海默：《法理学：法律哲学与法律方法》，邓正来译，中国政法大学出版社 1999 年版，第 285 页。

〔5〕《马克思恩格斯全集》（第 2 卷），人民出版社 1995 年版，第 48 页。

〔6〕《马克思恩格斯选集》（第 3 卷），人民出版社 1995 年版，第 11 页。

〔7〕《马克思恩格斯选集》（第 3 卷），人民出版社 1995 年版，第 11 ~ 12 页。

（二）中国平等观念的历史演进

中国古代虽然是一个集权专制的国度，但在思想和观念层面却不乏平等的追求。春秋战国时代是一个“百家争鸣”的时代，人们的思想空前活跃，平等思想得到相当发育。道家倾向于自然状态下的平等，是一种不问智愚、无贵无贱、毋分贫富的天然平等。道家的始祖老子认为，“天之道”是“损有余而补不足”；而“人之道”是“损不足而补有余”。为了解决这种人类社会的不平等现象，他主张，“高者抑之，下者举之；有余者损之，不足者补之。”〔1〕儒家代表人物孔子提出了以“仁”为核心的平等思想。社会各阶级阶层都应该相互仁爱，尤其是统治者应该实行“仁政”。为了追求实质上的平等，孔子主张在经济政策上实行平均主义，他认为“有国有家者，不患寡而患不均，不患贫而患不安”。〔2〕将“不均”视为影响社会安定和社会发展的重要因素。同时，孔子还提出了教育平等的思想，认为“有教无类”，每个人都享有平等的受教育的权利。儒家主张，“学而优则仕”〔3〕，强调从政做官的机会平等，而这种机会平等完全与一个人的学识水平挂钩，显然是对身份特权官吏制度的反正。墨家的平等思想反映了下层老百姓的政治理想。墨子提出“兼相爱、交相利”思想。“兼相爱”意指应不分亲疏远近、一视同仁地平等地爱人，每个人都应像兄弟一样地平等对待。“交相利”则要求在社会经济生活中有财相分、平均财富、共谋福利。法家则强调法律面前的平等，主张“法不阿贵，绳不挠曲。法之所加，智者弗能辞，勇者弗敢争。刑过不辟大臣，赏善不遗匹夫”。〔4〕中国古代“刑民不分”，法律性质主要是刑法，在法律面前人人平等主要是在刑法面前人人平等。

中国古代平等思想往往与人们受专制集权制度压迫程度成正比。一般而言，平等观念在王朝末期比王朝初期特别是中兴时期要强烈得多。在封建末期，人们所受的剥削和压迫往往是空前的，人们面对深重的压迫内心对平等的渴求也是空前的。从发出“王侯将相宁有种乎”的陈胜，〔5〕到自称“天

〔1〕《老子》第七十七章。
〔2〕《论语·季氏》。
〔3〕《论语·子张》。
〔4〕《韩非子·有度》。
〔5〕《史记》卷四十八，“陈涉世家”。

补平均大将军”的黄巢，[1]到“等贵贱，均贫富”的钟相，[2]到“均田免粮”的李自成，再到“有田同耕，有饭同食，有衣同穿，有钱同使，无处不均匀，无人不饱暖”的洪秀全，[3]他们发动起义的初衷无一例外地在于追求平等。在平等的旗帜和口号下，起义者往往凝聚了强烈的革命力量，对封建专制予以颠覆或至少是重挫。而一旦起义成功，革命领袖往往建立了另外一种形式的等级制度，中国历史又陷入了等级特权制度的循环深渊。所以中国封建社会的平等思想主要停留在人们的思想和观念层面，从未在整体上进入制度层面。

随着辛亥革命一声炮响，共和建立。1912 年《中华民国临时约法》以根本大法形式，确立了主权在民、三权分立、人人平等的原则，明确规定“中华民国人民一律平等”。可以说，这是中国自古以来破天荒地在根本法的层面确立“平等”。然而，由于新旧军阀的倒行逆施，《中华民国临时约法》确认的平等原则并未在实践中得到真正实施。新中国成立后，新中国成立之初起临时宪法作用的《共同纲领》赋予人民以广泛的权利，平等权主要体现在男女平等、各民族人民一律平等。1954 年的“五四宪法”第 85 条明确规定，“中华人民共和国公民在法律面前一律平等。”平等权作为一项重要的宪法原则正式在宪法中提出。令人遗憾的是，1975 年和 1978 宪法都取消了平等权原则，不仅是我国宪法发展史上的一次倒退，更是人类政治文明史上的严重的历史倒退。令人欣慰的是，粉碎“四人帮”拨乱反正之后，1978 年党的十一届三中全会公报重申“要保证人民在自己的法律面前人人平等，不容许任何人有超越于法律上的特权”。现行的 1982 年《宪法》第 33 条明确规定“中华人民共和国公民在法律面前一律平等”，重新确认平等权原则。《宪法》第 34 条规定，“中华人民共和国年满十八周岁的公民，不分民族、种族、性别、职业、家庭出身、宗教信仰、教育程度、财产状况、居住期限，都有选举权和被选举权；但是依照法律被剥夺政治权利的人除外。”《宪法》第 34 条规定的平等选举权和被选举权是《宪法》确认的平等权在公民政治权利上的具体落实，对于开辟我国宪政、人权和法治的新纪元具有极为深远的意义。

---

〔1〕《旧唐书》卷二百下，“黄巢传”。

〔2〕《建炎以来系年要录》建炎四年二月。

〔3〕《天朝田亩制度》。

宪法平等权的确认，激励了学界对于平等问题的研究。韩大元教授认为，“所谓平等权是指公民平等地享有权利，不受任何差别对待，要求国家同等保护的权利和原则。”〔1〕闫国智、徐显明在批判将权利平等理解为法律实施平等的基础上，鲜明地指出，“权利平等是平等权的核心，舍此则无所谓平等权，将权利平等排斥于平等权的内容范围之外，实则等于取消了平等权。”〔2〕徐显明教授认为，“平等是指人或事物获得相同的对待。”〔3〕他认为，“平等的要义包括两个方面：首先，主体平等是平等权的现实前提。……其次，形式平等是平等权的理性所系。”〔4〕台湾学者管欧则进一步指出，“人民在法律上一律平等，其范围并不以在法律上为限，在政治上、经济上及社会关系上亦为平等，因为法律为具体有形之规定，政治经济等事项则为抽象的多方面的形态，基于法律上平等之规定，从而在政治上、经济上及社会关系上亦属一律平等。”〔5〕

周叶中教授在认为平等是一项基本宪法原则的基础上，指出“平等权是我国宪法规定的基本权利体系的重要组成部分，是权利主体参与社会的重要前提与条件”。〔6〕

范进学对权利平等的基本内涵进行了较为深入的阐释，他认为，“权利平等作为权利享有、行使、实现的过程的基本原则，蕴含着三层基本含义：其一，主体的普遍性，在大致相同或相等的条件下，所有主体皆为权利主体；其二，内容的同一性，权利内容在量上的同一性，一切权利主体享有相同或相等的权利；其三，权利救济的非歧视性，在权利实现遇有障碍时，法律无差别地予以救济和保障。”〔7〕

平等可以分为形式平等和实质平等。王立认为，“按照平等的实践历程和实践程度，平等分为形式平等和实质平等双重维度。形式平等体现为平等对

〔1〕董和平、韩大元、李树忠：《宪法学》，法律出版社 2000 年版，第 341 页。

〔2〕闫国智、徐显明：“权利平等是我国公民平等权的根本内容——兼评‘实施法律平等说’”，载《中国法学》1993 年第 4 期，第 26 页。

〔3〕徐显明、齐延平：“论中国人权制度建设的五大主题”，载徐显明主编：《人权研究》（第 2 卷），山东大学出版社 2002 年版，第 285 页。

〔4〕徐显明、齐延平：“论中国人权制度建设的五大主题”，载徐显明主编：《人权研究》（第 2 卷），山东大学出版社 2002 年版，第 285 页。

〔5〕管欧：《宪法新论》，五南图书出版公司 1998 年版，第 104 页。

〔6〕周叶中主编：《宪法学》，法律出版社 1999 年版，第 155 页。

〔7〕范进学：《权利政治论：一种宪政民主理论的阐释》，山东人民出版社 2003 年版，第 237 页。

待、程序正义和权利平等，以政治平等为表征；实质平等体现为财富和收入的平等分配，以经济平等为表征。”〔1〕贾可卿认为，规则平等是形式平等的关键内容，规则平等是实质平等的前提，然而“在规则平等的基础上，对由于人的天赋能力等因素产生的结果差别，仍然需要进行社会调剂。只有这样，才能建立一个实质平等的正义社会”。〔2〕同时他认为，“我们首要的问题是做到规则平等，即实现形式上的平等。如果没有规则平等，社会调剂也就失去了其逻辑上的必要前提，失去了存在的合法性。”〔3〕

总而言之，平等是法律所追求的价值，是宪法的一项基本原则。我国平等观已经历由观念形态的平等到追求法律的平等再到追求社会生活的平等、从形式平等到追求实质平等的演变。

三、平等之于主体发展的意义

（一）平等能激发主体意识从而促进主体创造性的发挥

人是具有很大潜能的高等动物，人的发展程度决定于人的主体性的发挥。现实中的人由于种种条件和因素的制约，是不平等不自由的。据心理学实验表明，绝大部分人的潜能发挥不及1/10。平等能排除自然和社会的各种束缚人自由发展的障碍，能无差别地享有自然和社会对人的发展同样有利的条件。“平等是人在实践领域中对自身的意识，也就是人意识到别人是和自己平等的人，人把别人当做和自己平等的人来对待。也就是说，它表明人对人的社会关系或人的关系。”〔4〕在平等状态下，每个人能尽其所能，充分发挥自己身心能力谋求自身发展从而促进社会发展。一旦束缚在人身上的枷锁被解除而获得平等与自由，在主观上，人就会精神振奋，意气洋洋，主动性、积极性、能动性便会得到大大地激发，智慧通灵，潜能的创造力便会有如泉流奔涌。社会是单个人组成的社会，人的本质“在其现实性上，是一切社会关系的总和”。〔5〕若每个人都能获得充分地发展，那么他所生活的社会就能获得充分发展。

---

〔1〕王立：《平等的双重维度：形式平等和实质平等》，载《理论探讨》2011年第2期，第58页。
〔2〕贾可卿：《规则平等与实质平等》，载《科学社会主义》2006年第2期，第19页。
〔3〕贾可卿：《规则平等与实质平等》，载《科学社会主义》2006年第2期，第20页。
〔4〕《马克思恩格斯选集》（第2卷），人民出版社1995年版，第48页。
〔5〕《马克思恩格斯文集》（第1卷），人民出版社1956年版，第18页。

（二）追求平等是人类社会发展的助推力

"人类社会产生以后，任何人都不由自主地被卷入社会生活之中，他们必然要为社会做出特定的贡献，也必然要从社会享受一定的利益和待遇。"[1]而利益和待遇的享有必然会涉及平等问题。平等是人类社会孜孜以求的价值。人类历史发展经历原始的平等—不平等—平等的否定之否定的辩证发展过程。只要人们还留存对自由美好生活的向往就必然追求平等。原始社会在氏族内部通常被人类认为是人人享有实质平等的社会，人们共同劳动平均分配食物。没有阶级，更没有阶级压迫和剥削。氏族公社通过其权力机构——氏族大会——平等地讨论决定氏族内部一切重大事情。氏族首领由大家通过选举产生，与其他社会成员平等地参加劳动和分配，并不享有任何特权。

在原始社会，社会关系通过各种习俗来规范和调整，恩格斯指出，"这种十分单纯质朴的氏族制度是一种多么美妙的制度啊！没有大兵、宪兵和警察，没有贵族、国王、总督、地方官和法官，没有监狱，没有诉讼，而这一切都是有条有理的。一切争端和纠纷，都是当事人的全体即氏族或部落来解决，……一切问题，都由当事人自己解决，在大多数情况下，历来的习俗就把一切调整好了。"[2]可以说，原始社会"美妙的制度"是建立在人与人之间的实质平等基础上的。平等是原始社会的基本价值形态。随着生产力的发展，生产力水平的提高，社会分工和社会财富分化逐步导致阶级分化，人类不平等现象产生了。阶级分化导致阶级对立和阶级斗争日益尖锐化。阶级分化导致了国家的产生。而国家的本质正是一个阶级压迫另一个阶级的工具。"等贵贱、均贫富"一直是被压迫阶级发自心底的呼声。一部人类社会发展史，恰恰就是被压迫被剥削的人们追求平等、寻求解放的历史。追求平等、获得自由，可以说是引领人类社会向前发展的引导器和助推力。

（三）平等是构建和谐社会的内在要求

和谐社会是人类孜孜以求的理想社会。和谐社会指的是一种和睦、融洽并且各阶层齐心协力的社会状态。2004年9月19日，中共中央在十六届四中全会提出了"构建社会主义和谐社会"的宏伟发展战略。"民主法治、公平正义、诚信友爱、充满活力、安定有序、人与自然和谐相处"是和谐社会的主

[1] 何华辉：《比较宪法学》，武汉大学出版社1988年版，第219页。
[2]《马克思恩格斯选集》（第4卷），人民出版社1995年版，第95页。

要特征。显然，和谐社会是一个公平正义的社会。

公平虽然不完全等同于平等，但公平是以平等为基础的。一个丧失平等价值的社会是绝无公平可言的。同理，正义也是以平等为价值基础。罗尔斯指出，社会正义的首要基本正义是社会基本结构的正义。他认为，“所有社会价值——自由和机会、收入和财富、自尊的基础——都要平等的分配，除非对其中的一种价值或所有价值的一种不平等分配合乎每一个人的利益。”〔1〕罗尔斯提出了两个著名的正义原则：第一个是平等自由的原则，即“每个人对与其他人所拥有的最广泛的基本自由体系相容的类似的自由体系都应有一种平等的权利”。第二个原则是“社会和经济的不平等应这样安排，使它们：①在与正义的储存原则一致的情况下，适合于最少受惠者的最大利益；并且，②依系于在机会公平平等的条件下职务和地位向所有人开放。”〔2〕显然，只有平等自由的社会才是正义的，才是和谐的。可以说，平等是和谐社会的基本价值追求。

社会是由人组成的社会，是由人与人通过各种不同关系组成的社会。因此，和谐社会本质上是社会关系的和谐。只有建立在平等基础上，社会关系才能获得和谐发展。试想，如果一个社会一部分人在“九天”而另一部分人在“九泉”的话，那么，这个社会能和谐吗？梅因（Henry Summer Maine）指出，“迄今为止，所有社会进步的运动，都是一个‘从身份到契约’的运动”，〔3〕前资本主义社会人与人之间的关系以不平等身份来定位其社会地位和享受的权利及所尽的义务。在现代社会，由于人权观念的勃兴和宪政运动在人类社会的展开和发展，人与人之间的关系是通过契约来定位的。契约是天生的平等派。只有建立在主体地位平等的基础上，社会契约的订立和践行才能得以实现。

目前，中国正处于社会转型期，社会分化特别是社会成员贫富两极分化严重，已经成为我国和谐社会构建的重要瓶颈。收入分配不平等、机会不平等甚至规则不平等现象较为严重。社会潜规则盛行，明规则难以发挥应有的实效。为了促进社会和谐发展，中共十八届三中全会指出，“坚持权利平等、

---

〔1〕［美］约翰·罗尔斯：《正义论》，何怀宏等译，中国社会科学出版社 1988 年版，第 303 页。

〔2〕［美］约翰·罗尔斯：《正义论》，何怀宏等译，中国社会科学出版社 1988 年版，第 302 ~ 303 页。

〔3〕［英］梅因：《古代法》，沈景一译，商务印书馆 1959 年版，第 96 ~ 97 页。

机会平等、规则平等。”[1]因此，消除两极分化，实现人们收入分配的平等与公平，成为目前我国构建社会主义和谐社会的当务之急。依法保障全体社会成员平等参与、平等发展的权利，是当代中国语境下法治的一个根本使命。

第二节 平等发展权：农民发展权的核心

一、农民平等发展权的内涵阐释

（一）平等发展权——公民的一项基本人权

平等权不仅是公民的一项应然性权利，而且也是公民的一项法定性权利。《宪法》第33条第2款规定，“中华人民共和国公民在法律面前一律平等”，表明平等权是我国《宪法》赋予公民的一项基本权利。同时，发展权是国家、民族和个人积极、自由地参加政治、经济、文化和社会生活的发展，并公平享有社会发展利益的权利。发展权作为第三代人权，是人权发展的新形式，已经被国际社会逐步认同。

发展权是一种与生存权密切相连的基本人权，虽然我国《宪法》没有直接明确地将发展权入宪，但有很多与公民发展权保护相关的条款，可谓间接规定了发展权问题。平等是发展权的基本属性和基本价值。《世界人权宣言》第22条规定：“每个人作为社会的一员有权享受社会保障，并有权享受他的个人尊严和人的自由发展所必需的经济、社会和文化方面各种权利的实现。”显然这里不仅强调了发展权，更强调了“每个人”的平等的发展权。平等发展权是公民平等权和发展权的有机复合，是一种新型的人权形式。“平等发展权”是“作为一项不可剥夺的人权”的“发展权”，在彰显“平等”层面的延伸和深化。

1986年联合国大会通过的《发展权利宣言》强调“发展权利是一项不可剥夺的人权”的同时，又提出了“发展机会均等是国家和组成国家的个人的一项特有权利”。[2]只有把平等作为社会发展的最核心的价值之一，真正意识到只有在发展权的高度才能够真正实现人与人之间的平等，发展权才有存

---

〔1〕 中共十八届三中全会：《中共中央关于全面深化改革若干重大问题的决定》。

〔2〕 联合国大会1986年12月4日第41/128号决议：《发展权利宣言》序言。

在的现实社会土壤。平等发展权是从发展的视角去审视平等权。发展权只有放在平等的坐标上去审视，发展才能获得其普世的价值支撑，宪法赋予公民的平等权才能实现。

试想，如果发展权只是社会部分成员特别是少数成员的权利的话，那么社会其他成员的发展必将被社会所忽视而被边缘化。如此一来，不仅其他社会成员的发展权利得不到有效保障，并且社会发展的不均衡性将使社会出现严重的两极分化。这种状况的长期存在，必然出现物质上的贫者愈贫、精神上愚者更愚的双向两极分化现象。平等权只有安装上发展的引擎，才有可能在更高的层面实现平等，人类社会才能从低级向高级通过螺旋式上升实现不断发展，才能不断地由必然王国向自由王国迈进，才能最终实现那“自由人的联合体”的崇高社会境界。

（二）农民平等发展权的内涵界定

农民平等发展权，即指农民公平平等享有发展机会，并公平享有发展利益的权利。汪习根教授指出，“所谓农民平等发展权，是指农民阶级中的每一个个体和农民集体拥有的公平参与、促进经济、社会、文化和政治发展过程并公平分享发展成果的基本人权。平等发展权是发展权的核心，包括机会、规则与结果意义上的公平发展的权利。”〔1〕我国《宪法》规定，中华人民共和国公民在法律面前一律平等。农民作为我国公民理应像其他阶层公民一样享有平等的生存权和发展权。农民人格和尊严应该像其他公民一样受到同样的尊重。

胡锦涛主席在第五届亚太经合组织人力资源部长级会议上提出，我们应该坚持社会公平正义，着力促进人人平等获得发展机会，逐步建立以权利公平、机会公平、规则公平、分配公平为主要内容的社会公平保障体系。这可谓其“社会平等与公平观”的科学阐述。据此，农民平等发展权具体而言应体现在如下几方面：

1. 发展权利平等。权利平等是社会正义的内在要求，是构建和谐社会的基本立足点。罗尔斯认为，“每个人都具有这样一种平等权利，即和所有人的同样自由相并存的最广泛平等的基本自由体系。”〔2〕权利平等是公民平等权

〔1〕汪习根、杨丰菀：“论农民平等发展权”，载《湖北社会科学》2009年版第9期，第153页。

〔2〕［美］约翰·罗尔斯：《正义论》，何怀宏等译，中国社会科学出版社1988年版，第302页。

的核心。由于平等是一种正义社会关系的体现，要求社会对所有成员“不偏不倚”公正对待。只有对公民赋予平等的发展权利，才能使他们在平等的起点上融入社会，在社会生活中获得平等的发展权利。长期以来，农民物质上的贫困根源于权利的贫困，特别是在计划经济时代“农民只能成为有限人权主体，人权内容匮乏，最基本的生存权都难以保障”。[1]本来靠天吃饭的农民没有获得平等的发展权利。农民和市民阶层相比，无论是就业权、受教育权还是社会保障权等基本权利都没有得到应有的保障。政府对农民平等发展权保障的缺失，导致大多数农民在追求小康生活的道路上举步维艰。

2. 发展机会平等。机会平等是一种起始性的条件平等，“只有保证机会平等，才能最大限度地刺激个人的自由选择及能力发挥。”[2]机会公平是社会公平与正义的前提性条件，是社会和谐的基础。能否向公民提供公平的发展机会是现代国家区别于传统集权专制国家的基本标志。机会平等不一定导致结果平等，但机会不公必然会导致结果不公。机会不公是最大的不公，也是社会最大的腐败。发展机会平等要求社会在保障公民的基本生存权的基础上为每个公民提供的发展机会是均等的、公平的。农民发展机会平等，要求国家和政府应为其提供和市民阶层一样的发展机会，从而顺利实现自身社会化的条件平等。就农民发展机会平等而言，在政治上，农民应该像其他社会公民一样享有平等的管理国家和社会事务的权利。在经济上，农业作为弱势产业，应该享有政府为农村市场经济发展平等提供的市场平台。同时，还应看到，“公平不是平均主义，既不是一味追求一刀切的结果的等同、平等，也不是仅仅追求机会的均等化。比如，对弱势群体来说，对他们机会倾斜才是公平。”[3]由于国家在计划经济时代对农业的“以农补工”政策，农业积累非常有限，农民理应享有发展的政府帮助权。工业“反哺农业”的时机已经成熟。一定时期内对农民经济政策上的倾斜，恰恰是对长期以来对农民不平等待遇的努力趋向平等的反正。在文化上，农民长期以来遭遇文化教育贫困，农民文化发展权理应得到尊重和保护，农民应该获得平等的教育机会。在社

---

〔1〕岳悍惟、岳悍怡：“从国家农民向社会农民的转变看我国农民的人权发展”，载徐显明主编：《人权研究》（第1卷），山东人民出版社2001年版，第521页。

〔2〕夏勇主编：《法理学讲义——关于法律的道理与学问》，北京大学出版社2010年版，第288页。

〔3〕“让人人获得平等发展机会”，载中国网络电视台-新闻台，http://news.cntv.cn/20110409/109674.shtml，最后访问日期：2015年5月28日。

会生活上，农民社会发展权理应受到保障，应该像城市市民一样平等地获得社会保障权。

3. 发展利益平等。“天下熙熙，皆为利来；天下攘攘，皆为利往。”〔1〕利益是权利的动力之源，是主体行动的原始驱动力。正如马克思主义所指出的，“历史不过是追求目的的人的活动而已，而人们所争取的一切，都同他们的利益有关。”〔2〕农民问题，本质上是利益问题；农民发展权保障问题，本质上是发展利益的保障问题。由于农民发展权保障是一个包含经济发展权、政治发展权、文化发展权和社会发展权的综合系统权利体系；那么农民发展利益的平等权则显然是一个包括经济、政治、文化和社会生活利益在内的平等权的综合体系。农民发展利益平等至少包含两方面内涵。一方面，农民自身创造的社会财富理应得到平等保障。自古“官出于民，民出于土”，农业作为弱势产业，长期以来，大多农民靠天吃饭，农业生产效益低下。在中国大部分地区，农民通过土地产出的物质利益较为贫乏。国家和政府应该保证农民物质利益不受非法侵犯，政府应严厉约束地方政府非法的集资和摊派，对非法侵害农民利益的行为予以坚决的打击。另一方面，农民应平等地分享社会主义现代化建设的物质文明和精神文明成果。在国家工业化进程中，农民以作为弱势产业的农业为国家工业化的原始积累做出了巨大贡献。现在我国工业化发展取得举世瞩目的成就，国家也欣欣向荣，农民理应像其他社会阶层一样平等地享有社会经济和文化发展成果。

4. 发展规则平等。规则是一个组织、国家和其他共同体为了维护正常秩序、促进健康发展而要求其成员必须遵守的行为准则。规则是社会秩序形成的基础，没有规则便没有人类社会；发展规则平等是社会平等的基础。“权利义务资源的分配正义是社会成员公平发展的基本前提，而良好的法律制度则是实现社会公平正义的强力保障。”〔3〕农民发展规则平等主要包括起点规则平等、过程规则平等和结果规则平等。起点规则平等是发展规则平等的初始规则，对主体从事社会实践的主体条件予以平等的规定。过程规则平等，要求在社会竞争中国家应制定公平的规则对竞争者予以平等的保护。结果规则

〔1〕《史记·货殖列传》。
〔2〕《马克思恩格斯全集》（第1卷），人民出版社1956年版，第82页。
〔3〕汪习根、杨丰菀：“论农民平等发展权”，载《湖北社会科学》2009年版第9期，第154页。

平等，要求在社会竞争中让竞争者公平地分享竞争收益和成果。长期以来的“一国两策”的城乡二元社会结构，导致农民身份、政治、经济、文化和社会生活等受到全方位的歧视。农民在社会竞争中无法像城市市民一样处于同一起跑线。在发展过程规则方面，二元户籍制度将农民严重束缚在土地上，法律没有赋予公民以迁徙自由权，实际上约束和限制的主要是农民。改革开放后，这种体制的约束有所松动，但迄今为止仍未正式废除二元户籍制度，仍是农民发展的一个“魔咒”。在发展结果规则平等方面，农民作为最大的弱势群体理应通过立法保证农民平等享有社会主义现代化的物质和精神成果。

二、平等发展权：农民发展权的核心

（一）农民平等发展权是宪法规定的公民基本权利的落实

通过宪法建立一个宪政社会，是实现一个秩序井然公平正义的和谐社会的根本保证。对公民基本人权的保障与维护，又是实现宪政社会、和谐社会的基本条件。“民主政治建立在主权在民的理论基础之上，它的宗旨是保障和实现人权，使人民过上尽可能好的幸福生活。”〔1〕平等权作为公民一项基本人权，是宪政社会、和谐社会的一项基础性权利。《宪法》第33条第2款规定，“中华人民共和国公民在法律面前一律平等。”平等权是我国《宪法》赋予公民的基本权利。

同时，我国《宪法》没有正式把发展权写入宪法，主要是因为发展权是第三代人权，目前还处于学术讨论阶段，有关其权利主体、内容、客体、权利构成、保护路径等一系列问题还有待于进一步厘清。发展权是一种与生存权密切相连的基本人权，虽然我国《宪法》没有直接明确地将发展权入宪，但有很多与公民发展权保护相关的条款，因此可谓间接规定了发展权问题。应该看到，我国《宪法》规定的公民就业权、休息权、生育权、社会保障权和获得物质帮助权以及一系列政治权利和自由都是着眼于公民的身心发展而创设的权利，其立法宗旨是促进公民发展。所以从本质上来看，我国《宪法》也规定了发展权的一系列实质权利。显然，目前发展权不仅是一种应然性权利也是一种间接性宪法权利，而平等权早已是一种宪法权利。因此，农民作

〔1〕 白钢、林广华：《宪政通论》，社会科学文献出版社2005年版，第186页。

为我国公民理应像市民一样享有平等的发展权利。

面对人权发展的新形势，发展权从形式上入宪已经迫在眉睫，呼之欲出！农民平等发展权，恰恰是宪法规定的公民平等权和发展权的有机复合，是在平等权的基础上，农民作为公民应该享有的发展权利的具体落实。

（二）农民平等发展权是农民发展权的权利基础

和谐社会是一个"万类霜天竞自由"的社会，每个社会主体、社会阶层在法治的轨道范围内自由发展。农民只有在社会生活实践中享有广泛的平等权，才能在经济、文化、教育和社会生活等方面得到充分的发展。在社会生活实践中，没有国民待遇的享有，农民的发展权将无从谈起，"农民权利不平等是导致三农问题的关键，也是农民问题的症结所在"。〔1〕农民是中国最大的公民群体，也是最大的弱势群体。由于历史与现实的种种原因，现实中绝大部分农村地区发展缓慢，绝大部分农民比较贫穷，农民发展的现实根基薄弱。如果对农民实施区别化对待，农民的发展将成为社会发展的严重问题。因此，平等发展权保障不仅直接关系到农民的生存和发展，而且直接关系到中国社会主义现代化的成败，关系到21世纪中叶现代化国家发展战略的实现与否。

（三）农民国民待遇是新农村建设中实现城乡一体化发展的关键

马克思指出，"消灭城乡之间的对立，是社会统一的首要条件之一。"〔2〕城乡一体化是在统筹城乡发展的理念下，在城乡之间进行生产要素合理流动和优化组合，最终实现城乡居民之间生产方式、生活方式和居住方式一体化发展的社会发展模式。夏勇认为："一个和谐的社会，应该是分与合、个体与群体、局部与整体的融合。偏向任何一方，都会造成不和谐。"〔3〕城乡一体化必须把农民的发展权放在首位。只有农民获得了快速充分的发展，才能尽快缩小城乡之间的差距，城乡一体化发展才会获得牢固的根基。

罗尔斯指出，"正义的主要问题是社会的基本结构，或者更准确地说，是社会主要制度分配基本权利和义务，决定由社会合作产生的利益之划分的方

---

〔1〕曾业松：《新农论》，新华出版社2004年版，第42页。

〔2〕《马克思恩格斯选集》（第1卷），人民出版社1972年版，第57页。

〔3〕夏勇："人权与人类和谐"，载爱思想网，http://www.aisixiang.com/data/6948.html，最后访问日期：2015年6月18日。

式。”[1]城乡结构体制，是影响我国社会主义发展的重要社会结构体制。实践证明，计划经济时代形成的“一国两策”的二元社会结构体制，是实现城乡和谐发展的“瓶颈”。城乡二元结构已经成为严重制约农村发展，使得农村长期得不到较快发展的体制原因。城乡一体化发展的前提是城乡居民权利的平等化，农民发展权保障的关键在于农民享有平等的国民待遇。在当代中国，改革城乡二元体制，消除城乡二元结构，实现城乡一体化发展势在必行。消除城乡二元结构，关键又在于保证农民享有宪法赋予的平等权，让农民在发展的道路上享有国民待遇。只有实现了农民在社会生活中的平等权，才可能消除社会的二元结构，社会体制正义才能真正实现。

（四）农民平等发展权是和谐社会发展的基石

农民是中国最大的公民群体，如果连农民基本的平等权都得不到保障，那便是中国人权事业的失败、中国宪政的失败，和谐社会的实现将是一句空话。和谐社会包括如下几层基本内涵，首先是主体身心的和谐；其次是社会关系的和谐；再次是国与国之间关系的和谐；最后是人与自然关系的和谐。农民平等权的保护，不仅能使农民的基本权利得到保障，同时，这种基本人权的尊重和保障，必将促进农民主体意识和国家主人翁意识的觉醒，长期以来的社会最底层的被歧视的卑微的社会地位感将会逐步消除。农民作为社会主人的主体意识的激活，必将使农民精神振奋，意气风发，其积极性、主动性和创造性将会有如泉流奔涌。

不仅如此，农民平等权是实现农民与其他社会阶层关系和谐的条件。社会关系的和谐是和谐社会的基本内涵。没有社会关系的和谐，就没有和谐社会。社会关系的和谐归根到底是社会各阶级、阶层利益关系的合理分配，社会权利的公平安排。在我国社会主义国家，工人、农民、知识分子都是社会的主人，都应平等地享有宪法规定的权利，平等地履行宪法规定的义务。既不允许任何个人享有宪法法律未规定的特权，也不允许哪个社会阶层居于其他阶层之上。只有这样，社会主义国家人民之间的平等和谐的新型社会关系才能最终形成。因此，和谐社会须消除社会歧视，首先就必须消除对社会群体——农民的歧视，真正使亿万中国农民享有宪法赋予的平等权。

---

〔1〕［美］约翰·罗尔斯：《正义论》，何怀宏等译，中国社会科学出版社1988年版，第7页。

三、农民平等发展权缺失的现实表征

（一）社会地位不平等

农民往往处于社会的最底层。农民本身除了标示一种职业外，在很多人眼中，也标示了一种身份。农民长期处于“二等公民”和“受损者”的社会地位和社会状况。农民不平等的社会地位和社会身份，往往因为代际关系被迫继承给下一代。尤其是在计划经济时代，大部分农民看不到发展的希望，能维持基本的生存已是最大的幸福了。农民社会地位的低下，使得相当多的农民生产积极性低下，“出工一条龙，干活一群虫，收工一窝蜂”就是集体经济时代农民生产积极性的真实写照。

农民社会地位集中体现在其政治权利上，而政治权利又集中体现在选举权上。我国《选举法》长期规定，自治州、县、自治县、省、自治区的人民代表大会代表的名额，由本级人民代表大会常务委员会按照农村每一代表所代表的人口数四倍于同级城镇每一代表所代表的人口数的原则分配。也就是说农民和城市居民在选举权上并不平等，四个农村选民才相当于一个城市选民。这种状况于2011年4月在众多的非议声中修改通过的《选举法》中终于得以改变。即便这样，现实中各级人大代表构成中真正的农民身份的人大代表所占的比例与农民庞大的人口数量依然极不相称。而全国人大代表的构成中，真正属于农民身份的人大代表更是微乎其微。

“农民同命不同价”现象也是农民社会地位不平等的真实写照。在人身损害赔偿案件中，同样是受到人身损害，法律规定的对于农村和城市人口的赔偿标准相比相去甚远。同样生活在共和国的蓝天之下，受到人身损害所得到的损害赔偿农民只有城市市民的几分之一，让人难以置信。

（二）发展机遇不平等

发展机遇是公民向更高社会层次迈进以谋求发展的保障。发展机遇平等是平等发展权的关键。长期以来，农民发展机遇保障和城市市民相比很不平等，主要表现在政治和社会地位上。在计划经济时代乃至计划经济结束后很长时期农民仍深受其影响，农民社会地位要想向上流动，只有当兵和考学两条路。众所周知，在国家安排工作解决大中专社会身份的历史时期，考学是“千军万马过独木桥”，能够通过此途径实现向上流动的农民子弟在一个村毕竟是凤毛麟角。而通过当兵实现社会地位向上流动，则必须要在部队中转干并提升到一定级别。通过这两种途径，实现农民向上流动的毕竟只是很小很小的比例。大多农民自从出生，注定一辈子“面朝黄土背朝天”。

在经济发展机遇上，农民也没有获得平等的发展机会。“劳动是财富之母”，农民经济发展权实现的重要工具性权利是就业权。农村富余劳动力只有通过非农就业获得经济上的发展。而在现实中，和城市市民相比农民就业发展的机遇却是不平等的。一般而言，在计划经济乃至受其影响在其废除后的很长时期内，城镇招工招干的前提条件是必须要有城镇户口，农村户口的农民被完全排除在外。

即使在今天，很多城市的很多工种也只对城市户籍人口开放。如，北京市在1999年加大对用人单位使用外地人员的审批力度，其中减少的很大一部分是农民工行业，工种缩减至200个。[1] 如广东省实行“三优先”政策，即在招工时，优先录用城镇待业青年和下岗人员，这部分人若是不愿意干的工种，再录用农村劳动力。不仅大城市加强了限制性规定，中小城市甚至江苏、浙江、广东的一些小城市也颁布了使用外来劳动力的行业工种的限制性规定。农民工工种被直接锁定在重、脏、累、苦、险的工种上，农民进城往往只能从事建筑工、掏粪工、清洁工等工种。这不仅严重影响了农民工的自主选择权和发展权，而且严重挫伤了进城务工农民的自信心。在这里，政府不仅没有保障作为弱势群体的农民工的平等就业权，而且还“越过”市场，利用超市场经济的手段，人为地为农民工权益的平等实现设置障碍。不仅如此，在职业待遇上，进城农民工往往和城市市民“同工不同酬”。往往在同一个企业特别是国有企业，录用的农民工在企业往往是临时工，不仅待遇只有城市正式工的一半甚至只有几分之一，而且企业也往往不为其买养老保险、医疗保险等法定的基本社会保险。

（三）社会权利不平等

社会权利是人的社会价值得以积极肯定和充分发展的权利，主要包括生存权、受教育权等。社会权利不平等是农民在社会生活方面的权利不平等，社会权利不平等严重影响了农民的发展。首先，农民生存权保障不平等。改革开放三十多年来，中国农民生存权基本得到保障。但是由于农民没有像城里人一样享受基本的养老保险和医疗保险等社会保险，农民养老基本上还是

〔1〕 参见梁玉华：“农民工就业领域中的弱势地位分析”，载《市场论坛》2005年第4期，第95页。

按照“养儿防老”的模式。农民不存在退休问题，大多农民劳动到七八十岁，只有病魔缠身或实在老得连走路都走不动了才被迫离开田地。不是农民天生这么爱劳动，而是农田产出实在有限，大多农民一辈子劳动直到老都难以有很多积累。不劳动就难以生存。新农村建设以来，农村一般年满60岁的农民每年有几百元的养老补助，如笔者家乡湖南常德农民目前一般是每月50元，一年600。但在物价高企的今天区区几百元无异于杯水车薪。但客观地说，对比以往这毕竟是一个良好的开端。

其次，就农村医疗保险而言，长期以来，农民是不享受医疗保险的。远的不说，改革开放三十多年以来，大多数经济落后地区农民生病后“小病靠挨，大病等死”的状况仍未得到改善。由于我国医疗体制不顺，医疗费用往往高得离谱，远远超出普通人的承受能力，更何况是长期没有医疗保险保障且经济承受能力极低的中国大多数农民。随着新农村建设在农村广泛推行，农村合作医疗的普遍展开，农民住院费用能从合作医疗中报销一定比例。但目前，合作医疗所能承担的农民医疗费比例毕竟只是其中的一小部分。况且，合作医疗中有关部门又人为不合理地限制农民就诊的医院。农民得了较为严重的疾病，往往面临着两难选择，一是如果想按照规定获得正常的合作医疗报销，就可能只能到指定的医疗技术和医疗条件较差的医院就诊，但这往往面临很大的医疗风险；二是如果农民擅自到医疗技术和医疗条件较好而非指定的上级医院就诊，则往往得不到合作医疗报销。

最后，就农民受教育权而言，为了有效保障和实现公民的受教育权，当今世界各国无不对全体国民实行统一的教育制度。而长期以来我国在教育上往往也实行“一国两策”。城市中小学教育完全是国家投入，而农村中小学教育长期基本是农民自己投入。尽管国家普遍推行九年制义务教育，但城市和农村教育资源分配不尽合理，国家教育经费绝大部分用于城市，城市和农村的中小学校在经费供给、师资力量、教学条件等方面差距极为悬殊。就师资力量来说，那些具有较高教学能力的优秀教师往往被优先安排在城市。而农村地区，由于工资待遇低、教学条件差，往往留不住优秀教师。那些教学多年教学经验较为丰富的教师，往往很快就被城市学校挖走。那些落后山区，往往师资力量极为稀缺，民办教师、代课的志愿者被委以重任。

第三节 农民发展的国民待遇与差别待遇

一、国民待遇：农民平等发展权保障的基本原则

（一）国民待遇原则

国民待遇原则（national treatment principle）是 WTO 的基本法律原则之一，指在国际社会民事权利方面一个国家给予在其国境内的外国公民和企业与其国内公民、企业同等待遇。国民待遇原则是最惠国待遇原则的重要补充。国民待遇原则是国际经济贸易关系日益发展的产物。最早在国内法中规定国民待遇原则的是 1804 年《法国民法典》，该法第 13 条规定："外国人经政府许可设立住所于法国者，在其继续居住期间，享有一切民事权利。"随后很多国家相继规定了国民待遇制度，从而使其成为国际社会普遍适用的基本原则。目前，国民待遇原则已成为 WTO 最终实现消除贸易壁垒、统一国际市场的重要的保障性原则。

国民待遇原则是西方社会在资产阶级法治长期实践中形成的法律规范。1789 年法国的《人权宣言》在抨击欧洲的封建专制统治的基础上，以自由、平等原则为指导，把国内法的国民待遇原则扩展到外国人在法国民事权利的适用上，实行无条件国民待遇原则。后来在 1826 年荷兰《民法典》第 9 条第 2 款、1868 年葡萄牙《民法典》第 36 条、1889 年西班牙《民法典》第 27 条、1878 年南美八国的《利马条约》第 1 条中，都有类似的国民待遇原则规定。在 1883 年订立的《保护工业产权巴黎公约》中国民待遇原则被列为首要原则。到 20 世纪，国民待遇原则成为国际公认的外国人在内国民事权利待遇的准则。后来，世界贸易组织通过《关税与贸易总协定》将国民待遇原则作为成员国必须遵守的最重要的基本原则。由于国民待遇原则有利于在民事权利上排除内国歧视外国人的现象，能较好地处理与外国的关系；同时，它也在不歧视外国的基础上保留了内国人与外国人民事权利待遇的差异性，较好地尊重了内国国情。因此，国民待遇原则为世界各国处理复杂国际经济关系提供了一个和平共处并且互相尊重他国国民的基本理念。

国民待遇是世贸组织非歧视贸易原则的重要体现，其本质是平等，是一种外国人与本国人的民事权利平等。而平等权既是一种理想层面的"应然"

权利，也是一种制度层面的权利，更是一种现实中的“实然”权利概念。相比较而言，国民待遇可以认为更侧重于描述后两者甚至于更加侧重于描述实践中的平等权。它要求在实现所有世贸组织成员平等待遇基础上，世贸组织成员的商品或服务进入另一成员领土后，亦应该享受与该国的商品或服务相同的待遇。国民待遇的核心价值是平等，严格讲就是外国商品或服务与进口国国内商品或服务处于平等待遇的原则。国民待遇的基本精神是公平竞争，它要求对待国内外不同地区、不同的民事主体要平等。中国加入世贸组织后，国家应该按本国公民的标准给外国人以国民待遇。由于长期以来受计划经济体制的影响，我国在城乡治理上长期实行的是“一国两策”、“城乡分治”的治理策略，农民平等的国民待遇一直没有受到应有的重视。因此，近年来不少学者将国际私法上的国民待遇原则引申到本国国民待遇平等问题的研究。

（二）农民国民基本待遇

所谓农民国民待遇，是指农民作为中华人民共和国公民理应和城市市民一样享有平等的社会权利、承担平等社会义务。农民国民待遇原则是农民在国内享受权利和承担义务的平等权利。中国长期以来城乡实行的是“一国两策”，农民和城市市民在社会地位和待遇在一直不平等。由于计划经济体制的影响，长期以来一直存在农民是否在本国享有平等权的问题，即本国国内的国民待遇问题。由于我国长期以来一直实行“挖农补工”政策，工农之间存在严重的社会地位和社会待遇的不平等，所以农民国民待遇的平等主要参照系是城市市民。农民要求国民待遇，即要求能像城市市民一样平等地享有国家提供的政治、经济、文化和社会生活等各方面的权利，平等地承担国家赋予一个公民的基本义务。农民国民待遇本质是公民平等权，农民和以城市市民为主体的其他社会阶层应该平等地享有宪法和法律赋予的权利；因为，“农民问题的关键是权利问题，而农民权利问题的核心是城乡不平等问题，是农民的‘二等公民’问题。”〔1〕

（三）保障国民待遇，促进农民公平发展

1. 消除二元结构，为农民发展公平立法。首先，应将平等发展权入宪。儿届人人一次会议郑重宣告“国家尊重和保护人权”，并将其作为宪法修正案

---

〔1〕楚成亚：《当代中国城乡居民权利平等问题研究》，山东大学出版社2009年版，第2页。

写入宪法，从此开辟了国家人权保障的新时代。平等权已经入宪，发展权虽然至今没有直接入宪，但宪法早就已经有了保障人权的间接内容。为了回应“国家尊重和保障人权”的宪法宣告，笔者认为将发展权和平等发展权入宪的时机已经成熟。在规定公民的平等权之后，可以增加这样的宪法条款：“公民享有获得全面、平等发展的权利。国家将采取一切积极措施促进公民发展。”

其次，涉农法律一律应以平等发展作为基本原则。“在制度伦理中，人的自由而平等的发展是一切制度确立的出发点和立足点。”〔1〕只有坚持公平立法，人的自由平等权利才能得到制度上的保障。公平立法是人作为公民享有国民待遇的制度前提。而享有国民待遇是公民平等地参与政治、经济、文化和社会生活，在参与中获得自身身心发展的权利基础。“自由和平等不仅是制度合理或公正应诉求的基本价值，同时它们本身也构成制度的基本内容。”[14]在相关涉农法律尤其是国家的行政立法中必须坚持“促进公民平等发展”的原则。根据具体法律形式的不同要求，也许该原则表述可能有所不同，但都必须体现促进公民平等发展和公平的精神和精髓。因为“在制度伦理中，人不再有等级、身份之分，都是无可争辩的平等的主体”。〔2〕

最后，废除一切歧视农民的法律法规。二元社会结构源于计划经济时代的二元户籍政策。而二元户籍政策是在生产力极为低下的计划经济时代形成的，旨在通过城乡分治限制农村人口涌入城市从而减轻城市的压力；另一方面也在于决策层试图通过将农民限制在农村专心生产从而为国家工业化提供稳定的农业物质保障。尽管在特定历史条件下，这种制度选择有一定的合理性，但从根本上来讲忽视了农民作为我国公民的平等权，漠视了农民的平等发展权，同时，“对农民的歧视性待遇及其制度规定，必然造成严重的‘脱农’现象，严重影响农村各项事业的发展。”〔3〕这种“城乡分治”、“一国两策”的做法对国家的长远发展显然是极为不利的，从根本上阻碍了国家现代化的历史进程。在城乡二元体制下，户籍不仅仅只是一种身份的表明，更是

〔1〕杨灿明等：“农民国民待遇与制度伦理分析——兼论‘三农’问题的解决对策”，载《中南财经政法大学学报》2003年第5期，第53页。

〔2〕杨灿明等：“农民国民待遇与制度伦理分析——兼论‘三农’问题的解决对策”，载《中南财经政法大学学报》2003年第5期，第31页。

〔3〕杨灿明等：“农民国民待遇与制度伦理分析——兼论‘三农’问题的解决对策”，载《中南财经政法大学学报》2003年第5期，第53页。

一种社会资源享有权的确认。农民不仅意味着一种低下的社会身份，在这种低下的社会身份下更是意味着享有极少的社会权利承担更大的社会义务。为保障农民平等发展权计、为国家长远发展计，废除二元社会结构势在必行，“消除对农民的歧视，不仅仅是为农民说话，更是实现社会公平正义、构建和谐社会和提高全社会文明程度的内在要求。”〔1〕

2. 强化政府责任，营造平等发展的社会环境。首先，改革财税体制，公平供给公共产品。公共产品短缺是抑制农村发展的重要物质瓶颈，而“公共产品二元供给体制，造成城乡公共产品供给差异”。〔2〕长期以来，农村基础设施薄弱，特别是一些贫困山区，不少地方至今连公路都不通。目前，农村公共产品供给不仅严重不足，就是有限的供给也是结构失衡。不少地方政府只注重“政绩工程”、“形象工程”的农村公共产品建设，而那些见效慢、生产性公共产品却往往供给不足。农民作为中华人民共和国公民，理应享有平等发展权，而平等地享有公共产品供给权则是农民享有平等发展权的关键一环。诸如道路交通、义务教育、环境卫生等公共产品，国家应从城乡发展一体化的角度去筹划，应由公共财政来承担。温家宝在十届全国人大五次会议上做政府工作报告时指出，要让城乡百姓特别是困难群众都能享受到公共财政的阳光。〔3〕农民作为中国最大的弱势群体，在寻求发展的道路上理应享受“公共财政的阳光”。

为了让农民“享受到公共财政的阳光”，享受到与城市公民一样的平等发展权，必须改革财税体制，建立城乡统筹的公共产品供给机制。政府必须彻底改变城乡失衡的公共产品供给的体制安排，确立公平、平等的供给原则。长期以来，我国一直实施的是重城市轻农村、重工业轻农业的公共产品供给原则，国家财政资金大量投入城市。这种财政供给体制在促进城市迅速崛起的同时，也造成了农村公共产品的薄弱，直接导致城乡发展“两张皮”。政府应改革财政体制，通过财政转移支付，加大国民收入中对农村公共产品的支付比例，加大对农村诸如道路交通、义务教育、基础建设等一系列公共产品的供给力度，让农民享有平等的公共产品供给。

〔1〕张英洪：《给农民以宪法关怀》，中央编译出版社2010年版，第39页。

〔2〕张珺：《中国农村公共产品供给》，社会科学文献出版社2008年版，第133页。

〔3〕参见温家宝：“让百姓特别是困难群众享受到公共财政的阳光”，载 http://lady.people.com.cn/GB/1089/5438872.html，最后访问日期：2015年3月2日。

其次，实施城乡统一的社会保障政策，消除农民发展的后顾之忧。社会保障权是公民的一项基本人权，“社会保障作为一项基本权利的正当性，首先来自人类在社会化大生产和市场经济条件下维护自身生存和人格尊严的正当性。”〔1〕社会保障是公民维持其生存的基本保障，是公民生存权保障的最后一道屏障；同时，它也是公民发展权保障的基础。建立城乡统一的社会保障制度，不仅是社会主义本质的基本要求，同时也是保障宪法赋予公民的基本权利甚至是践行国际人权公约的基本要求。我国是社会主义国家，人民是国家的主人，农民显然是国家和社会的重要主体。

长期以来，我国沿用苏联的计划经济模式，实行的是“城乡分治”的治理体制。政府实行的社会保障制度主要惠及城市市民，而占人口绝大部分的农民却被排斥在外，这显然是和我国的社会主义本质相背离的。在新农村建设中，尽管我国农村社会保障体系在初步构建，但还只是刚刚起步，城乡一体化平等的社会保障体系远未确立。为此，政府应该积极有为，以平等为价值理念，以国民待遇为基本原则，积极构建和完善农村社会保障体系。积极探索国家、集体和农村三方共同出资、合理负担农村养老保险和农村医疗保险的制度；逐步完善农村最低社会生活保障制度。不仅如此，政府还应积极加强对农村社会保障管理体制的管理和监督力度。劳动与社会保障部门应加强对农民社会保障体系的监管力度，对诸如农村最低生活保障、“五保”等对象的评定应加强监督，坚决杜绝农村社会保障的实际运作中出现的腐败现象和不公平现象。

最后，加强宣传教育，消除对农民的社会歧视。社会歧视分为制度性歧视和观念性歧视。政府除了应在法律和政策层面消除一切歧视农民的规定外，还应积极采取措施消除对农民的观念歧视。政府应调动包括报刊、杂志、电视、广播、网络等在内的各种媒体，进行有效宣传。应加强公民意识教育，传播平等观念和理念。应积极鼓励和劝说人们多深入农村，去关心和了解农民、帮助农民，以此为手段逐渐消除或减少对农民的社会偏见和歧视，宣传农民的淳朴和真诚。从农民是我们的“衣食父母”的高度去宣传农民，帮助人们纠正对农民的错误认识和歧视性观念。

---

〔1〕 余逊达等：“人权与社会保障”，载郑造恒主编：《公民权利与社会保障》，浙江大学出版社2008年版，第2页。

同时，消除对农民的社会歧视还要求政府和社会采取一切措施帮助农民发展，帮助其克服自身缺点从而获得身心的全面发展，“被歧视者的自立自强是解决社会歧视问题的根本之策”。〔1〕毛泽东同志曾明确指出，“严重的问题是教育农民。”〔2〕应加强对农民的现代文明教育，这就要求不仅要提高其科技意识和技能，更要提高其综合素质，加强对其人文素质、法律素质、道德素质、市场意识、管理意识等多方面素质的培育。只有从社会宣传和提高农民素质的双重角度出发、双管齐下，社会对农民的歧视才能在最短的时间内得到有效消除。如此，束缚农民平等发展的观念障碍才能得到有效清除，农民平等发展权的观念瓶颈才能得到根本解决。

3. 成立平等发展委员会，加强组织保障。平等发展是事关国家全面、持续、健康发展的关键。在社会主义现代化建设“三步走”战略中，21世纪中叶基本实现现代化的目标现在已经到了攻坚阶段。在社会发展中效率和公平始终是一对矛盾。二者的关系必然经历“效率优先、兼顾公平”、“效率和公平并重”再到“公平优先、兼顾效率”三个历史阶段。随着我国生产力的发展，社会物质文明取得举世瞩目的成就。在社会发展中对效率和公平这对矛盾的处理，现在已经到了效率与公平并重的历史阶段，“在构建和谐社会的过程中，应致力于追求效率与公平的有机统一。”〔3〕平等发展、公平发展已经成为时代的根本要求，是来自公民社会特别是弱势群体发自内心的呼喊！

为了保护农民的平等发展权，必须加强组织保障，“要想使人类重新自由，就要给社会一种组织，这个组织便利一切人在同等的地位上满足他们的欲望，发展他们的能力”。〔4〕为此，应从国家和社会上下对接的思路加强对平等发展的组织保障，构建“自上而下”与“自下而上”相结合的组织保障体系。一方面，应着力建构国家层面的以平等发展为宗旨的人权保障组织，“自上而下”保障公民的平等发展权。笔者建议成立平等发展委员会作为协调国家各阶层、各行业和各地区平等发展的国家机构。国家平等发展委员会应直接对全国人大负责。为了和现行体制相对接，考虑到在全国人大闭会期间

---

〔1〕黄家亮：“论社会歧视的社会心理根源及其消除方式——社会心理学视野下的社会歧视”，载《思想战线》2005年第5期，第92页。

〔2〕《毛泽东选集》（第4卷），人民出版社1991年版，第1477页。

〔3〕王卫：“论效率与公平关系”，载《求索》2006年第6期，第173页。

〔4〕［德］威廉·魏特林：《和谐与自由的保证》，孙则明译，商务印书馆1982年版，第32页。

国家事务都由全国人大常务委员会处理，可以考虑将国家平等发展委员会作为全国人大常务委员会的下属机构。该机构至少应该设置于地级市以上的人大常务委员会。

国家平等发展委员会的核心价值理念就是平等和公平，以促进社会平等发展、公平发展、和谐发展为宗旨。其主要职能就是为了促进和协调城乡之间、地区之间、行业之间等协调发展，可以下设城乡平等发展委员会、地区平等发展委员会、行业平等发展委员会和公平分配委员会等子机构。国家平等发展委员会委员可从全国人大中具备相关专业知识的委员、各科研院所专家以及其他社会各阶层中具备相应专业知识的公平正直的人士中选任。国家平等发展委员会有权向全国人大提出平等发展的议案，大会主席团必须提交全国人大审议。同时也可以就有关公平发展问题向有关国家机关提出质询案，有关国家机关必须接受质询。就有关平等发展的焦点问题，该委员会可以组织听证会请有关国家机关进行辩驳，并由全国人大常务委员会加以裁决。同时，《宪法》还应赋予国家平等发展委员会就平等发展以监督权，可以直接向有关国家机关提出监督意见和建议。如此，农民平等发展权问题就会得到组织上的保障。统筹城乡发展，城乡一体化发展的发展战略在实施中才能真正得到有效的监督而具体化、深入化。

另一方面，应着力培育农村社会层面的平等发展权保障机构，“自下而上”为保障农民平等发展权积极维权。结社权是一项宪法性权利，也是公民的一项基本人权。托克维尔指出：“有一条法则似乎是最正确和最明晰的，这便是：要是人类打算文明下去或走向文明，那就要使结社的艺术随着身份平等的扩大而正比地发展和完善。”〔1〕公民的结社自由权是我国《宪法》规定的公民的基本人权。在我国社会实践中工人有工会，而最大的农民群体却没有维权组织。

在农村社会层面，应积极培育农民平等发展权的维权组织。笔者认为恢复新民主主义革命和建设时期的农会组织可谓明智之举。农民作为最大的弱势群体，没有法定的社会组织和维权组织，当社会的强势群体甚至政府本身对农民平等发展权利进行侵犯时，必然面临权利失语。如果缺乏社会层面的维权组织，农民必然缺少利益代言人。在国家资源的公平平等分配和制度安

〔1〕［法］托克维尔：《论美国的民主》（下卷），董果良译，商务印书馆1997年版，第640页。

排上，农民必然缺乏话语权，难以影响国家的政策和行动。在平等发展权被侵犯时，农民在国家政治生活中难以发出有力的声音。不仅如此，农民维护平等发展权的社会组织的缺失，使得国家层面的平等发展权委员会缺乏社会组织基础。国家平等发展委员会难以通过对应的农村社会层面的组织及时了解农民诉求和农民的心声，难以系统收集整理事关农民平等发展问题的信息从而客观科学地提出政策建议。

有人担心，农民一旦组织起来可能会对国家权力构成一定威胁。实际上这种担心是多余的。新型农会组织的确立是以维护农民在国家政治生活和社会生活中的平等发展权以及其他法定权利为宗旨的。它是在法律范围内活动的农民群众的自治组织而并非革命时期的革命组织，“事实上，今天的农民提出建立农民协会，不是为了建立一种社会对抗组织，而是在寻找一种社会协商和整合组织。”[1]应该说，农会是沟通农民和国家关系的一道桥梁。其活动目的主要是保障农民最基本的政治、经济、文化和社会生活等基本权利，保护农民的平等发展权是其基本的职能。因此，只要国家在法律的轨道范围内正确规范和引导，农会必将和国家平等发展委员会互生互动，成为维护农民平等发展权以及其他一切权利的公民社会组织。

二、超国民待遇：农民发展权保障的优惠待遇

（一）农民超国民待遇的内涵界定

1. 超国民待遇原则。超国民待遇是国际投资法上具有特定法律意义的概念，也称优惠待遇。所谓超国民待遇，指内国给予外国不同于本国自然人、法人或其他组织的待遇，或给予不同国家的外国人不同的待遇。前者一般是指给予外国人或外国法人的权利在有些方面小于本国国民或法人，但也包括有些时候给予外国人或法人某些方面超过本国国民或法人的待遇，如有些税收的减免。后者是指基于历史、民族、地理等因素而给予某些国家的待遇比给予其他国家的更为优惠。虽然国际法承认上述超国民待遇，但禁止基于宗教、种族、政治等原因的歧视待遇。

超国民待遇源于对国际私法法律原则的借用。在国际私法中称为差别与超国民待遇，是世界贸易组织确定的一项重要原则，是对国民待遇原则的重

[1] 郭殊：“论农会问题与农民的结社自由”，载《法商研究》2006 年版第 3 期，第 5 页。

要补充。WTO差别与超国民待遇原则是贯穿于GATT/WTO体制内的重要原则。该原则的确立是为了帮助发展中国家特别是最不发达国家更好地融入多边贸易体制。WTO在其宗旨中规定，“……需要作出积极努力，以保证发展中国家成员，特别是其中的最不发达国家成员，在国际贸易增长中获得与其经济发展需要相适应的份额和利益……”在此直接确立了该原则在WTO中的地位。

2. 农民发展的超国民待遇。农民发展中的超国民待遇，是指在农民享有国民待遇的基础上，国家为了缩小城乡差距加快农村、农民和农业发展，应该给予农民以一定的超国民待遇。超国民待遇是以国民待遇为基础的。国家必须在公民身份、人格尊严、政治权利等方面给予农民以平等的国民待遇。如农民与市民相比，应享有在法律面前一律平等、人格尊严平等、以选举权为核心的政治权利平等。同时，为了加快农民发展，尽快缩短城乡差距，国家应该在基础建设、公共设施、农业补贴、农村社区和文化建设上投入更多，努力促进农村和农民持续快速发展。当然对农民的这种超国民待遇也不是农民要求的一项长期特权，当农村和城市的发展大致均衡，城乡差别基本消除后，仍然要回到城乡发展共同享受统一的无差别的国民待遇上来。因此，可以说农民发展的超国民待遇应是在一定的历史时期内为促进农村发展而赋予的，农民享有的一项临时性待遇。

在一定时期给予农民发展以超国民待遇，有其存在的合理性。我国是社会主义国家，平等发展、公平发展是社会主义本质的必然要求。但新中国成立以来，由于种种原因农民并未获得像城市居民那样的平等发展，正如一个失衡的天平，为了使其恢复平衡，必须加重另外一方的权重。尽管国家采取的“挖农补工”以发展城市从而奠定社会主义工业化基础的举措有其特定的历史背景，但在本质上的确是违背平等和公平的基本原则的。面临农村相对贫穷，农村和城市发展“两张皮”的社会现实，迫切要求政府加重对农民发展的砝码，从而使已经严重失衡的城乡发展重新恢复平衡。如果国家采取种种措施减少农民发展的砝码的话，本来失衡的城乡发展格局势必会彻底倾斜。一方面，本来就是弱势群体的农民发展就成为重大的社会问题。农民得不到较快的发展，农民的发展权就得不到有效保障。不少农民由于没有得到有效发展，其生存权都会受到严重挑战。另一方面，城乡经济结构失衡的状况将会进一步扩大，国家经济的和谐、快速、健康发展以及在21世纪中叶基本实现现代化的目标也将是一句空话。

（二）超国民待遇之于农民发展权保障的价值分析

1. 超国民待遇是农民追求实质公平的合理制度诉求。超国民待遇是对传统的平等原则的补充，体现了对实质公平的追求。由于历史原因农民在发展的道路上已经和城市市民有了很大差距。在农民的发展道路上如果仅仅坚持国民待遇原则，那么农民很难获得与城市市民一样的平等发展，追求实质公平也只是一句空话。在计划经济时代，由于国家发展工业和城市的“挖农补工”政策，农民在为国家发展做出巨大牺牲的同时，自身发展却失去了基本的物质凭借。改革开放之初，在我国工业化初具规模，城市获得较好发展的时候，绝大部分农民却还是一贫如洗，维持温饱都存问题更不用说发展。改革开放三十多年来，我国城市建设一日千里，但农村和农民因为缺乏基本的发展的物质基础，起点低，部分农村地区依然比较贫困。为了追求实质公平，加快农村和农民发展，已经到了“工业反哺农业”的时候了。农民享有的超国民待遇是农民权利长期受损的应然反正。

2. 超国民待遇是最大弱势群体的权利保护的正当要求。农民靠天吃饭，农业收成的好坏很大程度上依赖于自然条件。在一些山区和自然环境恶劣的中西部地区，农民发展条件非常恶劣，甚至不少地方农民的生存都受到极大威胁。可以说，农民是我国最大的弱势群体。加强对弱势群体的特别保护几乎是所有文明国家的传统做法，体现了对弱势群体的人文关怀。而在立法中给予弱势群体以积极的超国民待遇是其基本路径，“现代宪法平等权区别于近代宪法平等权的一个特征是实质平等内容的增加。实质平等表现为宪法赋予超国民待遇以合法地位，允许对弱势群体采取特殊的保护措施。”〔1〕只有对作为中国最大弱势群体的农民给予积极的超国民待遇，才能更有效地保障宪法赋予农民的基本权利。

3. 超国民待遇是统筹城乡发展的必然选择。统筹城乡发展、实现城乡发展一体化是党和国家在新世纪促进新农村建设努力实现社会主义现代化的重大战略举措。所谓城乡一体化，是指国家把城市和农村作为一个整体来规划，通过要素的自然流动和人为协调，从而达到经济一体化和空间融合的最优化。

---

〔1〕朱应平：“论平等权”，载杨海坤主编：《宪法基本权利新论》，北京大学出版社 2004 年版，第 45 页

城乡一体化矛盾的主要方面在农村和农民。由于自新中国成立以来城市享受了国家种种发展的优惠政策，无论是基础设施还是生活环境等各个方面，相比农村都获得了长足的发展。然而，不容争辩的是，由于自然原因和新中国成立后的人为因素，大部分农村地区还很贫穷，农村的生活设施、生活条件和发展基础与城市相比不可同日而语。正如种种原因导致相隔较大距离的两辆车，如果以同样的速度，后面的车要想赶上前面的车是不可能的。在社会主义现代化建设中，如果城乡差距一直保持不变，那么缩小城乡差距同样也是一句空话。只有加快农村发展，使农村以超常的速度发展，才有可能逐步缩小城乡差距，城乡才能获得和谐、协调的发展。如果国家不在保证农民国民待遇的基础上采取积极的超国民待遇的话，农村和城市的差距不仅不会缩小反而会进一步扩大。城乡一体化发展将只是一句口号，更遑论消除城乡差别。

（三）实行超国民待遇，加快农民发展

1. 加强立法，确立超国民待遇原则。立法保护是权利保护的前提。只有通过理性立法，将需要保护的人权加以明确的法律宣告和规范，应然性的人权才可能转化为制度保障的权利，从而才可能在实践中得到切实保护。可以说立法是将应然权利转化为实然权利的桥梁。显然，为了促进农民发展，立法保护是前提。一方面，在《宪法》中确立公民平等权即国民待遇的同时，应该规定对于弱势群体的积极的超国民待遇原则。其实，由于缺乏超国民待遇原则的规定，现行《宪法》第45条规定的旨在赋予包括农民在内的弱势群体以超国民待遇的物质帮助权〔1〕显得缺乏明确的宪法依据。笔者建议在公民享有平等权时，加上一款规定，“国家应尽力采取优惠政策和措施，促进弱势公民群体的发展。”另一方面，应制定《农民权益保护法》，在该法中明确规定：“为了促进城乡一体化发展，国家尽力采取各种优惠政策努力加快农村、农业和农民的发展。”如此，通过根本法和普通法的对接规定，将农民的超国民待遇原则确立为法律的基本原则，从而为农民的快速发展提供制度前提和条件。

应将对农民的国民待遇和优惠的超国民待遇同时入宪。不仅农民平等的

---

〔1〕《中华人民共和国宪法》第45条规定，“中华人民共和国公民在年老、疾病或者丧失劳动能力的情况下，有从国家和社会获得物质帮助的权利。”

国民待遇应该予以立法，其优惠的超国民待遇也应予以立法，并且在宪法中予以明确规定。如对于农民的平等发展权，宪法中可以归为“社会各阶层都享有平等发展的权利”，而对农民优惠的超国民待遇，可规定为“为了统筹城乡发展、缩小城乡差距，在一定历史时期国家给予农民发展以相应的优惠政策”。

2. 扩大农业公共产品的投入，夯实农业发展基础。目前，农村公共产品的供给制度远远滞后于新农村建设中公共产品供给的现实需求，成为制约农村和农民发展的制度瓶颈。优化农村公共产品供给夯实农业发展基础可以从如下几方面入手：

首先，政府要不断加大农业公共产品的投入力度，大力调整政府财政支出结构，政府财政支出要大幅度向“三农”倾斜。公共产品供给应重点支持农村基础设施建设，加大农村公共产品科技的投入力度。

其次，加大农村金融性公共产品的投入。以促进农村和农民发展为宗旨，完善农村金融体系。为了支持农业和农民发展，政府应加强对农业支持的政府贴息，加大对农村专业户无息和低息贷款的扶持力度。

再次，应加快实行免费的义务教育，加强对农民培训的力度，想尽一切办法提高农民的职业素质和综合素质，不断提高农民自我发展的能力。

最后，应着力完善农村社会保障体系，建立城乡一体化的社会保障制度。社会保障是公民生存权的基本保障，是公民发展权实现的根本保证。由于历史原因，农村社会保障才刚刚起步，城乡社会保障体系明显失衡。为了最终实现平等的城乡社会保障体系，就目前而言，政府应加大对农村社会保障资金的投入比例，尽快实现城乡社会保障平等和均衡。应着力提高农民医疗保障水平，努力改善农村医疗条件，完善对农村困难群体的救助体系，逐步提高农村社会保障覆盖面，社会保障惠及每个农民。

在农村公共产品的供给模式上，我们应改革现有财政体制，调整国民收入分配格局，加大农村公共产品的投入比例，加大对农村公共产品投入力度。同时，在目前政府财政相对有限的情况下，可以借鉴日本的做法。在农村公共产品的投入中吸纳民间资本，政府通过贴息调动“民间资本”投向农业公共产品。在农村公共产品投入上政府和“民间资本”的共创互动机制，必将大大促进农村公共产品的发展。

3. 加强农业补贴，促进农业经济发展。农业补贴是国家对于在国家发展中处于重要基础地位而又相对弱势的农业采取的财政补贴，“农业的基础作用和天生的弱质性决定了国家对农业实行补贴，提高其竞争能力”，[1]“农业补贴的目的在于分享社会发展成果、实现农民自身利益和民主自由发展”。[2]长期以来，我国的农业补贴极为薄弱，不仅表现为农业补贴的总量极为有限，而且表现为农业补贴资金利用效率不高，补贴重点不突出。为了促进农村、农业和农民发展，国家应在减免农业税的基础上加强农业补贴。政府应建立健全价格补贴制度，完善农产品价格补贴运行机制。政府应强化重点农产品如粮棉油等的价格支持。农业补贴应以提高农业生产效率为重点，加大农业科技的财政补贴力度。政府不仅应加强农业科研补贴，更应加强农业科学技术的推广补贴；不仅应加强农业科技人员补贴，也应加强农业科技培训的补贴。政府应充分利用 WTO 农业规则的“绿箱”政策加强农业补贴，从而促进农民增收和农业的稳步发展。

4. 强化农民培训，增强农民发展能力。主体的发展关键在于激活主体的内驱力，激发主体的积极性、主动性和创造性。而主体素质的高低又直接决定主体发展的程度与发展的快慢。中国农民长期发展缓慢，固然与外部因素密切相关，但大多数农民素质相对较低却是影响其发展的客观因素。要促进农民发展必须加强农业培训，努力提高农民的素质和发展能力。因此，为了加快农民发展应以科学发展观为指导，构建农民发展培训的长效机制。

农民发展能力既包括发展技能培训，也包括基本素质的提高。前者对于提高农民收入具有直接的现实意义，而后者对于农民身心发展具有长远的根本价值。目前重点当然是加强农民技能培训，农民基本素质培训与教育应融入技能培训教育之中。农民素质培训应以培养和造就有文化、懂技术、会经营的新型农民为目标。农民技能培训以提高职业技能和科技素质为重点，着眼于培养农民农业生产技术和适应社会主义市场经济的能力。农民技能培训应采取以点带面、稳步推进的模式。应紧紧抓住农民之所能与市场之所需来进行，以农民科技意识与科技能力为主，包括科学养殖、科学种植等。对于农村富余人员，应努力培养其适应城市生活的技能，通过政府提供补贴加强

---

〔1〕 李长健：《中国农业补贴法律制度研究：以生存权与发展权平等为中心》，法律出版社 2009 年版，第 43 页。

〔2〕 李长健：《中国农业补贴法律制度研究：以生存权与发展权平等为中心》，法律出版社 2009 年版，第 37 页。

教育机构特别是民办教育对其进行诸如电工、焊工、收银员、会计人员、汽车修理等技能要求相对较低又适合农民就业的岗位培训。当然在培训中应适当加强对农民的市场意识、创业理念、市场营销、政策法规等方面素质的培养以提高农民的内在素质。农民适应市场的生存能力和综合素质的不断提高，必然会激发农民的发展能力的不断提高。

三、国民待遇与积极超国民待遇：农民发展权保障的辩证统一

国民待遇的核心价值是平等。在国际上，要求给予外国人和本国人平等的权利能力，享有平等的民事权利，承担平等的民事义务。在国内，要求赋予公民平等的公民资格，在发展道路上享受平等的发展权利，承担平等的社会义务。农民作为中华人民共和国公民，根据宪法规定的平等权理应与包括城市市民在内的其他社会阶层一样享有平等的人格尊严、平等的公民权。

超国民待遇是国民待遇的一个必要的补充。“从微观角度看，农业补贴解决的是农民个体生存权和发展权问题，农民在生存与发展上与其他社会主体存在起点不平等、过程不平等乃至结果不平等，只有实行倾斜性制度配置，实行工业反哺农业，后发优势产业反哺先发弱势产业才能达到社会平等，这是历史发展的必然要求；从宏观角度看，农业补贴实质上解决着国家、民族的生存权与发展权问题。”〔1〕

给农民国民待遇是社会平等发展、均衡发展的重要原则。城市市民和农民的均衡发展、平等发展是城乡和谐发展的理想图景。国民待遇原则正是城乡均衡发展、平等发展的根本价值指针。

理想是那样激动人心，而现实却是令人悲哀。由于计划经济体制的后遗症和农业的相对弱势以及农民自身素质的相对低下，农村和城市、农业和工业、农民和市民之间发展的差距越来越大。农村和城市本来应该均衡发展的天平已经严重倾斜。这种状况发展到极端的时候，后果极其严重难怪李昌平痛心疾首地向国务院总理呼吁：“农民真苦、农村真穷、农业真危险。”为了使已经严重失衡的城乡发展天平恢复平衡，在坚持给予农民国民待遇的同时，在一定的历史时期给予农民以积极的超国民待遇已经刻不容缓！

---

〔1〕李长健：《中国农业补贴法律制度研究：以生存权与发展权平等为中心》，法律出版社2009年版，第38页。

当然，给予农民优惠的超国民待遇并不是长远的根本之策，这只是为了恢复失衡的发展天平而在一定时期加重农民发展的砝码的临时性政策和举措。至于给予农民优惠的超国民待遇的时间，应以城市和农村发展达到和谐、均衡为基本标准。

第三章
农民经济发展权

第一节　农民经济发展权内涵与保护现状

一、农民经济发展权的基本内涵

农民经济发展权是农民平等占有社会发展资源，在社会生活中平等参与社会经济事务，并平等地享有经济发展收益的权利。经济是发展的物质基础，所以农民经济发展权是农民其他发展权享有和实现的前提和基础。经济发展权在农民发展权权利体系中，居于主导地位并最终影响其他发展权的实现。农民经济发展权的核心是平等，农民应该像其他社会阶层一样，平等参与社会经济生活，公平地参加市场经济活动，公平获取社会物质财富。农民经济发展权的外延既着眼于农业，又不仅仅限于农业。农民经济发展权是由包括农民财产权、经营自主权、土地发展权、就业发展权以及劳动成果收益权等一系列影响和促进农民发展的权利所组成的。洛克将生命权、财产权和自由权视为人的三大基本人权。财产对于人的价值和意义就像鱼和水的关系，如果鱼儿没有水及其他微生物的滋养，鱼儿便会渴死、饿死。正因如此，财产权不仅是农民生存的基础权利，也是其发展的基础性权利。我国《宪法》规定“公民的合法的私有财产不受侵犯”，就是对包括农民在内的所有公民财产权保障的宪法宣告。传统的农业社会，农民靠耕种土地为生，土地是农民的命根，是农民的生存之基，当然应是农民最为重要的财产。我国目前正处在从传统社会向现代社会的历史转型期，耕种土地获得生存和发展依然是绝大部分中国农民谋生的基本方式和手段。因此，以土地权为核心的财产权不仅是农民生存权的根本，也是农民获得发展的前提，当然是农民发展权族系中的基础性权利。

经营自主权是农民经济发展权的重要权利。因为绝大部分农民是以经营土地为生，在土地上种植什么或不种植什么，农民应该有自主权。因为在市场经济条件下，农民作为理性人，自然对土地的利用会朝着其利益最大化方向予以选择。而农民只有最大化地利用自然资源，才能在有限的资源下获得利益的最大化，从而最大化地实现经济发展权。实际上，农民的经营自主权是有宪法依据的。《宪法》第 8 条规定，“参加农村集体经济组织的劳动者，有权在法律规定的范围内经营自留地、自留山、家庭副业和饲养自留畜。”同时，针对农民的土地使用转让权，《宪法》第 10 条第 4 款规定，“土地的使用权可以依照法律的规定转让。”

不仅如此，作为社会劳动者，农民除了耕种土地外还应享有就业发展权。农民有权根据自己的意愿决定是否直接耕种土地，或者把土地出租给他人而选择进城就业。城市管理者应该制定和实施城乡统一的就业政策，不应制定和实施对农民歧视的就业政策。就业权是农民获得收入增长的手段性权利；没有就业权的保障，本来在极为弱势的产业下生存的农民就没有很多在经济上发展的空间。

二、农民经济发展权保障缺失现状及缘由

（一）农民经济发展权保障缺失现状

1. 农民财产权保护缺失。新中国成立初期，由于我国国力一穷二白，国家在大力发展工业化的过程中缺乏原始积累。国家在没有其他办法的情况下，为了尽快实现社会主义工业化，采取和推行“工农剪刀差”的“挖农补工”政策。新中国成立后农民的财产权利长期被忽视。农民生产的农产品被“一平二调”，政府以“统购”的方式征购。农民有限的资源被大量的无偿或低价征用，导致农民陷入极端贫穷的境地，大多农民经常处于“寅吃卯粮”、忍饥挨饿的状况之中，甚至出现在三年自然灾害中大面积饿死人的惨剧。农业本来是弱势产业，“靠天吃饭”，国家的“工农剪刀差”政策使得农民应得的收入很大一部分被不合理地转移到工业中。“一平二调”和“工农剪刀差”政策使广大农民的收入被直接或间接地拿走。这虽然对维持国家运转和增加国家工业化原始积累起到了重要作用，但是却使本来就很贫穷的中国农民更加贫穷。大多数农民连维持基本的生存都很困难，更不用说积累发展资金。大多数农民不仅发展成问题，而且抗风险能力极差。一旦家中有个重病，或其他

的什么意外灾害，往往家破人亡。

2. 农民经营自主权缺失。经营自主权是农民在农业生产中的基本权利，是农民在法定的承包期限内自由决定经营品种和经营方式的权利。农民生产经营自主权是农民基本的经济自由权，对于保障农民的生产积极性，激发生产自觉性、主动性和创造性具有重要意义。在计划经济时代，农民丝毫没有根据经济效益决定种植农作物品种的权利，农民并不享有经营自主权。因为国家对农村的"订购"任务，迫使农民只得单一地耕种粮食和棉花等品种而不能有别的选择。即使计划经济体制终结后，不少地方政府也仍然以所谓的"行政指导"的形式间接干预农民的经营自主权。农民种植什么、怎么种植往往受到来自村委和基层政府的非法或不合理的干预。农民经营自主权缺失还体现在不少地方政府和村委会人为干预农民的土地承包权，以"调整"为名任意缩短法定的土地承包期，甚至违法收回农民的承包土地。

3. 农民土地发展权缺失。土地是农民的命根，是农民生存和发展的基础，是农业的基石。我国农村土地虽然在法律上规定为农村集体所有。但由于集体组织的虚位性，在农村土地征用中，地方政府往往打着"公共利益"的旗号，和开发商相勾结违法滥用行政权力强制和利诱集体经济组织负责人随意圈地征地，肆意侵害农民土地利益，"现行的征地办法仍沿用计划经济时代的土地占用方式，把农民排除在土地利益分配体系之外"。[1] 而土地管理部门制定的土地征用补偿费标准往往很低，很难反映土地的实际价值。即使如此地方政府和基层组织也往往以种种借口将其滞留在手中，农民手中直接得到的补偿费大打折扣。据统计，在土地的收益分配上，地方政府得20%～30%，企业得40%～50%，村级组织得30%，农民仅得5%～10%。[2] 地方政府违法征地不仅使农民失去了发展的基础，而且也失去了生存之基。

4. 农民就业发展权缺失。农民就业权是农民自主参加社会工作获得平等报酬从而维持自我生存和发展的权利。就业是生存和发展之本。农民就业权是农民自主选择就业的权利，农民根据自己的意愿有选择农业生产的职业权利也有选择非农职业的权利。农民从事农业生产虽然也是就业，但农业经济效益低下，农业附加值低。对于大部分农民而言，农业生产仅能维持基本的

---

〔1〕刘永庭："失地农民问题研究"，载《河北法学》2005年第9期，第127页。

〔2〕参见牛毅："从产权角度看土地征用问题"，载《产权导刊》2006年第9期，第32页。

生存。故而，农民进城就业就成为农民谋求发展的重要途径。然而实践中，城市管理者对进城务工农民课以种种歧视政策，“农民工”一词本身就是带有很强歧视性的词语。“每年成千上万转移到城市务工的农村剩余劳动力所受到的工资歧视、雇佣歧视、职业歧视是农民工就业歧视的集中反映，也是所有农民受歧视的缩影。”〔1〕对农民就业发展权的歧视不仅表现在观念上，甚至体现在制度上。如，1993 年 9 月 20 日劳动部颁布的《劳动部关于从农村招工问题的复函》规定，对全民所有制企业招用农民工的工种和岗位，规定必须由国务院劳动行政部门确定，但矿山井下、交通运输搬运作业、建筑、乡邮投递、纺织以及化工、冶金等行业在城镇招工不足或无人应招时确需从农村招用农民工时，可以招收农民工。歧视性的制度安排使得实践中进城农民往往只能做脏、乱、苦、差、累的活，如房地产建筑工人、城市清洁和保护环境的操作工等。

制度性歧视还表现在各地政府建立了证件核发制度和行政性管理收费制度等。进城务工的农民除了办理身份证外，往往还要办理未婚证、计生证、暂住证、健康证、待业证等各类证件，而城市市民只要持身份证就可以到劳动部门办理就业登记手续。这种针对农民的繁琐的中间环节和歧视性收费无疑加重了农民工的负担，妨碍了农民工的自由流动，增加了进城就业的成本，妨害了农民的自由就业权。不仅如此，农民进城就业在待遇上也往往受到歧视，农民工往往被作为临时工对待，“同工不同酬”现象极为普遍。此外，不仅工资低廉，而且经常被拖欠。制度歧视和观念歧视共同构成了对农民就业权的歧视。

（二）农民经济发展权保障缺失缘由

1. 二元体制障碍，平等发展权缺失。平等发展权是农民平等参与社会经济、政治和文化生活，享有平等的机会和公平分享社会财富和福利的权利。《发展权利宣言》第 8 条规定：“各国应在国家一级采取一切必要措施实现发展权利，并确保除其他事项外所有人在获得基本资源、教育、保健服务、粮食、住房、就业、收入公平分配等方面机会均等。”长期以来，由于二元体制盛行，我国农民平等发展权一直处在被弱化的边缘地位。1951 年公安部制定《城市户口管理暂行条例》，1958 年 1 月全国人大颁布了《中华人民共和国户

〔1〕 程蹊、尹宁波：“农民工就业歧视的政治经济学分析”，载《农村经济》2004 年第 2 期，第 20 页。

口登记条例》（以下简称《户口登记条例》），以法律的形式确立了城乡分治的户籍政策。与此相适应，新中国成立以后在相当长的历史时期，国家实现的是"一国两策"、"城乡分治"的二元体制。与二元户籍体制相适应，农民就业平等权缺失。不少城市管理者借口城市秩序和稳定的需要，人为设置就业壁垒。这种二元体制的歧视是全方位的，表现在政治、经济、文化和社会生活等各个方面，严重影响了农民的平等发展权。长期以来，国家对农民汲取过多而投入不足，取消农业税之前农民承担的税费过多，负担过重，严重制约了农民的发展。

2. 公共产品供给不足，农业基础设施薄弱。农村公共产品主要包括诸如农村义务教育、环境保护、水利工程、道路建设、农村综合发展规划等服务。在计划经济时代，我国形成了以城市为中心的公共资源分配体系，农村在公共资源分配上被严重地边缘化。在农村诸如基础设施、基础教育、科技推广、生态环境、公共卫生等本来应由国家和政府提供的公共产品和准公共产品，政府却主要推给了农民。长期以来，国家对农村汲取的财政收入远远大于对农村的投入。农村公共产品主要靠农民自我提供，国家只是安排少量财政资金帮助恢复农业生产，对于教育、卫生和农村文化事业很少投入。城市的水电气、道路、学校、医院、图书馆等公共产品都是由国家来提供；而农民发展所需的道路交通、供水、供电、水利等公共产品主要由乡村自己来提供。由于大多数乡村财力或财权过小，最终只得转嫁于农民自己头上。而大多数农村由于非常贫穷，无力提供促进农村发展、保障农民生存和发展环境的基本条件。这种公共产品提供主体的严重错位，不仅严重制约了农村公共产品的提供，更制约了农民的发展。农村公共产品供给的严重不足，必然导致农村、农业和农民发展的基础缺失，发展后劲不足。

3. 基本经济权利保障不足，农民社会保障缺失。生存权是作为一个人存在的最基本权利。我国是一个人口众多，人均耕地很少的国家，农业是一个弱质产业。在计划经济时代，农民靠天吃饭，尽管终日"面朝黄土背朝天"地劳作但仍然不得温饱，甚至有农民长期挣扎在饥饿甚至死亡边缘。由于国家资源有限，"僧多粥少"，国家的基本医疗保险和养老保险难以惠及农民。大多数农民只有在田间劳作到临死才能得到彻底解脱。由于大多数农民家庭极为贫穷，很多农民只得"小病去挨，大病等死"。尽管国家也有对农民的救济政策，但惠及面极小，救济金额往往也是杯水车薪。社会保障制度对于维护农民弱势群体最基本的生存权具有基础性意义。尽管近年来对农民的社会保障有了初步启动，但目前我国对于农民的社会保障权的重视程度仍然不够，现行农民社会保障的保障层次还比较低，覆盖面也还相当有限，保障水平整体较低。

4. 农民自身素质低下，主体意识较低。所谓“主体意识是指人对自身的主体地位、主体能力和主体价值的自觉意识，以及在此基础上对外部世界和人自身自觉认识和改造的意识”。〔1〕传统社会，农民长期匍匐在封建专制主义之下，统治者一直视农民为草芥，完全是政治关系的客体。长期的经济剥夺和政治压迫磨蚀了农民的作为人的自尊，消磨掉了农民的独立人格，“在几千年的中国历史中，农民毫无独立人格可言，基本上是一种‘无我’的状态，更无法奢望其权利主体意识的自我觉醒。”〔2〕不少农民平等意识低下，自认为低人一等。〔3〕大多数农民不仅政治参与意识低下，在经济上也甘于贫穷，往往认为“命里只有八个米，走遍天下不满升”。农民主体意识低下使大多数农民满足温饱或小富即安，从而丧失了追求经济发展的动力和勇气。农民主体意识的低下源于农民文化的贫困，而文化的贫困制约了主体意识的发育，包括发展权在内的权利意识的生长。

三、农民经济发展权保障的法治路径

（一）消除歧视，保障农民平等发展权

社会歧视是社会发展的“毒瘤”。公民只有在平等的基础上才能获得充分自由的发展，“对农民平等参与资格的保障，是农民发展权的前提性因素和本原性内容。”〔4〕消除歧视，保障农民经济发展权必须做到如下几点：

首先，应将公民平等发展权入宪。应在“国家尊重和保护人权”入宪的基础上，将公民的平等发展权保障写入宪法，“公民享有在政治、经济、文化

〔1〕张建云：“主体意识与人的全面发展”，载《中共四川省委省级机关党校学报》2002 年第 4 期，第 24 页。

〔2〕赵聚军：“村民自治中农民权利主体地位的异化”，载《重庆社会科学》2004 年第 S1 期，第 70 页。

〔3〕课题组在对湖南常德市鼎城区、桃源、汉寿等县以及怀化市沅陵等县的乡镇村民发放的 220 份调查问卷中，针对题目“你认为你比城里人社会地位低吗?”，回答“是”的 167 人，占 75.9%，回答“不是”的 48 人，占 21.8%，弃权的 5 人。其中，回答“不是”的大多是青年农民。

〔4〕汪习根、杨丰菀：“论农民平等发展权”，载《湖北社会科学》2009 年版第 9 期，第 153 页。

和社会生活方面平等发展的权利。国家将采取一切积极措施促进公民发展。”

其次，事关农民经济权利的法律必须以平等发展作基本原则。“在制度伦理中，人不再有等级、身份之分，都是无可争辩的平等的主体。”[1]涉农法律尤其是国家的行政立法应坚持“促进公民平等发展”的原则。尤其应该在制定的《中华人民共和国农民权益保护法》中将“平等”和“发展”作为该法基本原则的主题词。在其他涉农法律法规和规章中，该原则表述可能有所不同，但都必须体现促进农民平等发展的精髓。

再次，应废止关涉农民经济发展权的歧视性法律和政策。歧视性法律是影响农民发展的“毒瘤”，为此必须尽快废除各种歧视农民的法律。不仅应废除导致农民歧视的《户口登记条例》，也应废除有关农民就业、教育、赋税、社会保障、公共产品供给等各个方面歧视农民的法律。只有废除歧视农民的法律，才能为农民的公平发展提供制度前提。

最后，加强执法和司法，确保农民实际享有经济平等发展权。“徒法不足以自行”，公平立法如果没有公平执法和司法的保障，再好的法律也是镜中之花。在执法上，各级政府有关部门应加强执法力度，确保国家的惠农护农法律法规得以贯彻实施。如劳动监察部门应该加强劳动执法力度，保证农民工“同工同酬”，保证其工资能得到足额及时发放；同时，劳动监察部门应该对一切侵犯农民工合法利益的行为予以严厉惩治。司法是公民权利的最后保障。国家应修改现行《法律援助法》，将农民和农民工纳入到法定的法律援助范围；通过司法体制改革设立劳动法庭，为事关农民工讨薪、工伤赔偿等案件提供“绿色通道”，力争做到“快审快结快执行”以确保农民工的根本利益；对于农民“民告官”的案件应该根据农民申请采取异地审判，以避免有关行政机关和部门利用自己的优势地位干扰司法判决导致司法不公；同时，对于确实困难的农民和农民工应该规定减、缓、免交诉讼费。

（二）完善农民产权制度，保障农民发展之基

马克思指出，“人们的奋斗所争取的一切，都同他们的利益有关。”[2]有恒产则有恒心，无恒产则无恒心。只有全面彻底保护农民产权，才能激发农

---

〔1〕杨灿明、胡洪曙、施惠玲：“农民国民待遇与制度伦理分析——兼论‘三农’问题的解决对策”，载《中南财经政法大学学报》2003年第5期，第53页。

〔2〕《马克思恩格斯全集》（第1卷），人民出版社1956年版，第82页。

民产权意识，从而激励农民为自身发展而努力奋斗。具体而言，主要应从以下几个方面着手：

首先，完善市场定价机制，坚决摒弃侵害农民产权利益的行政干预。计划经济时代政府实行针对农产品的“统购统销”制度，通过“工农剪刀差”压低农产品价格抬高工业产品价格，将农民的劳动成果较为隐蔽地转移到城市和工业环节中来。这种做法虽然在特定历史时期对我国工业化发展起到了原始积累的作用，但却严重侵犯了农民的产权利益。这种制度导致了我国工业飞速发展而绝大部分农村地区却积贫积弱；城乡发展“两张皮”，农村成为严重制约我国现代化的重要“瓶颈”。虽然今天已经废除了这种侵害农民产权利益的“统购统销”制度，但不少地方仍然通过行政指导价的形式变相引导限制农产品价格，往往导致农民增产不增收，这种严重侵害了农民产权利益的做法必须予以坚决摒弃，必须建立健全通过市场形成合理价格的机制。

其次，贯彻《反垄断法》，消除对农产品的地区封锁。市场经济要求在最大范围内实现资源的优化配置。不少地方政府以发展本地经济为名，通过各种行政手段甚至直接采取“封堵”的方式限制包括重要农产品在内的外地商品进入本地市场，或者限制本地商品流向外地市场。由于供需关系和渠道不畅通，很多时候农产品只能在本地销售，这往往形成滞销，从而导致价格低廉，直接影响农民产权利益。对于这种通过行政垄断导致的农民产权利益受损的侵权行为，应赋予农民以申诉的权利，必要时应组织听证会，就该种行为的合法性进行社会听证。反垄断机构可以自己或提请有关上级机关责令改正；同时，对直接负责的主管人员和其他直接责任人员应依法给予严厉处分。

最后，合理配置土地征收中的农民参与权。土地是农民生存和发展的基础，土地权利是农民产权的核心。随着城市化的不断推进，土地征收的规模和范围越来越大。然而实践中，土地征收中农民知情权、参与权缺失严重，农民在土地征收补偿中权益受损现象非常严重，已经成为严重的社会问题。为了保障土地征收中的农民产权利益，首先应制定《中华人民共和国土地征收法》系统地对土地征收中的各种法律关系、征收程序、补偿标准等进行规定。不仅应明确农民的土地产权主体地位，而且要准确界定“公共利益”的内涵和外延。从土地征收的启动到补偿等应该全程公开，土地征收不仅应赋予农民以知情权，而且应赋予农民以参与权。对于土地征收中的重大的直接涉及农民切身利益的问题，如是否应该征收、补偿标准等问题，应引进听证程序。听证会制度能在农民和政府之间针对土地征收的合法性及土地征收补偿等问题形成良好的沟通回应机制，对于保障农民土地产权利益具有重要意义。

（三）完善农业补贴制度，保障农民发展帮助权

农业稳则天下稳，农业是国民经济的基础。然而，农业又是弱质产业，农业收支不仅受自然条件的影响大，而且受市场影响也非常大。为了激励农民从事农业生产的积极性，必须确保从事农业的农民获取稳定的经济收益。近年来，我国虽然初步建立了农业补贴的制度，但存在农业补贴总量不足、力度有限、补贴重点不突出和结构混乱等弊端。农业补贴制度必须坚持公平与公正原则，“公平与公正是发展权为农业补贴提供的价值基础”。〔1〕为此，必须完善农业补贴制度，保障农民的发展帮助权。

首先，建立健全农业直接补贴制度，保障农民收益稳定。“提高农村财政投入尤其是农业补贴的增加是保障和提高农民生活水平、促进农民自身发展的重要途径。”〔2〕应建立和完善主要农产品的收购价格制度，加大农业补贴的范围和力度，保障农民经济收益。为了保护食品安全，应实施“绿色补贴”制度，即对不施或少施对人体有害的农药化肥而达标的农产品予以补贴。这种补贴制度能让农民因少施农药化肥而影响产量的损失获得补偿，从而激励农民为生产“绿色食品”而努力。不仅如此，为了促进特色农产品打进国际市场，应加大对出口农产品的出口补贴力度。完善的农产品直接补贴制度，不仅有利于农民土地产权收益的稳定和提高，而且对于我国农村和农业的发展具有直接的重大意义。

其次，加强公共产品财政支持，构筑发展之基。农民经济发展权的实现，虽然以经济权利和经济利益的实现为重点，然而经济权利和经济利益的实现却离不开农村公共产品的有效供给。一方面，政府应加强农村基础设施和公共设施等公共产品的财政支持力度。农村基础设施和公共设施是农村公共产品的“硬件”，对于农村经济发展和社会进步具有夯实物质基础的作用。尽管在新农村建设中，不少地方的基础设施诸如乡村道路、桥梁建设、水利设施

〔1〕李长健：《中国农业补贴法律制度研究——以生存权与发展权平等为中心》，法律出版社2009年版，第76页。

〔2〕李长健：《中国农业补贴法律制度研究——以生存权与发展权平等为中心》，法律出版社2009年版，第16页。

等都已有了很大改观，但仍有大部分地区没有获得实质性的发展。政府应加强这些公共产品供给的财政支持力度，拓展多元的供给渠道，加快基础性公共产品的供给，为农村发展、农民经济发展的实现奠定坚实的物质基础。另一方面，政府应加强农村服务性公共产品的供给。农村服务性公共产品是农村公共产品的“软件”，包括农业科学研究、农村义务教育、农民继续教育和培训、农业生产咨询和技术顾问、农业技术推广等。农村服务性公共产品是提高农民职业素质、优化农村资源、实现资源效益最大化的关键，是促进农村经济发展的内在驱动。政府应加大财政支持力度，为农村服务性公共产品的有效供给构筑平台。

最后，完善利益表达机制，促进农业补贴组织化。当今社会是一个利益多元化的社会，多元化的利益主体之间的利益冲突要求建立有效的利益整合机制以整合各方面利益。为此，首先必须建立有效的利益表达机制。长期以来由于二元体制的深刻影响，农民作为人口最多的利益主体在政治生活中缺乏利益表达的有效渠道和途径，农民成为现实政治的被动接受者。农民的利益诉求由于没有相应的渠道而缺乏应有的尊重。同时，利益表达的有效性往往与主体自身的组织化程度密切相关，组织化程度越高在利益表达中往往越能发出有力的声音从而引起决策者的重视。实践中，由于严重缺乏组织化，缺乏有效的利益表达机制，导致农民发展权益被侵犯现象严重，“在中国，农民人口多而分散，组织化程度低，缺乏共同利益的驱动，以致农民利益常常存在丧失和被侵蚀的现象。”[1]纵观世界，美日等发达资本主义国家都非常重视农业行会组织在表达农民利益诉求、沟通政府和农民之间关系的作用。在我国，恢复农会组织不失为现实务实之举。应制定《中华人民共和国农会法》，明确农会组织的法律地位、性质、宗旨、组织原则、活动范围、参政方式、权利义务、法律责任等一系列问题。同时，通过立法明确农会在农业补贴中的法律地位、农民通过农会表达农业补贴的利益诉求方式、农民补贴分配机制等重要问题。通过农民的组织化，能形成农业补贴的高效公平的运行机制，从而保障农民的发展帮助权的有效实现。

（四）保障农民就业权，实现农民收入的多元化

农民就业权是指农民享有的从事非农就业的权利。我国农村人口众多，

---

〔1〕李长健：《中国农业补贴法律制度研究——以生存权与发展权平等为中心》，法律出版社2009年版，第166页。

人地矛盾非常突出，大部分地区农民的土地产出仅仅能维持基本生存。农民欲寻求经济发展，势必向非农产业转移。

保障农民就业权，关键在于改革户籍制度，打破城乡二元经济结构，保障农民平等就业权。城乡二元户籍制度为农民进城就业在制度上和观念上都设置了种种歧视。由于社会歧视的存在，农民往往从事脏乱差累的工作。农民进城就业往往被当作临时工对待，他们和城市市民同工不同酬，且大多没有社会保障。为此，应坚决摒弃现有的以农民歧视为特征的户籍制度，制定实施统一的以公平、平等为立法原则的户籍法律；同时应制定《反就业歧视法》为公民平等就业提供立法基础。不仅如此，为了确保农民平等就业权在实践中的有效实现，应该借鉴境外或国外的成立平等待遇委员会或平等机会委员会的做法，成立平等就业机会委员会。该委员会负责制定和实施有关平等就业政策，并根据当事人的举报对就业歧视现象进行调查，并作出裁决；在必要的时候也可为维护就业歧视受害人的利益而向法院起诉。

第二节　产权保障与农民经济发展权

一、产权的内涵及法律属性

（一）财产与产权的基本含义

1. 财产的含义。所谓财产是指具有稀缺性、能够满足人的需要、被人拥有或者控制的、独立或相对独立于主体的各种资源的总和。关于财产的分类，在英美法系中，财产可分为动产和不动产及租赁。动产可分为金钱债券和无体财产。无体财产包括商业票据（包括货币）、股票、信托基金、知识产权。财产的基本特征如下：

（1）有用性。能够满足主体的需要的物质实体可能成为财产。能满足主体需要是物体之为财产的本质属性。它包括一切有形的和无形的财产，可能是固体形态，也可能是液体和气体形态。随着人们认识水平的提高，人们对于事物的有用性的认识可以不断提高；因此，财产的外延也可以随着人们认识水平的提高而不断拓展。

（2）稀缺性。“物以稀为贵。”物质财产价值的形成源于其稀缺性。举凡取之不尽、用之不竭的事物诸如阳光、空气、天然水等是不会在头脑中形成财产观念且建立财产权利义务关系的，因此不能成为财产。

（3）可控性。只有能被人们认识、利用和控制的对象才能成为财产。宇宙间依然有大量的事物在人的认识视野和认识能力之外，或人们虽然能认识但却无法控制，譬如闪电。有人说，将闪电释放的电能聚集起来可能供人类多少年之用，遗憾的是，至今人类依然缺乏将其聚集起来的能力。当然，随着人类认识自然、改造自然能力的不断提高，对客观世界的利用和控制能力将不断增强，因此，财产的可控性的外延也是不断拓展的。

（4）外在性。财产的外在性是指财产是与人身相分离而具有独立性的。那些从属或依附于人本身的事物，诸如生命、健康、人格、隐私等不能成为财产。劳动力是一种“相对独立于人身之外”的特殊财产，“劳动力本身是一个客观的没有意志的东西，尽管它存在于有意志的人的身体之中，与人体不可分离，但它是不同于主体的意志的，相对主体的意志也是独立或者相对独立的。”〔1〕

2. 产权的内涵。对于产权的概念，经济学家们有着多种不同的定义，而我国学术界主流意见是把产权作为财产权利或财产权的简称。产权是人与人之间围绕财产而建立的经济权利关系，“产权是一组权利而不是单一权利”。产权又称权益。传统经济学侧重于研究收益的配置机制，而现代经济学侧重于研究权利的配置机制。产权不仅指财产所有权，而且指以财产所有权为核心的与其相关的财产权。财产所有权是指财产所有权人依法对其财产享有占有、使用、收益和处分的权利。产权具有排他性、可分割性、可交易性。在市场经济条件下，产权的属性主要表现在三个方面：产权具有经济实体性、产权具有可分离性、产权流动具有独立性。具体而言，产权可以从以下几个方面理解：

首先，产权以特定客体的存在为前提和基础。“产”即客体，没有产权客体的存在就无所谓产权；任何产权都是以特定的、具体的客体为存在基础的。在现代市场经济条件下，产权客体非常广泛，既包括有形动产也包括不动产；既包括有体物也包括无体物，如知识产权等。

其次，产权是主体对客体的权利，是主体对客体所拥有的一束权利。产权是人们通过财产而形成的一系列以所有权为核心的经济权利，包括财产的

〔1〕 黄少安：《产权经济学导论》，经济科学出版社2004年版，第57页。

所有权、占有权、支配权、使用权、收益权和处置权等。这种财产权是在所有权部分权能与所有人发生分离的基础上产生的，是指非所有人在所有人财产上享有、占有、使用以及在一定程度上依法享有收益或处分的权利。

再次，产权包含主体利益和主体权能两个基本要素。任何一项产权都包括主体利益和主体权能两个方面。前者是指产权主体对特定客体采取某种权利行为能够获得的收益，或者说产权主体能从产权客体中所获得的效用和好处。后者是指产权主体对特定客体可为什么的权利或不可为什么的义务，或者是对某种财产的职能、权利或作用。只有主体利益和主体权能有机统一，才能构成一项具体的产权。

最后，在市场经济条件下，产权权能可能分离。占有、使用、收益和处分的权能可聚合统一为一体，即为所有权。所有权是权能最为充分的一种产权。同时，这四种权能可以分离。在市场经济条件下，财产的价值形态运动与使用价值形态运动可以分离，即某项财产权所有者虽然是法定的最终归属者，但该财产实体并不一定归其现实占有。当代经济学认为，私有财产包括了使用权、收入的独享权和转让权等“三权”；所谓明晰产权，即是将以上“三权”落实到个人。通常所说的国有企业的产权不明晰，也是指没有将“三权”落实到具体的个人。

（二）产权的法律属性

产权是经济所有制关系的法律表现形式，是所有制关系的法权体现形式，“产权不是单纯的人对物的关系而是人与人的关系，是由社会强制执行和保障人们的一种权利及制度安排。”〔1〕实际上，产权是一种权利结构，产权界定也是将各种产权权利对象化，明确各个产权主体的权利与义务。科学合理的产权制度，不仅在巩固和规范商品经济中的财产关系、激励和约束经济主体的经济行为中起重要作用，而且是维护市场经济秩序，保证市场经济顺利运行的法权工具。

产权清晰是市场交易的前提，也是市场经济运行的基本条件。产权明晰不仅能让市场经济产权主体在市场交易中形成合理预期，而且能在一定程度上规范产权主体双方的交易行为，从而提高资源配置效率。反之，在市场交易中如果产权界定不明晰，必将会刺激各种机会主义行为，不仅会导致交易

---

〔1〕 黄少安：《产权经济学导论》，经济科学出版社2004年版，第57页。

成本增加，而且将会造成市场紊乱。

产权正义是产权属性的根本要求。所谓产权正义是指一定的社会产权安排以及产权制度设计符合社会普遍正义的基本要求。产权制度属于社会基本制度安排。罗尔斯认为，“正义是社会制度的首要价值”。〔1〕产权制度作为社会基本经济制度安排，必须以社会正义作为首要的基本价值。正义是衡量和确定一种产权制度是否合理的内在依据和标准，是社会经济制度中的根本价值尺度。可以说，正义是产权制度伦理特质的总体规定。产权正义不仅在于产权主体的平等性、产权获得的正当性，而且在于产权保护的严格性、产权处置的自主性，更在于产权价值的人本性。一个社会的产权制度应该坚持“以人为本”、关注民生，以将民生幸福作为基本价值理念和终极关怀。在我国社会主义国家，产权制度的安排应符合社会主义本质的规定性，即应符合“解放生产力，发展生产力，消灭贫穷，消除两极分化，最终实现共同富裕”的社会主义本质。为此，我国产权制度安排至少应具有如下价值取向：其一，追求效率，产权制度的安排必须有助于“解放生产力、发展生产力”，首先必须“消灭贫穷”；其二，讲究公平，产权制度的安排必须尽可能防止和消除社会出现“两极分化”；其三，谋求发展，产权制度的安排最终应实现社会“共同富裕”。效率、公平与发展应是社会主义产权制度的三大基本价值目标。

产权正义意味着公民基于财产独立，可以实现自己的意志自由；产权正义意味着公民财产受到国家宪法和法律的严格保护，国家机关决不能任意借口“公共利益”随意侵占公民私有财产；产权正义意味着公私财产界限明晰，政府的财政要依赖于广大公民的财产，政府将回归“契约政府”的本质；产权正义还意味着基于产权基础上的“契约政府”本质的回归，应重新界定我国的国家和公民的关系。

在我国，财产权的法律属性表现为不仅是一种基本人权，也是《宪法》规定的一种基本权利。《宪法》第13条规定，“公民的合法的私有财产不受侵犯。”根据我国《宪法》的规定，凡是具有财产价值的权利，都受到宪法和法律的保护。在我国，则根据财产的地位与作用，分别属于国家、集体经济组织或个人。财产权利主体具有自由占有、使用、收益、处分其财产，排除他人非法干预的权利。任何个人不得非法侵犯他人财产权，否则，国家将课以

〔1〕［美］约翰·罗尔斯：《正义论》，何怀宏等译，中国社会科学出版社1988年版，第1页。

民事甚至刑事责任。国家基于公共利益的需要对公民个人财产予以征收、征用，必须给予公民合理的补偿。

二、农民产权的内涵、价值与保护现状

（一）农民产权的基本内涵

农民产权，是以所有权为核心的农民个体或农民集体对其财产所享有的占有、使用、支配、收益、处置的权利。农民对其合法财产享有所有权。根据农民拥有的资源，农民财产可以分为土地、生产性固定资产、人力、储蓄以及手持现金四大类。这四类财产也是农民获取其他财产的基础性财产。根据财产的属性和产权的性质，农民拥有的储蓄、手持现金以及生产性固定资产产权无疑是归农户所有的，然而土地和人力资源的产权则不尽然，尽管这两种资源对于农民来说具有其他财产所无法比拟的重要性。

一方面，农民产权是农民的自然权利。农民通过对自然之物的占有、使用、收益、处分而使自身生命得以延续。自古“官出于民，民出于土”，传统农民主要是以耕作土地为其主要收入和生活来源。因此，土地产权是农民产权的核心要素。农民产权是以农地产权为核心的一系列财产权利。农地产权是指以农村土地作为财产客体的各种权利的总和，包括土地所有权、使用权、收益权、处置权和土地抵押权等。土地是农民最基本的生产要素，是农民生存和发展之本，土地权利是农民最重要的财产权利。在西方自由市场国家，农民土地产权被视为是私有财产神圣不可侵犯的一部分。英国著名古典经济学家威廉·佩第（William Petty）曾说过：“劳动是财富之父，土地是财富之母。”[1] 另一方面，农民产权更是一种社会权利。通过国家确定合理的产权制度，从而使农民和其他社会群体在财产交换中获得合理的比例和权重。不合理的交易是对产权制度的扭曲，是对农民财产的非法掠夺。

农民产权是一个包括生产资料和消费资料产权在内的权利系统，主要包括生活资料产权、土地产权、房屋产权、家畜产权等。其中土地产权是农民产权的核心，在农民所有的产权中具有基础地位。土地是农民财富之源，是农民财富之母。农民所有的产出和收入最终都根源于土地。所以，农民土地产权的保护是农民权益保护的逻辑起点。实践中，农民权益受损关键是农民

---

〔1〕《马克思恩格斯全集》（第 23 卷），人民出版社 1956 年版，第 57 页。

产权特别是土地产权得不到有效保护的反映。[1]“对于中国来说，一个世纪以来的农民与国家的矛盾和冲突实际上也是集中在土地产权问题上，农业和农村经济的发展状况及国家与农民关系紧张与否，在相当程度上也取决于能否满足农民的土地要求及合理界定和保障农民的土地权益。”[2]

（二）农民产权之于农民发展权实现的价值

农民产权是农民经济发展权的权利基石。财产权作为基本人权之一，是人之所以为人所应享有的权利。私有财产权不仅是生命权与自由权的必然延伸，而且也是生命权与自由权的一种保证。洛克指出，政治的主要职责是保护私有财产，没有财产权就没有公正。[3]农民产权保护是农民生存、发展、追求幸福的前提条件和基石。

1. 产权保障是农民生存和发展的基础。随着人类社会生产力水平的提高和家庭私有经济的出现，拥有一定的财产权对维护家庭成员的生存具有重要意义。生存是农民价值和尊严的基石，没有生命权的保障，农民的一切便会失去基本的物质依托。范进学教授指出：“公民的生命权是一切权利的源泉，任何权利均以生命权的实现为前提。但生命权的实现有尊严与奴役之界分，尊严地像人一样活着与牲口般任人驱使而奴役式地活着的分界线就在于社会有无财产权制度的设计与安排。没有财产权制度的社会或财产权得不到确保的社会，就没有生命权和自由权存在的可能。生命赖以生存的财产不存在，生命即不复存在；而生存需依附财产，无财产则无异于生命的被剥夺。故人们若没有对个人财产的占有、使用和支配的权利，就失去了维持个人生命的正当途径。如果个人的财产可以随意地任政府掠夺或侵占，那么个人只能是国家的奴仆……一个财产权得以确保的社会，实际上就是限制了财产权所有人以外的任何人随意侵占和剥夺个人财产的可能，从而使个人拥有了生存的基础和实现自由权利的条件。”[4]

农民产权首先是农民对自然的权利，人通过对自然之物的占有、使用、收益、处分而使生命得以存续。农民通过自己的劳动主要从土地中获取自身生存所需的物质资料，将自然之物转变成财产从而满足自己生存所必需的饮

[1] 参见张玉成：“农民增收问题中的产权因素分析”，载《商业研究》2005年第11期，第9页。

[2] 项继权：《民权与民生中国农民权益实证调查》，西北大学出版社2008年版。

[3] 参见［英］洛克：《人类理解论》，关文运译，商务印书馆1959年版，第540页。

[4] 范进学：《权利政治论——一种宪政民主理论的阐释》，山东人民出版社2003年版，第148页。

食和保暖。在计划经济条件下，公有制全面贯彻到方方面面，农民所拥有的财产少得可怜甚至难以维持自身的基本生存。农民喂只鸡都被认为是"资产阶级的尾巴"，而被无情割掉。在一个养只鸡都没有权利的时代，农民产权的保障从何谈起！而在一个最基本的产权都得不到保障的社会，农民的生存何其艰难！

2. 农民产权保障是农民主体性发展的基石。农民产权保障直接关系着人们的生产积极性、主动性和创造性等主体性的发挥。而农民生产的积极性、主动性和创造性的发挥程度直接影响农村生产力的发展。农民主体性的发展总是和农民产权的确立和保障有着密切的关系。农民拥有的财产权利越多，越能获得更多的财产。而农民获得的财产越多，越能摆脱外在之物对其的束缚而获得独立和自由，主体意识就能获得更好的发育。

农民产权保障有助于农民自由意识的发展。宪政的基础与前提是作为独立而具有自由意志的公民个体的存在。如果公民个体丧失了自由与独立，宪政的基础必将丧失。农民产权为农民自由独立意志的生成提供物质基础。农民产权保障有助于农民自治意识的形成。自治必然以独立自由的公民群体的存在为基石，而经济独立和经济自由是公民独立自由的基础。没有经济独立和经济自由便没有宪政社会所需要的公民。农民产权制度的存在和完善则是农民成为自由独立公民的经济制度的安排。农民产权制度界定了农民财产的边界，并在法律上确认农民对自己的财产享有占有、使用、收益和处分的权利。同时，农民产权制度保证农民所有的财产能按照市场经济的规律去运用，并实现其效益最大化。农民产权制度能保障农民财产免受非法干涉特别是来自政府的非法干涉。

农民产权保障有助于农民契约意识的生成。"迄今为止，所有社会进步的运动，都是一个'从身份到契约'的运动"，[1]契约意识是现代公民社会的基本意识。产权保护催生着人们的交易意识，因为产权主体为了实现自己利益的最大化和最优化势必在市场中通过交易而实现。而在交易中，人们基于自身利益的维护，必然要求平等交易。没有契约意识和契约精神，市场经济便失去了存在和发展的根基。农民在获得充分的产权保障后，基于自身需求的多元化和自我发展的需要，势必参与市场经济的交易活动。在市场交易中，

〔1〕［英］梅因：《古代法》，沈一景译，商务印书馆1959年版，第97页。

平等交易、公平交易成为农民发自内心的权利呼声！在市场经济中，只有通过契约形成的平等，才能真正保障农民交易平等。

3. 农民产权保障是农村市场经济发展的动力。“三农”问题是一个密切联系的整体，农民发展问题的解决离不开农业发展，而根本在于农村问题的彻底解决。在现代社会下的传统农业，其效益低下已经成为制约农村和农民发展的瓶颈。只有大力发展农村市场经济才能从根本上促进农业和农民发展，这已经成为现代社会解决“三农”问题的基本共识。农民产权制度的确立，使农民个人基于财产权的保障而生成自由、平等与独立的人格，能够自主的决定参与市场经济的活动。不仅如此，农民由于具有平等的经济人格，能够使自己的经济活动着眼于自己的利益最大化，从而必将大大提高农村资源配置和利用的效率。在市场经济条件下，农民产权的确立和保障必将使产权的各项权能都转化为农民赚取经济利益或物质财富的重要手段。

试想，如果农民的产权没有应有的保护或保护甚微，那么还会有哪个农民愿意把钱投入到农村市场经济的建设中去呢？答案显而易见：没有哪个农民会做出如此傻事。因为如果缺乏了对农民产权的保护，农民便丧失了其为谋取经济利益而拿现有私人财产冒险的勇气，农民参与市场经济的热情便会丧失。如果农民产权没有得到有效的保护，农民求利动机和热情必将被压抑。在农民只能回到传统的小农经济框架内以自然经济方式谋求生存时，培育农村市场经济促进农村经济发展只能是一句空话。因此，保障农民产权是培育农村市场经济体系，推动农村经济发展的制度起点。

农民产权的确立是统筹城乡发展，促进新农村建设的关键举措。我国现代化建设的最大瓶颈，在于农村和农民的贫穷，在于城乡发展的不均衡性。因此，为了确保我国社会主义现代化在21世纪中叶能够全面实现，党和政府在世纪之初的重要历史关头，提出了统筹城乡发展，建设社会主义新农村的重要命题。笔者认为，建设社会主义新农村，关键在于启动农村自身发展，激发农民发展的活力，调动农民自我发展的积极性、主动性和创造性。

为此，国家应为农民科学合理地创设发展启动机制、发展激励机制和发展利益保护机制。而在我国农村大部分地区还普遍贫穷，国家又难以拿出足够的农村发展启动资金的现实国情下，这一系列机制创设的前提和基础是依靠农民自身发展。而农民自身发展的前提和基础显然是确立和保障农民的产权，农民以产权保障为基础必然在追求自身经济发展中努力进取。“财产权也是形成和保护社会物质财富的权利，而私有财产权不仅仅为个人生命生存和自由发展提供必需的物质基础，也为社会良善有序及健康稳定奠定了物质条件保障。"[1] 而在农民可资发展的生产资料和其它资源相对贫乏的情况下，确保农民土地权益的最大化，就必然成为夯实农民发展经济基础，促进农民发展，实现社会主义新农村的必然选择。

（三）农民产权保护缺失现状

1. 农民土地产权不完整。在现行土地制度下，农村土地所有权属于农民集体，农民只享有农地使用权。这种土地制度的缺陷是显而易见的。一方面，农民对土地只享有承包经营权，只享有有限的使用权，使用期限是有限的。这种权利不仅不能继承也不能转让。现行法律只保障农民承保经营权，农民土地使用权的转让没有法律依据。另一方面，地方各级政府对农村土地具有不受限制的处置权。政府实质上享有不经农民同意即可对农地进行征收的权利，农民只有被动接受的义务。村委会虽然是代表农民的自治机构，但是在强大的政府权力面前往往沦为地方政府的"腿"，在农村土地征收中往往难以真正充分代表农民意志和利益。实践中，地方政府操控村委会，对农民土地非法征收和违法补偿现象时有发生。

2. 农民自主经营权缺失。自主经营权是农民经济发展权中的重要权利。农民作为土地产权主体，对于在土地上种植什么或不种植什么应该享有自主权。农民对土地产权的行使主要在于土地使用权，而这又是通过农地承包经营权来实现的。在计划经济时代乃至其废除后很长时间期内受计划经济体制影响，农民长期被严格限定在承包土地上按照国家规定种植粮食或棉花等主要作物并按照国家的定价出售，农民没有根据自己的意志和对市场需要的判断自主决定种植农作物品种的权利。直到今天依然有不少地方政府经常以所谓的"行政指导"的方式间接干预农民的经营自主权，如有些地方乡镇政府为了政绩需要对农民种什么或不种什么予以非法干预。因此，农民往往缺乏根据经济效益决定种植农作物品的权利，并不享有完全的经营自主权。近年来，个别地方为了完成上级规定的绿化指标，又强使农民大量毁田种树。如，

[1] 曾哲：《公民私有财产权的宪法保护研究》，中国法制出版社2009年版，第4页。

山西省沁水县嘉丰镇李庄村毁田种树800亩，全村一千多人无田可耕。[1]农民经营自主权的缺失，严重影响了农民对农地产权的有效行使。

3. 农民公平交易权缺失。公平交易是市场经济的灵魂。只有通过公平交易，市场主体才能做到物有所值，市场主体所生产的商品才能最大限度实现其应有价值。只有市场主体所生产的商品的价值能够公平实现，才能不断激发其积极参与市场经济的热情。在我国，由于计划经济时代的二元体制的存在及其影响，农民公平交易权没有得到应有的保护。农民公平交易权受损主要是因为"工农剪刀差"。"工农剪刀差"源于20世纪20年代苏联的"超额税"，是指为了尽快实现国家的工业化，通过工业品高价、农产品低价的方式促使农业资源向工业部门转移。公共产品价格一高一低，形似剪刀，故被称为"剪刀差"。我国既有或现存的"剪刀差"主要有工农产品价格剪刀差、地价剪刀差、农民工工资剪刀差等。首先，工农产品"剪刀差"使农民收入严重受损。农民靠天吃饭，粮食是农民的主要产品。农民只有将剩余产品作为商品出售后获得货币收入才能进行再消费。而政府对农民粮食交易的垄断使得农民产品的自由交易权被剥夺。政府通过控制粮食的指导价限制农民公平交易权。其次，城乡地价"剪刀差"使农民土地价值受损。20世纪80年代以后，我国工业化、城市化的发展对土地的需求急剧增加。地方各级政府对农村土地主要通过低价征购的方式取得，在三通一平（通水、通电、通路和建筑地面的平整）稍加投入后，便以高价卖出，从而实现土地被征前后巨大的利益"剪刀差"。最后是城乡工资"剪刀差"，其使农民人力资源价值严重受损。城乡二元户籍政策导致城市管理者往往制定歧视农民工的用人政策。如1993年9月20日劳动部颁布的《劳动部关于从农村招工问题的复函》，该文件对全民所有制企业招用农民工的工种和岗位，规定必须由国务院劳动行政部门确定，但矿山井下、交通运输搬运作业、建筑、乡邮投递、纺织以及化工、冶金等行业在城镇招工不足或无人应招时确需从农村招用农民工时，可以招收农民工。不仅如此，农民工在城市中受到制度性歧视，农民工和城市工人往往"同工不同酬"。农民工工资低于城市工，实践中拖欠农民工工资的现象严重。

---

〔1〕参见"山西省沁水县毁田种树800亩调查"，载 http://www.westtimes.com/2011/0601/yMMDAwMDA1MzMyMg.html，最后访问日期：2015年3月1日。

4. 农民集体产权虚化。在计划经济时代的人民公社体制下形成了农村集体“三级所有，队为基础”的农村公有制产权体系。改革开放后形成并推行的“家庭联产承包责任制”虽然解决了农民的温饱问题并大大激活了农村的活力，但农村集体资产共同共有的产权性质却并未得到根本改变。这种集体产权虽然在理论上“人人所有”，但集体资产的管理和运作往往是领导人说了算。实践中，往往由于产权主体的缺位，再加上监督缺失，集体资产往往难以产生很大效益，农村集体经济成员难以获得实际的利益。因此，农民集体成员对“人人所有”难以产生认同感，“人人所有”往往变成“人人不问”。所有权主体缺位，以农民最主要最具有共性的土地为例。农村土地属于农民集体财产，但属于哪一级集体所有，各地执行不一，有的是自然村所有，有的是行政村所有，有的是乡镇一级所有。村民委员会和村民小组属于村民自治组织，并非经济实体，显然也不宜充当土地所有权主体。不仅如此，按有关法律规定，农民个人也不是所有权主体。故而，在实际上，土地所有权主体不清，严重缺位。

三、保障农民产权，促进农民经济发展权实现

（一）实行集体资产股份制，推进农村集体资产产权改革

我国生产资料公有制实现形式有国家所有制和集体所有制两种形式。传统的集体产权的法律性质是共同共有，这种产权形式导致农村集体资产在理念上属于全体村民，是一种抽象的所有，在实践中往往是“人人有份，实则人人无份”。农民对于村集体资产只有通过看得见、“摸得着”的具体的方式才能真切感受到自己是集体资产的主人，才能现实地享受到集体资产保值增值所带来的收益。只有农民基于成员权实际地享受到集体资产所带来的现实的利益，才能激发其对集体的归属感，从而从个人利益和集体利益出发为集体资产保值增值出谋划策。因此，改革农村集体产权制度势在必行！

改革农村集体财产产权制度的基本思路是，改革传统的集体资产实现形式，变集体资产的共同共有为按份共有。而实现农村集体资产按份共有的具体形式是实行农村集体资产的股份合作制。股份合作制的基本宗旨是盘活集体资产，促进农民发展。在集体资产保值增值的过程中，保障集体经济组织成员的合法权益，让农民分享集体经济发展的成果，分享农村集体资产股份制改革的红利。农民集体资产股份制的根本目的是建立产权明晰、主体明确、

收益良好、流转顺畅的农村集体资产产权制度。农民集体资产股份制的主要内容和运作流程是：

第一步，成立股份合作社。股份合作社全称为股份合作社有限公司。股份合作社应采用公司化运作模式。组织机构设股东会、董事会和监事会以及经理。董事会成员可以兼任经理。股东会成员为全体村民股东，村民会议代表作为股东代表。由全体股东或股东代表选举董事会董事。董事会成员5~9人，董事会设董事长1人，可设副董事长1~2人。董事长和副董事长由全体股东或股东代表选举产生。

第二步，清产核资，量化折股。农村股份合作社股份有限公司由股东大会或股东代表会议做出清查村集体资产的决定，具体由经理负责办理。对村集体资产进行清产核资应该委托专业的会计师事务所进行评估，并由注册会计师进行审计。对股份合作社的股权应该遵循“三三制”分配原则，即将所有股权量化为集体股、人口股和农龄股三类股，原则上是各占1/3。但通过股东大会或股东代表大会决议可以对各自所占股份适当增减。集体股是村民集体为了谋求整体和长远发展而占有的股份，其余股份完全量化分配到个人。安徽宣城市宣州区澄江街道办事处郊区村——花园村，将1970多万集体资产量化成23%的集体股、52%的农龄股和25%的人口股。其中，农龄股和人口股分配给1153名农业户口村民。[1]

第三步，股权到户，颁发权证。股权量化后，应该以户为单位颁发《股权证》。为了增强农村集体资产股权化的公信力，必须进行公示，股权份额应该由各县产权局进行登记。农民所拥有集体资产股份的《股权证》是其取得集体分红等收益的基本依据。集体股则用于股份合作社正常运营及村委会公益性支出，人口股和农龄股依法可继承和内部转让。农村集体资产股份制改革要坚决杜绝简单地“卖光、分光”的做法，一定要保留一定比例的集体股，一般以1/3为宜。如果急功近利，目光短浅，也许农民短期会明显受益，但很难保证农民股权的长期收益，农民难以共享经济社会长期增长的效益，难以实现农民个体和农民集体的长期可持续性发展。

（二）设立农地持有产权，创新农地产权制度

“三农”问题的实质是农民权利问题，农民权利的核心是农民发展权保障

---

〔1〕参见“集体资产折股 村民人人有份”，载 http://roll.sohu.com/20130618/n379130129.shtml，最后访问日期：2013年12月26日。

问题，而农民发展权保障的关键又在于农民产权保障问题。农民产权制度的合理安排不仅是农民经济发展权的关键，同时也是农民其他一切权利保障的基础。因为，土地是农民的衣食之母、财富之源。在目前农村集体资产管理体制下，村民基于其成员权而享有对以土地为核心的村级集体资产所有权。但村民对村级资产究竟拥有多少份额并不清晰。孟子曰："无恒产则无恒心。"〔1〕农民对农村土地没有法律意义上的明确产权，使得农民对土地没有财产归属感，从而做不到对土地精耕细作培育地力。不仅如此，由于农民对土地没有清晰的产权，农民一旦从事非农产业，基于其成员权基础上的土地权利就可能被村里以土地调整为由而剥夺。因此，赋予农民对土地具体、真正法律意义上的产权、对于保障农民对土地的财产权、促进农民发展具有极为重要的意义。然而，由于我国基本政治体制使然，目前直接赋予农民对土地的私有权与我国农村集体土地公有制相违背，是显然行不通的。只有遵循解放思想、实事求是的基本思路，改革创新，寻求农村集体土地公有制的实现形式。

一个可供选择的思路是，设置农地持有产权作为农地产权的实现形式。所谓农地持有产权，是指在确保农民集体对农村土地享受终极所有权的基础上，赋予农民在一定年限内对农村集体土地占有、使用、收益和流转的权利。相比较农村集体的终极产权，这种农地持有产权是一种有限的产权，是结构性权利。它和农村集体所有权相比，就是不能拥有完全法律意义上的处分权，即不能享有土地的买卖权利。然而这种农地持有产权却享有处分权的另一权能即土地流转，可以对其土地持有和使用权在法定期限内出租、出借，并对出租享有收益权。这种农地持有产权，是农村集体土地所有权的一种动态的实现形式，和农村土地集体所有制的政治理念和宪法规定不冲突而是兼容的，其实质是农村集体土地公有制产权实现形式的一种制度创新。

另一个可以考虑的改革思路是，将农村集体土地区分地上权和地底权。农地表层可以用来耕作和直接利用的权利归农民所有，而农地一定范围深度内的地底权归农村集体所有。既然农民享有对地上土地的所有权，农民就享有法律意义上对地上土地占有、使用、收益和处分的权利。这种产权模式既能实现农民对土地利用的实际产权，又与我国政治理念和法律规定相容，并且同设置农地持有产权有异曲同工之妙。

〔1〕《孟子·滕文公上》。

（三）完善市场机制，排除侵害农民产权利益的行政干预

市场机制作为一种经济运行机制，是充分尊重市场机制体内的供求、价格、竞争、风险等要素之间互相联系及作用机理，从而实现资源的优化配置。市场机制的天敌是行政的非法干预。保护农民产权，必须充分尊重和利用市场经济的基本规律和基本机制，坚决摒弃运用行政手段非法和不合理地对农民产权利益进行干预的做法。一方面，完善市场定价机制，坚决摒弃侵害农民产权利益的行政干预。不少地方通过行政指导价的形式变相引导限制农产品价格，往往导致农民增产不增收，这种严重侵害了农民产权利益的做法必须予以坚决摒弃，必须建立健全通过市场机制形成合理的价格形成机制。

另一方面，坚决贯彻《反垄断法》，消除对农产品的地区封锁。市场经济要求在最大范围内实现资源的优化配置。不少地方政府以发展本地经济为名，通过各种行政手段甚至直接采取“封堵”的方式限制包括重要农产品在内的外地商品进入本地市场，或者限制本地商品流向外地市场。由于供需关系和渠道不畅通，很多时候农产品只能在本地销售从而往往形成滞销，最终导致售价低廉，直接影响农民产权利益。对于这种通过行政垄断导致的农民产权利益受损的侵权行为，应赋予农民以申诉的权利，必要时组织听证会，就该种行为的合法性进行社会听证。反垄断机构可以自己或提请有关上级机关责令改正；同时，对直接负责的主管人员和其他直接责任人员应依法给予严厉处分。

（四）赋予农民房产产权，保护农民个人私有财产

产权就狭义而言仅指所有权，而从广义而言则是指与所有权相关的一系列财产权利。由于长期以来缺乏对农民产权的保护，农民房产也缺乏基本的产权保护，农民并不享有完全意义上的产权。城市居民的房产是国家通过颁发产权证予以确权的，城市居民对其房产享有完全意义上的产权，居民可以对其房产进行转让，可以出租，可以抵押。在新农村建设中，不少农村建立的农民公寓也只有村里自己颁发的所谓产权证，并不是国家法律层面的真正的房产确权，其保护力度显然是苍白的。而农民的房子并未予以确权，不能抵押，其转让和出租也得不到国家法律层面的明确保护。由于农民对自己的宅基地缺乏明确的产权，不少地方缺乏资金的农民拿出自己宅基地的一部分予以转让以换取建房资金，但这种行为却存在明显的法律障碍！因为宅基地所有权归农村集体所有，在现行法律框架下农民个人无处分权！中共十八届

三中全会审议通过的《中共中央关于全面深化改革若干重大问题的决定》明确提出，“保障农户宅基地用益物权，改革完善农村宅基地制度，选择若干试点，慎重稳妥推进农民住房财产权抵押、担保、转让。”因此，改革现有农民宅基地产权制度，赋予农民房产以明确产权，是增加农民财产性收入、保障农民经济发展权的重要环节。

不仅如此，农民其他生活资料和生产资料等私有财产的保障也是农民产权保障的重要方面。据笔者调查所知，〔1〕不少农村小偷小摸猖獗，被盗现象经常发生。有些地方甚至群盗猖獗！如有的农民家里因为婚丧等红白喜事办酒后收了不少人情钱，一夜之间被偷甚至被抢得干干净净！到派出所报案后，由于警力不足或侦查技术有限，能够破案的微乎其微。因此，加强农村治安环境的整治，也是维护农民产权，保障农民个人私有财产的重要方面。一方面应强化农村公安执法和司法力量。应加强公安派出所的警力，提高其办案能力；同时应加强农村司法力量，对农民之间的产权纠纷案件及时审结和执行到位。另一方面应充分发扬农村社区和村民委员会的治安委员会的作用。充分发挥农民的积极性，组成村义务治安队，经常在村内进行巡逻，严厉打击农村偷盗抢劫现象，及时调节处理村民间因产权产生的民间纠纷。

（五）完善村民自治，实行产权实现的民主化

产权不过是所有制关系在法律上的表现形式。在计划经济时代，由于国家权力一竿子插到底，并没有保障农民对集体财产产权进行处置的民主机制。国家运用超经济的政治权力对农民集体财产任意进行调配。农民生产的主要农产品诸如粮食和棉花，国家实行低价“统购”，构成了对农民财产的超经济的剥夺。只有农民享有对村集体资产和土地的占有、使用、收益和处分权能，农民产权才能真正实现。而只有通过村民自治的民主机制，才能真正让农民产权的处置掌握在自己手中。诸如农村集体土地是否转让、农村集体山林能否出卖、农村集体村办企业资产能否转让等问题，通过村民自治的民主决策能真正体现农民自己的意志，使其朝着实现农民利益最大化方向决策。然而实践中，由于种种原因村民自治存在严重的异化现象，严重偏离村民自治的价值目标和精神实质，甚至与村民自治制度设计的初衷大相径庭。〔2〕为此，

---

〔1〕调研对象包括湖南常德市的桃源县、安乡县以及怀化市的沅陵县等乡镇农村地区。

〔2〕参见丁德昌：“村民自治异化的法理初探”，载《法学论坛》2006年第6期，第86页。

只有完善村民自治，才能真正达到产权实现的民主化。因为，“村民自治的政治建设既是农村产权制度改革的政治结果，也是进一步保障产权制度创新发展、推进农村经济发展的政治条件。”〔1〕

首先，严格规范乡村关系，杜绝基层政府侵犯村民自治权。基层政府和村民自治在立法层面上的关系界定是清楚的，即指导与被指导的关系，但在具体条款中并未明确规定乡镇政府指导村民自治的具体范围。乡镇政府违法干预村民自治的现象层出不穷，《村民委员会组织法》（以下简称《村组法》）仅规定，“乡、民族乡、镇的人民政府干预依法属于村民自治范围事项的，由上一级人民政府责令改正。”显然，乡镇政府指导村民自治的具体事项是不明确的，但《村组法》第5条规定，乡镇政府“不得干预依法属于村民自治范围内的事项”，而对村民自治的自治事项《村组法》是有明确规定的。因此，似乎可以这样推定，除了自治事项可指导外，其他非自治事项都可干预。显然，制度设计依然偏向于代表国家权力的基层政府，基层政府利用其强势地位将村委会沦为自己的“腿”就不足为奇了。如此，乡镇政府又是受更高级政府控制，如果他们利用职权去侵犯农民的产权利益，诸如违法征用农民土地、违法补偿；人为降低农产品价格、限制农产品出境等损害农民产权利益的事，就难以得到制度性的抵制和约束。

那么乡镇政府权力的明确边界在哪里呢？现行《村组法》的制度设计是不尽合理的。因为按照法治社会的要求，对于国家权力“法无明文规定则无权力”；而对于公民权利是“法无明文禁止则有权利”。如果公民的权利行使必须有法律的明确授权，那么公民的行动自由将会受到极大禁锢，公民人权保障也将是一句空话。基于此，对于代表国家权力的乡镇政府的指导权力法律必须予以明确的授权，通过列举的方式明确予以规定。同时，还应强化违法干预村民自治权行为的法律责任。只有明确规范乡镇政府的指导范围并且明确相关责任人的法律责任，才能对乡镇政府违法干预村民自治中以产权利益为核心的村民自治事项的行为形成有力的法律威慑。

其次，创新村民自治组织，谨防村支两委操纵村民自治。目前，虽然在《村组法》中规定村民会议是村民自治的权力机构，但村民会议是临时会议，缺乏常务机构行使权力机构的经常职能，譬如监督职能。同时，村民会议常

〔1〕 唐贤兴：《产权、国家与民主》，复旦大学出版社2002年版，第324页。

务机构的缺位，使得村民自治缺乏基本的组织保障，在实践中村民会议作为权力机构难以发挥应有的功能。实践中，村民自治的执行机构——村民委员会往往越位侵权取代了村民自治会议常务机构的职能，甚至操纵村民会议。笔者以为，应设立村民自治权力机构的常设机构——村民会议常务委员会——作为村民自治组织系统中村民会议闭会期间最高的议事决策机构。应改变现行《村组法》中村民会议由村委会召集的做法，由村民会议常务委员会召集。当然，立法也应在村民会议常务委员会的职权方面作出科学的界定，应特别强调对村民委员会的监督权。村民会议常务委员会应由村民会议选举本村中热爱公益事业，具有较强权利意识、责任意识、参与意识的公正正直的村民组成。只有按照分权与制衡的权力配置规律重构村民自治的组织机构，才能强化村民自治的自治功能。如果村民自治的自治功能得到有效实现，那么诸如农村征地中村委会干部和基层政府因腐败与开发商勾结侵犯村民合法补偿利益的现象就能得到有效防范。只有村民自治的自治功能得到有效强化，才能在村集体资产产权流转中真正体现村民的“公意”，实现“公益”的最大化。

最后，严格推行村务公开，真正实现产权决策的民主化。现实中由于种种原因村委会往往异化为乡镇政府的“代理人”，在土地征用过程中难以真正代表本村村民的利益，可以考虑建立村级土地管理委员会，由村民（代表）大会选举村民代表组成，负责对集体土地的管理和监督，使集体土地产权的行使从行政权力的阴影中解脱出来，弱化基层政府行政权力对集体土地的直接干预，使农民真正成为经营主体、产权主体，成为土地的“主人”。

在产权流转中应严格坚持民主决策。只有民主决策，才能充分体现全体村民的意志，最大限度地实现全体村民的共同利益。为此，必须坚持村务公开，因为村务公开是民主决策的前提。公开才能透明，公开才能公正。通过全方位的村务公开，村民才会享有对村务的知情权，而享有充分的知情权是民主决策的基础。

“没有知情权的保障，民主主义就不可能得到真正实现。因为主权者不能获得有关政治的信息就不可能作出准确的判断。”[1] 应该将有关村民产权变

---

〔1〕［日］杉原泰雄：《宪法的历史——比较宪法学新论》，吕昶、渠涛译，社会科学文献出版社 2000 年版，第 190 页。

动的信息诸如土地征收及补偿通过多种多元公开平台予以公开。应该严格遵守《村组法》规定，事关村民根本利益的法定的涉及产权的事项，应坚决由村民会议和村民代表会议决议。如果没有村民自治民主机制的有效运作，农民产权决策和执行就必将背离村民的“公意”，最终损害村民的“公益”。因为，“一切有权力的人都容易滥用权力，这是万古不易的一条经验。有权力的人们使用权力一直到遇有界限的地方才休止。”〔1〕同时，只有充分发挥村民自治的民主监督机制，才能在农民集体产权事务中发挥监督作用，从而实现产权保障、促进农民经济发展权的实现。

第三节　农地发展权与农民发展

农民在满足了基本的生存权之后，面临的便是如何发展的问题；而发展权是“每个人和所有各国人民均有权参与、促进并享受经济、社会、文化和政治发展，在这种发展中，所有人权和基本自由都获得充分实现”。〔2〕土地是农民最基本的生产要素，是农民生存和发展之本，农地发展权是农民最重要的财产性权利，因为“劳动是财富之父，土地是财富之母”。〔3〕

一、农地发展权的内涵阐释

所谓农地发展权是为了实现农地价值提升而将农地转化为非农用地或集约化使用农地的权利。农地发展权是一种为了谋求土地发展利益从属于地权与所有权的用益物权，“土地发展权的基本观念是发展土地的权利，是一项可与土地所有权分割而单独处分的财产权。”〔4〕农地发展权是农民产权的延伸，具有产权所具有的排他性、可度量性和可转让性的基本特征，是一种功利性和目的性非常强的制度安排。农地发展权主体应是作为个体和作为集体的农民，是二者的统一。因为农地发展权是农地所有权派生出来的从权利，归根结底其权利主体应根源于所有权，而我国农村土地依法属于农民集体所有。

〔1〕［法］孟德斯鸠：《论法的精神》，张雁深译，商务印书馆1961年版，第154页。

〔2〕联合国大会1986年12月4日第41/128号决议：《发展权利宣言》，第1条。

〔3〕《马克思恩格斯全集》（第23卷），人民出版社1956年版，第57页。

〔4〕刘国臻：“论美国的土地发展权制度及其对我国的启示”，载《法学评论》2007年第3期，第141页。

同时，土地所有权和用益物权具有可分离性，农地发展权权利主体可以是农地所有权主体也可以是与农地所有权主体相分离的用益物权主体。

“农地发展权是土地发展权的一部分或是其子集”，〔1〕农地发展权是土地发展权的核心内容。土地发展权最早产生于20世纪50年代的英国。起源于采矿权与土地所有权相分离而单独支配和出售的构想。1947年英国《城乡规划法》规定，一切私有土地将来的发展权移归国家所有。在此之后，美国、法国等国相继建立了各具特色的土地发展权制度。20世纪，随着资本主义的发展，一些主要资本主义国家如美国、法国等国也开始重视土地发展权。我国土地发展权研究起步较晚，立法尚未确定土地发展权。学者一般将土地发展权的内涵界定为将土地变更为不同使用性质之权。如孙弘认为：“所谓土地发展权，就是土地变更为不同使用性质之权……。创设土地发展权后，其它一切土地的财产权或所有权是以目前已经编定的正常使用的价值为限。至于此后变更土地使用类别的决定权属于发展权。”〔2〕土地发展权外延既包括空间上向纵深方向发展也包括在使用时变更土地用途之权，即包括空间（高空、地下）建筑权和土地开发权。对于农地发展权的性质，梁慧星认为，“土地发展权是一种可与土地所有权分离的独立财产权。”〔3〕江平等则认为，从我国的国情出发，土地发展权应定位于农地发展权。〔4〕显然，根据江平教授的观点，土地发展权主要是农地发展权。

农民发展权创设的核心价值是发展，发展的路径主要有二：一方面是农地变更为不同性质用途进行再发展。前者变更农村土地使用类别通常主要是将农用地转为建设用地，从而使土地利用价值得到发展。农村土地变更使用类别和利用价值则属于农地发展权的范畴。根据土地性质和用途变更类型，这类农地发展权主要包括三个层面：其一，通过征地国家将农村集体农用地转为国家建设用地；其二，农村集体农用地依法被转化为农村集体建设用地；其三，国有农用地依法转为国有建设用地。显然，以上三种类型的转化，都是将农用地转为建设用地，通过对土地用途的改变从而提高土地的利用价值。

---

〔1〕 范辉、董捷：“试论农地发展权”，载《农村经济》2005年第6期，第29页。

〔2〕 孙弘：《中国土地发展权研究——土地开发与资源保护的新视角》，中国人民大学出版社2004年版，第8页。

〔3〕 梁慧星主编：《中国物权法研究》，法律出版社1998年版，第369页。

〔4〕 参见江平主编：《中国土地立法研究》，中国政法大学出版社1999年版，第386页。

另一方面是指不改变农地用途而通过集约化使用农地即增强农地利用效率来实现农地价值的发展。如将分散农地集中起来以农民入股方式进行集约化的现代农业开发。农地发展权实现的方式可以多元化，只要是有利于农地价值提升的利用方式都可以大胆探索和实践。

农地发展权的基本特征主要在于：首先，农地发展权是一种独立于农民土地所有权的土地财产权。农地发展权虽然与土地所有权密切相连，但却是从所有权中分离出来的相对独立的财产权。传统民法确立了土地上空及地下归属于土地所有人的基本原则。现代法律虽然对之进行了一定修正，但对于特定情形上述原则仍然适用。所有权除立足于土地地表外，仍然适用于一定高度空间和一定深度地下。比较而言，农地所有权主要保护农地所有者的地表所有权；而农地发展权的设立却旨在提高农地的利用价值和性能，其权能不仅及于地表，而且及于地上和地下空间的利用和开发。因此，在此意义上，发展权在范围上大于土地所有权。其次，农地发展权是一项与农地所有权密不可分的用益物权。虽然农地发展权具有一定的独立性，然而其和农地所有权却是一种密不可分的关系。农地发展权在农地所有权转让和不转让两种情形下都能实现。在不转让土地所有权的情况下，农地所有权人或使用人可以通过有利于土地发展增值的方式再转让土地使用权。如，农民将自己承包的土地在一定期限内转包给他人建设乡镇企业而每年收取租金。又如，农民以入股的方式组成集体农庄对农地进行集约化经营等。农地发展权的实现也可以通过转让土地使用权的方式。国家通过征地方式彻底改变农用地归属，从而使农用地性质变更为建设用地。最后，农地发展权设立的目的是权利主体为了获取土地发展利益。农村土地作为一种不可再生的稀缺资源，是人们的生存和发展之本。农地本身作为一种权利客体不会自动追求发展，然而支配土地的农民作为理性的利益主体总是追求利益最大化。农地所有人或使用人追求土地利益最大化是作为理性人的本能，正是基于此，农地有一种追求发展的趋向。

二、农地发展权：农民经济发展权的核心权利

（一）农地发展权是农民主体性发展的基本保障

"发展权作为一项人权，是全体人类中的每一个人都享有的权利。"〔1〕主张发展权本质上是主张主体的发展权，发展权归根结底是人的发展权利，"发展权以人的全面发展和价值实现为终极理想。"〔2〕"三农"问题的解决核心在于农民主体性发展。而任何主体的发展，都必须以一定的客体为依托。农民主要以土地为发展客体，土地是农民生存和发展的基础，是农民生存和发展的命根。然而，农民从事农业生产，对自然环境的依赖性很强。长期以来，大多数农民"靠天吃饭"，土地产出非常有限，农业效益甚为低下。新中国成立后很长的历史时期内，国家一直实行"挖农补工"政策，对农地产出的粮食等资源过度提取，使得中国农民长期挣扎在温饱线上。农民作为价值主体难以形成自我发展的物质基础。

农地发展权的创设，允许土地在一定条件下变更用途，如将农用地变更为建设用地以实现土地效益的增值。如果农民不享有农地发展权，那么农民作为利益主体就不能集约化使用农地或不能合理分享土地发展带来的收益，本来处于弱势地位的农民将失去发展之基。农民依法获得一定的土地增值必将夯实其主体发展的物质基础。创设并保障农地发展权，对于促进农民发展权的实现及最终实现主体自由而全面发展具有不可估量的意义。

（二）农地发展权是农村耕地保护的基础性权利

农业是国民经济的基础，而耕地则是农业生产的根基。根基不牢，地动山摇。耕地是关系到我国十三亿人口吃饭的根本。我国人均占有的耕地面积仅1.59亩，仅占世界人均耕地的44%。随着我国人口的不断增加，相当长的时期内人均耕地在未来还会进一步减少。从根本意义上来讲，耕地保护是关系人们生存和发展的根本问题。然而，由于我国土地发展权制度的缺失，地方政府在土地开发和利用中往往无视法律法规的规定。国家控制土地开发的手段除土地国有和规划管制外，缺乏对土地发展权的有效控制。农地发展权

---

〔1〕汪习根：《法治社会的基本人权——发展权法律制度研究》，中国人民公安大学出版社2002年版，第74页。

〔2〕汪习根：《法治社会的基本人权——发展权法律制度研究》，中国人民公安大学出版社2002年版，第74页。

制度的设置可防止有关部门任意将农地转为非农建设用地，“土地发展权创设的主要目的在于保护农地。”〔1〕土地发展权制度将严格界定基于土地发展改变农地用途的范围、程序、发展权主体的权利和义务以及违法用地的法律责任等。对使用方为非公益主体的，要么需要向国家购买发展权（有偿出让），要么给农户和集体以应有的补偿（租赁、发展权入股等）。随着农地发展权的确立，在国家按照国民经济发展计划以及土地利用总体规划的基础上，国家通过宏观调控对农地用途的改变进行监管。农地发展权制度的确立，使得农地用途的改变有国家法律的保障，农地发展权用地范围、程序和补偿都有严格的标准。如此，必将有效遏制地方政府基于利益驱动随意滥用公权力违法批地的现象，从而使耕地得到相应保护。不仅如此，在农地发展权保障中“占补平衡”制度的确立和完善，不但有利于防止土地资产的流失，而且有利于国家进行土地整治和建设，有利于国家土地建设和耕地保护的有机统一，从而实现耕地可持续发展战略和国家建设发展的统一。

（三）农地发展权是农村市场经济发展的客观需要

资源合理配置和效益最优化是市场经济的客观规律。土地资源优化配置的实质是土地产权在产权主体之间的顺利流动，从而实现土地资源效益的最大化。土地作为农民最主要的生产资源，在社会主义市场经济条件下农民必然有一种追求利益最大化最优化的冲动。土地是农民生存和发展的根基，是农村市场经济发展的原点和出发点。确立农民对土地享有发展权，是实现土地在不同的产权主体之间合理流动，从而实现土地资源有效配置的前提条件。农民享有农地发展权，不仅能让农民享有土地用途变更所产生的利益，而且土地经营者能够有保障地得到土地长期投资所带来的收益。个体农民如果部分或全部转让土地使用权，将获得一笔较大资金，将为其进一步投入社会主义市场经济活动提供深厚的物质基础。农民可以利用这笔资金作为发展基金改善自身的生活条件或作为投资资金谋求进一步发展，“从社会福利的角度来说，一旦基于农地发展权视角建立农地发展权流转市场，农民的生活水平将会得到极大的改善。”〔2〕土地发展权制度设计得越科学、农民享有的土地发

〔1〕江平主编：《中国土地立法研究》，中国政法大学出版社1999年版，第383页。

〔2〕汪晗、张安录：“基于科斯定理的农地发展权市场构建研究”，载《理论月刊》2009年第7期，第137页。

展权越充分，越能激发广大农民生产的主动性、积极性和创造性。而农民主动性、积极性和创造性的发挥是直接影响农村市场经济发展水平的主体性条件。

三、农地发展权的法治保障路径思考

（一）科学创设农地发展权，为农地发展提供立法保障

科学创设农地发展权，实现农地发展权法治化，是保护农民产权促进农民发展的根本出路所在，"消除阻碍国内发展权成长的法律因素，关键要做到立法必须在民主化科学化的基础上以发展权为依归。"[1] 在农地发展权制度的建构中，既要保障土地的国家所有，又要保障农民的合法权益，是赋予农民这种特殊的土地财产权的出发点。为了确保农地发展权获得有效的法律保障，首先应制定《农地发展权保障法》，该法除了规范农地发展权的权利、义务和法律责任外，如下重要方面或环节应重点规范：

第一，明确规定农村土地的集体所有制的法律性质为农民按份共有。农地发展权是以土地所有权为基础的，农地发展权是一项从所有权派生出来同时又相对独立的土地财产权利。中共十八届三中全会指出，"农民产权保障农民集体经济组织成员权利，积极发展农民股份合作，赋予农民对集体资产股份占有、收益、有偿退出及抵押、担保、继承权。"[2] 据此，应积极创新农村土地集体所有制实现形式，土地通过评估折股，确立农民对土地的最终的所有权。这样既维护了农村土地的公有制性质，更有利于农村土地集体所有权得到切实有效的行使，农民土地发展权才有可能得到有效的立法保障。

第二，明确界定农地发展权主体。在立法中应明确规定"村"和"村民小组"为农地发展权的权利主体。农村集体土地原则上归"村"和"村民小组"所有，村内土地能够明确归属到村民小组的归村民小组所有，其余则归"村"集体所有。同时立法中应为"村"和"村民小组"内的村民行使土地发展权设置合理的法律程序。村或村民小组土地的变动应得到全村或全组年满十八周岁的村民2/3以上多数通过。在土地发展权实现中能实现真正的直接民主，能使农民对关系到自身根本利益的农地发展权的保护做到切实化。

---

〔1〕汪习根、涂少彬："发展权的后现代法学解读"，载《法制与社会发展》2005年第6期，第62页。

〔2〕十八届三中全会：《中共中央关于全面深化改革若干重大问题的决定》。

明确农地发展权主体，不仅是现代产权制度的基本要求，而且有助于让农民对农地有一种产权归属意识从而以有利于其自身利益最大化的方式利用土地。

第三，消除农地产权残缺，确保农民产权的完整化。产权完整是农地发展权实现的基本条件，“若产权受到不同程度的限制或禁止，则会滋生产权残缺。”[1]农民的农地产权残缺使得农民对土地缺乏归属感，“农民也就无动力或无能力去有效地使用农地，推动农地流转或创造农地价值。”[2]应保障宪法规定的农村集体土地所有权的实现，即应保障农民对农地占有、使用、收益和处分等各项权能的充分实现。其中特别是农民集体对其所有土地的收益和处分权利，因为“所有权制度安排中最重要的是经济资源的排他性收益权和让渡权”。[3]应破除实现农地发展首先必须经过国有化征收的瓶颈，应在国家土地发展规范范围内实行土地流转市场化。国家为了公共利益分享农地发展权的利益应该通过税收形式实现。农地依法对外转让的收益，除了依法上缴国家的税金以外，其余应全部作为农民和农民集体的收益。同时，应具体界定农村集体和农民个人对于以上农地发展权收益的分配原则和比例，实现集体和个人对于农地发展权利益分享的平衡。如此，不仅可充分保障农民个体对农地发展权实现的利益享有，而且可以壮大农村集体的经济力量，还为促进农民、农村和农业的发展提供坚实的物质基础。切实保障农民对农地的发展权，实现农民集体对农地发展权的自主享有，不仅能充分保障农民享有农地发展权实现的利益，而且也可以杜绝其他一切利益主体对农地发展权利益的觊觎。

（二）优化村民自治，为农地发展权提供政治保障

主体的经济权利，必须要有相应的政治权利的支撑和保障才能实现，“主体的自治权是人权的首要内容，是主体其他各种权利的基础。”[4]农民土地发展权的实现，必须以相应的政治保障作为支撑。村民自治是农民维护自身权利“民主选举、民主管理、民主决策、民主监督”的自治制度设计，它为农民发展权的实现提供了组织保障。然而实践中，村民自治异化现象严重，

---

〔1〕陈明：《农民产权制度创新与农民土地财产权利保护》，湖北人民出版社 2006 年版，第 49 页。

〔2〕姜军松：《中国农地产权配置制度研究》，湘潭大学出版社 2012 年版，第 286 页。

〔3〕H. Demsets, *Ownership*, *Control*, *and the Firm*, Basil Balckwell Inc., 1988, p. 163.

〔4〕莫纪宏：“社会自治与现代宪政”，载张庆福主编：《宪政论丛》（第 1 卷），法律出版社 1998 年版，第 418 页。

村委会往往沦为乡镇政府的“腿”，而其自身的自治功能则相对弱化甚至退化。同时，由于法律对农民农地发展权实现缺乏程序性规定，实践中村委会往往作为集体土地所有者权益的实际行使者出现。土地征用中诸如征地补偿等问题往往由几个村委会干部甚至支书、村长一两个人决定。农地发展权真正的主体——广大村民——不仅不能享有土地发展权的决策权，甚至在土地征用中连起码的知情权都没有。基层自治民主权利的缺失使得农地发展权的实现缺乏必要的政治保障。因此，保障包括农地发展权利益在内的经济权利实现的民主化和法治化，首先应从完善村民自治入手：

1. 优化村民自治的组织机构，为农地发展权实现提供组织保障。在我国村民自治制度设计中，基层政府和村民委员会的关系是明确的，即指导与被指导关系。然而，由于基层政府的强势地位和立法设计中指导范围的模糊性，实践中导致村民委员会实质上成为乡镇政府的“代理人”，成为“准政府”机构，村民委员会自治性质出现一定程度的异化。同时在村民自治组织内部，由于其权力机构缺乏常务机构，村民会议或村民代表会议实质上由村民委员会主持召集导致村民委员会在实际运作中往往缺乏权力制约。在农地征用过程中，村民委员会在基层政府的强势地位和开发商的利诱之下往往难以真正代表村民利益。

为了防止村民自治异化，设立村民会议常务委员会作为村民会议的常务机构势在必行。其法律地位应为村民会议闭会期间的最高议事决策机构，其成员应通过村民会议选举村中热爱公益事业、公正正直的村民产生。针对在土地征用等重要事项中村委会自治角色可能异化、在农地发展权实现中难以真正代表村民利益的现象，可以考虑建立村级土地管理委员会，由村民（代表）大会选举村民代表组成，负责对集体土地的管理和监督。村民自治组织的创新，必将有助于使农民成为农地发展权主体，真正成为土地的“主人”。

2. 充分发扬民主，真正实现民主决策。民主决策是村民自治的中心环节，是村民民主管理的基础。村民通过村民会议或村民代表大会对村集体公共事务和公益事业等重大事项进行决策是村民自治民主决策的基本方式。农村集体土地变更用途对外流转从而实现农地发展权必须要充分发扬民主。鉴于实践中村民委员会准“行政化”倾向严重，应坚决摒弃由村委会决定土地对外转让的做法，坚持由村民会议或村民代表会议进行决策的自治原则。由村民会议按照法定程序对土地流转进行民主决策，并由村民会议选举组织的村民代表进行土地流转中有关补偿等事项的谈判。村委会成员能否成为农地转让谈判代表也应该由村民会议选举决定，如此可以过滤掉那些不受村民信任的村委会干部，使其不得参与土地转让的谈判等相关工作。这种土地流转的民主决策方式必然会改变责任模式，即村民代表对全体村民负责。这种民主决策的模式，不仅能有效遏制以往由村委会全权代理而导致的违背村民利益的权力滥用和权力腐败，而且能充分保障土地流转中农民发展权利益的实现。

3. 加强自治监督，强化农地发展权实现补偿的民主监督。“不受制约的权力必然导致腐败，绝对的权力必然导致绝对的腐败。”〔1〕村民自治中的民主监督指是村民依据法律法规对村务、村干部行为等进行检查和监督，从而保证村民自治中民主权利和村民利益得以实现的行为。民主监督是民主选举、民主决策和民主管理的有力保证，是村民自治绩效的有力保障。在农地发展权权益实现中必须切实加强民主监督，为此，关键在于贯彻农地流转中的村务公开。公开，才能透明；公开，才能公正。在农地流转中不仅补偿结果应公开，而且流转过程也应公开。应该充分运用村务公开栏、广播、手机短信和网络等形式，让全体村民享有充分的农地发展权利益实现的知情权。同时，对村民的质疑村民委员会应在第一时间予以回应。为了加强农地流转中民主监督的有效性，应由村民会议选举产生村民财务监督小组全程对土地流转中的财务状况进行监督。

（三）规范土地市场，保障农地合法流转

农地流转是否规范合理，是农地发展权权益能否有效实现的关键。农民作为理性经济人在农地流转过程中，必然追求利益最大化。为了促进农地理性流转保障农地发展权的实现，必须建立规范合理的土地流转市场。为此，首先应规范土地流转程序，严格控制耕地征用。“程序创造了一种根据证据资料进行自由对话的条件和氛围，这样可以使各种观点和方案得到充分考虑，实现优化选择。”〔2〕耕地是人类的生存命脉，有关政府部门必须实行最严格的耕地管理制度。实行耕地占一补一制度，新增建设用地有偿使用费用于土地整理，有效增加耕地面积，提高耕地质量，改善农民生产生活条件。

---

〔1〕［英］阿克顿：《自由与权力》，侯健、范亚峰译，商务印书馆2001年版，第342页。

〔2〕季卫东：《法律程序的意义——对中国法制建设的另一种思考》，中国法制出版社2004年版，第28页。

其次，确立公平补偿标准，规范土地征用补偿程序。农地征用补偿，不能仅是农民生存权补偿，还应是农民发展权补偿。对土地的补偿应以市场价格为依据，实行公正补偿，安置补助费的项目、金额应不仅能够保障失业农民在生产、生活、教育等方面的必要支出，而且应在保持原来水平的基础上，与经济发展的步伐同步增长。不仅如此，还应该规范土地征用和补偿程序，"正当程序的采用，则对政府行使征地权提出了进一步的正当性要求，即不仅要求政府行为的目的合理，同时也要求政府行为具有合目的的形式合理性。"[1]各级政府应尽快出台农村土地征用补偿条例和细则，明确规定在制定补偿标准的同时，应举行听证会。听证会双方主体应该是开发商和村民会议选举的村民代表。同时，应该吸收律师代表和政府主管部门代表参加，从而为补偿听证进行法律和政策把关。补偿应把听取村民代表的意见作为重点内容之一。在讨论征地方案时，要向村民公布土地补偿费分配办法，广泛征求村民意见；村集体在分配征地补偿费时，要严格按照村民自治基本法，通过民主决策程序予以实施，特别应加强民主监督。

最后，加强土地流转执法和司法，强化农地流转监督。农地发展权的实现，除了农民自身集约化使用土地外，在很大程度上需要通过农地流转实现，通过流转交易实现农地资源的优化配置。"徒法不足以自行。"[2]为了保障农地流转合法有序，促进农民农地产权权益的实现，应该着力规范农地流转：其一，应成立和强化专门的土地流转执法队伍，强化土地流转的程序化管理。在土地流转执法中，应建立独立的土地执法监察机构并实行垂直管理，从而摆脱地方政府羁绊实现土地执法监督的超然性。要建立一支高素质、高效率的土地监察执法队伍。其二，土地执法监督应严格执行责任追究机制，切实加强直接责任人的惩处力度。严厉打击在土地流转中对违法征地、用地，乱占耕地等侵犯农民农地发展权利益实现的行为。其三，强化农地流转的司法救济。提起诉讼主体除村民自治组织外还应确立村民公益诉讼机制，以防范村民自治组织和开发商等串通侵犯村民利益而对农民侵权诉讼的不作为现象。应构建农地流转案件的"绿色通道"，建立和完善专门的土地法庭，加强法律援助。对农地流转中发生的违法征地、违法补偿等案件应及时立案和审结，

---

〔1〕程浩："土地征收征用中的程序失范与重构"，载《法学研究》2006年第1期，第68页。

〔2〕《孟子·离娄上》。

判决应力求公平和公正。其四，土地流转执法应充分重视社会监督，设立土地违法检举箱，重视村民信访、上访。重视新闻媒体对农地流转中违法行为的曝光和监督。通过构建综合的社会监督网络，构筑防范侵犯农民农地流转利益的立体监督之网，努力促进农民农地发展权益的实现。

第四章

农民政治发展权

第一节 农民政治发展权与政治参与

一、农民政治发展权内涵阐释

（一）政治发展权的内涵界定

政治发展权是指作为公民集体的国家、民族和公民个体自由参与政治生活，享受政治发展所带来的利益的权利或资格。政治发展权作为发展权的重要一极，和经济、文化及社会生活发展权一起共同构成发展权体系的基本内容。政治发展权的核心在于平等。平等参与政治生活是政治发展权的核心价值。从国际上而言，任何民族，无论大小、强弱都应该平等享有参与国际政治事务和国际政治生活的权利，在国际政治事务和政治生活中享有平等的发言权，从而推动世界政治发展。任何国家和民族都有平等而自由地根据本国实际选择自己发展模式和发展方式的权利。任何国家和民族都无权将自己的政治发展理念强加给其他国家和民族，特别是那些弱小的国家和民族。就国内发展权而言。政治发展权是一国公民个体和公民集体平等参与国家政治生活，自由表达政治诉求，谋求政治发展所带来的利益的权利。

由于政治可以分为国家宏观层面和社会微观层面两个层次。政治发展权相应地也可以分为国家政治发展权和基层社会政治发展权两个层面。就国家宏观层面而言，为谋求自身和一定集团、阶层等的政治发展公民享有参与国家政治生活、选举与被选举、自由政治结社等的发展权利。就社会微观层面而言，公民有结成自治组织参与社会自治，参与社区和基层单位公共事务和公共事业的管理的权利。

对于公民个体而言，宏观层面的国家政治架构是一元的，能够参与国家政治生活的公民无论在何种社会形态的社会毕竟只是少数。代议制民主是大型国家现代政治民主的必然选择，国家层面的政治民主只能是间接民主。而社会是多元的，社会是由多元的社会组织和单位组成的。基层单位实现社会自治是现代政治发展的必然选择。它不仅能满足公民社会不断增长的参与政治谋求政治发展的政治热情，而且自治主体的多元性能为公民社会谋求政治发展提供更为广阔的社会空间和政治平台。

（二）农民政治发展权的基本内涵

农民政治发展权是农民平等参与政治生活，享有政治发展机会和因政治发展而带来的经济文化发展促进农民主体发展的权利。"在发展权系统中，农民的政治发展权是基础和前提。"农民政治发展权是农民作为社会生活的主体其利益需要不断外化在政治上的反映。汪习根认为，农民政治发展权"指农民公平参与国家事务和社会事务的管理，实现民主与自治的权利"。[1]

农民政治发展权作为农民发展权的一个权利子系统，它也是由次级子系统所组成的一个权利体系。由于发展权是"在既有的公民政治权利与经济权利、社会文化权利的基础上不断发展与分化，并高度抽象与提升而形成的一项人权，具有派生于包容一系列具体人权形式的独特价值"，[2] 所以，农民政治发展权是在农民应该享有的一般政治权利基础上，以发展为视角提升和深化的高层次的人权。实质上，它是以发展为视角、出发点和归宿而提炼而成的农民政治权利族系，它是以农民的一般政治权利为基础，同时又高于农民一般政治权利的母体性权利，因为"与其他人权形式相比较，发展权是一个高居于其他人权之上的基本人权"。[3]

从层次上看，农民政治发展权包括国家层面和社会层面的政治发展权。根据国家宪法的制度设计，国家在农村基层实行村民自治。因此，一方面，农民作为"村民"是农村基层组织的组成人员，依法"民主选举、民主决策、民主管理和民主监督"，享有村民自治中的自治权利；另一方面，农民作为"公民"也是国家层面政治生活的重要组成群体，应享有国家层面的政治权

---

〔1〕 汪习根、杨丰菀："论农民平等发展权"，载《湖北社会科学》2009 年版第 9 期，第 154 页。

〔2〕 汪习根：《法治社会的基本人权——发展权法律制度研究》，中国人民人民公安大学出版社 2002 年版，第 60 页。

〔3〕 汪习根：《法治社会的基本人权——发展权法律制度研究》，中国人民人民公安大学出版社 2002 年版，第 60 页。

利。农民政治发展权应该是国家层面的政治权利和社会层面的自治权利的结合。

从农民政治发展权所包含的内容来看，农民政治发展权包括政治平等发展权、政治组织发展权、选举发展权和政治参与发展权等一系列的权利体系。它是在传统政治权利的基础上，引入发展的视角和引擎升华发展而来的一种政治权利体系。其中，农民政治平等发展权是基础。农民欲想在政治上获得发展，政治平等发展权是基础。长期以来，农民在政治上处于“二等公民”的角色，国家对农村实行“一国两策”、“城乡分治”，“二元社会结构人为地控制了农村人口向城市的自由流动”。农民被束缚在土地上隔离在城市发展之外，农民政治上向上流动的机会被阻隔而极少向上流动。农民欲求政治上向上发展，显然赋予农民“国民待遇”、保障农民平等发展权是前提。结社自由权是现代社会的基本人权，是农民政治发展权实现的组织化权利。农民缺乏政治组织发展权，在国家政治生活中缺乏代言人，既无法保障自己的权利，也难以影响国家的政策和行动，在国家制度安排和资源配置上处于极端不利的位置。选举发展权是指通过民主选举或被选举成为村民自治的“领头雁”、人大代表和政府官员的权利。选举发展权是农民谋求政治发展的基础，是农民政治发展权族系中的手段性权利。政治参与发展权是积极参与国家政治和村民自治活动，发表政治见解和主张政治权利，从而谋求其经济社会文化发展的权利。农民政治发展权就是由一系列农民政治发展权子系统组成的权利体系。

二、政治参与与农民政治发展权

（一）政治参与的基本内涵

关于政治参与的概念，学界众说纷纭，并未取得一致认识。《布莱克维尔政治百科全书》将政治参与定义为：“参与制定、通过或贯彻公共政策的行动，这一宽泛的定义适用于从事这类行动的任何人，无论他是当选的政治家、政府官员或是普通公民，只要他是在政治制度内以任何凡事参加政策的形成过程。”[1]《中国大百科全书》将政治参与定义为：“公民自愿地通过各种合

〔1〕［英］戴维·米勒、韦农·波格丹诺主编：《布莱克维尔政治学百科全书》，邓正来等译，中国政法大学出版社1992年版，第563页。

法方式参与政治生活的行为。”日本学者蒲岛郁夫认为，政治参与即“旨在对政府决策施加影响的普通公民的活动。”〔1〕陶东民认为，“政治参与是指公民自愿地通过各种合法方式参与政治生活，并影响政治体系构成、运行方式、运行规则和政策过程的行为。”〔2〕杨年松认为，“政治参与是普通公民通过各种合法方式参与政治生活，并影响政治体系的构成、运行方式、运行规则和政策过程的行为。”〔3〕塞缪尔·P. 亨廷顿（Samuel. P. Huntington）、琼·M. 纳尔逊（Joan M. Nelson）认为政治参与就是“平民试图影响政府决策的活动”。〔4〕

借鉴以上各种学说，笔者认为政治参与是指，公民参与国家和社会政治生活，表达利益诉求实现其利益的基本权利或行为。政治参与的本质是民主。公民只有通过广泛的政治参与，才能实现真正的人民当家做主的权利。列宁指出，“要建立民主，必须群众自己立刻从下面发挥主动性，实际参与一切国家生活。”〔5〕他认为，政治就是“参与国家事务，给国家定方向，确定国家活动的形式、任务和内容”。〔6〕

政治参与是现代政治文明的基本标志，是现代政治国家保持良性运作的基本条件，“企盼文明的政治生活，设计理想的政治架构，倡导文明的政治行为，是人类社会政治发展过程中不变的追求。”〔7〕公民能否广泛而有效地参与国家政治生活，直接体现了国家的文明程度。党的十六大《报告》提出了“健全民主制度，丰富民主形式，扩大公民有序的政治参与”的要求。公民只有在公平正义的国家制度下通过合法的良性的政治参与，在政治关系中公民的政治发展权才能实现。马克思主义认为，政治是经济的集中反映，政治作为一种上层建筑归根结底决定于经济基础。人们通过一定的政治活动，目的在于谋求主体自身经济和文化的全面发展。党的十八大《报告》指出，“要健

〔1〕［日］蒲岛郁夫：《政治参与》，解莉莉译，经济日报出版社 1989 年版，第 4 页。

〔2〕陶东明、陈明明编著：《当代中国政治参与》，浙江人民出版社 1998 年版，第 104 页。

〔3〕杨年松：“论中国改革进程中农民的政治参与和政治稳定”，载《社会主义研究》1998 年第 5 期，第 38 页。

〔4〕［美］塞缪尔·亨廷顿、琼·纳尔逊：《难以抉择——发展中国家的政治参与》，汪晓寿、吴志华、项继权译，华夏出版社 1989 年版，第 6 页。

〔5〕《列宁全集》（第 31 卷），人民出版社 1989 年版，第 141 页。

〔6〕《列宁全集》（第 31 卷），人民出版社 1989 年版，第 128 页。

〔7〕虞崇胜：《政治文明论》，武汉大学出版社 2003 年版，第 68 页。

全基层党组织领导的充满活力的基层群众自治机制，以扩大有序参与、推进信息公开、加强议事协商、强化权力监督为重点，拓宽范围和途径，丰富内容和形式，保障人民享有更多更切实的民主权利。”党的十八大《报告》为基层社会公民的政治参与明确了具体的路径和方式，为基层社会政治参与的民主化指明了方向。

政治参与至少在两个层面使用，一方面，政治参与是一种权利，即政治参与权，是公民参与国家和社会层面政治生活，表达利益诉求谋求政治发展的权利。英国学者戴维·赫尔德（David Held）指出，“当公民享有一系列允许他们要求民主参与并把民主参与视为一种权利的时候，民主才是名副其实的民主。”〔1〕在此意义上，政治参与作为一种权利，是法律赋予公民的一种参与政治生活或活动的一种资格，显然这种资格是被法律所允许的，具有合法性。作为一种权利，只有合法的参与才是政治参与。如诺曼·H. 尼（Norman H. Nie）和西德尼·维巴（Sidney Verba）认为政治参与是指，“平民或多或少以影响政府人员的选择及（或）他们采取的行动为直接目的而进行的合法活动。”〔2〕

另一方面，政治参与是一种行为，是公民参与国家政治和社会政治生活的行为。如帕特里克·J. 孔奇（Patrick J. Conchi）认为，政治参与就是“全国或地方、个人或集体支持或反对国家结构、权威和（或）有关公益分配决策的行动”。〔3〕政治参与作为一种行为，其本身并未标明其法律属性是合法还是违法。应该说，基于政治目的表达利益诉求、参与政治生活的行为都是政治参与。从逻辑上来看，合法参与与违法参与都属于政治参与的范畴。在此意义上讲，政治参与又可分为积极的政治参与和消极的政治参与。塞缪尔·亨廷顿、琼·纳尔逊就认为，“政治参与包括平民影响政府的所有活动，而不考虑这些活动根据政治系统的既定规则是否合法”，因此，“诸如抗议、游行示威、暴动甚至叛乱都属于政治参与形式。”〔4〕国家和社会应该努力将

〔1〕［英］戴维·赫尔德：《民主的模式》，燕继荣等译，中央编译出版社 1998 年版，第 398 页。

〔2〕［美］格林斯坦、波尔斯比编：《政治学手册精选》（下卷），储复耘译，商务印书馆 1996 年版，第 290 页。

〔3〕［美］帕特里克·J. 孔奇：“政治参与概念如何形成定义”，载《国外政治学》1989 年第 4 期。

〔4〕［美］塞缪尔·亨廷顿、琼·纳尔逊：《难以抉择——发展中国家的政治参与》，汪晓寿、吴志华、项继权译，华夏出版社 1989 年版，第 6 页。

行动层面上的政治参与尽力朝作为权利的政治参与即合法性的政治参与上引导和规范。政治参与是现代民主政治的核心问题，是政治文明与政治现代化的基本标志。政治参与已成为分析现代政治发展的基本视角和方法。

关于政治参与的方式。随着社会的发展，公民参与政治的方式越来越多元化。丁云等将政治参与方式归结为6种，即政治投票与选举、政治结社、政治协商与对话、政治批评与政治监督、政治表达以及其他政治参与方式等。〔1〕

（二）政治参与是农民政治发展权实现的基本途径

农民政治参与是指农民参与国家和社会生活，表达农民的利益诉求从而努力实现其合法和合理利益的基本政治权利和行为。农民政治参与是政治发展权实现的基本形式，是农村社会民主赖以存在和发展的基础。不仅如此，农民政治参与的广度和力度直接影响我国政治发展的现代化进程，“广大农民的政治面貌决定着整个国家的政治面貌，中国政治能否取得实质性的发展，在很大程度上也要看农村政治是否能取得真正的发展，要看农民政治参与发展的程度与水平。”〔2〕这正如塞缪尔·亨廷顿所指出的：“农民参与政治是现代化中的国家政治参与扩大的转折点；现代化中的国家能否实现政治稳定，关键在于动员农民通过政治参与承认现存的政治体系。”〔3〕

农民政治参与可分为积极政治参与与消极政治参与。农民积极政治参与是农民为了正当的利益诉求通过合法的方式参与政治生活，是一种理性的政治参与；而农民消极政治参与是农民为了不正当的利益诉求而通过非法的方式参与政治生活，是一种非理性的政治参与。目前，农民政治参与程度比较低，其政治参与的目的也往往是为了经济利益，特别是农民认为自身经济利益受损的情况下往往才政治参与，这显然是一种被动的政治参与。可以说，农民政治参与更多的是手段性而非目的性，“目前农民的政治参与多属手段性参与，政治参与是手段而不是目的本身，即他们是为了某种具体利益尤其是经济利益而参与，政治参与的组织化程度比较低。”〔4〕

政治参与是农民表达利益诉求，实现政治发展权的基本方式。“天下熙

---

〔1〕参见丁云等编著：《当代中国农民的政治参与》，知识产权出版社2011年版，第9~12页。

〔2〕陈晓莉：《政治文明视域中的农民政治参与》，中国社会科学出版社2007年版，第2页。

〔3〕［美］塞缪尔·亨廷顿：《变革社会中的政治秩序》，李盛平等译，华夏出版社1988年版，第74页。

〔4〕黄琳：《现代性视阈中的农民主体性》，云南大学出版社2010年版，第52页。

熙，皆为利来；天下攘攘，皆为利往。”利益不仅是人们行为的永恒的原始驱动，同时也是人们寻求生存和发展的物质化手段。我国社会主义市场经济的发展推动着利益的不断分化，利益主体呈现多元化、分层化。同时，随着人们文化素养的提高和权利意识的增长，不同利益主体日益认识到自己利益之所在。农民迫切需要参与国家和社会政治生活以便在社会政治架构中表达自己的利益诉求和利益心声。农民只有通过政治参与才能表达自身的利益诉求，才有可能引起政府和社会各界的关注。而农民通过政治参与想实现的最终目的是寻求自身合法合理的利益诉求得到有效的保障。

政治参与是农民选举与被选举发展权实现的基本方式。选举政治代表或被选举为政治代表或领导是公民政治发展权的基本权利之一。马克思和恩格斯非常重视选举权对于政治发展的价值与意义，认为选举是社会参与立法的一个重要途径。他们认为，“选举是真正的市民社会对立法权的市民社会，对代表要素的真正关系。换句话说，选举是市民社会对政治国家直接的、不是单纯想象的而是实际存在的关系。”〔1〕正是由于选举制度的存在，“市民社会第一次真正上升到脱离自我的抽象，上升到作为自己的真正的、普遍的、本质的、存在的政治存在。”〔2〕而农民参与选举与被选举即是一种典型的政治参与形式。农民通过选举与被选举寻求政治利益代言人或自己直接当选为政治人物，从而间接或直接获得自身的政治发展。

自由结社是农民政治发展权实现的组织保障。自由结社是农民政治参与的基本形式，是农民政治参与与政治发展的一种组织性权利。托克维尔指出，“在规制人类的一切法则中，有一条法则似乎是最正确和最明晰的。这便是：要是人类打算文明下去或走向文明，那就是要使结社的艺术随着身份平等的扩大而正比地发展和完善。”〔3〕自由结社作为农民参与政治生活的一种形式，在结社中农民达成一种政治同盟，在这种政治同盟中农民充分表达自己的利益诉求和对社会政治、经济、文化和社会生活等社会事务的观点和主张。农民通过自由结社组成的政治同盟进行政治观念的整合，从而在国家和社会政治生活中发出强有力的政治呼声，为农民政治发展权实现提供有力的组织保障。

---

〔1〕《马克思恩格斯全集》（第1卷），人民出版社1956年版，第393页。

〔2〕《马克思恩格斯全集》（第1卷），人民出版社1956年版，第393页。

〔3〕［法］托克维尔：《论美国的民主》（上卷），董果良译，商务印书馆1988年版，第216～217页。

第二节　自由结社：农民政治发展权的组织保障

一、结社自由：公民的一项基本人权

（一）结社自由的基本内涵

结社自由，按《牛津法律大辞典》的定义，是指“为追求或推动任何社会的、艺术的、文学的、科学的、文化的、政治的、宗教的或其他的目标而与他人相结合的自由。”[1]结社就是组织社会团体。结社包括营利结社和非营利结社。营利结社是指以营利为目的的结社。非营利结社，是指不以营利为目的的结社，包括一般人民团体、政治团体、社会团体。我们常说的结社自由一般仅指不以营利为目的的各种结社，各国宪法所规定的结社自由的规定均是就此而言的。结社自由的实质是公民个人通过组织化的形式维护和实现自己的权利。

结社自由作为人应该享有的基本人权，首先是一种应然性权利。作为一种应然性权利，结社自由是指公民为了达到某一共同目的，可以结成固定的社会组织，进行某种社会活动的自由。结社自由是由人的社会本性所决定的。亚里士多德指出，“人类生来就有合群的性情”，是天生的“政治动物”，生来就要与他人一起过城邦的公共生活。但凡隔离而自外于城邦的人，他“如果不是一只野兽，那就是一位神祇”。[2]托克维尔在考察美国的民主生活后感到：“在民主国家，结社的学问是一门主要学问。其余一切学问的进展，都取决于这门学问的进展。”[3]托克维尔认为：“人们把自己的力量同自己的同志的力量联合起来共同活动的自由，是仅次于自己活动自由的最自然的自由。因此，笔者认为结社权在性质上几乎与个人自由一样是不能转让的。一个立法者要想破坏结社权，他就得损害社会本身。”[4]他坚信：“在规制人类社会的一切法则中，有一条法则似乎是最正确和最明晰的。这便是：要是人类打算文明下去或走向文明，那就要使结社的艺术随着身份平等的扩大而正比地

---

〔1〕［英］戴维·M. 沃克编：《牛津法律大辞典》，李双元译，法律出版社2003年版，第444页。

〔2〕［古希腊］亚里士多德：《政治学》，吴寿彭译，商务印书馆1965年版，第7～9页。

〔3〕［法］托克维尔：《论美国的民主》（上卷），董果良译，商务印书馆1988年版，第640页。

〔4〕［法］托克维尔：《论美国的民主》（上卷），董果良译，商务印书馆1988年版，第218页。

发展和完善。”〔1〕托克维尔这位目光最为敏锐的法国学者充分肯定了结社自由在人类社会治理中的崇高价值。

结社自由既是一种应然性权利，也是一种法定权利。作为一种法定权利，结社自由是公民依照法律规定组织社会团体的自由，它是世界各国普遍保障的一项基本权利。1919 年德国《魏玛宪法》最早在宪法层面规定了结社自由权。该宪法第 124 条规定：“德国人民有组织社团及法团之权。此项权利不得以预防方法限制之。”二战后，国际社会将结社自由权载入国际人权文件中。1948 年《世界人权宣言》第 20 条规定：“人人有权享有和平集会和结社的自由。任何人不得迫使隶属于某一团体。”1966 年《公民权利和政治权利国际公约》第 22 条规定：“人人有权享受与他人结社的自由，包括组织和参加工会以保护他的利益的权利。对此项权利的行使不得加以限制，除去法律所规定的限制以及在民主社会中为维护国家安全或公共安全、公共秩序，保护公共卫生或道德，或他人的权利和自由所必需的限制。”《经济、社会、文化权利国际公约》第 8 条规定有“人人有权组织工会和参加他所选择的工会，以促进和保护他的经济和社会利益”等条款。国际劳工组织在促进国际社会尊重和保障结社自由方面做出了不懈努力。早在《世界人权宣言》发布之前，国际劳工组织就在 1948 年 7 月 9 日通过的《关于结社自由和保护组织权公约》中专门就结社自由作了明确规定。

结社自由从应然权利进入我国法律的制度层面而作为一种法定权利由来已久。1908 年清末《宪法大纲》承认臣民在法律范围内“准其结社自由”。1912 年《中华民国临时约法》第 6 条规定人民享有“结社之自由”。而后，1913 年《天坛宪法》、1914 年《中华民国约法》、1923 年《中华民国宪法》、1931 年《中华民国训政时期约法》、1934 年《中华民国宪法》、1936 年《中华民国宪法》、1946 年《中华民国宪法》都有规定结社自由的条款。中国共产党在新民主主义革命时期的有关宪法性文件中，都明确规定结社自由权。1931 年《中华苏维埃共和国宪法大纲》第 10 条规定，“中国苏维埃政权以保证工农劳苦民众有言论出版集会结社的自由为目的。”1940 年《山东省人权保障条例》、1941 年《陕甘宁边区保障人权财权条例》等均规定了结社自由。《陕甘宁边区保障人权财权条例》规定：“边区一切抗日人民，不分民族、阶

〔1〕［法］托克维尔：《论美国的民主》（上卷），董果良译，商务印书馆 1988 年版，第 640 页。

级、党派、性别、职业与宗教，都有言论、出版、集会、结社、居住、迁徙及思想信仰之自由，并享有平等之民主权利。”

新中国成立后，公民的结社自由权正式载入宪法。起临时宪法作用的1949年《中国人民政治协商会议共同纲领》第5条规定人民有结社等自由权。1954年《中华人民共和国宪法》第87条规定公民有结社的自由。1975年《宪法》、1978年《宪法》和1982年《宪法》都明确规定了公民享有结社自由权。任何应然权利只有得到宪法层面的保护才能得到法律最高层面的保护；不仅如此，宪法赋予的权利只有通过专门法律法规的具体规定才具有现实可操作性和可实施性。令人遗憾的是，迄今为止，我国尚未制定结社法或社团法，《宪法》赋予的公民结社自由权的行使主要由国务院制定的社团登记法规予以确认和规范。1950年9月政务院制定的《社会团体登记暂行办法》确立了社会团体的类别、登记等有关事项，形成了社会团体分级登记管理体制。1951年3月内务部又公布了《社会团体登记暂行办法施行细则》，其中规定了成立社团的申报、审批程序，明确了社会团体的范围包括：人民群众团体、社会公益团体、文艺工作团体、学术研究团体、宗教团体和其他合于人民政府法律组成的团体。

1989年国务院公布《社会团体登记管理条例》，确立了社会团体双重管理的体制。该条例规定了社会团体应当遵循的基本原则，确立了社会团体的登记程序，其在第1章第1条就开宗明义地指出：“为保障公民结社自由，保障社会团体的合法权益，加强对社会团体的管理，发挥社会团体在社会主义建设中的积极作用，制定本条例。”1998年国务院修订《社会团体登记管理条例》，其目的在于“保障公民的结社自由”。

（二）结社自由是人的一项基本权利

1. 结社自由是人的社会属性的客观需要。结群是人的天性，结群而居，结伴而行是人的基本习性。荀子指出，人“力不若牛，走不若马，而牛马为用，何也？曰：人能群，彼不能群也”。[1]人作为一个社会人的存在，天然具有和他人互助、合作、苦乐共当的自然需求和情感需求。社会人的存在是一种社会关系的存在，需要和他人结成长期的或短暂的种种关系。亚里士多德指出：“人类生来就有合群的性情，所以能不期而共趋于这样高级（政治）

〔1〕《荀子·王制》卷九。

的组合”；“凡人由于本性或由于偶然而不归属于任何城邦的，他不是一个鄙夫，那就是一个超人。”〔1〕自由结社将志同道合的人通过结社结合在一起，彼此以互利的方式互相帮助，避免弱小的个人所可能遭受的来自自然的损害和社会的伤害。西方古典自然法学派认为，结社自由是人与生俱来、不受限制的自然权利。雅克·马里顿（Jacques Maritain）就直接指出：“结社权是一项自然权利。”〔2〕托克维尔也认为：“人们把自己的力量同自己的同志的力量联合起来共同活动的自由，是仅次于自己活动自由的最自然的自由。”〔3〕既然结社自由是一种自然权利，那么国家法律只能对这种自然权利进行确认与保障。任何限制结社自由的行为，都是对人的天然的本性的不尊重甚至是扼杀，是对人的基本人权的漠视。

2. 结社自由是强国家－强社会发展模式的基本要求。从理论上来讲，国家－社会发展模式无外乎以下几种，即弱国家－弱社会、强国家－弱社会、弱国家－强社会、强国家—强社会四种模式。在人类处于生产力极度低下的国家初步萌芽的时期，可谓弱国家－弱社会时期。在集权专制时代，国家垄断一切权力，臣民或老百姓匍匐在专制主义的淫威之下，社会义务本位彰显，此种社会模式可谓强国家－弱社会。而弱国家－强社会则只有在社会生产力高度发达，实现或即将实现共产主义的理想社会才会出现。在人类目前所处的社会发展方位上，强国家－强社会应是人们追求的国家—社会发展关系的理想模式。

在国家－社会发展关系中，国家是一个高度组织性的政治实体。国家统治社会，与社会相比处于天然的强势地位；而国家的强势则源于国家是具有高度组织化的政治实体。社会则由于缺乏高度的自组织性，导致社会个体处于一种原子化的松散状态，难以形成与国家讨价还价的力量。而一旦国家－社会力量过于悬殊，执掌国家政权的强势群体就可能侵犯社会利益且无所顾忌。封建社会统治者视民命如草芥从根本上来讲就是社会公众力量弱小之故。现代社会日益分化为价值多元化和利益多样化社会。价值多元化和利益多样化必将带来利益社会关系的激烈冲突和碰撞，“理性多元和社会分化，决定了

〔1〕［古希腊］亚里士多德：《政治学》，吴寿彭译，商务印书馆1965年版，第7～9页。

〔2〕［美］詹姆斯·安修：《美国宪法判例与解释》，黎建飞译，中国政法大学出版社1999年版，第164页。

〔3〕［法］托克维尔：《论美国的民主》（上卷），董果良译，商务印书馆1988年版，第216页。

建立在共同信念基础之上的共同体方式的利益表达和利益集结变得非常困难，个人智能通过以互惠和共同参与为基础的社团形式实现利益表述和利益集结。"〔1〕因此，赋予公民以结社自由，通过一个个社团将松散的原子化的公民组织起来，是实现强社会进而实现强国家－强社会的理想社会发展模式的根本要求。这正如胡玉鸿所指出的："面对强大的国家，个人的力量往往是微不足道的，因而只有通过组织化的社团体系，个人的诉求才能够成为集体的愿望，方可以获得正当表达的渠道。"〔2〕

3. 结社自由是国家和公民发生联系的纽带性权利。结社自由是国家和社会之间的一座桥梁。公民通过自由结社组成社团参与国家政治、经济、文化和社会生活。公民社团的参与是一种组织化的参与，其优点在于以组织的形式克服了公民个体表达的无力倾向。因为，在纷繁芜杂的现代社会，"不凭借组织的形式表达我们的观点和价值，我们就不可能有其他的能力使我们的声音被大众听到或影响政治过程，除非我们恰好富有或出名"〔3〕。一个多元的社会，必然是一个社团众多的社会，人们根据自身的意愿和利益诉求选择参加何种社团。"在一个自由的社会中，人们易于构成各种各样具有不同认同和目的的社团，从而在体系性的国家和经济之外，形成一个社团和生活世界的网络，这个网络使人们基于团体的利益、价值或者观点很容易就聚集起来。"〔4〕

如果没有结社自由，国家和社会之间就会缺乏一种纽带。缺失或者丧失结社自由权，公民必将永远处于一种原子化的分散状态，无法形成组织化的力量。如此，对社会的长治久安和长远发展显然是不利的。一方面，代表国家的政府就可能凭借自己的强势和优势地位对社会造成各种侵害和损害，因为没有社会权利制约的国家权力，必然走向专横和腐败。权力天然具有扩张性和腐败的倾向。托克维尔在考察美国民主的基础上，指出："在我们这个时代，结社自由已成为反对多数专制的一项必要保障。在美国，一旦一个党居于统治地位，一切国家大权就都落于它的手中；它的党徒也将取得各种官职，

---

〔1〕 刘培峰：《结社自由及其限制》，社会科学文献出版社2007年版，第142页。

〔2〕 胡玉鸿："结社自由与人的联合"，载《长春市委党校学报》2007年第2期，第80页。

〔3〕 Amy Gutmann, "Freedom of Association: An Introductory Essay", Amy Gutmann, *Freedom of Association*, Princeton, New Jersey, Princeton University Press, 1998, p. 1.

〔4〕 周金华：《新公民论——当代中国个体社会政治身份建构引论》，中国社会科学出版社2010年版，第200页。

掌握一切有组织的力量。反对党的最出名人物也不能打破把他们排除在政权之外的藩篱，反对党只能在野，发动少数的全部道义力量去反对压制他们的强大物质力量。”“再没有比社会情况民主的国家更需要用结社自由去防止政党专制或大人物专权了。在贵族制国家，贵族社团是制止滥用职权的天然社团。在没有这种社团的国家，如果人们之间不能随时仿造出类似的社团，我看不出任何可以防止暴政的堤坝。”〔1〕为了防止暴政和专制，托克维尔坚信："在规制人类社会的一切法则中，有一条法则似乎是最正确和最明晰的。这便是：要是人类打算文明下去或走向文明，那就要使结社的艺术随着身份平等的扩大而正比地发展和完善。"〔2〕

另一方面，个体公民在受到来自代表国家的政府等强势群体的侵害时，因为结社自由的缺失，往往缺乏组织化的维权手段和力量。在此情形下，个体公民维权的声音和力量必将非常微弱。而一旦个体公民的正当合法权利难以通过正当合法的渠道得到伸张时，一些懦弱者可能选择忍气吞声，而另外一些性格刚烈者则可能在忍无可忍的情况下采取过激的行动从而引发悲剧。

二、自由结社：农民政治发展权的组织保障

（一）农民自由结社，是宪法赋予公民的基本人权的具体落实

《宪法》第35条规定，“中华人民共和国公民有言论、出版、结社、游行、示威的自由。”虽然我国《宪法》规定我国公民都有结社自由权，但不同的社会群体享有的结社自由权实质上并不平等。工人有工会、妇女有妇联、青年有青联，但作为中国最大的弱势群体——农民却没有自己的社团组织。这一方面与宪法赋予农民的“崇高的”社会地位——“工农联盟”的重要组成部分极不相称，却现实中并“没有具体的组织或部门能对农民直接负责，没有哪个组织或部门与农民结成利益共同体，没有农民自己的组织能直接代表农民参与政策制定、替农民说话办事”。〔3〕另一方面，当社会的强势群体侵犯农民利益时，没有直接的维权组织能完全站在农民的立场上为维护农民的权益而奔走呼号！

〔1〕［法］托克维尔：《论美国的民主》（上卷），董果良译，商务印书馆1988年版，第216～217页。
〔2〕［法］托克维尔：《论美国的民主》（上卷），董果良译，商务印书馆1988年版，第640页。
〔3〕季建业：《农民权利论》，中国社会科学出版社2008年版，第26页。

农民作为中国人口最多的公民群体，没有自己的社团组织无论是从应然人权层面，还是从宪法的法定制度层面都是说不过去的。中国共产党是中国最大多数人民利益的忠实代表，理应引导农民建立自己的维权组织，从而引导农民在法治轨道范围内维护自身权益。

（二）结社自由是农民有序参与社会生活获得自由发展的组织权利

民主政治的基本要求就是公民有序参与政治生活，通过公民的有序参与表达政治意志和利益诉求。人是社会的人，社会是人的社会。个人的自由而全面的发展离不开组织的依托和支撑。结社自由能将单个原子化的公民意志加以整合形成一定范围的集体意志，最终在政治共同体中进一步整合，形成政治共同体的“公意”。而通过结社自由，政治共同体在政治生活中就能有条不紊地进行政治生活；如果没有结社自由，单个公民个体的意志是无法整合为“公意”的。对于民主社会的结社自由的重大意义，托克维尔予以深刻洞见：“在民主国家，全体公民都是独立的，但又是软弱无力的。他们几乎不能单凭自己的力量去做一番事业，其中的任何人都不能强迫他人来帮助自己。因此，他如果不会自动地互助，就将全都陷入无能力的状态。如果民主国家的人没有权利和志趣为政治目的结社，那么他们的财富和知识虽然可以保全，但他们的独立却要遭到巨大危险。而如果他们根本没有在日常生活中养成结社的习惯，则文明本身就要受到威胁。一个民族，如果它的成员丧失了单凭自己力量去做一番大事业的能力，而且又没有养成共同做大事的习惯，那它不久就会回到野蛮状态。”〔1〕

中国农民由于天然的散居的生活方式从而呈现一盘散沙的特征，正如马克思形容农民的“马铃薯”式结构形式。农民的这种居住方式和社会结构模式使得农民在和其他社会强势群体交往时处于一种天然的弱势地位。保护农民的结社自由是促进农民主体性发展的客观要求，“在一个和谐、稳定、利益均衡的社会中，弱势群体的结社权在一定意义上更能体现结社自由价值理念的本质内涵。”〔2〕农民作为社会主体通过结社自由形成组织力量，从而克服单个个体农民力量之不足。在市场经济条件下，农民的这种分散结构和较为

---

〔1〕［法］托克维尔：《论美国的民主》（下卷），董果良译，商务印书馆1998年版，第636～637页。

〔2〕王建芹：“论弱势群体权利表达与结社自由权”，载《山西师大学报》（社会科学版）2008年第5期，第3页。

弱小的经济能力不仅使农民难以进行大规模的经济活动，而且难以规避市场经济活动中的风险。通过让农民享有结社自由权，可以将“一袋马铃薯式”的农民组织起来，这将大大促进农村人力资源和其他社会资源的整合。结社自由能凝聚农民的共同智慧，发挥农民的集体力量，不仅能促使农民自愿连结起来从事较大规模的经济活动，而且能增强共同抵御市场风险的能力。在政治生活领域，“组织是通往政治权力之路，也是稳定的基础，因而也是政治自由的前提。”〔1〕结社自由能改变农民一盘散沙的状态，形成组织化力量，形成有序的政治参与。在民主与法治轨道内，农民组织化力量的形成，不仅能抵御社会强势群体对农民合法权益的侵害，而且能借助自由结社形成的组织化力量在政府公共决策中发出自己有力的声音，从而对政府政策的制定施加自身的影响。

（三）自由结社是农村公民社会培育的组织形式

公民社会是相对独立于政治国家、具有一定自主性与自治权的社会共同体。法治精神、民主政治、有限政府、市场经济是公民社会的四大柱石。北京大学公民社会研究中心名誉主任李景鹏教授认为，“公民社会由两个部分组成：一个是在市场经济条件下生长出来的纯粹私人领域；另一个是蓬勃发展起来的各种民间组织。”〔2〕显然，“民间组织”是公民自由结社的结果。公民社会通过自由结社组织各种公民形成一种组织力量，以此克服自身原子化的不足。托克维尔指出，“在准许公民在一切事情上均可自由结社时，他们最终可以发现结社是人们为了实现自己所追求的目的的通用方式，甚至可以说是唯一方式。”〔3〕公民个体以各种公民组织为中介与国家进行沟通与交流，从而在法治的轨道范围内维护自身权益，实现国家与公民社会的双赢与共同发展。

如果说法治和村民自治是农村公民社会生长的制度环境，那么，自由结社则是农村公民社会生长的组织环境。“长期以来，小农生产模式造就了农户分散、各谋其利的特点，农民群体数量庞大，但缺乏有效的组织能力，力量

〔1〕［美］塞缪尔·亨廷顿、琼·纳尔逊：《难以抉择——发展中国家的政治参与》，汪晓寿、吴志华、项继权译，华夏出版社1989年版，第174页。

〔2〕“中国已迈进公民社会”，载网易新闻，http://news.163.com/09/0119/06/500JI48I000120GU.html，最后访问日期：2015年3月8日。

〔3〕［法］托克维尔：《论美国的民主》（下卷），董果良译，商务印书馆1998年版，第647页。

弱小、谈判能力低，社会政治地位低下，一旦面临土地产权的侵害，分散农户很难积极组织起来与强势力量抗争。”〔1〕没有结社自由，单个原子化的农民无法根据自身发展需要结成一个个有机的整体，从而无法增强在市场经济中迎风搏浪、抗击风险的能力；没有结社自由，单个的农民难以在政治中形成集体有效的参与力量，难以在社会强势群体侵犯其利益时在国家政治中发出强有力的声音；没有结社自由，单个的原子化的农民难以在国家权力体系中的全国人大以及地方各级人大中有力地表达自身利益和诉求。

不仅如此，“纸上得来终觉浅，绝知此事要躬行。”农村公民社会的生长，关键在于农民公民意识和公民精神的培育，正如夏勇所言，“权利意识在许多场合乃是以团体意识、阶级意识为依托或表现形式，所以从权利生长的角度看，社会成员的自组织程度是衡量权利主体发展水平的一个重要标志。”〔2〕而农民公民意识和公民精神的培育离不开农民的自治实践。农民根据一定的利益和意志结成一个个公民团体，在团体内实行自治，将一定范围的公共事务和公益事业办好。同时，结社权能发展人民的智识与道德，“能予人民以交换知识与思想的机会，能助长人民互助与协作的习惯，能增加人民自卫的力量。”〔3〕以公民结社、公民团体为组织依托，实行有效的自治自理，不仅农民的自治能力会不断得到增长，其公民意识和公民精神也必将潜滋暗长。

三、农民自由结社：培育、引导和规范

（一）培育：农民结社权的落实

综观世界各国，现代化的进程可以分为内生型和外源性两种类型。中国是一个具有两千多年封建传统的国家，封建传统根深蒂固，传统社会中现代化资源极为贫乏。因此，我国现代化进程主要是外源性，相应的现代化模式则为建构式。

由于我国的农民缺乏自由结社的历史传统，故而农民结社权作为农民的一项基本人权，其关键在于政府培育。培育农民社团，保障农民结社自由，必须重点关注如下几个方面：

---

〔1〕 商春荣：《中国农村妇女土地权利保障研究》，中国经济出版社 2010 年版，第 39 页。

〔2〕 夏勇主编：《走向权利的时代——中国公民权利发展研究》，中国政法大学出版社 2000 年版，第 223 页。

〔3〕 王世杰、钱端升：《比较宪法》，中国政法大学出版社 1997 年版，第 107 页。

首先，更新观念，从保障人权角度重视农民结社自由。人权，是人之所以为人的权利，而“权利是人类文明社会所具有的一种实质性要素。它既是人的基本价值追求，也是社会文明演化进取的不可少的力量。”〔1〕自从西方启蒙思想家提出“天赋人权”的理论，人权就成了世界人民追求自由、平等、幸福的一面伟大旗帜。1776 年美国《独立宣言》郑重宣告：“我们认为这些真理是不言而喻的：人人生而平等，他们都从他们造物主那边被赋予了某些不可转让的权利，其中包括生命权、自由权和追求幸福的权利。”1789 年法国《人权宣言》开宗明义：“在权利方面，人们生来是而且始终是自由平等的。”2004 年十届全国人大二次会议通过的宪法修正案，把“国家尊重和保障人权”正式载入了我国宪法，这标志着人权已经成为我国现代化进程中的根本价值追求。尊重和保障人权，已经成为时代的最强音。而人权的现实化则表现为公民的各种权利。为此，要求政府摒弃传统的专制思维，坚持“以人为本”，尊重和保障公民人权。而结社自由则是人权中的公民的组织性权利，是人权的重要环节。政府不仅要在理念上尊重人权、尊重公民的结社自由权，更要在大政方针和政策措施上保障结社自由以尊重和保障人权。

政府培育农民组织，一方面应大力培育农民的专业经济组织；另一方面应大力培育农民的综合型社团诸如农会组织。目前，对于农民结社权问题，政府所能允许并大力促成的仅仅是农民专业合作经济组织，而综合型的农民结社还是一片空白。而即使是专业型合作经济组织，也只是局限于农村基层的供销社、信用社等，且均以县以下为限，通常在乡镇。这类专业经济合作社因为缺乏自治组织的基本特性，通常只有得到国家资金的扶持和资助才能生存和发展。在市场经济浪潮的冲击中，很多地方的农村供销社纷纷倒闭，而信用社也是难以为继。况且这类组织往往缺乏自上而下的组织支持，县乡不可能具有全国专业合作组织发展的整体思维。问题还在于，农村三级组织在实践中已经成为自己独特利益诉求的社会统合组织，即使农村专业合作经济组织能够建立起来，也难免沦为其附庸，最终与其设立初衷背道而驰。

在保障农民综合结社权上，恢复农会不失为一种明智的选择。长期以来，政府是保障农民结社自由权并促进其发展的重要动力。有人担心，一旦农民组织起来可能会对国家权力构成威胁。实际上，这种担心是多余的，我们必

---

〔1〕 程燎原、王人博：《权利及其救济》，山东人民出版社 1998 年版，第 1 页。

须更新观念，摒弃对农会组织一成不变的固定思维。这种新型的农会组织的性质并非革命组织，而是在法律范围内活动的农民群众的自治组织。其存在宗旨是在农民和国家之间构筑起一道沟通的桥梁，其活动目的主要是保障农民最基本的政治、经济权利，为农民获得平等的市场交换权利、公正的司法裁判待遇服务，并监督基层政府严格执行国家在农村的各项政策，使农民享有国家应该赋予农民的各项实际利益。

其次，畅行法治，培育农民人权意识和法治精神。人权是现代法治的核心价值，而“人人生而平等”是人权意识的精髓。法治和人权相为表里，法治是表，人权是里。追求法治，其目的在于保障人权；而人权的根本保障在于畅行法治。只有法治成为公民基本的生活方式和行为方式，成为政府根本的行动准则时，人权才能得到根本保障。结社自由作为公民的基本人权显然离不开法治的良好土壤。与结社自由相配套的价值观念是人的公共意识和公德意识、权利意识和责任意识，是公民之间的协作与妥协精神。法治保障公民的权利，强化公民的人权意识。

法治的刚性使人无法回避义务和责任，从而强化义务和责任意识。法治需要公德意识和公共精神的维护，而一旦法治成为人们的生活方式反过来又进一步培育公民的公德意识和公共精神。法治意味着宽容，不同政见、不同利益诉求的公民都能在法治轨道范围内“百舸争流”。而结社自由使公民为了自身权利在一定宗旨下自觉组织起来，在法治轨道内维护团体公民权益。可以说，自由结社是在法治轨道内为维护公民权益提供组织平台。离开了法治的社会生态，结社自由之花将会枯萎。

再次，完善村民自治，培育农民的民主精神。自治，意味着自我管理、自我操纵和自我控制，“指某个人或者集体管理其自身事务，并且单独对其行为和命运负责的一种状态。”〔1〕自治意味着事关人民切身利益的公共事务，不依赖国家所委任的官吏来支配自己的意志，而都由人民亲自去处理，或亲自去参加。自治不仅是一个表征权利的概念，也是一个表征民主的概念。在自治制度下，与公民自身密切相关的事务由公民自主处理，或者由自主组成的社会团体通过民主程序处理。社会自治离不开自由结社的组织依托，而结

〔1〕［英］戴维·米勒、韦农·波格丹诺主编：《布莱克维尔政治学百科全书》，邓正来等译，中国政法大学出版社2002年版，第745页。

社自由则离不开公民自治和民主精神的培育。民主和自治，既是结社的手段又是结社的目的。没有民主和自治，结社必将沦为社会恶势力操纵并危害社会的工具 。因此，民主、自治和法治，是保证自由结社宪政品格的关键。

村民自治是党和政府处理农村基层事务，进而实现由农民“自我管理、自我教育和自我服务”的基层民主的制度安排，是我国农村基层民主的生长点。村民自治的有效运作，对培育农民的自治意识和民主精神具有重要的意义。村民自治作为我国社会形态民主的重要形式，在实践中能够不断培育农民“自己管理自己”的公民自治精神，能培育农民“当家做主”的民主精神，这和结社自由所依仗的自治和民主精神明通暗合。因此，培育村民自治，将有助于培育农民的自由结社精神。为此，一方面应加强自治，应将农民切身利益的事项都纳入自治的范畴。不仅应由村民自我管理“事务”，而且由村民自治自理村委会的“人事”，坚决摒弃乡镇政府非法干涉的做法；不仅应强化自治的广度，更要强化自治的力度和深度。建立和完善村民自治利益表达制度、自治事务管理制度和自治监督制度等一系列自治制度。另一方面，在村民自治中应加强民主精神的培育。完善村民会议制度，设立村民会议常务委员会制度让村务会议组织经常化、常态化；在村务会议中实行户代表制度，有利于村民决策和管理落实到每家每户，防止村民决策和管理的虚化；实行严格的村务公开制度，让每个村民可以通过多种有效的渠道对村务进行有效的监督；同时，在村民自治中，应该强化村民自治的自我教育功能，利用一切村民喜闻乐见的方式和方法培育农民的民主意识和自治精神。

最后，积极扶持和鼓励农民自由结社。由于我国封建传统根深蒂固，中国传统社会本身缺乏权利、自由和人权的思想因子，我国法治现代化显然属于外源性模式。政府推动是外源性国家现代化的基本特征，是推动国家走向现代化的权威动力。在中国从传统农村社会向现代社会转型的关键历史时期，如果没有政府的有力推动和积极扶持，实现农村法治和人权发展是不可想象的。而且帮助农民自由结社，保障农民的结社自由权可谓一项事关农村民主、法治和宪政的关键之举，是新农村建设中重要的“软件”之一。为此，政府应积极帮助农民成立各级各类社团，既包括专业经济组织，也包括诸如农会等全国性农民团体组织。政府应在培育各级各类农民社团特别是在农会组织的创建上给予一定的资金扶助。应该借鉴台湾的农会经费主要来自政府的做法，由政府提供农会的筹建经费，待其有效运作以后，逐步实现经费自治。

（二）引导：农民结社权的导引

一方面，应做好培育农民结社权的价值引导。农民自由结社并非形成与国家和政府相对抗的组织，其目标是要与国家和政府形成相生与互动的关系，最终实现二者“双赢”。另一方面，国家应培育农民自治组织并且努力促进其发展。随着农民自身自治能力的提高从而减轻政府对农村自治的压力，因为事关农民切身利益的事务农民都做到了自治自理。政府对农村的治理重点主要是宏观调控和通过农会等组织实现农民利益和其他社会阶层利益的协调。

如此，政府将从对农会繁杂琐细的具体事务治理中解放出来，治理农村的压力将会大大减轻，有助于政府专注于谋求国家的大发展。同时在经济上，由于将相当一大部分事关农民切身利益的事务交由各级农民自治组织处理和自我发展，不仅能够充分利用农村社会发展可资借用的社会资源，也有利于节约政府的行政成本。更主要的还在于，农民通过社团对事关其切身利益的公共事务和公益事业进行自治自理，满足了农民当家做主的心愿和要求，这和党保证“人民当家做主”的宗旨是完全一致的，也是我国社会主义国家“一切权力属于人民”的具体体现和落实。因此，只要国家正确引导农民结社自由权的发展，不仅不会给国家政权造成威胁，反而会有助于协调政府和农民之间的矛盾，对于促进国家的长治久安和社会和谐发展具有不可估量的意义。

一方面，政府应引导农民社团组织认清自身性质、确立其宗旨，从而使其不至于偏离社会主义法治轨道。农会组织的性质应该是“农有、农治、农享”的农民组织。2003 年 1 月 22 日，衡阳县 22 名“减负上访代表”商议成立农民协会时提出的有关农民协会的宗旨值得借鉴，他们的宗旨是：宣传党和国家的政策，团结全体农民，维护农民的合法权益；扶贫帮困，引导农民走向市场，共同致富；维护社会稳定，清除社会黑恶势力。〔1〕不仅如此，政府应花大力气通过宣传教育培育农民的自由结社精神，“社员合作的自发自愿性是指合作事业若要成功，便只能是社员自愿合作的产物，是‘我要合作’，如果是外力强制的产物，且这种外力强制不能最终转为社员自愿，即‘要我合作’，则终究办不好。”〔2〕

---

〔1〕 于建嵘：“我为什么主张重建农民协会”，载《安徽决策咨询》2003 年第 4 期，第 32 页。

〔2〕 张德峰：“论农村资金互助社的政府有限监管”，载《现代法学》2012 年第 6 期，第 128 页。

另一方面，政府应处理好引导农民结社自由的四种关系。首先，正确引导并处理好农民专业型和综合型社团的关系。农民专业型和综合型社团是两种性质迥异的社团，专业型社团主要是针对促进农民经济和文化发展而成立的社团组织，如各种专业型经济组织诸如农民养猪协会、柑橘协会、棉花协会等。〔1〕政府应引导这些专业型协会在本专业范围内活动，搞好经验交流、资源共享和互帮互助。综合型社团成立农会不愧是一个明智的选择。农会组织主要是农民的一种综合社团组织，主要功能应在于表达农民利益诉求、和国家及政府进行沟通、协助村委会对农村公共事业和公共事务进行自治自理、在农民利益被非法侵害时代表农民合法维权等。

其次，正确引导农民处理好农会组织和村民自治组织的关系。我国《宪法》规定村民委员会是农村基层群众“自我管理、自我教育、自我服务的群众性自治组织”。农会和村委会虽然同是农村基层群众自治组织，但是村民委员会在实践中除了自治功能外，还承担着乡镇政权在村社的“代理人”角色。代表国家权力的乡镇政府需要村民自治系统去贯彻国家意图，使得现行村民委员会除了履行宪法赋予的自治功能承担办理村务的“当家人”角色外，还现实地承担着乡镇政府“代理人”的角色。〔2〕实践中村民委员会承担的双重角色使其自治功能相对弱化，甚至在不少地方出现严重的异化现象。正是基于此特殊原因，我国迫切需要建立农会组织作为农村村民自治的补充组织。石磊认为，恢复农会组织是构建国家和社会关系的“第二纵队”。他认为：“建构中央政府的‘第二纵队’，破除中央政府凡事依靠‘第一纵队’的困局。让‘第一纵队’在农村地区履行一般政府管理职能，而‘第二纵队’则成为中央政府支持农业发展和参与乡村建设的一种重要管道，既代表政府利益也代表农民利益，并在代表这两种利益（其实这两种利益经常是一致的）

---

〔1〕据调查，近年来，湖南省临澧县该县鼓励农民自由结社，大力促进农村市场经济发展，有力地促进农民经济发展权的实现。该县“通过科学引导，构建乡土人才‘蓄水池’。在村级农村基层组织中吸纳专业军人、返乡大中专毕业生等乡土人才，大力扶持专业合作组织建设，组建了314家农民理事会，将工作经验丰富、威望较高的退休干部职工、老党员等作为管理型人才选进理事会，从事新农村建设事务管理；围绕柑橘、烟叶等土导产业组建了28家专业协会合作社，聘请懂技术、会经营的经济大户或‘土专家’担负责任人。目前，全县各类专业合作组织共吸聚农村实用人才3930人，占会员总数的90%以上。参见徐德清：“临澧5000乡土人才成为农民致富主力军”，载《常德日报》2012年11月4日，第3版。

〔2〕参见徐勇：“村民委员会的双重角色——当家人和代理人”，载徐勇、吴毅主编：《乡土中国的民主选举——农村村民委员会选举研究文集》，华东师范大学出版社2001年版，第3页。

的过程中与‘第一纵队’形成竞合关系。”[1]笔者深以为然，应恢复建立农会组织，使其成为代表农民利益、沟通国家和农村关系及协助村委会实行自治的“第二纵队”。如此，则可以弥补村民自治面对强势的基层政权时所暴露的自治能力的弱化和不足。农会在辅助村民委员会进行自治的同时，也可对村民自治形成一种监督力量从而防范村民自治可能发生的异化现象。

再次，正确引导农民处理好农村自治组织和国家基层政权组织的关系。农会等农村基层自治社团是农民利益的忠实的直接代表，直接对所属范围内的农民负责，表达其利益诉求、维护其权益，促进农民发展。代表国家的乡镇政府和农村自治组织关系显然也只能是一种指导和被指导的关系。应坚决摒弃将农会同样视为“腿”的做法。农会在组织上、人事上和经济上完全独立于乡镇政府，乡镇政府不能插手农会内部事务。农会向上只对上级农会负责，向下只对其范围内的农民负责。农会代表社会，乡镇政府代表国家，二者互相监督，形成一种竞合关系，力求实现“双赢”。

最后，正确处理农民自由结社中的自治权和党的领导权关系。农民自由结社是党和国家在新的历史条件下在基层社会试图实现“由民做主”、还权于民的民主制度安排，与传统的党政不分、党权过分干预公民社会权利的做法势必会出现一定张力。若要消除这种张力，必须正确处理二者关系。一方面，农村社团应坚持党的领导，在党的领导下坚持社会主义方向，以服务村民、服务社会为宗旨。另一方面，关键在于党要改善领导，努力创新领导方式。在农村基层社会，党的领导应该主要体现在三个方面：一是政治上领导，即贯彻党的路线方针政策，保证各级各类社团在社会主义法治轨道内运作；二是工作上指导，即指导农民社团开展工作，对农村社团的成立、工作方式予以组织培训，帮助农村社团解决工作中的难题等等；三是思想上引导，即组织农村社团学习党的路线方针政策，经常和农村社团进行思想沟通，对农村社团组织成员进行思想疏导，从而保证农村社团组织健康发展。通过立法明确界定农民社团组织与党的领导的关系也十分必要。哪些属于农村社团自治事项，哪些属于基层党组织应该给予指导的事项应该是界限清晰的。

（三）规范：农民结社权的规制

1. 加强立法，创制《中华人民共和国农会法》。到目前为止，我国对公

---

〔1〕石磊：“建构国家与农民关系的‘第二纵队’——韩国农协的变革及其启示”，载《国家行政学院学报》2005年第4期，第88页。

民结社自由权的规制和保障还没有一部实体法予以规范。由于《结社自由法》的缺位，设立社团只能以《社会团体登记管理条例》为根据。而《社会团体登记管理条例》只是一部行政法规。由于结社方面的基础法律缺失，直接由行政机关制定行政法规必然留下一个法律漏洞，即行政执法部门可能基于管理效率和管理方便的考虑，给公民结社行为设置种种限制。《社会团体登记管理条例》所规定的结社条件主要借用《民法通则》规定的法人条件，即：①至少50个个人会员或30个单位会员；②规范的名称和相应的组织机构；③固定的住所；④专职工作人员；⑤合法的资产和经费来源（全国性社团至少10万元；地方性或跨区域性社团至少3万元活动资金）；⑥独立承担民事责任的能力。对于会员人数、经费来源等方面的规定，无疑限制了本来弱势的农民的结社权。

为了进一步保障公民的结社权利，让农民结社有法可依，制定《结社自由法》势在必行。《结社自由法》应成为我国统一的“社团法”，作为社团法律体系的基本法律。在创制《结社自由法》的基础上，为了更好地保障农民的结社自由权，在现行法律体系和法律框架范围内，直接制定《农会法》不失为一种明智的选择。在社会主义法律体系内，《农会法》应该与《工会法》具有平等的法律地位。具体来讲，《农会法》主要应包括以下内容：

（1）成立农会的宗旨和原则。农会成立的宗旨应是通过促进农村政治、经济、文化和社会生活发展，从而促进农民、农村和农业发展。农会应促进社会主义市场经济发展，为社会主义新农村建设服务。农会活动的原则，主要包括：一是农会应该遵守宪法和法律，在宪法和法律允许的范围内活动；二是农会活动应以坚持维护农民合法权益为原则；三是坚持农民加入农会自愿原则，任何组织和个人不得强迫农民入会或不入会；四是农会活动坚持自治原则，不受行政机关、社会团体、武装力量和任何个人的非法干涉；五是农会应坚持和农村其他自治组织及政府部门合作以共同发展的原则；六是坚持国家对农会经费和活动实行帮助的原则；七是农会活动不得损害国家利益、社会公共利益以及其他组织和公民的合法权益，不得违背社会道德风尚。

（2）农会成立和农民入会条件。一般世界各国和地区都规定了农会的最低成员数、场所、经费等条件。鉴于我国绝大多数农村经济欠发达甚至很多地方还很贫困，大多农民自由结社的积极性还不够高的现实状况，对农会成立经费、场所及入会人员的数量不宜做过高要求。建议立法在调研基础上规定农会成立最低的一般经费要求，并在此基础上授权各地方人大及其常委会可以根据本地经济和社会发展实际在不高于《农会法》规定的经费要求基础上做出符合本地实际的最低经费要求。农会可以对入会的会员资格设置必要的基本要求，如农会成员必须是年满十八周岁具有民事行为能力的农民。各地农会可以设置成员的地域性要求，如农会成员必须是在本辖区从事农业生产的农民。对农会中的专业协会还应设置从事的农业生产项目的要求（如养殖某一类禽畜或种植某一类作物）等。农会应当是开放式的，对符合条件的申请者都应接收入会。

（3）成立农会的许可和登记。农会成立应实行核准制，对符合法律规定条件的农会组织应依法予以核准。农会筹备组织应当向当地县级以上政府民政部门申请成立登记。政府民政部门在接到登记申请30日内应审查作出是否核准的决定。民政部门不予核准或逾期不作为，农会筹备组织可以向县级以上政府申请复议或申诉，也可向具有管辖权的人民法院提起行政诉讼。

（4）农会的活动范围。农会活动范围应是与农民切身利益和权利维护相关的涉及农村经济、科技、社会福利等的事项，以及支持农民集体和个体维权的事项。农会活动的范围应该采取概括性规定加列举性规定再加除外条款。概括性规定加列举性规定可以具体明确规定农会活动的范围，从而不至于对农会活动范围有所疏漏；除外性条款又可将其与村民自治事项和基层政府服务事项相区别，防止其活动范围的不适当扩张。

（5）农会的内部管理与财务制度。这一部分主要是农会的内部管理体制，包括民主选举、民主决策、民主管理和民主监督制度、农会组织制度、农会的内控制度、农会组织外部关系协调制度以及财务会计制度。

（6）农会的合并、整顿、清算和解散制度。由于农会是自愿组织，有自愿成立就会有解散制度。立法应规定农会合并的程序及合并方相关的权利和义务。同时规定农会在什么样的情况下应该整顿和解散、解散程序和农会及其成员相应的责任和义务，以及解散前的清算程序。

2. 成立全国农会管理组织，加强对农民社团的自治管理。社会团体的积极有效运作离不开社团组织的有效管理。管理分为外部的行政管理和自治性的内部管理。综观世界，各国农会制度大多以农会内部的自治性管理为主，政府管理只是着眼于宏观的外部行政管理，其中社团的登记管理是其重要一环。与全国农会的自治管理机构相对应的外部管理机构可是在民政部下设的农会司，实现农会自治管理和政府外部管理的有机对接。政府机关不能干预农会的内部事务，也不能借口任何理由对农会在法律规定范围内的活动进行干涉。政府行政管理的宗旨是防止农会组织偏离社会主义法治轨道，对农会违背宪法、法律法规以及政策的行为进行及时的引导和规范。

农会管理应以农会内部的自治管理为主。各级政府应在培育全国各级农会组织的同时，培育全国总农会组织。实际上全国总农会组织的建立有两种路径，一种是“在各地农会组织发展到一定阶段和条件成熟时，可以在政府的指导下，由各地农会组织选举成立全国性的农会组织”，“以便全国农会组织的团结和自治性管理活动的展开”。〔1〕另一种路径则是，首先设立国家层面的农会组织，以此作为辅助政府在全国设立和建设各级农会组织的辅助机构。随着全国各级农会组织的次第建立，国家层面的农会组织的自治功能将逐步展开和完善。因为，我国法治现代化的建设是政府推动型，虽然改革开放三十多年人们的民主自治意识有一定提高，然而大部分农民的民主自治觉悟需要以政府为主的外力的引导和推动。首先建立全国性总农会组织显然有助于加强政府的推动力量，国家层面的总农会组织可以协助政府尽快在全国成立各级农会组织。在国家行政推动下，全国各级农会组织完全建立后，政府的积极推进的角色应该迅速转变，应实行“无为而治”少直接参与，多以引导、宣传和服务为主，以培养农会组织的自治精神。全国各级农会组织业已成立后，都应成为全国总农会的会员，由全国总农会实行自治管理。国家总农会和下级农会以及上级农会和下级农会组织应该是指导与被指导关系。国家总农会对各级农会、上级农会对下级农会、农会和农会成员实行自律性自治管理。

3. 加强监督，强化对农民社团活动的守法监督。不受监督的权力必然导致腐败；同理，不受监督的权利也必将导致权利的滥用。农民社团对于国家权力而言，主张的是一种公民社会应有的权利；而农民社团由于自身也具有组织实体，对农民个体而言也具有一定权力，只是这种权力属于社会权力的范畴。因此，为了避免农民社团组织对内权力的腐败和农民社团组织权利的滥用，加强对农民社团组织的监管势在必行。这种监管包括两个层面，即政府监管和社会监督。

---

〔1〕郭殊：“论农会问题与农民的结社自由”，载《法商研究》2006年第3期，第10页。

一方面，应加强政府和人大对农民社团组织的监管。除了政府民政部门对农会组织进行的登记管理外，政府相关部门应该依法在不干预其自治事务的前提下，对农会组织的财务、人事、审计等事项进行有限的监管。如农会每年的收支状况应主动接受审计部门审计或者请社会中介审计然后由审计部门审核；地方各级农会应向地方各级人大报告工作，并接受人大审查。

另一方面，应加强对农民社团组织的社会监督。社会监督是保证权力远离腐败的重要工具和方式。各级农会应通过建立会务公开栏、网络平台等多种形式，将农会进行的各种自治事务全程公开。这种公开报告方式可分为季报、半年报和年报。对于专项自治事务还应及时进行专项公开报告。不仅如此，还应特别重视媒体的监督作用，通过媒体对农民社团组织中的腐败或滥用权利等非法现象及时予以曝光。综合运用各种公开形式和方式，让农会组织各种活动实行“阳光运作”，因为“阳光底下无罪恶”，“阳光是最好的杀毒剂”。

第三节　村民自治与农民政治发展权

一、自治与村民自治的内涵界定

（一）自治的基本内涵

“自治（autonomony）”一词源于希腊文，“auto”意即自我（self），“nomos”意指规则（law），自治即自我管理、自我操纵、自我控制。在英文中“自治”大体对应“self - government”，《布莱克维尔政治学百科全书》将“自治”解释为，“某个人或者集体管理其自身事务，并且单独对其行为和命运负责的一种状态。”“更狭义地说，它是指根据某个人或集体所特有的‘内在节奏’来赞誉自主品格或据此生活的品格的一种学说。”[1]

关于自治的内涵，一种观点是从自治主体的角度去界定自治。黄哲真从自治主体的角度把自治分为广义和狭义两种。广义的自治，便是政治的自治，因为它是以人民为重的，所以可以叫作“人民自治”，即无论什么公共事务，

〔1〕［英］戴维·米勒、韦农·波格丹诺主编：《布莱克维尔政治学百科全书》，邓正来等译，中国政法大学出版社2002年版，第745页。

凡是和人民自己有利害关系的，都要亲自去处理，或亲自去参加，而不依赖国家所委任的官吏来支配自己的意志。显然，黄哲真的广义自治概念意指公民个体的自治权。狭义的自治，便是法律上的自治，因为它是以团体为重的，所以也可以叫“团体自治”，即国家内的团体，由国家赋予法律上的人格，使其得以团体自身为主，在一定限度内，有可以对国家主张独立自营的权利，这是欧洲大陆的自治观念。〔1〕路易斯·亨金（Louis Henkin）指出：“美国的人权观始于自治的个人。在社会中个人资质合并并转变为人民主权。人民通过社会契约创设政府，在政府中，人民通过自己设立的机构和自己选举的代表来自行统治。但是即使在与人民、人民设立的机构、人民代表的关系中，作为一项人权，个人仍然保留广泛的自治权、自由权和豁免权。”〔2〕

狭义的自治是国家通过赋予各个社会团体以自治权，以自治团体为组织形式办理事关公民切身利益的公共事务。黄哲真的观点在民初得到其他学者支持，民初龚渤认为，“狭义地说，是各个人自己处理自己的事。放大来说，就是各个组织团体去办自己团体的事，像一省、一县、一市、一乡，各自处理，个人忠实和协助以名誉职担任国家事务。”〔3〕

另一种典型视角则是从自治范围来界定自治的内涵。日本学者吉村源太郎从自治内容范围的宽窄出发界定自治。他认为广义的自治是指，“被自治者参与国家治一切政治而皆可，名曰自治者也。”“无论为立法、为司法、为行政，但属国家之政治，均有自治之观念，不仅限于行政一部分而已。”广义的自治概念强调的是公民政治参与范围的广泛性，既包括行政事务，也包括立法和司法事务。狭义的自治之定义，指“除去立法、司法而专指行政事务之部分”。狭义的自治概念仅指公民参与行政事务；不仅如此，自治的事务也仅是与生存密切相关的事项，“公共团体受国家之监督而处理生存目的之事务之状态也”。〔4〕

关于自治的法律属性，学界有两种解读的视角。一种是把自治视为一种

---

〔1〕参见黄哲真：《地方自治纲要》，中华书局1936年版，第2页。

〔2〕［美］路易斯·亨金、阿尔伯特·J. 罗森塔尔编：《宪政与权利：美国宪法的域外影响》，郑戈等译，三联书店1996年版，第511页。

〔3〕龚渤：“自治潮”（演讲词），载《新自治》1921年第1卷第4期，第12页。

〔4〕［日］吉村源太郎：《地方自治》（全二册），朱德权编，中国政法大学出版社2004年版，第8～9页。

权利，即权利说。如邓成明认为自治是指“公民依据宪法和法律享有的管理其所属社区和行政区域内部事务的权利”。[1]另一种视角则把自治视为一种权力。如张文山认为自治即指“在社会团体内，经过团体内多数人认可或默认的、合法的、独立自主行使具有约束力和支配力的一种权力”。[2]

实际上，自治应该包括多重内涵，自治首先是一个表征事实的概念，即表征自己自主管理自己的事务。其次，自治是一个表征权利的概念，表明主体有自己自主管理自己事务的资格和能力。大卫·赫尔德认为，“自治意味着人类自我思考、自我反省和自我决定的能力。”[3]最后，自治也是表征一种民主制度的概念，在这种制度下，与公民生活密切相关的事务由公民自己自主处理，或者通过自主组成的团体来处理。在这种民主制度下，所有社会成员参与社会管理，“自治原则主张所有公民参与公共事务的权力”。[4]

自治不仅是一种民主的现象，而且也是一种民主的本质，是公民社会民众追求的一种政治理想。自治意味着事关公民自己的事情，公民有权依照自己的意愿来处理。自治是以自由为基石的，没有自由便无自治可言。自由意味着人类自觉思考、自我反省和自我决定的能力，包括在私人和公共生活中思考、判断及根据不同可能的行动路线行动的能力。而自治正是确保个人平等自由的一种手段，是保障自由实现的原则。

社会自治是个人自治的一种延伸。自治原则是现代民主思想传统的必要前提，是已经而且仍在继续优先培育自治或独立的那些政治形式的基本的、不可或缺的要素。自治能保持上级权力主体与下级权力主体或公民之间权力或权利的张力，能较好地发挥下级权力主体或公民的积极性、主动性和创造性。

（二）村民自治的基本内涵

村民自治作为我国农村基层民主的宪政安排，是国家对事关农民切身利益的公共事业和公益事业进行自治自理的民主制度。民政部基层政权建设司解释为，“我国的村民自治，是广大农村地区农民在基层社会生活中，自发行

---

〔1〕李步云主编：《人权法学》，高等教育出版社2005年版，第208页。

〔2〕张文山等：《自治权理论与自治条例研究法》，法律出版社2005年，第4页。

〔3〕［美］戴维·赫尔德：《民主的模式》，燕继荣等译，中央编译出版社1998年版，第380页。

〔4〕［美］J.C.·亚历山大编：《国家与市民社会——一种社会理论的研究路径》，邓正来译，中央编译出版社1999年，第23页。

使自治权，实行自己的事自我管理的一种基层群众自治制度。”〔1〕徐勇教授认为，“中国农村村民自治是农村基层人民群众自治，即村民通过村民自治组织依法处理与村民利益相关的村内事务，实现村民的自我管理、自我教育和自我服务。”〔2〕村民自治是以《宪法》和相关村民自治法律法规为依据，广大村民群众根据“民主选举、民主决策、民主管理和民主监督”的原则对村中公益事业和公共事业进行自治自理，从而实现人民当家做主的基层民主权利。村民自治既是一种制度体系，也是一种民主运行机制；既是一种理想的治理状态，更是广大群众活生生的民主实践。

我国的村民自治经历了一个由自发到自觉的历史过程。村民自治推行三十多年来，取得了举世瞩目的成就，实现了广大村民当家做主的愿望，在中国农村广袤的大地上播下了无数颗民主的种子。经过三十多年的民主实践，亿万农民的民主意识、权利意识、责任意识、参与意识和公共意识大大增强。党的十五届三中全会把扩大农村基层民主实现村民自治，同包产到户和发展乡镇企业称为党领导下的亿万农民的“伟大创造”。村民自治是农村政治体制的伟大创新，为中国农村开辟了一条发展中国特色民主政治的道路。随着人类文明的逐步演进，国家与社会逐步实现二元化分离，民主也可分为国家形态的民主和社会形态的民主两种。显然，村民自治作为农村基层的宪政制度安排，属于社会形态民主的典型形式，是我国社会主义新型民主的生长点。

从层次上来看，农民政治发展权包括国家层面政治发展权和社会层面政治发展权两个层次。村民自治就是社会层面农民政治发展权的具体形式。在村民自治实践中，村民通过自我管理即村民自我组织起来，自己约束自己，自己管理自己的事务。自我教育就是村民自发组织起来，通过村民自治实践活动学习科学文化知识、民主技能和经验等，不断提高自身素养。自我服务的内容包括社会服务，即办理本村的公共事务和公益事业；村民自治中通过“三个自我”的直接民主实践，将农村公民社会所需要的民主精神内化为一种现代公民意识，为农村公民社会的培育奠定了坚实的实践基础。

---

〔1〕民政部基层政权建设司编：《农村基层政权建设与村民自治理论教程》，教育科学出版社 1998 年版，第 104 页。

〔2〕徐勇：《中国农村村民自治》，华中师范大学出版社 1997 年版，第 3 页。

同时，村民自治通过“四个民主”的民主实践，来培育村民的独立人格和主体精神，养成与社会、和他人相互妥协和宽容的智慧。如此，传统农民必将向现代公民嬗变，农民既不是一个个俯首帖耳的“顺民”，更不是一个个穷凶极恶的“暴民”，而是具有平等意识、权利意识、责任意识和参与精神的现代公民。

二、村民自治：农民政治发展权实现的基石

（一）村民自治是农民政治发展权的权利起点

农民政治发展权本身是一种主体性权利，是主体为实现自我发展而对社会主张的一种追求自身发展的政治权利。社会主体通过社会实践认识自身的价值和需求之所在，在此基础上向社会主张权利和自身不断努力从而实现自身的发展。应该说，主体性是农民政治发展权的根本属性。没有农民作为社会主体的自觉自为，农民的政治发展权实现是不可能的，农民的发展也是难以想象的。

“自治”意味着自我操纵、自我控制和自我管理，“指个人或集体管理其自身事务，并且单独对其行为和命运负责的一种状态。”[1]大卫·赫尔德（David Held）认为“自治意味着人类自我思考、自我反省和自我决定的能力”。[2]自治的内涵包括“自主和自律”两个方面，前者是指权利主体就其范围内的事项拥有自主决定权，排除外来干预和侵害；后者是指权利主体应具有管理不当克制的理智和能力。村民自治是国家尊重农民主体性，尊重农民长期以来乡村自治的历史传统的制度选择。作为一种国家制度安排，尊重农民的主体性是村民自治制度创设的基本宗旨。应该说，主体性不仅是村民自治权而且也是农民政治发展权的基本属性。不仅如此，农民政治发展权首先在于农民的自觉、自主和自为。如果农民连事关其切身利益的基本事务都不能做主，农民在政治上还有何权利可言，更遑论追求政治发展权。亚里士多德曾说过：“凡是属于最多数人的公共事务常常是受人照顾最少的事务，人们怀着自己的所有而忽视公共的事务，对于公共的一切，他至多只留心到七宗

[1] [英]戴维·米勒、韦农·波格丹诺主编：《布莱克维尔政治学百科全书》，邓正来等译，中国政法大学出版社2002年版，第745页。

[2] [美]大卫·赫尔德：《民主的模式》，燕继荣译，中央编译出版社1998年版，第380页。

对他个人多少有些相关的事务。”〔1〕显然，农民政治发展权应以村民自治为基础性权利，村民自治权应该是农民政治发展权的权利起点。

（二）村民自治是农民政治发展权实现的基础性制度安排

制度创新不仅是政治发展的动力，也是社会经济文化发展乃至社会全面进步的驱动力。村民自治是广大农民在追求政治发展权的历史进程中，在计划经济向市场经济转轨的历史时期中，由广大村民发挥主动性、能动性自发创造的结果。改革开放以后，随着国家权力在农村基层社会的隐退，一度在农村社会形成“权利真空”，〔2〕诸如兴修水利、公共设施、社会治安、土地管理等无人问津。农村政治治理机制的暂时缺失，呼唤一种新的代表农民利益、满足农民政治发展权需要的管理机制的出现。20世纪80年代初，为了弥补人民公社解体后形成的治理真空，广西壮族自治区罗城和宜山县农民自发创造了村民委员会，自发对公共事务和公益事业进行管理和办理。广西罗城和宜山成功的乡村治理经验，得到中央的高度重视和大力支持，并在全国各地大力推广。

1982年12月通过的《宪法》确认了村民委员会的法律地位，明确规定其为农村基层社会的群众自治组织。《宪法》对村民委员会法律性质和地位的确认，标志着村民自治正式成为农民政治发展权实现的基础性制度安排。如此，农民政治发展权的实现形成了两条基本路径：一条是以村民自治为制度依托在农村基层社会实现对事关农民切身利益的事务进行自治自理；另一条是在国家政治生活层面，农民主要通过选举人大代表、信访等途径表达农民诉求谋求政治发展权利，从而试图以此表达和保护其经济社会权益。农民在基层所享有的政治发展权已被我国《宪法》和《村组法》通过村民自治的形式确立为基本的宪政制度安排。

（三）村民自治是促进农村公民社会生长的政治载体

权利的实现，关键在于权利主体自身的权利意识的有无及其发育程度。社会主体是以公民身份参与政治生活的，具有现代公民社会所应具备的权利意识、法治意识和民主意识是公民政治发展权实现的基本要求。因此，农民作为我国最大的社会主体在追求公民政治发展权的实现时，公民意识的有无

---

〔1〕［古希腊］亚里士多德：《政治学》，吴寿彭译，商务印书馆1965年版，第48页。

〔2〕参见肖立辉：“村民自治在中国的缘起和发展”，载《学术论丛》1999年第2期，第57页。

和成熟与否对其权利能否实现具有决定性意义。农村公民社会的生成和成熟，是农民政治发展权的实现基础和动力性因素。没有一个健全而成熟的公民社会，民主、法治、人权等都将是一句空话，农民政治发展权的实现也只能是空中楼阁。这正如郭道辉教授所指出的，"兴旺强盛的公民社会是国家和社会民主化的前提，也是民主制度健康运作不可或缺的因素。"〔1〕

村民自治是推进我国民主化进程的突破口和基础性工程，"基层民主必须作为发展社会主义民主政治的基础工程重点推进"〔2〕。村民自治不仅是一种民主政治理念，更是一种民主政治制度。村民自治不仅激发了广大村民积极参与基层政治的热情，而且在自治中还造就了一批服务村民的自治组织，包括村民委员会、村民代表会、村民议事会、村务监督会和治安调解委员会以及各类农村专业协会和合作经济组织等。可以说村民自治也是农村公民社会形成的制度载体和平台。村民自治为广大农民行使当家做主的权利提供了一整套操作性极强的民主技术和民主程序，如村民自治中候选人的海选方式、差额选举、秘密写票、村民会议集体决断村务、村务公开等。通过对这些民主技术和民主程序的实践，广大村民民主素养和民主实践能力大大提高。村民自治的生动的民主实践，促进了农民权利意识、平等意识、民主意识等公民意识的觉醒。村民自治为农村公民社会的生成提供了重要的制度平台，从而在农村基层为农民政治发展权的实现提供了制度支撑。

三、优化村民自治，促进农民政治发展权实现

虽然村民自治是农民政治发展权实现的基本载体和制度平台，然而村民自治由于先天制度设计的不完善、后天运行出现的种种问题等原因，导致村民自治在实践中存在较为严重的异化现象。这必将严重影响村民自治的绩效，影响广大村民的基层政治发展权的实现。为了保障广大村民的基层政治发展权的实现，创新村民自治机制、优化村民自治环境势在必行。

（一）完善立法，加强制度供给

有效的制度供给是法治实践的前提。我国村民自治依据主要是《村组

〔1〕郭道辉：《社会权力与公民社会》，凤凰出版传媒集团、译林出版社2009年版，第375页。

〔2〕胡锦涛："高举中国特色社会主义伟大旗帜，为夺取全面建设小康社会新胜利而奋斗"（中共十七大报告）。

法》，但该法原则性规定有余，可操作性规定不足，法律漏洞和法律矛盾很多，已影响到村民自治的绩效。应尽快出台《村民自治法》作为村民自治实施的基本法律。在《村民自治法》中应重点注意如下几方面的规范：

首先，应弥补法律漏洞，消除法律冲突。目前指导村民自治实践的主要是《村组法》，2010年修改的《村组法》依然仅41条。其中原则性规定较多，可操作性不强，法律漏洞较多，法律“盲点”不少。应在调查研究的基础上总结村民自治实践经验，适时地把经验提炼为法律制度。可首先通过单行法的形式，适时把成熟的制度上升到村民自治的基本法律中来。应对村民自治的重要环节和内容分章节加以规定，如村民自治的组织机构、村民的权利和义务、村民自治的运行机制等重要问题应专章予以规定。不仅应注意《村民自治法》内部的协调性，而且还要注意该法与其他法律的协调性，杜绝法律冲突的出现，同时应尽量避免法律漏洞的出现。可以说，村民自治法发展与完善为保障农民政治发展权提供制度前提。

其次，应正确界定两重关系。长期以来村委会和党支部、村委会和乡镇政府的关系一直是困扰村民自治实践的两重关系。一是应理顺村委会和乡镇政府的关系。虽然在《村组法》中二者关系定位是指导和被指导关系，但《村组法》并未明确规定乡镇政府的指导范围和指导方式以及村委会的协助范围。应在法律上明确界定哪些事项属于乡镇政府指导的权限，哪些事项纯粹属于村民自治的范围，同时明确规定乡镇政府的指导方式。应改革乡镇七站八所的权力隶属关系，使之成为乡镇政府贯彻政府政策和法律的有力工具，坚决摒弃把村委会党支部当作自己的“腿”从而扭曲村民自治的做法。不仅如此，从根本上改变农村基层政权权力授予的模式，全面推行乡镇长直选，实现基层政权和村民自治的权力同构，从而为消除二者冲突、实现农民在农村基层社会的政治发展权奠定体制基石。二是，应理顺村委会和党支部的关系。2010年修改后的《村组法》一方面规定村委会是基层群众自治组织，同时又规定党支部为领导核心，依然没有解决二者的关系问题。《村组法》在村委会和党支部关系上的含混，导致实践中二者经常扯皮，严重制约了村民自治中农民政治发展权的充分实现。应该在《村民自治法》中将二者职责范围进行明确界分，而且应该科学界定党支部影响村民自治的方式。实际上，在村民自治中，党的领导绝不是党支部直接管理村务甚至包揽一切，其领导核心应体现在政治上领导、思想上引导、工作上指导。政治上领导就是保证村民自治的社会主义方向，督促村委会在宪法和法律的轨道内实行自治；思想上引导就是积极宣传党关于农村的路线、方针、政策，在建设社会主义新农村中移风易俗地培育良好的乡风民俗；工作上指导就是党支部应积极提出村中各项发展规划并努力通过村民会议形成决议，为村里的发展献计献策。为了防止二者关系因法律定位不清而在实践中扯皮，在制定《村民自治法》时，可在总则中规定："中国共产党作为村民自治的领导核心，其领导是政治上领导、思想上引导和工作上指导，不得直接干预村民委员会的自治活动"，以此作为明确界分党支部和村委会关系的总原则。

最后，应强化村民自治责任规范。西谚曰"无救济便无权利"，尽管2010年《村组法》规定了村民自治中村民的一系列权利，重点规定了村委会的职责，但依然没有关于村民自治的法律责任章，这就导致对村民委员会的违法责任的追究缺乏法律依据。因此，在创制《村民自治法》时应该增加专门的"法律责任"章，保障对村民自治中的违法现象的惩处"有法可依"。

（二）创新机构，加强组织保障

我国《宪法》和《村组法》把村民委员会定位于"自我管理、自我服务、自我教育的基层群众自治组织"。但在村民自治的制度设计中，村民会议是村民自治的最高权力机构，显然村民委员会的法律性质应是村民自治的执行机构。虽然村民会议是村民自治的权力机构，但由于制度设计中并未设定其常务机构，村民会议的召集实际上就成了村民委员会的权力。这样由执行机构去召集主持权力机构会议，在法理上显然是一个悖论，在实践中则难以避免村民委员会操纵村民会议的情形。村民会议也因没有自己的常务机构而由村委会主持，因其缺乏独立性而沦为村委会的附庸，对村委会的监督也就只是一句空话。这种缺乏权力分立与制衡精神的制度设计是村民自治在现实中严重异化的重要原因，村民在村民自治中所应享有的政治发展权也因制度设计的误区而大打折扣。

不仅如此，由于乡镇是我国最基层的国家政权，乡镇政府要把国家政策和法律贯彻到乡村必须借助村民委员会作为"代理人"。如此一来，村民委员会便担当了村民会议的"执行人"和乡镇政府"代理人"的双重角色。现实中，在村民委员会双重角色的博弈中，由于乡镇政府的强势地位往往使得村民委员会沦为乡镇政府的"腿"，而其村民自治"执行人"的角色则出现弱化甚至异化的现象。由于我国立法中并未在村设置乡镇的“执行机构”，且对乡镇政府侵犯村民自治权的现象也缺乏责任条款，所以上级政府对乡镇政府将村民委员会作为执行乡镇政府意图的“腿”的做法往往采取默许的态度。因此，村民委员会一方面沦为乡镇政府的“腿”，一方面又实际操纵村民会议，如此，村民自治异化在所难免。因此设计村民委员会常务会议制度，成为防止村民自治异化、实现村民自治中农民政治发展权的内在要求。

（三）着重村务公开，强化程序保障

政务公开是现代法治行政的基本要求，村务公开也是村民自治的基本要义。只有公开才能公平，只有公开才能公正。村务公开是村民自治民主管理的基础，也是广大村民在村民自治中享有政治发展权的基础性制度。没有村务公开或村务公开不透明的村民自治，异化现象比较严重，而且村委会干部腐败现象往往也比较突出。在村民自治中村务不公开或者公开流于形式的现象十分严重。即使村务公开的村不少也是避重就轻，内容以偏概全；公开后缺乏信息反馈和处理机制，对村民反馈的问题充耳不闻、不管不问。村务公开的缺失，严重影响了村民自治的绩效。

为了保障村民自治中的农民政治发展权，强调创新村民自治强化程序保障势在必行。首先，应规范村务公开的内容。应在村民自治基本法律中明确规定村务公开的内容，事关村民切身利益的事务或事项都应属于村务公开的范围，其中财务公开是村务公开的重点。其次，应规范村务公开的程序。村务公开的时间、形式和基本程序都应有明确的规定。对于常务性村务可规定一个月公开一次，对于重大村务应确立事前、事中和事后全程公开的机制。村务公开的形式应尽量多样化，充分利用村务公开栏、广播、网络甚至电视等多种平台，尽量让所有村民享有对村务的知情权。最后，应确立村务公开的信息反馈和处理机制。应确立村务公开后，对于村民意见的收集机制，成立专门的村务监督小组，对村民会议负责。由村务监督小组对村民反馈的信息进行归纳整理，对于内容不够详细的由其责成村委会进一步说明，对于反映的问题可由其进行调查，必要时可以通过村民会议提请司法部门立案调查。

（四）培育公民意识，提高自治能力

主体政治发展权的实现程度，关键在于主体的权利意识和权利行为能力的水平。村民自治作为我国社会主义民主的基石和生长点，为广大农民培育

民主意识、训练民主能力提供了良好的平台。虽然宪法和法律赋予了农民在农村社会通过村民自治的形式享有政治发展权的权利能力，然而，在农村基层社会层面农民享有政治发展权的程度取决于农民权利主体意识和权力行为能力的水平。实践证明，村民自治在现实运作中绩效不尽人意，从根本上来说是因为几千年匍匐在封建专制之下的中国农民，臣民意识浓厚而公民意识缺乏，社会自治的能力较为低下。公民意识是公民个体以公民的权利与义务关系为核心的对自己在国家和社会中的地位的一种自我认识，强调的是公民个体在社会生活中的民主意识、责任意识、公德意识等基本道德意识。公民意识是现代民主、法治和宪政运作的主体性条件，也是公民享有政治发展权必备的主体性条件。公民意识也是村民自治良性运作的基本主体条件。因此，为了保障农民在村民自治中的农民政治发展权得到充分的实现，培育广大村民的公民意识提高自治能力极为关键。

首先，大力加强农村市场经济发展，促进农民主体意识的生长。市场经济是现代民主政治得以形成和发展的根本动力和基础，为培育农民的公民意识和公民精神奠定深厚的物质基础。政府应努力拆除制约农村市场经济发展的二元体制藩篱，摒弃制约农村市场经济发展的制度性歧视。政府还应积极优化农村市场经济发展环境，为农民产供销搭好服务平台。政府还应加强农业补贴力度，提高弱势产业参与市场竞争的竞争力。

其次，大力加强普法教育，培育农民的公民意识。应充分运用广播、电视、电影、报纸、杂志、网络等多种媒体形式，采取农民喜闻乐见的形式，加强对农民的普法教育。可以在农村多举办一些贴近生活、贴近百姓的文化活动，寓教于乐，将现代民主、法治、自治理念和精神潜移默化地“移植”到广大农民心里。通过这些方式和活动逐步将广大村民培养成具有现代民主、法治和人权意识的现代公民，让公民精神在其心中生根发芽、开花结果！

最后，规范村民自治运作，加强民主与自治训练。“纸上得来终觉浅，绝知此事要躬行。”实践是最好的老师。通过规范村民自治的运作过程，让广大村民在村民自治实践中培育自治精神，是提高村民公民精神和自治能力的最为有效的途径。为此，村民自治应按照法律设计的模式去运作，要坚决杜绝乡镇政府和村委会操纵村民会议乃至操纵村民自治的现象。在村民自治中要真自治，不要假自治，要真正“由民做主”，不要“为民做主”。对于村民政治中的政治冷漠现象，地方政府和村委会干部应以村民自治的真精神去感化广大村民，并在实践过程中晓之以理、动之以情，让广大村民真正懂得村民自治中“民主选举、民主决策、民主管理、民主监督”的意义之所在，要让村民自治意识和精神内化为村民自身的情感体验和情感自觉。在村民自治中广大村民真正行使“人民当家做主”的权利，必将选出自己满意的“当家人”。在政府的培育与扶持下，在村民“当家人”的积极带动下，广大村民奋发图强，必将在社会主义新农村建设中大有作为！

第五章

农民文化发展权

第一节　文化与农民文化

一、文化的内涵界定与基本功能

（一）文化的基本内涵

“文化”一词在我国古已有之。“文”的本义是指各色交错的纹理。《易·系辞下》曰：“物相杂，故曰文。”《说文解字》称：“文，错画也，象交叉”，也是指本义。“文”的引申义主要有三层含义：其一，指包括语言文字在内的意义系统的各种象征符号，进而指文物典籍、礼乐制度。其二，与“质”、“实”对称，由伦理之说导出彩画、装饰、人文修养之义。《尚书·舜典》曰：“经纬天地曰文。”《论语·雍也》称：“质胜文则野，文胜质则史，文质彬彬，然后君子。”其三，指人的行为的美、德、善之义，这是在前两层意义的基础上进一步引申而来的。《礼记·乐记》所谓“礼减两进，以进为文”，郑玄注“文犹美也，善也。”“化”，本义为生成、改易、造化。“化”基本义是指事物形态或性质的改变。《易·系辞下》曰：“男女构精，万物化生。”如《庄子·逍遥游》：“化而为鸟，其名曰鹏。”同时，“化”又引申为教行迁善之义。《礼记·中庸》曰：“可以赞天地之化育。”

“文化”作为一个整词始于西汉之后。《说苑·指武》曰：“圣人之治天下也，先文德而后武力。凡武之兴，为不服也。文化不改，然后加诛。”这里的“文化”是以“野蛮”对举，有以“文德”化育的意思。因此，在汉语中，“文化”概念属精神领域之范畴，其本义就是“以文教化”，指对人的品德的教养、性情的陶冶。随着历史的变迁，“文化”一词现已演变为一个外延宽广、内涵丰富的多维概念。

在现代汉语中，文化是一个内涵非常丰富的概念，外延非常广泛。对于一个概念，外延越广泛，则内涵越少；外延越小，则内涵越丰富。人们总是试图从不同的学科不同的角度给文化下定义，以致至今难以获得一个公认的、令人满意的答案。可以说，文化是社会特定群体所共有、传承和遵守的一整套价值－符号体系，它既包括内在的共同知识、情感、伦理、信仰，也包括外在的物质表现形态。文化既指精神、观念和心理等方面，又指体现和传承文化的物质载体、媒介和符号。具体来说，文化的概念至少可以从三维角度去理解。

广义的文化指人类在千百年社会历史发展过程中所创造、总结、积累的物质和精神财富的总称。它是人类改造客观世界和主观世界的活动及其成果的总称。其外延包括物质文化、制度文化和心理文化三个方面。物质文化是可见的有形的显性文化，特指人类创造的种种物质文明。制度文化和心理文化是隐性文化，前者指家庭制度、生活制度、社会制度；后者指审美情趣、思维方式、宗教信仰等，包括哲学、文学、政治等。

从狭义来看，文化仅指人类在其社会历史实践中创造、总结、积累下来的精神财富。狭义的文化把文化限定在精神领域，可以分为思想道德和科学文化知识两大类，具体包括哲学、文学、艺术、道德、科学、宗教、技术、法学、教育、风俗等观念形态的东西。狭义的文化是相对于政治经济而言的。

西方学者雷蒙·威廉斯（Raymond Williams）指出，文化是“英语中最复杂的两三个词语之一”，他给文化下了三个宽泛的定义：一是文化可以指“智力、精神和美学发展的一般过程”；二是“一群人、一个时期或一个群体的某种特别的生活方式”；三是可以用来指涉“智力，尤其是美学所创造的作品与实践”。〔1〕

文化具有历史的传承性，“文化是旧式有闲阶层的产物，这个阶层现在寻求各种方式对抗各种新的毁灭性势力以维护文化。文化是新兴阶层所继承的遗产，这个阶层包含着未来的人性，力图解脱文化所受到的种种束缚。”〔2〕文化具有民族性，是一个民族精神的体现。而现代社会，“对于民主而言，各

〔1〕［英］约翰·斯道雷：《文化理论与大众文化导论》（第5版），常江译，北京大学出版社2010年版，第2页。

〔2〕［英］雷蒙·威廉斯：《文化与社会：1780～1950》，高晓玲译，吉林出版集团有限责任公司2011年版，第332页。

文化之间的差异的一些重要的方面尤其起重要作用。我们将看到，各社会的一大区别在于有的社会强调‘生存价值观’，有的则强调‘自我表现的价值观’”。〔1〕

余秋雨先生认为，“文化，是一种包含精神价值和生活方式的生态共同体。它通过积累和引导，创建集体人格。”〔2〕“文化是一种时间的‘积累’，但也有责任通过‘引导’而移风易俗。在这个动态过程中，渐渐积淀成一种‘集体人格’。中华文化最重要的成果，就是中国人的集体人格。……当文化一一沉淀为集体人格，它也就凝聚成了民族的灵魂。”〔3〕“文化的最终目标，是在人世间普及爱和善良。”〔4〕余秋雨先生认为，“人之为人，在本性上潜藏着善的种子。灌溉它们，使它们发育成长，然后集合成一种看似天然的森林，这就是文化的使命。”〔5〕余秋雨先生审视今天中国文化状况，认为今天中国文化在理解上至少存在五个方面偏差：一是太注意文化的部门职能，而不重视它的全民性质；二是太注意文化的外在方式，而不重视它的精神价值；三是太注意文化的积累层面，而不重视它的引导作用；四是太注意文化的作品组成，而不重视它的人格构成；五是太注意文化的片断享用，而不重视它的集体沉淀。〔6〕余秋雨先生对于当今中国文化的理解可谓客观全面，高屋建瓴。文化是一个民族的精神血脉，是一个民族的生活方式，是民族的灵魂。余秋雨先生对我国今天文化理解的偏差的洞悉也可谓深刻独到。文化唯物主义创建者雷蒙·威廉斯也认为：“文化是一种整体的生活方式”。他说：“我在边远乡村长大所看到的一切使得我相信，一种文化就是一种整体的生活方式，艺术不过是一个社会有机体的组成部分，而这个有机体明显地要受到经济变化的影响。”〔7〕

马克思第一次将文化问题研究奠定在历史唯物主义基础上，实现了文化问题研究的历史嬗变。马克思主义认为，文化作为一种精神现象是社会历史

〔1〕［美］塞缪尔·亨廷顿、劳伦斯·哈里森主编：《文化的重要作用——价值观如何影响人类进步》，程克雄译，新华出版社2010年版，第123页。

〔2〕余秋雨：《何谓文化》，长江文艺出版社2012年版，第6页。

〔3〕余秋雨：《何谓文化》，长江文艺出版社2012年版，第7页。

〔4〕余秋雨：《何谓文化》，长江文艺出版社2012年版，第9页。

〔5〕余秋雨：《何谓文化》，长江文艺出版社2012年版，第12页。

〔6〕参见余秋雨：《何谓文化》，长江文艺出版社2012年版，第7页。

〔7〕Raymond Williams, *Resources of Hope*, London: Verso, 1989, p. 7.

实践的产物，是由社会经济基础所决定的。"……人们首先必须吃、喝、住、穿，然后才能从事政治、科学、艺术、宗教等等；所以，直接的物质的生活资料的生产……人们的国家制度、法的观点、艺术以至宗教观念，就是从这个基础上发展起来的。"[1] 文化是在一定社会的经济和政治基础上产生的，又反作用于一定社会的经济和政治。一定社会的经济、政治和社会制度是文化产生的基础。同时文化的发展又具有一定的能动性。在特定的条件下，文化可以推动或阻碍社会的经济和政治发展。

（二）文化的基本功能

文化是民族的血脉，是人民的精神家园。文化的本质是人化。文化是人创造的。人不仅是文化的主体，而且是文化存在和发展的目的。人是天地之精英，万物之灵长。人类按照自我的意志和方式改造客观世界和主观世界并获得相关的物质和精神财富，从而使相关的一切打上人文烙印。作为个体的人其生命是有限的，而一个民族的文化却是永恒发展的。一个没有文化的民族是一个没有灵魂的民族；一个文化缺失的民族是一个严重贫血的民族；而一个具有先进的、优秀文化的民族必将是一个鲜活的、积极向上的民族。文化对一个国家或社会的作用是以潜移默化的方式进行的，对国民的影响是渐进的。具体来说，文化的功能主要有以下几个方面：

1. 愉悦与陶冶。文化往往通过各种艺术形式予以审美方式的现实表达。审美是艺术的基本功能。文化活动本身就是一种审美活动，它能调节人们的审美情绪，激励人们去创造幸福美好的生活。人们在欣赏文学、音乐、舞蹈、电影、电视、戏剧、美术等多种形式的艺术作品时会产生一种美的享受，感到身心愉悦。人们通过文学、绘画、音乐、舞蹈等多种艺术形式获得一种身心的愉悦与享受，既是一种思想的甚至灵魂的提升，又是一场心灵愉悦的盛宴。文化通过艺术形式给人以审美的享受，主要在于这种文化活动往往是寓美于乐、寓美于情、寓美于形。文化活动往往是通过丰富多彩、情境化的艺术形式给人以陶冶，让人获得美好的心灵享受。文学艺术对人情操的陶冶是通过一种潜移默化的方式进行的。在文学艺术的欣赏中，人们的求真、求善、求美的善根得到有力的激发，真善美的品格得到不断的陶冶，人的思想觉悟境界得到有力的提升。

---

[1] 《马克思恩格斯选集》（第3卷），人民出版社2012年版，第1002页。

2. 教化与凝聚。文化既是历史上人类所创造的精神财富的凝结，也是人们社会理想和社会美好图景的现实表达。这种社会理想和社会美好图景往往外在表现为一定的道德规范和法律规范，从而引导人们的价值追求，型塑人们的行为，使其逐步符合理想社会的生活模式。文化总是通过一定知识体系而现实地展现于世，其灵魂往往为一定的价值观念和思想信仰，在社会关系中往往表现为一定的行为规范。其中法律规范因为有国家强制力保证实施，故而是一种刚性规范；道德规范和宗教规范等则主要靠社会成员内心自觉和外在舆论得以实施，故而可称为柔性规范。文化正是通过知识、价值、规范和信仰等去教化和型塑人们的行为，从而使作为主体的人有效地适应社会关系和社会环境。

小至一个家庭、单位，大至一个国家、民族，内部和谐和发展离不开一定的向心力和凝聚力。社会内部和谐必须以社会凝聚力为基础，一种优秀的文化能将社会成员有效地凝聚在一起，从而产生一种发展的正能量。在中国封建社会，以儒家思想为代表的中国传统文化，对封建家庭关系的和谐和社会和谐起了巨大的凝聚作用，使中华民族具有了很强的凝聚力和向心力，使中华民族长期保持着大一统的局面。客观分析，即使社会巨变，沧海桑田，儒家文化依然是瑕瑜互现，其中精华部分依然是中华民族向前发展的极为重要的精神文化资源。党的十六大《报告》指出："当今世界，文化与经济和政治相互交融，在综合国力竞争中的地位和作用越来越突出。文化的力量，深深熔铸在民族的生命力、创造力和凝聚力之中。"在建设中国特色社会主义的今天，以马克思主义、毛泽东思想、邓小平理论以及"三个代表"重要思想为典型的共产主义文化是我们时代文化的主旋律。这种共产主义文化是时代精神的反映，对于凝结中华民族力量实现中华民族的伟大复兴具有不可估量的价值和意义。

3. 变革与创新。文化永远是一个民族和国家创新的基本动力。一个民族要想站在科学的高峰，一刻也离不开创新思维。文化既是精神之父，同时也是"体制之母"。社会政治经济体制的变革与创新离不开文化的支撑。离开文化支撑的社会变革是无源之水、无本之木。文化通过不断形成和变革社会制度体系使人们的社会生活更加合理和有序。

文化是社会变革的内燃机。一种优秀的文化对社会的作用，不仅在于对现行社会的支持和肯定，而且内含了对现行社会的评价与批判。文化对现行社会既提供价值支撑，同时，当现行社会制度偏离了基本价值目标时，文化又对现行社会进行批判以引起疗救的注意。而一旦社会体制腐朽透顶，作为文化主体往往会变革现行文化从而引领社会变革，最终通过实现文化的创新从而推动社会的发展。文化不仅为人们提供美好的社会发展图景，而且也为人们提供实现美好社会的价值和信念支撑。

文化是社会发展创新的软件。文化的核心是观念意识。虽然观念本身不能改变世界，但它可以改变人，观念通过改变人从而达到改变世界的目的。思想是行为的先导。社会的创新和发展需要亿万民众充分发挥积极性和创造性。“文化具有的内在价值观能引导民众。”〔1〕文化正是通过塑造和改变人们的观念意识，从而改变人的思维方式和行为方式。

二、农民文化的基本内涵和特征

（一）农民文化的基本内涵

农民文化，是指主要以农村村落共同体为载体，以农民为主体形成并深入影响农民社会活动的信仰、价值观念、道德情操、知识、风俗习惯、文学艺术、行为规范、思维方式等的综合体。农民文化作为一种群体性文化，是属于农民群体共同具有的渗透其社会活动的文化。具体来说是指农民的思想品德、价值观念、思维方式、文学艺术、教育状况、风俗习惯、文化设施和活动等。农民文化应以追求健康文明为新风尚，以培养“有文化、有素质、有技能、懂市场”的新型农民为旨归。

我国农民文化极为丰富，形式异彩纷呈，呈现出历史文化、传统文化、人物文化、旅游文化、休闲文化、现代文化等多种形式。文化主体是人民，农民是农民文化的当然主体。农民文化形成的场域是农村，是农民以农村为生活场景在长久的历史生活中生成而发展起来的。因此，农民文化具有内生性。农民文化是一种“草根文化”。其相对于经过艺术加工的精英文化而言，具有粗放性，是一种“大众文化”。农民文化更多的是民俗文化、休闲文化。

长期以来，农民文化基础薄弱。在中国传统社会，农民往往是作为历史的客体而存在。生活在社会底层的农民一直是统治者剥削和压迫的对象。在

〔1〕［美］戴维·兰德斯：“文化使局面几乎完全不一样”，载［美］塞缪尔·亨廷顿、劳伦斯·哈里森主编：《文化的重要作用——价值观如何影响人类进步》，程克雄译，新华出版社 2010 年版，第 47 页。

社会政治法律体系中，由于受义务本位的深刻影响，农民对于国家和统治者而言只有尽义务的份，而缺少权利。更深层来看，我国传统社会经济形态是自给自足的自然经济。

（二）农民文化的基本特征

1. 农民文化是一种熟人文化。中国文化体系有两种独特的文化系统分类，即生人文化和熟人文化。熟人文化是相对于生人文化而言的。在社会生活中，生人文化是靠制度办事；而熟人文化则是按感情办事，人与人之间存在严重的感情依附关系。在不认识不熟悉之前，是生人，在生人面前人是要讲规则讲利益的；而在熟人面前，人是要讲感情讲通融的。熟人文化是潜规则盛行的温床；生人文化则是明规则实施的土壤。在熟人文化中，明规则将被潜规则遮蔽甚至取代。而在一个潜规则盛行的社会，任何明规则都会失去发挥作用的社会土壤。生人文化即陌生人文化，人与人缺乏感情上的依赖，在社会纠纷的处理上更易倾向于依法办事，依明规则办事。在一个熟人社会中，人更注重人脉关系的积累，因为熟人社会能遮蔽明规则的效力，能在明规则之外谋求更多的非法利益。在中国传统司法中，往往是“官司一进门，两边都托人”。从某种程度上来说，熟人文化是一种陋习，其存在会对市场经济产生负面影响。熟人文化的存在可能会腐蚀社会的公平与公正，不利于社会基本正义的实现。熟人社会是中国传统文化的产物。

农民文化本质上是一种熟人文化。农民文化是以农耕文明为基础的文化，土地的固定性将人们牢牢地固定在一定的狭小的地域。在传统农业社会中，一个地方往往是一个或几个家族有共同男性祖先的若干子孙以血缘关系为纽带世代聚居在一起。传统社会农民一辈子就居住在一个小村落，“日出而作，日落而息；耕田而食，凿井而饮”。[1]人们往往一辈子“生于斯，长于斯”，彼此低头不见抬头见。城市则主要是陌生人社会，譬如，人生病住院是陌生的医生为我们治病甚至开刀动手术，是陌生人在教自己的孩子，是陌生人在卖超市的商品，等等。陌生人社会是通过契约将人连接在一起，是契约将陌生人之间的权利义务规定得清清楚楚。传统农村文化却是一种熟人文化，人们之间的信任机制也是以血缘或地缘为基础。大家正是因彼此知“根”知“底”，所以对对方的人品德行一清二楚，农民据此来选择是否与之合作，从

---

〔1〕《诗经·击壤歌》。

而谋求共同发展。而城市的陌生人社会彼此之间的信任机制只有借助于公权力和法律机制，通过契约的形式来维持。在农村“熟人社会”文化中，对一个人的社会评价往往是针对具体的个人，对其人品德行进行评价，如对父母长辈是否孝顺、对待亲朋邻里是否仗义、是否大方；而在城市陌生人社会中，社会评价往往是针对事作出的，这种不带主观意识和色彩的评价才被认为是公正的。在传统的熟人社会人们之间一旦发生纠纷，往往是由村中长老聚众裁判。在今天，很多地方的人们发生纠纷时也往往是其中一方或双方诉之村中干部或有威望的人予以调解解决。这和城市陌生人社会有着本质区别。城市陌生人社会是通过契约将人联结在一起，双方权利义务在口头的或书面的契约中约定的较为清晰，一旦发生纠纷，诉讼往往是主要的也是最后的解决方式。

2. 农民文化是一种人情文化。人情文化是指以人的私人感情为纽带而将人与人之间联结在一起的社会精神生活形态。人情社会是一种以私人情感为基础的社会关系状态。人情社会是熟人社会的必然反映。人情文化中，社会关系包括用人制度往往都与人情密切相关，“一人得道，鸡犬升天”就是中国传统人情文化的生动写照。人情社会形成的基础有两个：一是血缘关系，具有一定血缘关系或亲戚关系的人们在社会生活的很多方面往往更能形成一致意见或行动。二是地缘关系，一般而言，地缘越近，人们之间的交往越多，了解也越多，也就在社会生活中更能达成一致。血缘关系和地缘关系是中国农村传统社会人际关系形成的两个基本维度。费孝通在研究中国传统社会的基础上，提出了“差序格局”理论。他认为，中国传统的社会关系就像“把一块石头，丢在水面上所发生的一圈圈推出去的波纹。每个人都是其社会影响所推出去的圈子的中心。被圈子的波纹所推及的就发生联系”。[1] 重视人情本身是中国人的传统美德，人情一旦繁盛则形成文化，人情文化是中华文化的重要方面。但人情文化一旦遭遇明规则的缺失或缺位，人情在利益驱使下必然会促使潜规则粉墨登场。

在与外部社会的交往中，拉关系、走后门是农民人情社会的基本行为方式。农民一旦遇到孩子升学、就业、当兵之类涉及自身或子女发展的而又非自我能力所能解决的问题，往往就通过托关系、找熟人来解决。如果有亲戚

---

〔1〕 费孝通：《乡土中国 生育制度》，北京大学出版社 1998 年版，第 26 页。

朋友大权在握，那就是前世修来的福、祖上积来的德，往往就“一人得道，仙及鸡犬”。即使直接的亲戚朋友没有能力解决以上问题，也往往要通过熟人在人情网内寻求帮助。在日常交往中，人情是农民交际的基本考量。谁家有红白喜事去不去祝贺，农民往往要认真掂量一下自己和对方的人情关系，是否以前有人情往来。“人情债”是一种压在农民身上比实际的金钱债还要逼人的“债务”。因为，实际金钱债务一时无钱偿还的话，说些好话还可拖欠。而人情账则不然，别人家有红白喜事，自己又欠别人家的情不还的话，不仅自己脸面过不去，而且还会被众多乡亲背后戳脊梁骨。“人情债”实际上是比其他债务更厉害、更具有时效性的债权债务关系，尽管债务时效是不定期的，甚至有时难以预见。

人情文化是中国农民特有的生存方式，是农民重要的为人处世之道。人情文化中，人情成为人际关系的重要砝码。农民文化正因为是一种人情文化，往往将人际关系置于法律之上。在传统农村社会，人们往往会自觉地根据自己现有的人情关系资源，编制和铺设各种关系网。一旦遇到什么自己难以解决的难题，农民首先想到的不是去利用法律来保护自己，而是人情关系或通过利益调动人情去摆平。正是基于此，农民往往缺乏学习和获得法律知识的动力和热情。农民法律观念较为淡薄，更相信社会关系能摆平一切。这也恰恰是农村法治土壤难以形成、公民社会难以生成的重要原因。传统农业社会，儒家文化对以农民为主体的传统社会的行为方式影响极为深远，儒家思想在人际关系上强调克己复礼、忍让，追求人际关系的协调。人情文化不仅导致权力的滥用，也会导致社会资源的巨大浪费。

3. 农民文化是一种伦理文化。中国传统文化是一种伦理文化。中国传统文化是以儒家思想为正统的伦理文化。余秋雨先生把中国文化的特性概括为三个“道”：其一，在社会模式上，建立了“礼仪之道”；其二，在人格模式上，建立了“君子之道”；其三，在行为模式上，建立了“中庸之道”。〔1〕儒家在治国方略上，主张德主刑辅，重在教化。儒家特别强调“德治”。孔子认为：“为政以德，譬如北辰，居其所而众星拱之。”〔2〕在德与刑的关系上，儒家特别强调德的主导作用。贾谊指出：“道之以德教者，德教洽而民风乐；

〔1〕 余秋雨：《何谓文化》，长江文艺出版社2012年版，第13页。
〔2〕《论语·为政》。

驱之以法令者，法令极而民风衰。”〔1〕

同时，儒家文化强调德治必须与“礼治”相结合，注重以礼治国，“导之以政，齐之以刑，民免而无耻；导之以德，齐之以礼，有耻有格。”〔2〕荀子曰：“礼者，道之极也。”〔3〕中国传统社会以农业立国，自然经济占统治地位，商品经济缺乏发育的空间。以小农经济为经济基础的儒家文化，强调在人的行为模式上“重义轻利”，“君子喻于义，小人喻于利。”〔4〕儒家文化基于“德治”和“礼治”的主张，在社会关系的处理上强调“礼之用，和为贵”，〔5〕和睦无争即为“合礼”，“无讼”即为理想社会图景，告状打官司便是“失礼”的表现，是“教化不行”的结果。孔子曰：“听讼，吾犹人也，必也使吾讼乎。”〔6〕在中国传统社会伦理中，法治秩序缺乏生长的土壤。这正如余秋雨先生所指出的，“在中国文化中，‘好汉’总是在挑战法律，‘江湖’总是要远离法律，‘良民’总是在拦轿告状，‘清官’总是在法外演仁。”〔7〕

哈耶克将社会自由秩序分为两类，即“自生自发的秩序”和“人造的秩序”。实际上，中国农村社会秩序也可分为以上两类，传统社会的农村秩序显然属于“自生自发的秩序”。这种社会秩序是在中国传统伦理社会基础上生成的。儒家伦理主张“和为贵”的处世哲学，建立一个没有纷争，和谐、安定、有序的社会一直是传统农业伦理社会的理想追求。传统农业伦理社会以“熟人社会”和“人情社会”为基础。在“熟人社会”中，大家都是乡邻，如果遇到纠纷动辄就诉之于官府，则今后可能结下仇怨，这是人们都不愿看到的。台湾学者林端先生指出，“在家族、团体、邻里等这些面对面团体里，个人被紧紧束缚着，而且得到官府的支持。”“法律争执一步步在这些团体里消融解决掉，非至绝路，绝不告官兴讼。”〔8〕同时，亲情和乡情构成农村“人情社会”的两大人情基础。在中国农村，一般都是同族或同宗聚集而居，从血脉

〔1〕《汉书·贾谊传》。

〔2〕《论语·为政》。

〔3〕《荀子·礼论》。

〔4〕《论语·里仁》。

〔5〕《论语·学而》。

〔6〕《论语·颜渊》。

〔7〕余秋雨：《何谓文化》，长江文艺出版社2012年版，第20页。

〔8〕林端：《儒家伦理与法律文化——社会学观点的探索》，中国政法大学出版社2002年版，第656页。

上来说，大家都是一家人或至少是一宗，在多少代之前共有一个祖先。同时，即使不是同族同宗，由于传统中国是一个封闭自守的社会，生活在乡村的老百姓一辈子大多“日出而作，日落而息；耕田而食，凿井而饮”。[1]生活在一定区域内的农民都是乡亲，甚至是亲戚或本家，大家低头不见抬头见，一般都会顾及面子和人情而不愿诉讼，往往担心因讼结仇。因此，在农村伦理社会秩序中，通过调解的方式解决纠纷理所当然是最佳选择，“妥协是维系关系的手段，所以调解制度（调处）成为乡土社会反诉讼的一个主要出路。”[2]在我国农村，礼大于法的观念依然存在，人与人的关系主要靠“礼”及“情”来调节。

第二节　农民文化发展权：意蕴、困境与保障

一、农民文化发展权之意蕴

（一）文化发展权的基本内涵与特征

1. 文化发展权的基本内涵。所谓文化发展权，是指公民公平享有平等的受教育权以及从事文化活动并公平享有文化发展成果的权利。文化发展权是发展权的重要内容，是满足广大人民群众多层次多方面精神需要的有效手段和方式。如果发展权作为第三代人权的话，那么其中经济发展权是物质性权利，政治发展权是制度性权利，文化发展权则是精神性权利。公民享有充分的文化发展权是人类社会迈向现代文明的重要标志。让人民享有充分的文化发展权是我国社会主义文化建设的重要目标和重要内容。文化发展权是构建社会主义和谐社会，力争在21世纪中叶基本实现现代化的驱动性权利。

公平是文化发展权的核心价值。在一个社会中，文化发展权首先是文化的公平发展权，社会各阶层应该享有平等的文化发展权。自由是文化发展的关键价值。没有自由便没有文化的发展。文化只有在“百花齐放、百家争鸣”的自由环境中，才能结出文化发展的硕果。文化发展权应立足文化的自由发展，应注重多元文化的并存与协同发展。

---

〔1〕《诗经·击壤歌》。

〔2〕林端：《儒家伦理与法律文化——社会学观点的探索》，中国政法大学出版社2002年版，第656页。

文化发展权的主要内容包括教育发展权、文化创造发展权、文化活动发展权和文化成果平等分享权等。公民文化发展权具体体现在文化创造、文化传播、文化管理、文化选择、文化享有和公共文化资料的获取等多方面。文化发展权的目的是促进公民文化权益的保障和智力发展，从而为公民经济、政治和社会生活发展提供智力支持和精神动力。

教育发展权是文化发展权的基础性权利。发展必须以主体具备良好的知识和技能为前提，教育是公民发展的内驱力，是主体性条件。没有良好的教育，就不可能有公民政治、经济、文化和主体自身的综合性发展和提高。列宁曾经指出："不识字就不可能有政治。"[1]教育平等发展权是教育发展权的核心，在一定的社会物质条件下，公民享有平等的受教育权是实现公民其他发展权的主体性条件。

文化创造发展权是文化进步的源泉性权利。没有创造就没有创新，而没有创新就不会有发展。因此，创造是社会进步的基本动力和源泉。公民在获得一定教育的基础上，从事文化创造活动，创造出鲜活富有生机和活力的文化产品，在获得自我精神层次的愉悦和提升的同时也促进了社会精神财富的发展，为社会精神文明建设增砖添瓦！

文化活动发展权是文化发展权的日常性权利。文化作为一种社会精神财富，是千百年来人们实践活动成果的凝结。人们只有在长期的社会活动中，不断实践、不断总结、不断提炼才能创造出高品质、高品位的优秀文化。因此，文化活动发展权是文化创造发展权的基础，人们只有经常参加文化活动，积极思考、积极创造，才有可能创造出优秀的文化成果。因此，文化活动发展权也是文化发展权的一个子权利。在封建专制统治下，由于实行文化专制甚至出现秦始皇"焚书坑儒"之类毁灭文化禁止人们从事文化实践情形，这必然出现"万马齐喑究可哀"的文化窒息现象。只有在"百花齐放、百家争鸣"的宽松的文化氛围下，公民积极从事文化的日常实践，才有可能创造出更多更好的优秀文化成果。

文化成果平等分享权是公民文化发展权的目的性权利。公民作为社会价值主体，既是社会文化的创造主体，也是社会文化的享有主体。公民作为社会价值主体，在为社会积极贡献文化产品的同时，必然要平等地分享社会文

---

[1]《列宁全集》(第42卷)，人民出版社1989年版，第200页。

化财富。社会群体无论是城市市民还是农村农民都应该平等地享有社会精神文化财富。就个体而言，即使那些缺乏文化活动和文化创造的公民，也有权利和其他公民一样平等的分享社会文化发展的积极成果。

总之，文化发展权是公民应该享有的精神性人权，是公民参与社会精神性劳动，创造精神财富并享有智力成果的权利。文化发展权是一个由教育发展权、文化活动发展权、文化创造发展权和文化成果平等分享权等权利组成的一个权利族系，是发展权的一个子系统。

2. 文化发展权的基本特征。

（1）文化发展权是以发展为引擎的聚合性权利。由于发展权是“在既有的公民政治权利与经济权利、社会文化权利的基础上不断发展与分化，并高度抽象与提升而形成的一项人权，具有派生于包容一系列具体人权形式的独特价值”，〔1〕所以，农民文化发展权是在农民一般文化权利基础上，以发展为视角提升和深化的高层次的人权。实质上，它是以发展为视角、出发点和归宿提炼而成的农民文化权利族系，它是以农民的一般文化权利为基础，同时又高于农民一般文化权利的母体性权利，因为“与其他人权形式相比较，发展权是一个高居于其他人权之上的基本人权”〔2〕。农民文化发展权包括文化创造权、文化传播权、文化选择权、文化享有权、文化管理权、公共文化教育权、公共文化设施和文化服务权等。文化发展权正是这一系列文化权利在发展价值理念的聚合下而提炼升华的新一代人权种类。主张文化发展权，就是倡导社会弱势群体除了享有经济发展权、政治发展权之外，还应享有提升自我文化素质的权利。这种文化素质的提升，不仅是作为主体的人的发展的内在基本需要，也为主体经济发展权、政治发展权的实现提供智力支持和精神动力。

（2）文化发展权是促进人的全面发展的主体性权利。人的全面发展是马克思主义追求的终极价值。马克思主义文化理论非常重视文化与人的发展的辩证关系，认为人既是文化的创造者，也是文化的享有者，是文化的创造主体和价值主体的辩证统一。文化不仅是人成其为人的重要尺度，而且是人的

〔1〕汪习根：《法治社会的基本人权——发展权法律制度研究》，中国人民公安大学出版社 2002 年版，第 60 页。

〔2〕汪习根：《法治社会的基本人权——发展权法律制度研究》，中国人民公安大学出版社 2002 年版，第 60 页。

全面发展的内在本质要求。一个民族文化发展实践的得失成败将直接决定着这个民族公民的素质和精神状态。

尽管人们习惯于将“政治、经济和文化”连在一起使用，然而在现实中出现“文革”时期“政治挂帅”，在改革开放时期“以经济建设为中心”，却没有对文化建设真正重视。对文化教育的不重视，导致改革开放以来社会道德严重滑坡，以致邓小平同志于20世纪90年代初就敏锐地发现并提出，“改革开放十年，最大的教训是教育”。文化是一国的软实力，是一国综合国力的根本体现。大而言之，文化发展权，就是弱势国家或民族为了自身发展，向强势国家或民族主张或寻求文化发展帮助的权利。小而言之，文化发展权是社会的弱势群体或个人向政府或社会的强势群体主张或寻求文化发展的帮助的权利。对于一个国家或民族而言，只有经济发展权、政治发展权、文化发展权和社会发展权都得到全面保障，这个国家或民族才是发展的、全面的、均衡的与和谐的。同理，对于公民个体而言，只有政治发展权、经济发展权、文化发展权和社会发展权都得到全面保护和实现，公民才能获得全面发展，公民的自由才能充分实现。

（3）文化发展权是社会进步和发展的驱动性权利。文化是人类精神成果的结晶。“文化是人类社会中一面不可缺少的旗帜。……它引导人们产生认同。文化认同对大多数人来说是最有意义的东西。……文化既是分裂的力量，又是统一的力量。”[1] 文化是人类社会发展的精神驱动。文化发展权是社会主体通过多元方式促进民族或国家文化形态优化和文化内蕴提升的权利。文化发展权的实质精神思想是教育发展权和科技发展权的结合物。文化是民族的灵魂，是国家的瑰宝。文化是“民族精神的体现”，是民族精神深处生长出来的，文化是国家的软实力。一个国家只有全面保障人们的文化发展权，人们才能不断创造出先进的优秀的文化；而只有在先进的优秀文化的不断熏陶下，国民的秉性才能不断得到优化。而只有国民秉性得到优化，才能创造出一代“新民”。国民新，才能国家新；国民新，才能国家兴。只有充分保障公民个体的文化发展权，才能充分激发公民的主观能动性、积极性和创造性，才能为公民自我发展提供精神动力。只有以文化发展权保障为导向，每个公

〔1〕［美］塞缪尔·亨廷顿：《文明的冲突与世界秩序的重建》，周琪等译，新华出版社2002年版，第1～25页。

民都能得到积极的、能动的发展，社会的发展才能获得可靠的内在驱动力。只有充分保障公民的文化发展权，才能充分体现人类文明发展的一般要求，才是对社会全面进步客观需求的积极回应。

（二）农民文化发展权的内涵与功能

1. 农民文化发展权的基本内涵。所谓农民文化发展权是农民在平等享有受教育权的基础上从事文化活动并公平享有文化发展成果的权利。“农民文化发展权，指农民享有公平的普通教育权和职业教育权以及从事文化活动、享受文化发展成果的权利，其目的在于激发农民潜能、强化农民谋求能力，实现农民全面自由而持续的发展”〔1〕农民文化发展权是作为创造主体的个体和集体农民在吸收传统文化精华的基础上，通过自我实践、自我创新发展现有文化形式和内容，从而实现农民文化生态的自我跃迁和自我发展。农民文化发展权是农民发展权的一个子权利。而农民发展权则是发展权的一个重要权利系统，因为发展权本身是弱势群体所主张的发展权利，而农民是中国最大的弱势群体。

农民文化发展权是一个主要由农民教育发展权、思想文化发展权、文化事业发展权、文化生活发展权以及科技发展权等构成的权利体系。农民教育发展权是指农民通过各种教育方式提高自我素质和知识文化水平的权利，其中教育平等发展权是农民教育发展权的关键。农民教育发展权是农民其他文化发展权实现的手段性权利，也是经济发展权、政治发展权和社会发展权实现的基础性权利。思想文化发展权是以提高农民思想层次和精神境界为宗旨，以农民思想政治、道德情操、法律素质、哲学思维等观念意识形态为基本内容的发展权利。文化生活发展权是指农民有参与或享有文化生活和娱乐生活从而获得身心愉悦和健康的发展权利。文化事业发展权是指农民参与促进各类文化事业发展，从而使文化更加繁荣和昌盛并获得相应收益的权利，当然包括精神收益和物质收益。科技发展权是指农民积极参与科技创新、促进科技发展，并在科技创新中获得相应的收益的发展权。

农民文化发展权实现的广度和深度直接关系到我国社会主义建设的成败，关系到社会主义现代化发展的历史进程。农民是我国最大的公民群体也是我国最大的文化弱势群体，农民文化发展权的享有程度是衡量我国社会主义精

---

〔1〕汪习根、杨丰菀：“论农民平等发展权”，载《湖北社会科学》2009 年第 9 期，第 154 页。

神文明建设的重要标尺。农民文化发展权可以满足广大农民群众对于文化发展的多层次的精神需求。农民文化发展权的首要的基本价值是发展，它是一项农民精神和智力发展的权利。农民文化发展权的主体既包括个体农民也包括集体农民，是农民集体和农民个体的有机统一。

2. 农民文化发展权之于农民发展。

（1）农民文化发展权是农民主体性发展的标志性权利。农民发展权是一个涵盖政治、经济、文化和社会生活发展的动态的综合体。农民经济发展权的实现为农民经济收入的提高、农民经济能力的增长、农村经济的繁荣奠定基础。农民政治发展权的实现为农民积极参与政治生活、努力践行村民自治、大力提升村民自治的绩效、增强农民在国家政治生活的地位起到了重要作用。

农民文化发展权能让农民构建主体本位价值观，让农民获得生活的意义，过上一种理性的有价值的生活。如果说经济对一个社会的发展起到“硬件”作用的话，文化则是一个社会发展的“软件”。农民文化对于农民发展而言是其内在的驱动力，为农民发展提供精神动力和智力支持。农民文化发展权的充分保障，将为农民全面发展提供内在的驱动力，将有力地驱动农民知识水平和精神境界的提升，从而大大提高其从事社会实践的效率，有力地促进农民主体性的发展。

不少地方政府官员把农民文化的构建仅仅理解为文化下乡，为农民放几场电影，唱几场戏，把文化当成一种外来的特别的政府恩赐。这种认识显然是肤浅的。真正的农民文化不仅仅是一种具有愉悦功能的形式，也是一种精神上的享受，更主要的是农民以文化为发展工具，通过文化不断提高自身素质，获得种种发展技能，为谋求自身的主体发展获得基本的动力。

（2）文化发展权是农民发展的文化性权利。农民作为社会的创造主体和价值主体，与其他社会阶层的公民一样，都是具有自己的理想和精神追求的社会群体，他们追求真，崇尚善，热爱美。农民在满足自己的衣食住行后，也追求文化生活，追求精神家园的塑造。

据课题组调查，湖南省鼎城区周家店镇、尧天坪、草坪镇就是被国务院授予的“中国民间文化艺术之乡”。尧天坪的“龙狮”和周家店的吹大乐远近闻名。周家店镇被国务院授予“中国民间文化之乡”。仅鼎城区周家店镇就有三家民间文化艺术团，即“红牡丹”艺术团、“王牌”

艺术团和“皇家”艺术团。周家店镇还成立了民间诗社——“樊溪诗社”，此外，还成立了天门农民书法协会。鼎城区草坪镇文化建设更是风生水起。该镇有三十多家民间艺术团，从业人员达600人，每团每年演出平均300多场，观众达100万人次，其影响力辐射包括常德市在内的周边几个城市。农民在农闲之余吟诗作对、泼墨挥毫、唱歌跳舞，不仅丰富和充实了业余文化生活，也很好地陶冶了情操。

农民文化发展权是农民的一种精神层面的收益性权利，能不断丰富农民的精神生活。农民文化发展权能不断满足其不断增长的文化和精神需要，不断提高农民的精神层次。文化即人化，人是文化的主体。倡导农民文化发展权，旨在以发展为宗旨全方位保障农民的文化权利，让农民在全方位的文化提升中得到素质的提高、精神的超越。就农民个体而言，文化能提高其素质、提升其品味、塑造其人格；就农民集体而言，文化能起到目标、导向、规范和整合作用。积极文化为农民生活提供积极的目标，为其理性生活提供精神指引。

(3) 文化发展权是农民发展权的驱动性权利。农民文化发展权为新农村农民经济发展权的实现提供强大的精神动力和智力支持。文化是农民发展之根，是新农村建设之魂。没有农民文化建设，新农村建设必将失去根基，农民政治经济文化发展权必将失去有力的心理依托。农民文化发展权的目的是整体提升农民素质。以文化发展保障为驱动，必将有力促进农民素质和能力的全面提升，为农民政治、经济和社会发展权的实现提供素质和能力的有力保障。

在文化发展权中，最为基础的权利是受教育权，目前农民受教育权最基础的是切实保障农村义务教育。只有真正实行普遍的义务教育，才能让广大的农村子弟获得普遍的基础教育，这不仅为其进一步获得更高层次教育奠定基础，也为其进一步发展奠定坚实的文化基础。农民文化素质的提高将为其自我发展提供精神动力和智力支持。

二、农民文化发展权的现实困境及缘由分析

（一）农民文化发展权保障的现实困境

1. 农村文化设施缺乏。改革开放以来，我国公共文化服务体系建设虽然

取得了长足发展，但广大农村还普遍存在基本文化设施严重缺乏、文体活动场所缺少、公共文化产品匮乏等问题，而且还存在农村文化服务能力不强、农民文化质量不高、结构不优等问题。统计资料显示，文化娱乐设施和资源在我国农村地区极为匮乏，尤其是公共图书馆，在农村的普及率仅为5.9%。[1]有限的文化设施、设备资源还没有很好地盘活起来，甚至有的农村还处于无电视可看、无广播可听、无演出可观、无书报可读、无活动场所可用的尴尬境地。这些文化设施的缺乏极大程度地限制了农民文化发展权的实现。

2. 农民文化生活贫乏。文化不仅是社会存在形式，更是公民的一种生活方式。文化生活的品位直接反映公民的生活层次和精神境界。在我国大部分农村地区，文化生活非常单调。大多地方农民的生活基本上是劳动、吃饭、看电视、睡觉四部曲。在大多数农村看电视是农民唯一的娱乐方式，而很多地区农村经常停电，这唯一的文化生活方式都得不到保证。很多地方农民过着“日出而作，日落而息”的生活。“早上听鸡叫，白天听鸟叫，晚上听狗叫”，这是对一些地方特别是老少边穷地区广大农民生活的真实写照。近年来，随着各级政府对农村文化建设投入力度的不断加强，农村公共文化服务体系建设得到不断提高。很多农村地区实施了广播电视村村通、农村电影放映队、农家书屋、科技医疗文化“三下乡”等一批文化惠民工程。这使大多数农民过上了有广播听、有电视看、有电影观、有书报读、有演出看的生活。甚至不少农村社区还有了自己的文化活动室、文化广场。有的农村社区还有自己的电影放映队，定期或不定期地为村民播放电影。有的农村社区还有歌舞团，在自娱自乐的同时为农民婚丧喜事进行演出。这些文化设施和文化活动极大地丰富了农民的文化生活。然而，与此同时，农村文化活动设施利用率普遍较低、农民文化消费意识不强、农村文化工作管理薄弱、文化宣传力度有限等问题也非常突出。大多数农村地区农民文化活动很少。积极的文化不去占领农民的大脑和业余生活，那些消极的甚至丑恶的生活方式就会占领农民的业余生活和精神领地。很多地方农民农闲时赌博成风，六合彩、算命打卦等丑恶的东西兴风作浪。精神生活的不丰富，还容易生出一些纠纷，发生打架斗殴的事件。

---

〔1〕参见杨发主编：《新农村文化建设读本》，中国社会出版社2008年版，第5页。

课题组成员调查了湖南省常德市鼎城区的10个乡镇的20个村，发现只有2个村有体育健身场所，1个村有图书室，3个村有农民业余文化组织。乡镇文化站作为农村文化的前沿阵地，在农村文化建设中应具有举足轻重的地位。但大多数乡镇存在文化站组织不健全、文化站人员分散、经费投入不足等问题。

轰轰烈烈的“三下乡”活动被很多农民戏称为“来也匆匆，去也匆匆”，“来去一阵风”。这种按照城市人的习惯特点和文化需求编排的节目往往因不符合农民的生活实际和兴趣习惯而不被农民喜爱。如果忽视了乡村特点和农民的实际需要，农村文化往往会变成一种“无根文化”。

3. 农民文化队伍缺失。加强农村文化队伍建设，是推进农村文化发展的人才条件。加强农村文化队伍建设，是为推动农村文化建设、保障农民文化发展权提供组织保障。如果说文化建设是社会主义新农村建设的灵魂，那么，文化队伍建设则是文化建设的组织根基。根据对湘西北常德市所辖鼎城和桃源等县的调查发现，这些地方乡镇农村的文化队伍建设普遍处于较低水平。只有个别经济条件较好的乡镇诸如鼎城的周家店镇、桃源的邹市镇等少数乡镇文化队伍建设较好，设有文化专干，且配备有相关的业务人员。少数乡镇能坚持常年开展文化娱乐活动，更多地方的乡镇文化队伍建设一般。大多乡镇文化专干是兼职的，很少组织文化娱乐活动。甚至有一些文化队伍建设较差的乡镇，根本就没有文化专干或文化业务人员。所谓的文化站形同虚设，根本就没有组织文化活动，文化建设水平极为低下。由此可见，建设我国农民文化队伍很有必要，改善农村文化队伍缺失的现状，可以在人才培养方面为文化发展权的保障奠定坚实的基础。

4. 农民平等受教育权保障缺失。教育是提升公民素质的基本手段。没有优良的公民素质，高度发达的现代文明就失去基本的依托，人类社会就难以从必然王国迈向自由王国。列宁感叹说：“在一个文盲的国家里是不能建成共产主义社会的。”〔1〕列宁指出：“文盲是处在政治之外的，必须先教他们识字。不识字就不可能有政治，不识字，只能有流言蜚语、谎话偏见，而没有政治。”〔2〕扫除文盲的根本措施是教育。改革开放后，虽然国家对农村教育

〔1〕《列宁全集》（第39卷），人民出版社1986年版，第309页。
〔2〕《列宁全集》（第42卷），人民出版社1986年版，第200页。

提供了一定的资源，但是仍不能满足农民通过教育提高素质发展自我的现实需要。农民整体受教育水平还很低，农村辍学现象严重，九年制义务教育还没能得到很好的落实。由于大部分地区农村生源萎缩，政府采取了将几所小学合并为一所小学的做法，这给孩子们上学带来了极大不便。虽然国家曾采取强力措施推进中等职业教育，每个县都至少有一所职业中学，但农民职业教育依然缺失。由于职业教育很不接地气，学生所学大多难以胜任实践工作。同时，不少农民认为读书考大学是正途，而职业教育没有作用。因此，往往根据孩子成绩好坏，要么通过高考读大学，要么让其外出打工。据课题组对湘西北常德和怀化等地农村的调查表明，在农村务农的农民接受过高中以上或中职以上教育的很少。农民文化知识的缺失，导致现代农业科技在农村难以普及，农村、农业和农民的现代发展就是一句空话。

(二) 农民文化发展权保障缺失的缘由分析

1. 传统城乡二元社会结构的消极影响。城乡二元社会结构是制约社会主义新农村文化建设的根本原因。二元社会结构是指同一国家由于种种原因在城乡长期实行“一国两策”、“城乡分治”，导致城市和农村发展出现明显的结构性差别。久而久之，城市是财富和现代化文明的积累，而农村则是传统社会的贫穷和落后的积累。城市的文化场馆发达，市民的文化生活较为丰富，人们的价值观念、行为模式和思维习惯也普遍充满了现代文明的气息。然而，由于城乡二元社会结构体制的影响，政府对农村文化建设的投入较少。农村先进文化得不到传播，农村文化发展边缘化现象严重。很多农村封建迷信活动肆虐，落后文化沉渣泛起，使得不少地方的农民脱离现代主流文化的潮流而形成形形色色的农村“亚文化群”。更为严重的是，“文化贫困”具有代际传承性，文化落后的农民大多也不大重视子女的文化教育，从而又导致其下一代的文化贫困。显然，城乡二元社会结构，导致的不仅仅是城乡经济和社会生活的巨大差异，也必将导致城乡文化发展的巨大差异，导致大多数农民文化的贫困化。所以，要保障农民文化发展权的实现，那么消除城乡二元结构、改变农村文化发展边缘化、改变先进文化得不到传播的落后的“亚文化群”现象是极其紧迫的任务。

2. 政府对农村文化产品供给体制缺失，供给不足。除了计划经济体制下城乡二元社会结构的消极作用和消极影响外，国家没有确立农村公共文化产品的有效供给机制。农村文化公共产品供给制度缺失，导致农村文化公共产品供给成为地方政府行政中的一块“鸡肋”。地方政府官员对农村文化建设的投入往往存在一种误区，即不少政府官员特别是基层政府官员，认为我国农村地区地域广大，农村文化建设投入是一个无底洞，并且见效慢。不少政府官员认为，文化建设是“投入多、收益少、见效慢”的低效益事业，农村文化建设更是难以有所作为。不仅如此，投资农村文化建设的成效难以量化，难以形成有助于官员升迁的可以量化的政绩。现行官员的政绩观和官员升迁的政绩考量标准，往往重视考察官员行政行为的经济效益而忽视其社会效益。因此，地方政府官员对于几乎没什么经济效益的文化建设投入是缺乏积极性的，地方政府部门往往在经济建设上很“大气”，甚至“大手笔”，而对农民文化建设则往往很“小气”。很多地方政府对农村文化的投入和文化建设仅仅是在应付上面检查时略有表示。政府投入的欠缺，使得农村文化公共产品供给严重不足。大多数农村地区农村文化建设的“硬件”都严重缺乏，农村文化的人才建设等“软件”也因缺乏财力的支撑而成为一句空话。长期以来，国家投入到农村的文化发展资金偏少，难以满足日益增长的农民文化生活需求，农民文化发展权的实现受到严重制约。

3. 农民文化权利意识淡薄。思想是行动的先导。主体的权利意识是主体充分发挥其主观能动性和创造性并进行权利自我实现和权利维护的前提。权利意识的有无和高低，决定了权利主体权利实现和权利维护态度的有无和坚决程度。权利意识的高低决定维权行动是积极还是消极。我国是一个有着两千多年封建专制传统的国家。封建专制社会是一个义务本位的社会，社会结构呈现为金字塔形状，从上至下等级森严。农民处在社会结构的最底层，在社会结构中农民主要是义务主体，义务很多而权利极少。为了固化这种义务本位的专制社会，封建专制统治者在思想文化上采取“愚民”政策，“民可使由之，不可使知之。”[1]长期的封建“愚民”教育，实际上是对中国农民进行“奴化”教育，使得中国农民的独立人格难以生成，农民以权利意识为核心的主体意识难以发育。

不仅如此，农民的生产对自然条件依赖性很强，加之新中国成立后在相当长的历史时期内国家对农村实行的是“城乡分治”、“一国两策”，导致农村经济相对落后。农民长期挣扎在温饱线上，物质需求成为农民最根本的需

〔1〕《论语·泰伯》。

求。在此影响下，中国农民见面打招呼往往最多的话语是“您吃了吗”。物质的贫困导致权利意识的贫困，“权利永远也不能超出社会的经济结构以及由经济结构制约的社会文化发展。”〔1〕改革开放后，我国农村获得了一定发展，但大多地方经济依然欠发达，农民物质层面的需求依然远远大于文化层面的需求。农民物质的相对贫困，导致了大多数农民对文化权利和文化需求的漠视。很多地方农村义务教育阶段的学生辍学现象严重就是明证。总之，现实中农民物质的贫困导致文化的贫困，而文化的贫困又导致权利意识的贫困，农民文化权利意识的淡薄也就是情理之中的事情。

三、保障农民文化发展权，重塑农民的精神家园

农民文化发展权是一种积极权利，需要国家和农民共同的积极作为才能充分实现。九届人大一次会议通过的《宪法》修正案郑重宣告：“国家尊重和保障人权。”显然，保障包括农民发展权在内的农民人权也是国家和政府的基本责任。农民文化发展的充分实现，一方面需要政府充分发挥其在农民发展权保障中的助长、扶持和帮助责任。党的十七届六中全会通过的《中共中央关于深化文化体制改革推动社会主义文化大发展大繁荣若干重大问题的决定》提出：“增加农村文化服务总量，缩小城乡文化发展差距，对推进社会主义新农村建设、形成城乡经济社会发展一体化新格局具有重大意义。”另一方面，农民文化发展权的实现更需要努力激发农民的主体意识，充分发挥农民的主观能动性和创造性，发挥农民在其农民发展权实现中的主体作用。

（一）消除社会歧视，统筹城乡文化发展

尊重、保障、实现农民的文化发展权利，关键是要统筹城乡发展，破除城乡分制的二元社会结构。对此，打破城乡的二元分制结构，应从以下几个方面入手解决：

第一，废除带有明显歧视和不公平的二元化户籍制度，实现城乡文化建设一体化。二元户籍制度的废除，不仅有助于城乡文化建设投入的一体化，而且有助于城乡教育的一体化。政府应从有利于社会公平、社会和谐和社会资源优化配置的原则出发，循序渐进地构建城乡文化发展一体化。为了适应现代农村社会开放性、流动性的需要，遵循户籍制度管理职能与社会公共服

〔1〕《马克思恩格斯选集》（第3卷），人民出版社1972年版，第12页。

务职能分开的原则。只有彻底改变那些以户籍为依据的权利和利益分配机制的现状，农民文化发展权益才能真正得到保护和完善。城乡文化发展的一体化，必将有力推动农民素质的提高和农村文化的发展，从而为农民发展权实现奠定文化基础。

第二，支持农村人口的自由流动，并力求将原本繁琐的手续简单化，为农民能够自由流动提供通畅便捷的渠道。当然，这样更有利于城乡文化交流，这就需要公安部门在具体操作执行中转换户籍管理功能，逐渐将各种特权和特殊利益分配与户籍身份相分离，确保农民在教育发展权、文化生活发展权等方面有自主选择和自由发挥的空间。

第三，以城带乡，建立城乡文化联动的发展机制。应建立城乡文化联动机制，努力实现以城带乡，充分运用城市的文化场所和文化队伍，培训农村文化队伍。可以实行“一对一”帮扶责任机制，切实推行农村文化队伍和农村文化环境建设。大力推行城乡联动、以城带乡，让农村文化和城市文化在平等的平台上公平发展。

本书组调查发现，2012～2013年，湖南省常德市为了促进文化发展，实施了“百团大战”的文化发展工程。全市六县两区一市（县级市）还包括西洞庭管理区、德山经济开发区、柳叶湖旅游管理区、桃花源旅游管理区等，所有城镇和农村全部参与，组成了声势浩大的民间文化艺术团，进行了本市规模空前的文化大比武。各民间文化艺术团各自挖掘地方文化特色，展示地方文化，精彩纷呈。该市通过“百团大战”文化工程，搭建了城乡文化互动发展，城市文化走向乡村，乡村文化走向城市的大舞台，从而有力地推动了农村文化发展。

（二）创新农村文化发展体制，改革农村文化投入机制

农村文化事业的发展是农民文化发展权实现的关键环节，是我国农村发展的战略性措施。农民文化发展离不开制度的支撑，只有将农民文化发展纳入到宪政和法治的轨道，才能为农民文化发展提供有力的制度支持。农村文化发展权的实现，核心在于建立健全农村文化发展的体制和机制，关键是确立农民文化发展的投入机制。因为只有加强投入，才能为农民文化发展提供必要的“硬件”设施，农民文化发展中的农民文化素质“软件”的发展才有可靠的物质支撑。农民发展权是一个包含经济、政治、文化和社会发展权在

内的综合的系统权利体系。农民是我国最大的弱势群体，农民文化发展又是农民发展中最大的“短板”。因此，为了尽快去掉农民发展的“短板”，需要举全社会之力，建立以政府投入为主体的多元化农村文化发展投入机制。只有这样，才能尽快增强农村文化基础设施建设，为农村文化发展的实现奠定坚实的物质基础。

一方面，政府应加大农村文化建设的投入，为农民文化发展权提供可靠的物质保障。由于受计划经济体制影响，农村文化公共产品供给较为短缺，文化教育设施也相对缺乏。而农民普遍文化消费意识不强，要农民自己将大量资金投入到难以直接带来经济效益的文化设施中，目前恐怕还是不大现实的。政府履行对农民文化发展权保障的责任关键在于加强对农村公共文化产品的供给，为农民文化消费和文化发展提供必要的物质载体和物质条件。党的十七届六中全会通过的《中共中央关于深化文化体制改革推动社会主义文化大发展大繁荣若干重大问题的决定》要求“中央、省、市三级设立农村文化建设专项资金，保证一定数量的中央转移支付资金用于乡镇和村文化建设”。政府应加强农村文化教育经费的投入，努力改善农村学校办学条件，修缮校舍和配备必要的各种教学硬件设施等。政府可根据农民现实生活需要设立专项资金，广纳民意，设立农民图书馆、农民文化馆（室）、农民科技馆、农民文化广场等文化场馆。政府应努力促进农村公益文化活动的开展，包括群众文化活动、文艺演出、图书阅览等。这些都将为农民文化发展权的实现提供坚实的物质载体和物质基础。全国推行的农家书屋工程就是政府履行保障农民文化发展权责任的重要工程，是政府保障农民文化发展权实现的示范性基础工程。

> “农家书屋工程实施以来，全国累计投入资金12 024亿元，其中中央财政下拨资金58.56亿元，共建成农家书屋600科9家（其中达标书屋占99.12%，配备5000册以上图书的屋有4608家），共计配送图书9.4亿册、报刊5.4亿份、音像制品和电子出版物1.2亿张。农民人均图书拥有量达到1.13册，人均报刊拥有量达到0.65份。这意味着仅仅7年时间，我国农民人均图书拥有量增加了10倍。农民缺书少报的现象基本成为历史。”[1]

---

〔1〕张贺：“60万农家书屋为农民送上‘文化大餐’”，载《农村·农业·农民》（A版）2012年第10期。

另一方面，改革农村文化投入机制，实现农村文化投入多元化。应积极鼓励社会资本参与农村文化建设事业。要坚持“有限政府”理念，走出“以政府作为农村公共文化服务体系建设的唯一主体”的误区。在政府主导下，鼓励社会资本的参与。我国农村地域广大，农村公共文化服务体系建设的投入是一个浩大的工程，需要大量的资本。虽然公共文化产品供给是现代政府的基本责任，“政府办文化”观念已经成为社会共识。然而，政府也不是万能的，政府有限的财力和人力决定政府难以对农村文化事业的发展大包大揽。

因此，应改革文化产品的供给体制，在以政府为农村文化发展提供文化公共产品的主体的同时，应充分调动一切积极因素，整合一切可以整合的积极力量大力推动农村文化事业的发展。国内外公共文化服务的经验表明，在创建公共文化中，充分鼓励社会资本参与，不仅可以大大减轻政府投资和管理的负担，也可以充分调动社会资本的积极性和创造性，整合社会资源。为了促进农民文化发展权的实现，应确立民间资本对农村文化建设的投入机制。政府可实行财政补贴和税收优惠等积极措施，鼓励社会资本投资一些具有一定收费功能的农村文化场馆的建设，如农村电影院等。同时，政府应采取积极措施鼓励农村集体经济组织结合当地集体经济发展实际和文化发展状况，在力所能及的范围内投资一些文化设施和文化场馆。比如，在村民相对集中的村内空地，有经济能力的村委会或村民小组可以投资建设小型的村民文化休闲广场，并配置一些必要的健身器材。广大村民在进行文化娱乐的同时，也可进行身体锻炼。村民文化休闲广场，具有健身和娱乐休闲的双重功能。

（三）充分调动农民的文化自治性，激活农民文化建设活力

外因是事物变化的条件，内因是事物变化的根据。农民文化发展的实现归根结底在于充分发挥农民自身建设的主体性。文化是提高人的素质和精神品味的事业，除了政府的积极推动外，关键还在于农民主动参与，充分发挥农民参与文化生活的积极性和主动性。

第一，完善村民文化利益诉求表达机制，加强程序保障。现行《村民委员会组织法》第24条规定的村民会议讨论决定的自治事项一般都是事关农民经济发展权的事项。在该条中与农民文化发展权有关的仅为第3款“本村公益事业的兴办和筹资酬劳方案及建设承包方案”。尽管农民文化建设事项也包含在“本村公益事业”之中，但并未明确规定。由于该条其他款都是关于经济权利和经济发展权等方面事项的规定，在实践中往往使人误以为村民委员

会仅能就经济事项进行自治决议。《村民委员会组织法》关于村民自治议决范围的规定，已不适应农民日益增长的文化发展利益需求。因此，应在《村民委员会组织法》第24条增添一款，将“村内文化事业的建设方案”明确作为其村民委员会的决议事项。

第二，努力调动村干部的文化自治积极性，充分发挥其在村民文化自治中的作用。村民自治是我国党和政府在农村实现社会主义民主与法治的宪政制度安排。村民委员会作为基层群众自治组织，我国《宪法》将其职能定位为“自我管理、自我服务、自我监督”。在农民文化发展实现中，应充分发挥村民委员会在文化自治中“自我管理、自我服务、自我监督”的功能。应将村委会干部对于村内文化发展的贡献作为年终考核和评优评先的基本依据，纳入村干部的政绩考核体系，以此激发村委会干部从事村内文化建设的热情。

基层政府应加强培训，培养村民村委会干部的文化服务意识，以此发挥村委会干部作为村民自治领头雁从事文化自治工作的积极性和主动性。党支部作为党在农村基层的核心力量，应把加强对村民文化自治的领导作为一项重要的政治任务来抓。在农民文化发展权保障中，党支部的领导作用应表现为：思想上引导，保证农村文化建设的马克思主义的思想阵地；政治上领导，保证农村文化建设在“百花齐放”的基础上，不偏离我国社会主义的政治方向；工作上指导，党支部应以敏锐的眼光及时发现本村村民文化的迫切的现实需求，并积极将其上升为党的主张，通过村委会及时地把它上升为村民会议或村民代表大会的提案。村支两委应在村民自治法律法规允许的范围内努力促成村民自治文化提案并在村民会议和村民代表会议中通过。村民文化自治的提案通过后，村民委员会应加强管理，努力促成村民自治中文化公益事业的有效完成。

第三，保障农民结社自由，培育农民文化社团。结社自由不仅是公民的一项基本人权，也是我国《宪法》规定的公民基本权利。根据结社目的的不同，可将公民自由结社组成的社团分为政治社团、经济社团、文化社团和社会生活社团。文化社团是传播科学文化知识的重要载体，是弘扬新价值、新观念和新风尚的重要团体。农民文化社团是将具有相同的和相似的文化兴趣爱好者联结为一体进行文化学习和娱乐、文化创造和传播的团体，对于传播优秀文化、提高农民文化素质和精神品质具有极为重要的作用。

据课题组对常德鼎城、桃源和怀化沅陵等县12个乡镇调查表明，有民间艺术团7个，其中鼎城4个、桃源2个、沅陵1个。调查呈现出这样一个现象：经济越发达的地方，民间艺术组织往往越发达。其中鼎城区草坪镇离城区近，有2个，并且其影响力较大几乎可以覆盖整个鼎城区。而经济相对落后的沅陵县的民间艺术团很少，并且规模和水平也和草坪镇的民间艺术团有很大差距。

实践中，我国大多数农村地区的农村社团特别是农民文化社团较少，现有的少量农民文化社团大多也是发育不良。因此，政府应加强农村文化社团的培育力度。一是政府要降低农民文化社团的登记门槛，让更多志同道合的农民基于文化爱好而自由结社；二是政府应加强经费支持，建立奖励机制，对于运行良好社会效益较高的农民文化社团予以重点奖励和扶持；三是政府可以购买优秀的农民文化社团的文化节目作为文化公共产品向一定范围内的农民提供和传播；四是政府应提供平台，让农民文化社团的优秀作品有机会在更大平台上展示，彰显农民优秀文化的风采；五是政府应创建农村文化团体相互交流学习的平台，在此基础上打造有竞争力的文艺团体和组织，发挥其在农村文化建设和农民文化发展权实现中的整体驱动作用。

（四）加强政府责任，实现教育公平

教育是人类社会文明进步的推动器，是推动经济发展和社会全面进步的动力之源。教育发展权是农民文化发展权的核心内容。教育发展权本身是农民文化发展的动力性子权利，而且教育发展权的保障和实现水平也是衡量农民文化发展权实现水平的重要标尺。教育是社会公正的调节器，而公平和平等本身是教育发展的内在价值。平等是农民教育发展权实现的核心价值。“教育之所以是平等的，是因为人人是祖国亲爱的孩子，是因为人人都有同样的权利享受在不平等的制度下势必受到破坏的幸福，是因为从教育的平等当中应当产生最广泛的政治上的平等。”〔1〕保障城乡教育发展权的平等实现，不仅是城乡一体化发展的基本要义，也是农民文化发展权的基本目标和追求。

政府责任是指政府积极回应公民社会的合法合理的利益诉求，并采取积极有效公平合理的措施，努力促成公民社会利益诉求的实现，实现社会公平

---

〔1〕［法］菲·邦纳罗蒂：《为平等而密谋》（上），陈叔平译，商务印书馆1989年版，第219页。

与公正的责任。政府责任是政府对于经济、政治、文化和社会生活等的促进和助长责任，文化责任是政府责任的重要组成部分。不断满足人民群众日益增长的精神文化需求，实现教育公平，是切实履行政府文化责任的重要内容。政府文化责任的履行对于繁荣农村教育和文化，保障农民文化发展权的实现具有极为重要的意义。在城乡一体化建设的历史背景下，政府保障农民教育发展权的关键在于建立城乡教育资源均衡机制，促进城乡教育发展一体化。长期以来，我国城乡教育二元化发展是我国农村教育落后，农民教育发展权得不到有效保障的关键原因。缩小城乡教育发展的差距，关键在于统筹城乡发展，实现城乡教育发展一体化。

1. 加大农村教育预算比重，加强对农村教育公共产品的投入。在政府预算中，应加大农村教育预算投入的比重，特别是农村义务教育的比重。政府应努力改善农村义务教育和农民教育培训的环境和设施。此外，还应为每个农村学校拨专款添置和修缮多媒体教室，配备现代化的教育设施。政府应保障农村教师的收入水平，确立农村教师的补贴制度，对于“老少边穷”地区的农村教师还应实行特殊补贴制度。政府应提供财政支持，加大对农村教师技能培训的支持范围和支持力度。政府对农村教育预算比重的增加，必将为农民教育发展权的实现提供有力的物质支撑。

2. 建立城乡教师双向流动机制，努力提高农村义务教育质量。目前，我国城乡师资发展严重不均衡：一方面，城市中小学校大多数教师超编严重，大多数学校教师工作量严重不足；另一方面，我国大多数农村地区师资力量紧缺，很多农村学校的教师工作量极为繁重。越是经济落后的农村地区，教师越紧缺，“老少变穷”地区甚至达到奇缺的程度。基本的师资力量都得不到有效保障，农村义务教育的质量和前景堪忧！政府应采取积极措施，建立吸引大学生到农村任教的机制，如增加农村教师的编制数量，实现农村教师的特殊补贴、晋级提薪的优惠政策等。同时，还应建立城乡教师双向流动机制，从而激活农村教育的师资活力。政府可以规定城市中小学在选拔教师时，有农村中小学教学经历特别是在国家“老少边穷”地区目录中的学校工作过的教师享有加分的权利，并根据工作年限加分。同时，可以规定城市中小学骨干教师每十年应到农村支教一年，并以此作为晋升职称的重要依据。对于到农村支教的教师，可以晋一级工资作为正面激励。对于符合条件却拒不履行农村支教支边义务的教师，可以予以行政处分。通过正反两方面的激励机制，必将有效地引导城市骨干师资向农村流动，从而实现城乡师资的双向流动，有力地增强农村教师的师资力量并提高其资水平。

3. 加强农村教育执法监督，维护教育公正。教育行政执法，是国家有关教育行政机关及其工作人员按照法定职权和法定程序对我国教育法及有关法律法规的实施状况进行监督的具体行政行为。加强农村教育行政执法监督，贯彻落实国家关于农村教育法律法规，对于消除农村教育腐败，实现农民教育发展权都具有重大意义。其一，建立政府教育行政部门对农村中小学的常规检查与临时抽查相结合的监督体制。这样灵活的监督检查机制有助于将广大农村中小学的教学和管理随时置于政府的监督管理之下。其二，监督检查的范围应是涉及教学和管理等各方面的全方位的检查。不仅对教师教学纪律和教学质量进行检查，而且对学校领导和老师的可能的腐败行为进行监督。其三，监督检查应聘请人民教育监督员。为了防止部分教育行政部门领导和中小学学校领导及教师基于人情关系或其他关系可能导致的教育执法监督的失效，应聘请社会各界的公平正义的人士和具有法律知识的人士组成人民教育监督员库。每次对农村进行教育监督检查时随机抽取1~3名人民教育监督员一起进行教育监督检查。其四，在农村教育监督检查中，发现问题应及时处理。对于权限范围内的教育违法违纪行为，教育行政管理部门应依行政程序在深入调查取证的基础上，做出合理的处罚措施；对于超出教育行政管理部门权限范围的农村教育违法犯罪行为，及时移交司法部门处理，坚决杜绝教育行政主管部门为包庇违法犯罪者而“大事化小、小事化了”的现象。加强农村教育的执法监督检查，对于优化农村教育秩序，保持一种风正气清的教育环境及保障农民教育发展权的实现具有极为深远的意义。

（五）建立健全农村文化人才培养机制，打造高素质的农村文化建设队伍

人才是一切事业之根本。农民文化发展权的实现，农村文化事业的发展，归根结底在于选拔和培养农村文化人才。农村文化人才是农村文化事业发展的中坚力量。打造农村人才队伍，培养高素质的农村文化建设队伍可以从以下几方面着手：

1. 挖掘农村文化人才，建立农村文化人才档案。通过调查访问，挖掘农村潜藏的民间艺术家、民间艺人，按照类别建立人才档案，并给予一定的物质激励，充分调动民间艺术家、民间艺人投身农村文化建设的积极性和主动性。对于确有专长的农村文化人才，政府可以采取措施将其吸纳到农村文化

馆工作，或者政府采取签约方式购买其有价值的文化产品供农村文化发展推广使用。湖南省常德市临澧县培养农村社区乡土人才的经验值得学习和推广。

日前，临澧县同心社区党支部书记、村委会主任王承宗连续接到浏阳市、湖北公安县等地的邀请，为当地村党支部书记、村委会主任、大学生村干部讲授农村社区建设的有关知识。王承宗用生动的顺口溜、朴实的语言讲述了自己亲身的体会，受到了与会人员的热烈欢迎，被亲切地称为“王专家”。

在临澧县，像王承宗一样知名的农村社区“土专家”有五百多人。他们活跃在周边省、市、县、乡镇、村，成为临澧农村社区建设的骨干力量，他们领建的农村社区也吸引了众多外地人员慕名前来参观。

自2007年以来，临澧县致力于开发乡土治理资源，培养农村社区建设乡土人才。县民政局编写了教材，对全县310个村的村、支两委负责人进行业务培训和考试，合格者颁发结业证书；建立了“农村社区建设乡土人才库”，并在同心、总庙、同欢、龙池、三合、古城、沙堤等村建立培训基地，开展农村社区建设实验。

通过探索实验，该县创造了具有临澧县特色的农村社区建设模式，即“一村建一社区”的社区定位模式，“两委+协会”的社区体制模式，“一二三四”的社区硬件设施建设模式，“美、爱、孝、能、雅”的社区文化模式，“向上争、本级投、部门扶、社会捐”的资金筹措模式，首问责任制、公开办事制、全程代理制、轮流值班制、服务内容公开、办事程序公开、工作职责公开、行为规范公开、分办落实公开、承诺时限公开的“四制六公开”社区服务模式，出台了《临澧县农村社区服务中心建设标准》，制作了《临澧县农村社区服务指南》，编写了《农村社区建设实验工作在临澧》等业务指导类书籍。

为了提高“土专家”的理论水平和实际工作能力，该县还设立了农村社区建设工作论坛，定期或不定期地召集“土专家”们开展活动，传递工作信息、讲授理论知识、交流工作经验、现场指导工作等。2011年，该县荣膺“全国农村社区建设实验全覆盖示范单位”。〔1〕

〔1〕 徐德清、文湘平：“临澧500‘土专家’给力新农村建设”，载《常德日报》2012年5月6日，第1版。

2. 创新人才培养机制，营造农村优秀文化人才脱颖而出的体制环境。建设一支高素质的农村文化工作队伍，是农村农民文化建设和农民文化发展权实现的基础工程。应抓好农村文化人才的培养，营造有利于农村优秀文化人才脱颖而出的体制机制和社会环境。鼓励和吸引大学生到农村从事文化工作，发动农村当地文体教师、科技人才和文化积极分子等现有农村文化精英参与文化建设，通过政策吸引和对现有文化人才资源的充分调动，实现文化人才的不断再生。

应该重视农村民办文化人才的培养，政府应该让农村社区民办文化人才公平享受政府培训的机会。政府应该对农民文化人才创造的知识产权所获得的收入实行个人所得税的减免。对于农民文化人才的创造发明，应建立绿色通道帮助其申请专利。对于农民的创作的著作权，政府应对其知识产权予以特别保护，加强农民文化作品的奖励力度。加强农村文化队伍建设，为农村文化建设、农民文化发展权的实现奠定坚实的人才基础。

3. 应加强农村文化管理干部的管理与培训。农村文化干部在农村文化发展中起到重要的组织和管理作用。管理出效益，加强农村文化干部的管理也是农村文化发展的重要举措。每个乡镇应设置文化副乡长和文化专干。有条件的村的村委会也应设置文化专职委员，条件不成熟的村也应明确村民委员会干部抓村内文化建设的职责。应建立和健全基层文化干部的考核评价机制，通过培训和考评，发挥基层文化干部的核心领导作用。应加强对基层文化干部的集中培训，帮助基层文化干部解决“如何促进农村文化建设的问题”。

第三节 培育宪政文化，塑造新型农民

一、培育宪政文化，型构农村治理

宪政既是一种民主制度安排，也是一种公民理想的生活方式，更是一种公民追求幸福生活的活生生的政治实践。宪政是建立在人权、民主、法治基础之上的政治制度。周叶中教授认为，“宪政是以宪法为前提，以民主政治为核心，以法治为基石，以保障人权为目的的政治形态或政治过程。”〔1〕宪政

〔1〕 周叶中主编：《宪法》，高等教育出版社、北京大学出版社2004年版，第177页。

的宗旨是奉行民主法治，增进人民福利。

文化是人类社会的血液，文化是宪政与法治的灵魂。文化是构建宪政社会的重要精神支柱和内在动力。“对于人类民主宪政的发展来说，光靠构建一种合适的宪政制度或只是把民众简单地拉入宪政体制之中是不能真正实现民主宪政的，关键还是要营造能够为全体民众所认可和接受的宪政文化，这类宪政文化既可以尊重民众的个人意志，又会考虑社会发展的公共意志，还能凝聚人们对宪政的共识。”〔1〕

（一）明确农村治理的宪政化目标

将村民培养为公民，将村民社会发展为公民社会不仅是我国社会主义新农村宪政化治理的基本目标，也是农民文化发展权实现的宪政目标。村民社会即传统的乡村社会，它是以小农经济为基础的经济形态。小农经济以分散化、单个的农户个体从事土地经营为特征，与封闭、落后相联系；而公民社会则是市场经济高度发展的产物，村民社会不断发展而升华的高级农村社会形态。公民社会是以村民社会为基础，在村民社会基础上因内涵提升和品质提高而发展形成的高级社会形态。市场经济发展是农村公民社会形成和生长的基本动力。农村文化建设，不仅应提高农民的科学文化素质，更应提高农民的道德情操、法律素质和人文素养。培育农民公民意识和公民精神，建构农村公民社会应为农村文化建设的基本宪政目标。

（二）深化农村治理的宪政价值取向

宪政，不仅是人类政治文明的共同成果，更是现代政治体制的价值选择。宪政关键在于限政，即限制国家权力，保障公民权利。亚里士多德在《政治学》中就主张用宪法的形式限制整个国家的结构，规定城邦是“最高统治机构和政权的安排”。〔2〕首先，宪政是通过宪法实施的民主政治，国家通过宪法将民主价值和制度确定下来再向全社会推行和实施。一方面，没有宪法就没有宪政；另一方面，只有宪法，没有民主政治的内核，也就没有宪政。张庆福指出：“宪政就是宪法政治，以宪法治理国家。它的基本特征就是用宪法这种根本大法的形式把已争得的民主体制确定下来，以便巩固这种民主体制，

〔1〕［日］川本隆史：《罗尔斯正义原理》，詹献斌译，河北教育出版社2001年版，第108~109页。

〔2〕［古希腊］亚里士多德：《政治学》，吴寿彭译，商务印书馆1983年版，第178页。

发展这种民主体制。”〔1〕其次，宪政意味着法治，“法治是宪政的基本标志，宪政是法治的必然结果。”〔2〕宪政意指法律化的政治秩序。国家权力来源于宪法和法律的授权，并在法治轨道内有效运行。决不允许有超越宪法和法律的特权存在，任何违背法律的滥用职权行为都被有效而有力地禁止。而法治所依赖的法律是社会公益或人民意志的体现，“我们不用问法律是谁来制定，因为法律是公益的行为。”“法律只不过是我们自己意志的记录。”〔3〕宪政之治所依靠的法律应当是公正的并且具有绝对的至高无上的权威。最后，宪政的内核是人权。人权是人之所以为人所应该享有的权利。宪政的根本目的和宗旨就是保障人权，“保障人权是宪政存在的最终根据，是否以保障人权为目标是衡量真假宪政的道德标准，能否保障人权是判断宪政是否有效的重要标志。”〔4〕民主、法治、人权是宪政的基本价值和理念，共同构成宪政的三个有机要素，三者缺一不可。而法治以民主为表，以人权为里，三者共同成为拱卫宪政大厦的三块基石，“法治和民主是宪政的双翼，缺少任何一个，宪政就会折翅。故而，民主和法治是一对孪生姐妹。民主和法治只有相偕而行，宪政才可能实现。”〔5〕

农民是我国最大的群体，在中国推行宪政离不开农村的宪政运动。农村基层治理离不开宪政文化和宪政方法的有力支撑。农村基层治理宪政化不仅决定了基层治理的现代化成色，而且直接决定了基层治理能否有效运行。民主、法治、人权既是宪政文化的三个要素，也是宪政的三个最为基本的价值追求。民主、法治和人权当然应该成为农村宪政化基层治理的基本价值取向。宪政的民主、法治、人权价值取向不仅是农村基层治理的现代化政治文明的理念，而且这种价值取向必将映射到农村基层治理的一系列政治制度的设计中去。

（三）建构宪政化的农村治理模式

宪政，在一定意义上讲，是一种治理国家的理想模式。通过宪政的治理

〔1〕张庆福：“宪法与宪政”，转引自许崇德主编：《宪法与民主政治》，中国检察出版社 1994 年版，第 3 页。

〔2〕周叶中主编：《宪法》，高等教育出版社、北京大学出版社 2004 年版，第 178 页。

〔3〕［法］卢梭：《社会契约论》，何兆武译，商务印书馆 1980 年版，第 51 页。

〔4〕白钢、林广华：《宪政通论》，社会科学文献出版社 2005 年版，第 10 页。

〔5〕丁德昌：《民初湖南省宪自治研究》，上海人民出版社 2011 年版，第 312 页。

模式来实现社会基本正义，保障公民基本人权。宪政化的农村治理模式，就是民主－法治的治理模式。宪政首先是一种民主政治，“宪政是什么？就是民主政治。”〔1〕宪政化的农村治理，关键是必须充分发扬民主。民主政治不仅是人类社会历史进步的标志，更是人类文明的重要标志。民主是我国社会主义法治的本质。“没有民主就没有社会主义，就没有社会主义现代化。”〔2〕

民主就是人民当家做主。农民作为农村社会主体，不仅要求在农村基层社会治理中当家做主，而且要求在国家政治层面当家做主，在国家政治生活中发出自己有力的声音。一方面，宪政化的农村民主治理要求让农民享有参与管理国家事务、管理政治经济文化和社会生活事务的权利；另一方面更要求由传统社会的“为民做主”变更为“由民做主”的治理模式。宪政化的农村民主治理模式要求真正还权于民，事关农民切身利益的公共事务和公共事业真正实现农民自治自理。

20世纪80年代以来，在中国农村基层社会推行的村民自治，无疑是党和国家在广袤的农村社会推行民主政治的关键举措，是新时期中国特色社会主义民主政治的重要生长点。村民自治的民主价值正如《乡镇论坛》所评述的：“对于昨天，它涤荡着延续数千年的人治、专制、管制的历史；对于明天，它使九亿农民受到民主训练和洗礼，为文明、民主的中国播下了希望。”〔3〕

村民自治的民主治理是采用“民主选举、民主决策、民主管理和民主监督”的运作模式。民主选举是村民自治的前提和基础。村民民主选举遵循公开选举、普遍选举、差额选举和秘密投票的原则选出村委会成员。通过民主选举当家人确保了村委会由村民直接选举，这是村民自治直接民主的开端。民主决策是指村民自治中凡是涉及村民利益的事务都必须由村民或村民代表参加讨论并按照多数人意见作出决策。村民决策是村民自治权的集中体现。民主管理是村民按照宪法法律和相关规章制度规定，对村中公共事务和公益事业进行自我参与的管理模式。村民民主管理的基本方式有两种：一是村民通过村民会议或村民代表会议，就村内公共事务发表意见，进行讨论和决策，直接参与村务的管理；二是在不违背宪法和法律法规规定的前提下，结合本

〔1〕《毛泽东选集》（第2卷），人民出版社1991年版，第735页。

〔2〕《邓小平文选》（第2卷），人民出版社1993年版，第168页。

〔3〕米有录、王爱平主编：《静悄悄的革命——中国村民自治的历程》，中国社会出版社1999年版，第25页。

村实际，村民通过村民会议或村民代表会议及村规民约来约束本村干部和村民，实现自我管理。村务管理的重点是村级财务管理。在宪政化的民主管理中，一定要不断疏通民主管理的渠道，真正实现管理的民主化。同时，要不断创新干部管理模式，坚决摒弃农村基层干部"家长制"、"一言堂"的非民主作风，大力发扬农村干部密切联系群众、充分发扬民主的优良作风。民主监督是村民自治中村民依据宪法和法律法规规定，通过一定的民主形式对村干部的行为和各项村务进行监督，从而保证村民民主权利得以实现。村务公开是民主监督的主要形式和重要途径。只有公开，才能透明；只有公开，才能公正。村务公开是给群众一个"明白"，还干部一个"清白"，是民主监督的关键举措。"民主选举、民主决策、民主管理、民主监督"构成了农村宪政化治理模式的基本环节。

二、弘扬法治精神，建构农村法治

宪法是国家的根本大法，宪政是依宪而治。宪法的有效运作和良性实践需要通过国家整个法律体系去保障和实现，需要法治的精神理念和价值去充实和提升。宪政民主是规范化、制度化、程序化的民主。这表明宪政在内容和本质上是民主的，在形式和手段上则是法治的。宪政必然是法治，法治是宪政的刚性支撑，"宪政是以法治为条件或环境，以宪法实施为依据的民主政治形态及其运行过程。"〔1〕早在两千多年前，亚里士多德就明确提出法治的基本内涵，即法治有两层含义："一是公民遵守业已颁订的法律；另一层含义是公民们所遵守的法律是制定得优良得体的法律。"〔2〕亚里士多德坚决反对人治，他认为法治优于一人之治。因为法治具有公正性，而人治则容易偏私，"让一个人来统治，这就是在政治中混入了兽性的因素。"〔3〕西塞罗强调官吏应该忠诚执行法律，认为"执政官乃是会说话的法律，法律乃是不会说话的执政官。"〔4〕孟德斯鸠认为，法治需要良好的法律，而良法是宽和的，"适中

〔1〕谢维雁：《从宪法到宪政》，山东人民出版社2004年版，第117页。

〔2〕［古希腊］亚里士多德：《政治学》，吴寿彭译，商务印书馆1965年版，第199页。

〔3〕［古希腊］亚里士多德：《政治学》，吴寿彭译，商务印书馆1965年版，第169页。

〔4〕转引自法学教材编辑部《西方法律思想史》编写组编：《西方法律思想史资料选编》，北京大学出版社1983年版，第79页。

宽和的精神应当是立法者的精神。”[1] 哈耶克特别强调“法律下的自由”，他努力勾画了其法治下的自由理想，认为“只有在自由时代，法治才被有意识地加以发展，并且是自由时代最伟大的成就之一，它不仅是自由的保障，而且也是自由在法律上的体现”。[2]

法治也是我国农村宪政化治理的精神和基本原则。改革开放以来，我国农村社会主义法治进程取得一定成效，广大农村基层干部和群众的法治素质有所提高，法治环境获得较大程度改善。然而，诸多因素阻碍农村法治进程的推进，农村法治建设仍有很多盲区。我国农民法治观念和法律意识并没有与农村经济发展水平成正比。不少地区农民的法律意识并没有随着经济的增长和我国立法步伐的加快而明显增强。很多地方农民严重崇拜权力、权利义务观念模糊、主体意识淡漠和法律知识的欠缺。当自身权利被侵害时，要么浑然不知；要么忍气吞声、屈从于权；要么置法律规定而不顾以暴力维权。农村法治建设的相对落后，农民法律意识和法治精神的缺失，严重制约了我国农村宪政文化的发展，制约了我国农村法治建设进程，成为制约我国农民文化发展权实现的精神“瓶颈”。因此，加强农村法治建设势在必行，刻不容缓！

农村法治化是一个系统工程，根本在于构建宪政化的农村法治治理制度。农村法治治理制度，离不开宪政文化和宪政方法强有力地支撑，“宪政文化和宪政方法不仅决定了基层治理的现代化程度，而且决定了基层治理是否可持续运行。”[3] 宪政文化不仅能培育农村治理的人本理念，优化农村治理的价值取向，更能引导人们构建民主宪政化的法治治理制度。

一方面，宪政化的农村治理制度，关键在于规范农村权力关系。宪政的本质是限政，即限制国家权力，保障公民权利。宪政的关键在于国家权力的分立和制约。权力分立与制衡在西方被誉为政治法律领域的“万有引力定律”。权力分立与制约是现代宪政国家治理的基本原则之一。因为，“一切有权力的人都容易滥用权力”，“要防止滥用权力，就必须以权力约束权力”[4]。

---

〔1〕［法］孟德斯鸠：《论法的精神》（上），张雁深译，商务印书馆1963年版，第286页。

〔2〕［英］哈耶克：《通往奴役之路》，王明毅等译，中国社会科学出版社1997年版，第82页。

〔3〕彭澎：“转型期农村基层治理变革的宪政内涵”，载《湖南财政经济学院学报》2013年第1期，第10页。

〔4〕［法］孟德斯鸠：《论法的精神》（上），张雁深译，商务印书馆1963年版，第15页。

在宪政化农村治理中，应科学界分基层政府和村民自治的权力-权利关系。《村民委员会组织法》第5条规定的乡镇和村民自治组织——村委会的关系是指导与被指导的关系。但实践中，法定的乡镇和村委会的指导与被指导关系异化严重。由于村委会除自治功能外，还具有协助乡镇政府完成一定行政任务的功能，而正是基于此，乡镇政府往往利用其强势地位将村委会自觉不自觉地作为自己的“腿”，严重影响了村民自治的自治功能。正确定位乡镇政府与村委会的关系是优化村民自治促进公民社会生长的关键。为此，要求乡镇基层政府应依法行政，充分尊重法定的村民自治权利，充分利用“七站八所”开展工作。坚决摒弃将村委会党支部沦为自己“腿”的做法，从而为村民自治中公民社会的生长奠定体制基础。

另一方面，加强农村宪政化法治治理，应在加强村民自治的基础上，努力将村民自治纳入到社会主义法治的轨道。村民自治运行三十多年取得了世人瞩目的成绩，不仅有力地促进了农村的法治意识和法治精神的发育，而且有力地推动了我国农村法治建设的发展。然而，由于封建专制社会人治思想的深远影响，我国农村治理法治化的目标还远未实现。实践中，作为农村法治重要载体的村民自治常常出现种种偏差，甚至在个别地方出现较为严重的异化现象，“严重偏离村民自治的价值目标和精神实质，甚至与村民自治制度设计的初衷大相径庭。”〔1〕因此，优化村民自治，将村民自治完全纳入社会主义法治轨道势在必行。

为此，应创新制度，制定《村民自治法》，为村民自治法治化奠定立法前提。完善的村民自治制度是促进亿万村民进行村民自治实践的制度前提。现行《村民委员会组织法》仅仅局限于组织法层面，经过长期运行已经因为法律漏洞或法律冲突的存在而弊端丛生，迫切需要制定综合的、系统的《村民自治法》。在《村民自治法》中如下几方面是必须重点规范的：

第一，应准确定位法律属性，明确自治基本原则。该法的基本法律属性应定位为权利法而不只是组织法，“村民自治权不受侵犯”应是其首要的基本原则。任何国家机关和个人不得以任何理由非法干预、阻碍和破坏村民自治。同时，村民自治实行直接民主原则。只有在“村”范围内实行真正的直接民主才能激发村民的公民意识和参与热情，使其积极投身于村民自治实践。

---

〔1〕丁德昌：《村民自治异化的法理初探》，载《法学论坛》，2006年第6期，第86页。

第二，应遵循制衡原则，合理配置村民自治的组织机构。根据权力制衡的基本原理，村民自治中的权力机构、执行机构和监督机构应该分立。权力构架应该分别由三个不同机构行使，即权力机构——村民会议或村民代表大会；执行机构——村民委员会；监督机构——村民监督委员会。三类机构分立既可以起到制衡作用，又能最大限度扩展村民参与自治的范围，培养其法治精神。

第三，应明确村民自治的具体权利和民主程序，现行《村民委员会组织法》对村民自治的民主形式，即“四个民主”——“民主选举、民主决策、民主管理和民主监督”规定地比较原则和抽象，缺乏实际运作形式的规定，从而使村民自治的实效难以实现。譬如知情权，尽管《村民委员会组织法》规定了村务公开的基本内容和公开频率，并规定“村民委员会应当保证所公布事项的真实性，并接受村民的查询”，但并未规定村务公开的具体形式、监督形式和程序、村民的反馈机制等，特别是没有相关法律责任的规定。如此粗线条的规定，使得村民的知情权保障容易流于形式，这势必挫伤村民参与村政的民主热情。在《村民自治法》中，应该填补以上村民知情权保障缺失的法律漏洞，从而激发村民作为公民的自治参与热情。应该通过颁布法律实施细则的形式，对村民的知情权、参与权、表达权、监督权的具体形式与方式予以明确规定。

三、坚持自治理念，践行民主实践

现代宪政理论认为，自治是宪政的基础，主体的自治权是首要人权，“在逻辑上，只有主体自治，才能保证主体人权产生的可能性。主体的自治权是人权的首要内容，是主体其他各种权利的基础。”〔1〕事关公民切身利益的公共事业和公共事务的处理权，只有掌握在公民自己手中，公民才有可能成为社会的主人，“人民当家做主”才有可能真正实现。公民的自治权，是一种基本的宪政安排。在基层社会实行居民或村民自治，则是我国社会主义宪政在基层社会的基本宪政安排。

宪政与专制的根本区别在于在专制政体下，统治者与被统治者是否具有

---

〔1〕莫纪宏：“社会自治与现代宪政”，载张庆福主编：《宪政论丛》（第1卷），法律出版社1998年版，第418页。

同一性。在专制政体下，统治者与被统治者不具有同一性。虽然统治者在自然属性上也是“人”，但在社会属性上，专制政体却赋予统治者以超越于“普通人”之外的权力，甚至被神化。专制政体往往具有神化的色彩，“君权神授”，君主或皇帝被神化为代表上天统治世界的神——天子。而绝大多数芸芸众生只能匍匐在神化的专制权力之下。只有君主才是世界的统治主体，芸芸众生只能是其统治的客体，“普天之下，莫若王土；率土之滨，莫若王臣。”〔1〕

在宪政体制下，统治者与被统治者具有同一性，因为在宪政体制下，统治者首先是作为一个“普通人”存在，与社会其他人具有平等的人格和尊严，都是现代公民社会的一名普通的公民。在此意义上，统治者没有任何超越于普通人的特权。任何公民都必须遵守宪法和法律，宪政绝不允许超越宪法和法律的特权公民存在。根据社会契约论，统治者的统治权只是人民主权的代理权，统治者也只是人民自己的代理人而已。在宪政体制下，统治者的统治只是一种人民代理权的行使。被统治者——人民有权根据其主权选择其代理人，统治者作为代理人在消极不作为甚至直接侵犯被代理人利益时，主权者享有随时罢免的权利。而一旦统治者试图以暴力统治被统治者从而实现宪政政体异化时，人民享有推翻统治者的“反抗暴政的权力”。莫纪宏先生深刻地指出：“在逻辑上，人统治人的统治关系有两种逻辑可能，一种是统治者的‘人’和被统治者的‘人’不具有统一性，这样，对于被统治者而言，统治者的‘统治’就是一种非主体自治式的外部自治；另一种是统治者的‘人’和被统治者的‘人’具有同一性，统治者就是被统治者，这里的统治者对于被统治者而言，就是一种主体自治。”〔2〕

在宪政体制下，公民是人民主权的主体，也是社会权力的主体。公民所享有的社会权力可以通过“社会自治”直接运作，也可通过代议制间接运作。一定范围内的共同体成员对事关其切身利益的公共事务进行自治自理，显然是公民对其享有的基于主权的社会权力的直接运作。

村民自治作为我国农村基层社会的宪政制度安排，是我国农民享受“人民当家做主”权利的具体形式。村民自治作为农村基层的宪政制度安排，属

〔1〕《诗经·小雅·谷风》。

〔2〕莫纪宏：“社会自治与现代宪政”，载张庆福主编：《宪政论丛》（第1卷），法律出版社1998年版，第41页。

于社会民主的典型形式，是我国社会主义新型民主的生长点。村民自治是生活在农村的公民参与基层民主政治生活最直接和最有效的一种形式。以自治和民主为基本精神的村民自治是我国社会主义民主政治在农村基层的基本体现和具体运用。广大村民通过“民主选举、民主决策、民主管理和民主监督”对事关其切身利益的公共事务进行自治自理。

村民自治通过一整套参与机制培育公民的参与精神，将抽象的民主具体化为现实的民主。村民自治不仅是一种民主政治理念，也是一种民主政治制度，更是一种民主政治实践。广大村民通过“四个民主”的形式对事关村民切身利益的公共事务进行自治自理。广大村民以村民自治制度为依托，创造了一整套村民直接民主的形式，积极参与村务活动，很大程度上实现了真正意义上的直接民主。村民在民主选举中，创造了“流动票箱”、“暗箱投票”等民主选举的方式和技巧，不仅扩大了候选人的范围，也提高了民主选举的参与度。在民主决策中，村民通过户代表会议——村民代表大会——村民大会对公共事务进行自治自理，民主范围随着自治事务重要程度而逐步拓展。这种层级性的会议制度安排，在保证村民自治民主性的同时较好地兼顾了自治的效率性。并非事无巨细一律召开村民大会，应根据事情大小来决定召开何种形式的村民会议。在村务管理中，广大村民创造性地将不同地区的乡风民俗纳入国家法治的轨道，创造了自治性的村规民约。通过村规民约的约束，广大村民的义务意识和责任意识能得到较好培育。在民主监督中，村民自治制度明确了村务公开的原则，规定了村务公开的具体范围，特别是规定了财务公开的具体内容。《村组法》所确立的民主监督的法律规范，为村民积极参与村务、监督村干部的各种腐败行为提供了法律依据，同时为村民监督意识和参与意识的提高提供了制度依托。通过村民自治“四个民主”的实践，村民的自治能力得到了提高，自治能力和民主精神得到了潜移默化的增长。

四、注重主体发展，塑造新型农民

主体是与客体关系中获得自身相互规定性的哲学范畴。主体是在事物本来应有的主导状态中处于支配地位的客观事物。马克思主义认为，主体是具有一定思维能力、能够从事改造世界的实践活动的人。人的本质“在其现实性上是一切社会关系的总和”。[1] 在哲学上，“主体是人”。[2] 活动的人本身是现实中的主体。人之所以成为主体，就在于人并非被动地、消极地适应自然环境，而是通过自身的社会实践能动地改造自然、社会，从而满足其自身生存和发展的需要。人的主体性是在社会实践中形成和发展的，人的实践活动是人的主体性生成和发展的现实基础。主体性是人之所以为人的自主、自觉、选择和创造的特性。主体性包括主体意识和主体行动两个层面。在社会生活领域，人的主体性“主要体现为人作为社会经济活动的主体，也就是作为活动的具体价值目标的制定者、活动最终发出者或价值损益的最终感受或承担者，所具有的主体资格和地位，以及在这些主体活动中从内在意识到外显行为方面所具有的为我、自主和能动等特性。”[3] 古希腊著名哲学家普罗塔哥拉认为“人是万物的尺度”，[4] 鲜明地确立了人的主体地位，将万物存在的价值和意义与人联系起来，人的主体意识开始萌生。所谓“主体意识是指人对自身的主体地位、主体能力和主体价值的自觉意识，以及在此基础上对外部世界和人自身自觉认识和改造的意识。”[5] 思想是行动的先导。主体的行动是受主体意识支配的产物。在现代化进程中，主体意识主要体现在人格意识、平等意识、权利意识、民主意识、法治意识和公共意识等方面。

在古希腊德菲尔神庙的门楣上刻着苏格拉底响亮地提出的“认识你自己”，这意味着哲学上人的主体意识的自我发现。主体在社会实践的对象性活动中，基于主体的智慧在实践活动中能够通过思维的加工积极能动地认识客观事物，从而发现隐藏在客观事物内部的规律性。同时，主体能够自觉发挥人的主体性，努力激发自我潜能，积极创造条件，去超越客体的制约从而实现更高的价值目标。作为主体的人以其主体性和主体意识为智慧明灯，发现客观规律并自觉摆脱客观必然性的制约，从而不断实现主体的从必然王国向自由王国的迈进。主体在充分发挥自身主体性的基础上，不断认识自我－超越自我－战胜自我，从而不断实现主体发展的自我跃迁。

---

〔1〕《马克思恩格斯文集》（第1卷），人民出版社2009年，第501页。

〔2〕《马克思恩格斯选集》（第2卷），人民出版社1972年版，第88页。

〔3〕余向华：《主体性与社会秩序的人本建构——转型变迁透视下的经济人假说》，经济科学出版社2010年版，第36页。

〔4〕转引自黄琳：《现代性视阈中的农民主体性》，云南大学出版社2010年版，第20页。

〔5〕张建云：“主体意识与人的全面发展”，载《中共四川省委省级机关党校学报》2002年第4期，第24页。

农民主体性是农民在从事农业生产和自我发展过程中作为国家和社会主体的一种主人翁地位的自觉、自主、选择和创造的特性。农民主体意识是农民将自我视为国家和社会活动主体，自觉将自己视为社会实践的主体和社会价值的主体的心理认同和理性自觉。一方面，农民将自我视为社会生活的实践主体，通过自身的劳动为社会提供物质和精神文化财富；另一方面，农民又将自我视为社会的价值主体，其存在本身具有自身的价值追求。农民主体意识促使农民在追求自我人格的前提下，通过自身的社会实践，在力所能及的范围内为社会创造财富，同时，要求社会尊重其主体地位和人格独立，公平地满足其作为社会价值主体的各种物质和精神文化需求。农民的主体意识，包括农民作为政治主体所具有的人格意识、权利意识、平等意识、自由意识等。农民主体意识是农民发展权保障的驱动力。农民主体的生成和发育，不仅能激发农民的生产积极性、主动性和能动性，而且能点燃农民的创造的智慧火焰，极大激发农民的创造性，从而有力地推动农民的政治、经济、文化和社会生活的发展。不仅如此，公民社会是农村宪政化治理的内在动力和宪政土壤。农民主体意识的生成和发育，对于农村公民社会的生长具有极为重大的意义。公民意识和公民精神是农村公民社会生长的内在精神动力和智力支持。没有健全的公民意识和公民精神，农村公民社会的形成只能是建筑在沙砾之上。因此，培育农民的公民意识，塑造新型农民对于农村宪政化治理具有深远意义。

新型农民就是懂技术、会经营、有文化的农民。新型农民的素质既包括文化素质，也包括生活技能、市场意识、主体意识。新型农民应该具有创新意识、创新精神，思维活跃，敢闯、敢干、敢试，不断挑战自我。在社会主义新农村的构建中，实际上，新型农民的素质包括市场素质、科技素质和文化素质三个方面，简单来说，就是会经营、懂技术、有文化。“会经营”要求农民具有较强的市场意识、市场经营能力和管理能力，懂得并能够较好地运用市场优化配置资源的基本原理以合理配置人力、物力、财力等资源，从而获取较高的经济效益。“懂技术”要求农民掌握精湛的现代农业技术，精通所从事产业的生产操作技术；要求农民崇尚科学，尊重规律，积极学习和运用先进的农业科学技术及成果；要求农民在实践中不断创新，善于将自身掌握的科技知识运用到生产实践从而不断提高自身经济能力尽快实现从温饱到小康再到富足的现代生活的跨越。[1]“有文化”要求农民至少具备高中或职业中专以上文化程度，具备良好的政治觉悟和道德水平，具备良好的人文素质和综合素质。在新农村建设中，虽然农民文化水平有所提高，但农民对农业高新技术的认识现状并不乐观。就农村宪政治理层面而言，新型农民要求农民具有良好的法律意识和法律素质，能全面、准确、深入地理解国家对农民与农村经济的方针、政策、法规。新型农民要求农民具备良好的民主法制知识，懂得珍惜和运用其民主权利，具备较好的民主、法治、人权等公民意识；在农村公共生活中具有较强的参与意识和参与能力；在自身权利被侵犯时，懂得利用法律武器维护自身权益。

就宪政层面而言，新型农民的核心素质就是农民具备良好的主体意识和主体精神，而农民主体意识中最关键的是农民的公民意识。著名学者李慎之指出，中西文化“千差距，万差距，最大的差距就是人民的公民意识方面的差距”。[2]公民意识不仅是农民法治素质的核心内容，是农民文化素质极为重要的方面，而且也为农民市场素质和技术素质提供精神支持和法治保障。良好的公民意识和法律素质能为农民从事生产技术和市场活动保驾护航。因为广大农民乃至社会其他阶层民众都具有良好的公民意识和法律素质，才能为农民从事社会主义市场经济活动提供良好的法治环境。农民在技术型生产和市场经济活动中才可能杜绝坑蒙拐骗、假冒伪劣等非法现象。

培育农民公民意识，塑造农民的主体精神关键在于教育，“公民教育是现代文明的必然产物”[3]。公民意识和公民精神的培育除了公民教育以外别无他途。一方面，农民公民意识重在培育。我国是一个法治外源性国家，两千多年的封建传统使我国缺乏作为法治社会根基的公民意识。自古以来，农民臣民意识浓厚而公民意识严重缺失，为此，通过外部“灌输”的方式培育农民公民意识是培育农民主体意识、塑造新型农民的基本路径。加强农民公民意识教育，应该强化农村普法教育，创立农民法治夜校，增加公民意识培育的内容。特别是要加强农村干部的公民意识和法治精神教育，应实行农村基

---

〔1〕 本书组在调查中问到农民“是否知道农业高新技术”时，初中文化和高中文化水平回答“不知道”的比例分别为62.3%和20.5%，小学以下文化水平回答“不晓得”的为94.5%

〔2〕 李慎之：“修改宪法与公民教育”，载《改革》1999年第3期，第5页。

〔3〕 束锦：“农村民间组织与村民自治的共生与互动——基于市民社会语境下的探讨”，载《江海学刊》2010年第4期，第101页。

层干部法治培训班结业证制度，没有经过培训或培训不合格的不能上岗。应将农村基层政府班子对农村法治教育和公民意识教育的实绩作为政绩考核内容。更为基础和关键的是，应该为广大农村的中小学生开设公民课程，从小培育孩子的规则意识、权利意识、责任意识、参与意识和公共意识，培育其公民精神。另一方面，农村公民意识的培育应注重实践。“纸上得来终觉浅，绝知此事要躬行。”以农村社区为平台，以村民自治为制度依托，直接民主是培育村民权利意识、责任意识与参与意识的最好实践平台。村民自治为村民行使当家做主的民主权利提供了一套操作性极强的民主技术和法治程序，如候选人“海选”的提名方式、差额选举、无记名投票、秘密投票、村民大会、村务公开等等。在这些创造性的直接法治与民主实践中，村民的自由、平等、权利与责任等法治意识与法治精神必将得到潜移默化的生长。同时还应充分利用农村社区居民的集居优势，采取积极有效的教育措施，进行社区公民的法治意识教育，如建设社区图书室、在社区礼堂定期举办法治讲座、精选有法治意义的影片在社区免费放映、组织社区法治辩论会等。如此，有意识的灌输教育与村民自治和社区生活实践相配合，必然大大推动农村居民公民意识的提高和公民社会的成长。

第六章

农民社会发展权

第一节 农民社会发展权之蕴涵

一、农民社会发展权之内涵阐释

（一）社会发展权之基本内涵

社会发展权是社会生活发展权的简称，是作为主体的人通过社会发展而享有的社会生活、就业保障、医疗卫生、环境保护等方面得以充分发展的权利。社会发展权与政治发展权、经济发展权、文化发展权相并列共同组成发展权体系，在发展权体系中具有基础地位，是一种基础性的发展权。公民作为权利主体有从社会获得基本生活条件，并谋求生活质量不断提高与发展的权利。社会发展权是一种综合性的发展权，其范围十分广泛。社会发展权对集体主体而言，是一个国家和民族享有的通过合作和援助以及组成集体的个体成员为促进集体发展所采取行动的权利；就社会发展权的个人主体而言，有劳动就业权，以养老保险、医疗保险为核心的社会保险权，家庭生活质量提高权，环境洁净权，体育发展权，工会保障权及特殊群体的物质保障权等。社会发展权的各种子权利无论是否在形式上以“发展”为名，实质上都是以提高公民社会质量，在保障基本生存的基础上追求发展为宗旨。

社会发展权是以传统的社会保障权为基础发展而来的一系列权利。《世界人权宣言》第22条指出：“每个人作为社会的一员享受社会保障，并享受他的个人尊严和人格自由发展所必需的经济、社会和文化方面各种权利的实现。”同时，根据联合国的《世界人权宣言》第25条的理解，社会保障权主要包括：①每个公民都享有维持相当生活水准的权利，这是社会保障权的核心；②以及为保障该权利的实现而使最易受伤害的特定人群或主体，例如妇女、儿童、残疾人、失业者等，享有国家和社会特殊保护的权利。

社会发展权是以发展为核心价值的公民多方面的社会生活方面的权利为内容，是一种聚合性的发展权。社会发展权是以保障公民的生存权为出发点，以不断提升公民的生活质量为目的，以最终实现人的全面发展为归宿。

首先，社会发展权是以人的生存权保障为基础和出发点。生存权是发展权的基础，没有生存就没有发展。由于自然、社会以及公民个人自身能力的原因，人的生存能力有很大差异。在封建社会，“富者田连阡陌，穷者无立锥之地”；在社会主义市场经济蓬勃发展的今天，尽管我国基本解决了温饱问题，但依然是穷富“冰火两重天”。社会弱势群体特别是极弱势群体生存艰难。因此，虽然社会发展权以公民发展为目的，但要以公民生存权保障为基石。因为，在一个连基本生存权都得不到保障的社会是根本谈不上社会发展权保障的！《礼记》中所倡导的“故人不独亲其亲，不独子其子。使老有所终，壮有所用，幼有所长，鳏寡孤独废疾者，皆有所养”[1]，更多的是对人们基本生存权的关注！现代社会保障社会发展权就是要让公民“老有所养，幼有所依，贫有所助，病有所医，住有所居”。医疗保险权是保障公民在疾病特别是大病时能获得医疗救济的权利；养老保险权是在公民年老退休缺乏工作能力时能享有基本的物质生活的权利；环境洁净权是公民为了保持身体健康而免受空气等环境污染的权利。从权利设置的意义来看，这些主要是维持公民基本生存的权利诉求。国家应保障公民基本的社会发展权，保障所有公民拥有生活的基本住所，患病后能得到社会救助，退休后能维持基本生活。国家政策应该特别凸显对弱势群体的关怀，尤其是要给予那些极弱势群体以特别保障。

其次，社会发展权是以不断提升公民生活质量为目的。社会是由人组成的，社会发展终究要体现在全体社会成员共享社会发展成果；而社会发展成果的享有最终要体现在公民社会质量的提升。“以人为本，关注民生”，就是社会发展权保障要以不断提高公民生活质量为目的的集中表达。邓小平同志提出了衡量一切改革成败与否应坚持人民群众“满不满意”、“赞不赞成”、“答不答应”的三个标准，这三个标准显然也适用于社会发展权保障。试想，如果在社会发展和改革中，人们的生活质量和生活水平长期得不到提高，广

---

〔1〕《礼记·礼运篇》。

大人民群众能“满意”吗？

而公民生活质量的提升必须以整个社会发展依托。个人和社会、国家的关系，犹如碗和锅的关系，只有锅里有才会碗里有。“众人拾柴火焰高”，公民只有积极投身于社会主义经济发展和政治、文化事业，才能创造出丰富的物质和精神财富，才能为公民个人生活水平和生活质量的提升奠定物质和文化基础，才能为公民社会发展权的保障提供有力的物质和精神文化支撑。

最后，社会发展权是以最终实现人的全面发展为归宿。马克思主义认为，人的全面发展是社会发展的归宿，未来社会是“以每个人的全面而自由的发展为基本原则的社会形式”[1]。人的全面发展，不仅是公民作为物质性主体和精神性主体的双向发展，也是公民经济、政治和文化生活多层面的共同发展。社会发展权即为人的经济、政治和文化生活提供基本生活保障，社会发展权是公民经济发展权、政治发展权和文化发展权的“后勤保障性”权利。公民只有享有劳动就业权，才能为其从事经济、政治和文化活动提供物质基础。因为在以“按劳分配”为主体的社会主义分配原则下，“不劳动者不得食”，劳动是社会公民获取物质财富的基本的和最为主要的渠道。人食五谷，哪有不生病疮？人生病后就需要医疗，医疗保险权就是帮助公民患病后获得经济上的补偿和救助，帮助公民尽快恢复健康，从而更好地从事推动社会经济、政治和文化发展的社会实践。养老保险权是保障公民在年老退休后，获得社会物质财富维持基本生活的权利。同时，养老保险权保障还能使公民从社会获得一种“老有所养”的心理预期，从而能够激发其从事社会生产劳动的积极性、主动性和创造性。不仅如此，由于公民在年老后生活能得到社会保障，公民就没有必要一味存钱以备年老之需。这对于劳动社会消费和发展及自我改善生活条件具有不可估量的意义。总之，公民社会发展权的保障是以公民全面发展为指向，为公民全面发展提供物质性条件。

（二）农民社会发展权的基本内涵

农民社会发展权，指农民为了追求自由发展维护自身身心健康而参与社会生活的权利和资格。社会发展权指向人的身心健康而自由地发展。作为人来说，身心健康而自由地发展是其从事政治、经济、文化等活动从而谋求发展的前提。因为，没有身心健康而自由地发展，人将缺乏参与政治、经济、

---

〔1〕《马克思恩格斯全集》（第23卷），人民出版社1972年版，第649页。

文化等活动的自我条件。农民社会发展权往往和一定的经济目的相连，但却和经济没有直接必然的联系。社会发展权的实现必须建立在一定的物质条件之上，其品质的提升往往随着社会经济的发展而发展。农民社会发展权以生存权为基础。没有生存就没有发展；反之，没有发展就难以维持较好的生存，甚至连基本的生存也得不到保障。

二、保障农民社会发展权的价值定位

农民社会发展权是改善农民生活条件、提升农民生活质量、提高农民幸福指数的最基本和最为直接的权利，其保障程度也是衡量农民发展权实现程度的最为基本的指标。农民作为我国最大的弱势群体，其社会发展权的保障与实现对于农民生存和发展至关重要。概言之，保障农民社会发展权的价值主要体现在以下几个方面：

（一）农民社会发展权是农民以主体性发展为核心全面发展的基本保障

人的全面发展是马克思主义为之奋斗的最高理想和价值目标。发展归根到底是人的发展，而人的发展关键在于主体自身的自由而全面的发展。农民经济发展权为农民发展提供经济基础，农民政治发展权为农民发展提供政治保障，农民文化发展权为农民发展提供精神动力和智力支持，而农民社会发展权则为农民发展提供后勤保障。农民社会发展权是事关农民生存和发展的基础性权利。农民社会发展权首先就是保障农民的基本生存权，其中农民社会保障权作为农民社会发展权的一项关键的权利，其基本的作用就是保障农民的基本生活。农民养老保险权保障农民在年老时基本生活能得到有效保障，使农民不因年迈而生活质量下降甚至老无所依。医疗保险权保障农民在生病时能得到社会的有力救助。农民就业权为农民获取生活资源提供公平的机会。农民自由迁徙权为农民在祖国的大地上自由地行走和居住提供法律支撑。

农民在基本生存权获得保障后必然谋求发展。“生存权是发展权的基础和条件，而发展权又是生存权的存续和发展。”[1]主体的积极性和创造性发挥是主体自我发展的基本条件。农民作为社会价值主体，要获得自由而全面的

---

〔1〕李长健、伍文辉：《基于农民权益保护的社区发展权理论研究》，载《法律科学》2006年第6期，第33页。

发展离不开农民社会发展权的充分保障。农民社会发展权就是农民的“后勤保障”性权利。其中构建公平的农民社会保障制度是保障农民基本生存、促进其全面发展的基本条件。农民的社会保障权，不但为农民提供基本生活保障，同时还为农民自身发展解除后顾之忧。如果农民的基本生活得到保障，后顾之忧得以解除，其生产积极性、主动性必将大大提升，创造热情也将大大被激发，从而使其成为推动社会主义市场经济发展乃至社会全面进步的中坚力量。农民在推动该社会全面发展的同时，也必将逐步获得自我的自由而全面的发展。

（二）农民社会发展权是推动城乡一体化发展，构建社会主义和谐社会的基础性权利

“建立和谐社会自古以来就是人类孜孜以求的美好理想，即使到了人类的最高理想得以实现的社会，和谐依然是那个时代的主旋律。”[1]2006年10月，党的十六届六中全会提出“为构建社会主义和谐社会努力奋斗”的目标。2008年10月，党的十七届三中全会作出“城乡一体化”的发展战略，标志着我国将进入城乡一体化发展的新时期。和谐社会的本质是社会关系的和谐，和谐的城乡关系是构建和谐社会的重要基石。没有城乡关系的和谐发展，构建和谐社会只是一句空话。保障农民社会发展权是缓解“三农”问题，促进城乡发展一体化协调发展的重要手段。城乡一体化发展，构建和谐的城乡关系，必须统筹城乡居民的政治、经济、文化和社会生活。赋予和保障农民社会发展权是促进城乡一体化发展、构建社会主义和谐社会的重要环节。

然而，由于计划经济时代的“一国两策”、“城乡分治”政策的影响，在相当长的历史时期内，城市和农村的发展是“两张皮”，城市和农村发展的结果更是冰火两重天。城市是财富和繁荣的积累，而大多农村则是贫穷和落后的积累。要打破这种恶性循环，必须努力推行城乡一体化发展战略。城乡一体化建设，关键在于努力促进农业、农村和农民的发展，而“三农”问题解决的关键又在于保障农民发展权的实现。农民社会发展权不仅是农业、农村和农民发展的手段性权利，也是农民发展的目标性权利，是手段和目标的有机统一。通过农民社会保障权、农民就业权、农民自由迁徙权等权利的实现，从而达到农民生存权得到有效保障、农民生活质量不断提高的目的。农民社

〔1〕卓泽渊：《法政治学》，法律出版社2005年版，第456页。

会发展权的实现，必将有力地缩小城乡之间的差距，逐步实现城乡一体化发展，从而为社会主义和谐社会的构建奠定坚实的基础。

（三）农民社会发展权保障是建设社会主义新农村的基本要求

2005 年 10 月，党的十六届五中全会通过《十一五规划纲要建议》，提出要按照“生产发展、生活宽裕、乡风文明、村容整洁、管理民主”的要求，扎实推进社会主义新农村建设。社会主义新农村建设的核心价值是发展。发展是引领新农村建设的基本价值理念。只有切实保障农民发展权，社会主义新农村建设才能获得根本的主体性力量。在社会主义新农村的五项基本要求中，“生活宽裕”、“乡风文明”、“村容整洁”是新农村建设对农民社会生活的基本要求，也是衡量新农村建设成果的重要指标。在此意义上，农民社会发展权是新农村建设成败的标准性权利，其保障程度是衡量社会主义新农建设成果的重要指标。

农民是社会主义新农村建设的利益主体，也是社会主义新农村的建设主体。新农村建设如果没有农民积极、主动、创造性地参与，那么新农村建设的愿望和目标将会落空。农民社会发展权首先是保障农民基本生存和发展的权利。如果农民缺乏基本的社会保障权、就业权和自由迁徙权等，农民参与社会生活的积极性、主动性和能动性必将严重受挫。反之，如果农民获得与城市居民平等的社会发展权，必将大大提高其投身社会主义新农村建设的积极性，“平等造成的激情既是强烈的，又是普遍的”。[1]农民社会发展权的有效保障，必然有力地驱动农民建设社会主义新农村的积极性和创造性，从而大大提高社会主义新农村建设的绩效，尽快实现“生产发展、生活宽裕”、“乡风文明”、“村容整洁、管理民主”的新农村景象。而新农村建设美好图景的实现，又必将进一步激发农民投身社会主义新农村建设伟大实践的热情。

第二节　农民社会发展权之困境

农民社会发展权是以农民身心发展为价值，包含物质和精神二元层面的关涉其社会生活发展的综合型权利体系。农民社会发展权包括劳动就业权，

〔1〕［美］托克维尔：《论美国的民主》（下），董果良译，商务印书馆 1998 年版，第 623 页。

以养老保险、医疗保险为核心的社会保障权，家庭生活质量提高权，环境洁净权，体育发展权以及特殊群体的物质保障权等。下面就农民的主要社会发展权的保障现状加以分析。

一、农民劳动就业权

劳动就业权是使公民维持生存并获得发展的基础性权利，是一种手段性权利。公民通过劳动为社会创造财富的同时，又从社会获取自身生存和发展所需要的物质财富。英国著名古典经济学家威廉·佩第曾说过："劳动是财富之父，土地是财富之母。"〔1〕劳动是社会财富产生的源泉，农民只有享有充分的劳动就业权利，才能为自身的发展积累充分的物质财富。顾名思义，传统农民是一个耕种土地，从土里刨食的职业群体。然而，我国是一个人多地少的国家，人地矛盾非常突出。以耕种田地为生的农民大多"靠天吃饭"，对自然资源和自然条件依赖性比较大。由于我国地域广大，旱灾、水灾、虫灾经常肆虐，本来就很弱势的农民在遭受自然灾害后往往连吃饭都成问题，连基本的生存权都缺乏保障，更遑论发展。"孔雀东南飞"，八九十年代兴起的南下打工潮成为欠发达或贫穷地区农民为了维持生存追求发展的真实写照。

然而，很多城市管理者以城市管理需要为名，继续沿用计划经济时代的那种陈旧的城乡分治的管理模式。这些管理者对农民根据宪法规定的享有的平等权利视而不见，采取了种种歧视农民的政策，严重侵犯了农民作为公民的平等劳动权利。我国《宪法》第2条第1款规定："中华人民共和国公民有劳动的权利和义务。"农民作为我国公民的重要组成部分——最大的公民群体，理应像城市市民一样享有平等劳动权利。《宪法》第2条第2款规定："国家通过各种途径，创造劳动就业条件，加强劳动保护，改善劳动条件，并在发展生产的基础上，提高劳动报酬和福利待遇。"代表国家作为城市管理者的政府及其职能部门理应为包括农民在内的所有公民积极创造劳动机会、改善劳动条件，而不应采取对农民的歧视政策从而推卸自己的责任。归结起来，不少地方政府对农民劳动就业权的歧视主要表现在如下几个方面：

1. 就业机会不平等。就业机会平等意味着劳动者就业机会均等，意味着每一个劳动者都能平等地进入劳力市场，自主择业，竞争就业。实际上农民

---

〔1〕《马克思恩格斯全集》(第23卷)，人民出版社1956年版，第57页。

进城务工承受着种种就业歧视。以户籍制度为基础形成的城乡二元社会结构使城市劳动力市场被人为地分割为正式市场和非正式市场。绝大多数进城寻求就业的农民只能在非正式市场寻找工作，从事的是城市人不愿干的“脏、粗、累”工作。农民进城不仅没有机会成为国家机关和企事业单位的职工，而且也不享有针对城市市民的就业政策，更主要的是城市管理者往往从制度上把农民工排除在城市的有利岗位之外。如，1993 年 9 月 20 日劳动部颁布的《劳动部关于从农村招工问题的复函》，该文件对全民所有制企业招用农民工的工种和岗位，规定必须由国务院劳动行政部门确定，但矿山井下、交通运输搬运作业、建筑、乡邮投递、纺织以及化工、冶金等行业在城镇招工不足或无人应招时确需从农村招用农民工时，可以招收农民工。在一些地区还用政策法规的形式来剥夺农民平等的就业和劳动权利，如上海市对其用工政策确定为“先城镇，后农村；先本市，后外地”。上海市劳动局发布的《上海市单位使用和聘用外来劳动力管理办法》中就规定农民工只能有条件地从事 A、B 类职业，不准从事 C 类职业，凡当前从事 C 类职业的必须限期清退。[1] 农民工中多数人所从事的工作是城市人不愿或不屑做的脏、累、险、重的活。在就业压力不断增大城市劳动力市场日趋饱和，城市下岗失业人员不断增多的背景下，城市管理者制定了一些限制农民工就业的政策，有些地方的农民工甚至成为被清除的对象。城市中很多相对较好也适合农民工的就业岗位如出租汽车司机，往往被城市管理者通过相应的规定把农民工排除在外。

不仅如此，针对农民工的收费也多，这无疑又为农民工就业增添了很多障碍。大多数城市规定，农民进城务工要办理《务工证》、《暂住证》、《健康证》、《就业证》、《婚育证》、《职业资格证书》，借此机会向农民工收取各种费用，多达几百元。目前，尽管有些城市对农民工的以上规定有所松动，但依然限制较多。

2. 就业报酬不平等。就业报酬是劳动者在付出劳动以后应该获得的待遇和酬劳。作为劳动者，应该享有的报酬主要包括工资、劳动保护、社会保险、休息休假和节假日补贴等单位福利待遇。我国是社会主义国家，“同工同酬”是我国《劳动法》的基本原则。但在现实中，农民工同工不同酬现象比比皆是。尽管我国现行《劳动法》规定实行统一的劳动合同制度，但实践中，用

---

〔1〕 参见刘怀廉：《中国农民工问题》，人民出版社 2005 年版，第 228～229 页。

人单位往往把农民工当成“呼之即来、挥之即去”的临时工而不与其签订合同，并且支付极为低廉的报酬。用人单位作为买方市场在供大于求的现实下，农民工往往只得忍气吞声。农民工被用人单位聘用后一般都作为临时工对待。农民工在用人单位干的往往是最脏、最重、最累的活，而得到的实际报酬往往只是城市工人的几分之一。实践中，农民工很少有人享受社会保险、带薪休假，更谈不上单位的其他福利和待遇。

3. 就业保障不平等。社会保障制度是市场经济体制的安全保障系统 ，是社会的安全网和减震器。社会保障不仅可以解决社会贫困阶层的生存和发展问题，而且通过保证满足每一位社会成员的基本生活需求，达到维持劳动力再生产的目的，从而使劳动力因素进入稳定的良性循环之中。社会保障是一个综合的体系，就业保障是其关键一环。就业保障又称就业的社会保障。在和谐社会秩序的构建中，就业社会保障应具有公平性。但我国目前的就业社会保障制度惠及的仅是城市工人。当城市劳动者在失业后能按照有关政策和制度享受相应的失业保障，领取到一定的失业保险金，享受城市的最低生活保障。而同样是工人的农民工却被排除在就业社会保障之外。不仅如此，国家实行的“再就业”工程所提供的新就业岗位也往往把农民工排除在外。

二、农民社会保障权

我国《宪法》第45条规定：“中华人民共和共公民在年老、疾病或者丧失劳动能力的情况下，有从国家和社会获得物质帮助的权利。国家发展为公民享受这些权利所需要的社会保险、社会救济和医疗卫生事业。”同时，我国《宪法》第33条规定：“中华人民共和国公民在法律面前一律平等。”结合《宪法》这两方面规定，显然，农民作为最大的公民群体也像城市市民一样被我国《宪法》纳入到社会保障体系中。2004年《宪法》修正案第23条补充规定：“国家建立健全同经济发展水平相适应的社会保障制度。”在这里，“社会保障”正式明确入宪，成为我国社会保障制度发展的里程碑。从宪法规定来看，我国社会保障体系的权利主体是包括农民在内的所有公民。然而，社会保障权作为一种宪法权利，目前仍然处于从法定权利向现实社会权利转化的阶段。农民社会保障权的实现还处于初步阶段，社会保障水平还很低。城乡社会保障一体化是国家统筹城乡发展的重要内容。农民低水平的社会保障不仅与农民社会发展权实现的权利诉求还有很大距离，而且也与城乡一体化发展的国家现代化发展战略极不相称。

（一）农民养老保险权

农民养老保险权是农民和城市市民一样参与社会养老保险，在年老后从社会养老机构取得养老金获得物质帮助的权利。人生是一个过程，任何人都将经历出生、成长、成熟、衰落和死亡的生命历程。人到一定年龄后，身体机能劳动能力逐步减退直到丧失，而维持生存和生活仍要从社会获取物质资料。因此，公民在年老后需要从社会得到一种养老帮助，政府有义务为每个公民平等地提供养老物质帮助。因为每个人都将经历由出生、成长、成熟、衰落最终死亡的生命历程。因此，每个人都将衰老，关注养老、保障老年人生活就是关注整个人类本身的命运。“老有所养”是世界各国关注的问题。我国《社会保险法（草案）》规定了公民的养老保险权，即国家建立基本养老保险、基本医疗保险、工伤保险、失业保险、生育保险等社会保险制度，保障公民在年老、患病、工伤、失业、生育等情况下依法获得物质帮助的权利。

随着我国城市化进程的加快，农村人口的养老隐性问题将显性化。解决农村人口养老问题将是社会不得不面对的重要任务。在目前广大的农村地区，家庭养老、土地养老、社会保险养老三种模式是基本的养老保障方式。但是社会保险养老的实施范围比较窄，往往受制于该地区的农村经济发展水平。以2009年为界，我国农民保险经历了从旧农保到新农保的进步。2009年以前，我国各地农村的社会养老保险基本上都是以民政部1992年制定的《县级农村社会养老保险基本方案（试行）》为基础，结合当地实际情况稍作修改后制定的，没有专门的法律来对其加以约束。2009年前实施的农民社会养老保险的主要做法是：以县为单位，根据农民自愿原则，在政府组织引导下，从农村和农民的实际出发，建立养老保险基金。保险基金以农民个人缴纳为主，集体补助为辅，国家予以政策扶持，实行储备积累的模式，并根据积累的资金总额和预期的平均领取年限领取养老金。由于旧农保中国家仅以政策支持，没有承担起对农民应尽的养老保险义务；同时，我国大多数农村集体经济组织在经济上实质上是空壳状态，“集体补助”在大部分农村地区是一句空话。这种养老保险模式实质上演变成农民的自我储蓄。众所周知，我国农村在20世纪90年代和21世纪初，大部分农村地区经济一片萧条，甚至出现农民大面积抛荒现象。2002年湖北监利县镇党委书记李昌平向国务院总理朱镕基上书疾呼，“农民真苦、农村真穷、农业真危险”就是这段时期我国农村状况的真实写照。农民参与社会养老保险的积极性不高，影响了农村养老保险的发展。试想，这种自我储蓄式的农民养老模式在大多数农村“农民真穷”的现实状况下农民参保的积极性能有多高，其覆盖面就可想而知了。更有甚者，一些地方将农保基金违规存入地方商业银行、农村信用合作社或者非银行金融机构，这些机构有的因经营不善亏损破产，致使存入的农保基金无法取出造成损失，形成支付危机，参保的农民上访事件亦时有发生，并有越来越多的人要求退保，成为社会不稳定因素。这样一来，除了极少数的农民能够享受到社会养老保险的保障外，绝大多数的农民依然只能依靠传统的家庭养老和土地养老，其基本的权益依然无法得到保障。

案例： 安徽省太和县李兴镇程寨村一位85岁叫程保平的老人，在儿子2010年1月死后，无人照料，4月1日被发现活活饿死在自己栖身的废墟里。面对村民们对村干部不履行救助责任的指责，村干部的回答竟然是：“谁让他没有儿子。”〔1〕

以上案例的确让人触目惊心，它凸显了我国农村养老保险制度的弊端。没有科学合理公平的农村养老保险制度，大多农民在年老之后基本的生存权都得不到有效保障。2009年开始实施的新农保较之以前的旧农保是重大的历史进步。新型农村社会养老保险（以下简称“新农保”）建立了个人缴费、集体补助、政府补贴相结合的筹资模式，养老待遇由社会统筹与个人账户相结合，与家庭养老、土地保障、社会救助等其他社会保障政策措施相配套，由政府组织实施的一项社会养老保险制度，是国家社会保险体系的重要组成部分。按照规定，新农保基金由个人缴费、集体补助、政府补贴三部分构成。养老金待遇由基础养老金和个人账户养老金组成，支付终身。

1. 个人缴费。参加新农保的农村居民应当按规定缴纳养老保险费。缴费标准设为每年100元、200元、300元、400元、500元五个档次，地方可以根据实际情况增设缴费档次。参保人自主选择档次缴费，多缴多得。国家依据农村居民人均纯收入增长等情况适时调整缴费档次。

2. 集体补助。有条件的村集体应当对参保人缴费给予补助，补助标准由

---

〔1〕“85岁老人饿死 村干部称‘谁叫他没儿子’”，载南方周末网，http://www.infzm.com/content/43461，最后访问日期：2015年2月8日。

村民委员会召开村民会议民主确定。鼓励其他经济组织、社会公益组织、个人为参保人缴费提供资助。

3. 政府补贴。政府对符合领取条件的参保人全额支付新农保基础养老金，其中中央财政对中西部地区按中央确定的基础养老金标准给予全额补助，对东部地区给予50%的补助。地方政府应当对参保人缴费给予补贴，补贴标准不低于每人每年30元；对选择较高档次标准缴费的，可给予适当鼓励，具体标准和办法由省（区、市）人民政府确定。对农村重度残疾人等缴费困难的群体，地方政府为其代缴部分或全部最低标准的养老保险。〔1〕

新农保较之旧农保，变农民自我筹资、自我储蓄的养老模式为个人缴费、集体补助和政府补贴相结合的模式。特别值得一提的是中央财政对农民养老保险进行补助，并且是直补的方式，即直接补贴到农民头上。可以说，它是继取消农业税、农业直补等一系列惠农政策之后的又一项重大惠农政策。新农保是事关农民切身利益的重大惠民工程，在中国广大农村地区破天荒地实现了对农民全覆盖的社会养老保险。国家在保障农民养老保险中开始承担起应尽的责任，是我国责任政府建构进程中具有里程碑意义的标志性事件。同时，新农保对于扩大劳动内需、推动农民生活水平的提高、破解城乡二元社会结构、统筹城乡发展都具有极为深远的意义。

然而，由于我国新农保实施起步不久，我国大多数地区农村经济依然较为贫困，新农保实施并未取得理想的效果。目前，农民养老保险权保障依然存在如下几方面的问题：

第一，仍然存在很大的城乡不平等差异。仅以缴费档次而言，新农保参保人员缴费标准设为每年100元、200元、300元、400元、500元、600元、700元、800元八个档次。城镇居民参加社会养老保险缴费标准设为每年100元、200元、300元、400元、500元、600元、700元、800元、900元、1000元、1200元、1600元十二个档次。两类参保人员均是自主选择档次缴费，多缴多得，在一个自然年度内，缴费档次确定后，一次性缴纳。城镇和农村参加养老保险缴费标准相差两倍。缴费档次差异大意味着国家补助差异大，也意味着最终农民和城市市民领取养老保险金存在很大差异。

第二，集体补助难以落实。20世纪80年代初，随着农村家庭联产承包责

---

〔1〕《国务院关于开展新型农村社会养老保险试点的指导意见》（国发〔2009〕32号）。

任制的推行，农村集体经济日益衰落，农村经济呈现原子化。改革开放三十多年来，尽管涌现出江苏省江阴市华西镇华西村——中国第一村这样集体经济极为雄厚的村，和东部沿海地区很多集体经济较为发达的农村，但我国中西部地区农村集体经济虚化，其中绝大部分地区集体经济一贫如洗。因此就农民养老保险资金筹措模式中的“集体补助”部分，中西部农村地区特别是西部农村绝大多数地区，农村集体拿什么来进行补助是一个不容回避的问题。

第三，很多农民参保积极性依然不高。农民是一个很现实的群体，比较注重眼前利益。根据我们对常德市鼎城区几个乡镇的农民参加医保的情况调查可知，城郊经济较发达的石板滩镇农村医保参保率达到100%，而离城相对较远经济较为落后的石公桥镇则只达到87%。2009 年开始推出试点的新农保存在着政策不完善、可操作性不强的问题；同时由于宣传不到位，农民参保意识不强。农村养老保障体系的建设中存在的种种问题如果解决不好，将会长期制约我国农村全面建设小康社会的进程。

（二）农民医疗保障权

生老病死，是生命的历程。人吃五谷，很难一辈子无病无灾。医疗是使人病体康复的必须手段，医疗保障是使人恢复健康的必要保障。正是基于此，世界各国大多将医疗保险列为基本的社会保障。可以说，医疗保障权是公民的生存权派生出来的基本人权，是公民追求发展权的前提性权利。我国《宪法》第 21 条规定：“国家发展医疗卫生事业，发展现代医药和我国传统医药，鼓励和支持农村集体经济组织、国家企业事业组织和街道组织举办各种医疗卫生设施，开展群众性的卫生活动，保护人民健康。”同时，《宪法》第45 条规定：“中华人民共和国公民在年老、疾病或者丧失劳动能力的情况下，有从国家和社会获得物质帮助的权利。国家发展为公民享受这些权利所需要的社会保险、社会救济和医疗卫生事业。”可见，公民享有医疗保障权是我国《宪法》规定的基本权利。我国《宪法》第 33 条规定：“中华人民共和国公民在法律面前一律平等。”农民作为我国最大的公民群体，理应和其他公民群体一样享有平等的医疗保障权。

然而，受计划经济时代二元社会结构体制的影响，我国实行了长期的“一国两策”、“城乡分治”政策。我国是一个发展中国家，农村人口众多，大部分地区经济水平不高。我国已经在城市建立了较为完善的医疗保障制度并惠及所有城镇职工；而农民医疗保障长期以来政府未能实行全面社会统筹。

虽然农村合作医疗制度对于生病住院的农民起到一定救济作用，但长期以来由于制度发育不健全和实践运作的误区等多方面原因，农村合作医疗所起的对农民的医疗保障作用非常有限。

农村合作医疗制度是在农村没有医疗保险的情况下建立的有中国特色的医疗制度，该制度最早源于20世纪40年代陕甘宁边区的医疗合作社。1959年11月全国农村卫生工作会议在山西稷县召开，会议总结了陕甘宁边区卫生合作社和山西省高平县开展合作医疗的经验，并决定在全国推广。到1980年，全国约有90%的行政村实行了合作医疗，农民看病时实行部分免费政策。在农村实行家庭联产承包责任制以来，合作医疗制度受到了严重影响，到1985年全国实行合作医疗的行政村由过去的90%下降到5%。国家财政在卫生事业费用中用于农村合作医疗的补助费大幅度下降，从1979年的1亿元下降到1992年的3500万元，仅占卫生事业费的0.36%，农民人均不足4分钱。[1]到1996年，实行合作医疗的村占全国行政村总数的17.7%，农民人口覆盖面仅为10.1%。[2]20世纪90年代以来，随着医疗产业化的推行，高昂的医疗费用使农民看不起病的情况相当普遍，农民“小病靠挨、大病等死”已经成为当前农村一个十分揪心的现象。尽管当前农村合作医疗问题再度被纳入政府的视野，但由于种种原因，该制度还处于起步阶段，与农村社会的实际需要还相去甚远。

新世纪随着社会主义新农村建设的伟大战略的推进，农村合作医疗制度重新得到党和政府的重视。2002年10月，《中共中央、国务院关于进一步加强农村卫生工作的决定》明确指出，要“逐步建立以大病统筹为主的新型农村合作医疗制度”，“到2010年，新型农村合作医疗制度要基本覆盖农村居民”。经过十多年的发展，我国新型农村合作医疗制度已基本覆盖了整个农村社会。这对于广大农民医疗保障权的实现，对于广大农民抵御疾病风险保障身体健康起到重大作用。但由于我国农村新合作医疗制度起步不久，在实践中还存在一定问题，主要表现在如下几方面：

第一，政府投入不够，医疗保障程度较低。各级政府对于新农合的补助

---

〔1〕蔡仁华主编：《中国医疗保障制度改革实用全书》，中国人事出版社1997年版，第356页。

〔2〕郑秉文、和春雷主编：《社会保障分析导论》，法律出版社2001年版，第266页。

标准在2014年为人均320元，2015年人均为380元。[1] 尽管国家财力对于新农村合作医疗的补助随着经济发展而逐步提高，但是政府投入的水平与农民医疗保障的客观需要还有较大距离，农民大病保障的力度依然有限。农民身患大病，依然难以得到有效的救助，在家等死现象依然较为严重。

第二，农民合作医疗报销程序困难。不少地方设置了较为繁琐和复杂的报账程序。不少地方政府借口财政困难，对医保部门人为设置每年的保障限额。医保部门又将新农合医保报账的限额分解到各指定医院。为此，有些地方医保部门人为增加一些不能保障的医疗项目，不合理地剔除了很多应予保障项目。同时，有些医保部门又人为设置了一些不合理的报账程序，使得新农合制度本来有限的医保保障更难以发挥其应有的作用。

第三，农民医保参保意识不强，难以正确对待合作医疗制度。不少农民医疗风险意识不强，觉得自己目前身体状况良好，不会生病住院，“热财难舍”，不愿拿出钱财来去投保合作医疗。尽管通常一年只交几十元，但不少农民也舍不得交，一旦出现大病住院，由于没有参保而不能获得医保救助。同时，不少农村村组干部医疗保险和权利意识不强，对老年人特别是七八十岁以上的老人往往漏报合作医疗，以致这些农民一旦生病住院由于没有合作医疗保障而难以承受巨额医药费。

（三）农民的最低生活保障制度

农村最低生活保障制度是近些年来才出现的“新事物”。1995年民政部在部分地区开展农村最低生活保障制度试点工作。到1999年底，全国农村得到最低生活保障的人数为316.17万人，占农业人口的0.34%。[2] 最低生活保障是市场经济的客观需要。1999年国务院颁布的《城市居民最低生活保障条例》，其适用范围只限于城市居民，而最需要关心和帮助的困难农民群体未被纳入保障范围。目前农村最低生活保障制度存在的问题主要有以下三个方面：一是社会保障资金严重不足。1999年农村实行税费改革之前，农村最低生活保障的资金主要靠县财政和乡村集体经济投入。2000年中央和国务院关于农村税费试点工作的通知中只规定五保户的供养资金列入附加农业税，而

---

〔1〕“新农合人均补助标准再提高60元达到380元”，载中国农业新闻网，http://www.farmer.com.cn/xwpd/jjsn/201501/t20150130-1010485.htm，最后访问日期：2015年1月30日。

〔2〕转引自张太英、刘小姚：“中国的社会保障制度建设”，载《中国农村研究》2000年第19期，第86页。

没有规定对特困户救济的资金来源。由于税费改革使乡镇经费大幅度减少，只靠县财政提供的有限资金不能保证为所有特困户提供救济，有些经费紧张的地方，农村最低生活保障的工作已经处于停顿状态。二是覆盖范围小待遇标准低。由于经费短缺，需要获得保障的人多，所以只能按照低标准提供保障，在经济不发达的地区，农民最低生活保障制度形同虚设，根本无法贯彻。三是农村最低生活保障户认定缺乏法定程序，监督缺失。农村“低保户”的认定，由于缺乏相应的法定条件和程序，也缺乏专门的法定机构予以认定，所以实践中乡镇民政所往往委托村委会来认定，村委会的支书和村主任往往操纵农村“低保户”的认定。笔者通过对常德市鼎城区石公桥等乡镇的调查发现，有些明明家中条件极为贫困，灾祸连来的户却没有吃低保，而另外有些人家庭条件明显好得多却被认定为“低保户”，农民意见很大。农村低保户认定程序和监督程序的缺失，使得很多地方农村出现了大量的“人情保”、“关系保”，与农村最低生活保障制度的设立初衷严重背离。

“五保”制度是自计划经济体制以来延续至今的对农村地区缺乏或丧失劳动能力的因病、老、残等原因而没有赡养和扶养的农村居民实施的保障其基本生活的一种社会保障制度。五保本应包括“保吃、保穿、保住、保医、保葬”，但实践中，农村五保户的保障标准极为低下，据笔者对常德鼎城区五保经费标准的调查发现，2003 年石公桥镇丁家垸村五保户获得的五保费是每年 1000 元，而 2012 年才 800 元。这么低的五保费能保障五保人员的基本生活吗？况且据了解，即使这么低的五保费也是年底或拖到第二年才发放，根本不能满足五保户的日常生活需求。

三、农民自由迁徙权

迁徙自由是国家通过宪法和法律赋予公民离开居住地自由到其他地方进行定居、就业和旅游等的权利。迁徙自由是一项与生俱来的权利。迁徙自由和居住自由一样是公民人身自由的重要权利，也是一项关涉现代公民社会生活的基本人权。它不仅是经济持续发展的动力，更是一个国家是否进入现代文明的基本标志。当今世界多数国家宪法都有公民迁徙自由的规定，如德国、日本、瑞典、意大利等国家都通过宪法赋予公民自由迁徙权。如日本《宪法》第 22 条规定：“在不违反公共福祉的范围内，任何人都有居住、迁徙及选择职业的自由。”美国虽不是成文法国家，但其联邦最高法院亦在判例中确认：

"美国公民有移居任何一州并享受移居州公民同等待遇的权利。"目前，迁徙自由也是联合国确认和保护的基本人权之一，《公民权利和政治权利国际公约》就规定了公民有迁徙和选择住所的自由。《公民权利和政治权利国际公约》第12条规定了迁徙自由的范围，即①合法处在一国领土内的每一个人在该领土内享受迁徙自由和选择住所的自由；②人人有自由离开任何国家，包括其本国在内；③上述权利除法律所规定并为保护国家安全、公共秩序、公共卫生或道德，或他人的权利和自由所必需且与本公约承认的其他权利不抵触的限制外，应不受任何其他限制；④任何人进入其本国的权利，不得任意加以剥夺。

1954年《宪法》第90条第2款规定："中华人民共和国公民有居住和迁徙的自由。"然而在以后的1975年《宪法》、1978年《宪法》，甚至1982年《宪法》都取消了1954年《宪法》关于公民迁徙自由的条款。1958年1月9日施行的《户口登记条例》开始对人口自由流动实行严格限制和政府管制。根据《户口登记条例》的规定，户分为家庭户和集体户；公民在经常居住的地方登记为常住户口，一个公民在同一时间只能登记一个常住户口。《户口登记条例》首次以立法的形式严格限制农民迁居城市，并由此产生长期束缚农民发展的二元社会结构体制。《户口登记条例》第10条规定："公民由农村迁往城市，必须持有城市劳动部门的录用证明，学校的录取证明，或者城市户口登记机关的准予迁入证明，向常住户口登记机关申请办理迁出手续。"〔1〕《户口登记条例》不仅以法律的形式剥夺了农民的迁徙自由权，也限制了城乡居民的合理流动。在二元社会结构下，农民的身份和社会地位是很难改变的。农民要想向上流动，除了考学和参军提干以外别无他途。当时通过读书升入大学可谓"千军万马过独木桥"，而在部队参军能提升到一定级别的也是凤毛麟角。显然，能通过这两条途径摆脱农村户口，实现身份和社会地位向上流动的农民少之又少。1985年7月公安部又颁布了《关于城镇人口管理的暂行规定》，规定"农转非"内部指标每年只有0.2%。绝大多数农民一出生就是注定一辈子"面朝黄土背朝天"。

改革开放以来，随着我国沿海经济特区的设立和发展，迫切需要大量劳动力。同时，由于农村改革开放之初家庭联产承包责任制的经济效益的"落

〔1〕《建国以来重要文献选编》，中央文献出版社1994年版，第18页。

差效应”的消失，农民从事农业的经济效益极低。不仅如此，对农民的各种集资、摊派多如牛毛，往往是“一税（农业税）二税（各种摊派、附加、集资等）重”，农民负担极为沉重。“孔雀东南飞”，青年农民大多涌向经济特区和沿海发达城市，农业经济效益低下导致很多农民承包的责任田抛荒外出打工。中国人口大迁徙成为一种现实，然而当局并未及时审时度势赋予公民自由迁徙权。由于自由迁徙权的缺失，农民工往往是“人户分离”。农民工虽然人在城市里工作，受“城乡分治”的二元户籍制度影响，城市管理者并不承认其城市市民的地位，诸如工资待遇、养老保险、医疗保险、子女入学等方方面面承受种种歧视。更有甚者，农民进城打工需要办理暂住证、计划生育证等各种证件。如果没有这些证件或证件不全，警察随时检查时，就可以此为借口对农民“收容审查”。震惊全国的孙志刚案就是我国“收容审查制度”的典型的牺牲品！

案例：2003 年 3 月 17 日晚上，任职于广州某公司的湖北青年孙志刚在前往网吧的路上，因缺少暂住证，被警察送至广州市“三无”人员（即无身份证、无暂居证、无用工证明的外来人员）收容遣送中转站收容。次日，孙志刚被收容站送往一家收容人员救治站。在这里，孙志刚受到工作人员以及其他被收容人员的野蛮殴打，于 3 月 20 日死于这家收容人员救治站。〔1〕

农民自由迁徙权的缺失对农民的自由发展具有重大的消极影响。首先，严重侵犯了农民作为现代社会生活主体的基本人权。迁徙自由权的限制是通过计划经济时代形成的户籍制度实现的。传统的户籍制度人为地将我国人口分为“农业户口”和“非农业户口”，“非农业户口”即城镇户口。而这种户籍制度又是与一定的社会权利与义务密切相连的。拥有城镇户口的公民在诸如就业、社会保障、医疗、教育等诸方面享受国家规定的福利和优待，而拥有“农业户口”的农民则处处受到歧视。在人口大量流动的时代，大量农民工处于“人户分离”状态。外出务工人员即农民工为城市发展做出了巨大贡献，然而其社会福利却被城市排除在外。农民对于我国城镇化和城市繁荣做

〔1〕“孙志刚事件”，载 360 百科，http://baike.so.com/doc/5406405.html，最后访问日期：2015 年 1 月 7 日。

出了巨大贡献，却没能享受到应有的公共产品和公共服务。农民作为公民没能平等地享有就业、社会保障、医疗保障、教育等权利。

其次，阻碍了人力资源的市场配置，严重影响了我国现代化进程。“经济学原理告诉我们，如果移民是自由的，那么，最终当城乡间和地区间的实际差距缩小至零，劳动力流动才会相对稳定下来。这时，城乡和区域间的平衡才真正实现，这是发达国家已经实现的景象。”〔1〕社会主义市场经济是一个优化配置市场资源的社会，市场经济按照效益最大化原则优化配置人、财、物等资源。人力资源是市场经济良性发展的关键要素，是社会主义市场经济发展的根本的主体性资源。没有公民的自由迁徙权，就没有公民在城乡之间的自由合理流动，也就没有完善合理的劳动力市场。限制公民的自由迁徙权，实质上主要限制的是农民的自由迁徙权。由于历史原因，农村和城市发展“两张皮”，一方面是城市的高度繁荣与发展；另一方面是农村的相对贫穷和落后。基于人的趋利避害的本能，城市市民是很少流向农村的。20世纪中叶的城市知识分子“上山下乡”的人生经历至今仍然是很多城市市民一辈子抹不去的痛苦回忆。殊不知，农村的困苦生活对于大多数中国农民而言，是祖祖辈辈世代如此的！限制公民的自由迁徙权的结果是限制了农民流向城市，流向市场经济比较发达的地区。迁徙自由权保障的缺失，将阻隔劳动力在城乡之间根据市场经济发展需要合理配置资源的合理流动，这会阻碍社会主义市场经济体系的健康发育。

最后，漠视农民的发展权，束缚了农民的自由发展。自由而全面的发展是农民发展的根本目标。农民在生存权获得保障后，必然谋求发展。发展权是农民在生存权得到有效保障后，作为利益主体基于自身的理性对国家、政府和社会强势群体所主张的发展权利。农民有权根据自身理性的判断，选择发展的空间和场域。农民是留在家乡发展，抑或是外出他乡发展；是在农村发展，还是到城市发展，这应该是农民的自由选择。可能个别或者部分农民的选择，由于机遇和能力等原因不一定都能获得较大发展。但总的来说，大多农民自由而理性选择的结果，必将促进其获得自由发展的空间，获得长足的发展。而长期以来，受计划经济体制的影响，农民的迁徙自由严重受限，

---

〔1〕陆铭：“自由迁徙的经济价值”，载共识网，http://www.21ccom.net/articles/zgyj/ggzhc/article_201207，最后访问日期：2015年1月7日。

成为农民选择自由发展场所和空间的重大桎梏。本来就胆小而害怕市场风险的农民，正是因为城市管理者对迁徙自由设置的种种障碍，而最终不敢迈出农村或即使到城市发展最后也“打道回府”，回到当初出发的原点。

实际上，1998 年我国政府签署的《公民权利和政治权利国际公约》中对公民的迁徙自由权作出了明确规定，但由于国情的限制，目前该公约在我国境内并未批准生效。保障公民的自由迁徙权对于农民的自由发展意义重大，因此，应当尽快批准加入《公民权利和政治权利国际公约》，并将公民的自由迁徙权纳入国家的根本大法《宪法》，为公民行使自由迁徙权提供终极意义的根本保障。

不仅如此，人权可分为三个层面，一是理想层面的人权；二是制度层面的权利，包括宪法和法律权利；三是现实享有的权利。一般来讲，人权实现的基本路径是理想 - 制度 - 实践而逐步实现。实际上，人权实现还有另外一种路径，即理想 - 现实 - 制度层面。由于制度是国家所创制，在后一种人权实现的基本路径中，国家对于公民实践中发育和生长的人权将经历一个由容允而应审时度势地予以宪法和法律确认的过程。显然，从现实而言，以农民为公民主体的迁徙自由权显然应走第二条实现途径。改革开放以来，农民的自由迁徙权经历了一个严格限制到相对限制的逐步放开和放松的过程。当下，在国家实行统筹城乡发展、实现城乡一体化发展的国家发展战略的背景下，在《宪法》中赋予公民迁徙自由权的时机已经成熟，赋予公民自由迁徙权，对于促进农民自由发展，对于促进城乡劳动力资源合理流动优化配置，对于统筹城乡发展实现一体化发展的国家发展战略都具有不可估量的价值和深远的影响。

四、农民其他社会发展权

（一）洁净环境权

幸福生活绝不仅仅只是宽敞明亮的小洋楼，而且要形成健康环保的生活方式。长期以来，很多农村的环境卫生质量欠佳是一个非常令人头痛的问题。农村环境卫生问题的罪魁祸首主要来自两个方面：一方面，农村家禽家畜粪便是直接导致农村环境“脏乱差”的主要原因。走进不少农村村庄，随处可见牛、猪、鸡、鸭等的粪便。特别是天气炎热的夏天，动物粪便臭气熏天，苍蝇、蚊子、飞蛾满天飞。每到刮风下雨，院落里污水横流。不少地方农村厕所是猪圈里挖的一个洞。本来猪圈卫生条件就差，而厕所又是这样设置，如此条件就成为病菌生长和传播的温床。另一方面，农村“脏乱差”的环境来自农业废弃物，如稻草、秸秆、谷壳、甘蔗渣等。农村“脏乱差”的卫生环境，不仅严重影响农村卫生环境，更主要的是严重影响农民的身体健康。由于农村卫生条件和农民卫生意识差，农民因“脏乱差”的环境致病的概率明显大大高于城市市民。笔者在走访家乡农村和湘西宝靖县几个农村村庄时，有些村组牛粪、猪粪、鸡粪到处都是，夏天臭气熏天！

农村环境卫生差究其原因，其一是受农村自然环境和自然条件的影响。农村地区地域较为广阔，农民在生产过程中留下的自然废弃物难以及时处理。其二是不少地方过度开采自然资源，工厂排出大量的废水、废气和固体废弃物严重污染环境。其三是大多数农民环境卫生意识较差。很多地方农村恶劣的环境，不仅导致农民生活环境恶劣，而且成为重大的疾病隐患，严重威胁农民的健康，使得农民基本的健康权得不到有效的保障。

（二）道路畅通权

俗话说，“要致富，先修路。”道路畅通是农村经济发展权和社会发展权实现的基础。道路畅通权是农民社会发展权的基础性权利。在社会主义新农村建设前，城市道路非常宽阔、畅达，城市的道路都是国家投资修筑的。而农村道路除了国道或其他主干道外，往往需要农民自己出资修筑。而大多农村地区经济较为贫困，无力修建道路。大多农村道路坑坑洼洼，高低不平，下雨天道路极为湿滑泥泞。2006 年以来，随着社会主义新农村建设在农村的普遍推行，农村大部分道路都进行了硬化处理，道路通畅权得到较好的保障。然而，在村级道路这个层面，道路畅通权还未得到较好实现，偏远山区更是如此。

据笔者对常德所辖的鼎城区、桃源县、汉寿县的调查结果表明，一半村道路还未实行硬化或未完全硬化。即使道路硬化的村，其硬化的路面也往往很窄，路宽 3.5 米的居多，无法正常会车。尽管这些村硬化的道路上每隔 300～500 米就修筑有错车台，但时常可见乡间道路两车“狭路相逢”而艰难互让的情景。由于农村村级道路硬化立项要求由本村和财政拨款资金实行1:1配套，那些本村配套资金没有着落的村就只能望洋兴叹，或者硬化一半路面。笔者家乡所在的村及周边几个村的情况都是如此。村内小组的道路的硬化就需要本组的村民自己集资修建了。根据本书组调查所及的村民小组，组内道路进行硬化的是凤毛麟角。

与道路畅通权相联系的是道路亮化权。虽然随着新农村建设的发展，有些发达地区的农村已经安装了路灯，但绝大多数农村地区没有这个条件。一到夜晚，除了院落以外村内道路到处漆黑一片，农民夜间出行极为不便。如果倡导电灯路灯照明，不仅初始安装成本比较高，而且大多农村地区也往往难以负担日常使用的电费成本。农村道路畅通权和道路亮化权保障的缺失，严重影响了广大农村村民的出行，是其生活质量难以提高的重大原因。

（三）饮水洁净权

饮水是事关公民千家万户身体健康的头等大事。常言道，“病从口入。”长期以来，农民饮水大多直接从湖河水、雨水、塘水、窖水中取水饮用，有条件的饮用井水、泉水。自然界中的天然水，大多含有这种那种病菌，长期饮用这种水会形成某种地方性疾病。譬如，湖南省洞庭湖周围很多地方是血吸虫疫区，周围很多直接饮用洞庭湖及支流水的人群血吸虫病发病率就很高。在我国西部很多地方，由于严重缺水，村中水源干旱时往往断流。取水往往要跑到几公里甚至更远的地方，往往形成“水堪比油贵”的局面，饮水洁净问题就无从谈起。饮水不洁成为直接威胁广大农民生命健康的重要原因。

第三节　保障农民社会发展权，促进农民发展

农民的社会发展权对于农民的自身发展和构建和谐社会具有重要的意义，“只有对社会成员的基本权利予以切实的保障，才能从最起码的意义上体现出个体人对社会的基本贡献和对人的尊严的肯定，才能从最本质的意义上实现社会发展的宗旨，即以人为本的发展的基本理念。”〔1〕社会发展成果由全体社会成员共享是现代社会文明进步的重要标志。社会发展成果由全体社会成员共享是农民社会发展权保障的前提和基础。农民公平分享社会发展成果是农民社会生活发展权保障的客观要求。我国社会主义本质决定了我国是一个社会财富全体人民共享的社会。我国是以追求社会公平为基本价值目标的社会主义国家，更应该坚持“以人为本、关注民生”，由社会成员共享社会发展

---

〔1〕卓泽渊：《法政治学》，法律出版社2005年版，第456页。

成果。恩格斯指出，应当“把生产发展到能够满足所有人的需要的规模，结束牺牲一些人的利益来满足另一些人的需要的状况”，使“所有人共同享受大家创造出来的福利”，“使社会全体成员的才能得到全面发展”。[1] 胡锦涛总书记在十七大报告中鲜明提出，“改革发展成果由人民共享”。[2] 只有坚持“以人为本”，社会劳动成果由全体社会成员共享，才能“实现社会更加公正和谐，人民生活更有尊严、更加幸福”。[3]

改革开放以来，我国经济获得高速发展取得举世瞩目的巨大成就。1978年以来，我国经济发展增长保持了年均9.9%的速度，而同时期全球经济增长速度为3.3%，中国的经济增长水平是世界平均水平的三倍。[4] 可见，我国经济的高速发展为农民共享社会发展成果，实现社会发展权奠定了坚实的物质基础。农民是我国最大的公民群体，也是我国最大的弱势群体。农民理应和其他社会阶层一样公平享有社会主义改革开放的发展成果。农民社会发展权保障是一个以农民公平分享社会发展成果为基础的，涉及社会体制、机制、政府责任和权利救济等一系列的综合系统的保障体系。

一、深化户籍制度改革，创造公平正义的体制环境

实践证明，新中国成立后很长历史时期实施的城乡二元社会结构体制，不仅是阻碍我国农民政治、经济、文化和社会发展权实现的“毒瘤”，也是阻碍我国农村发展的重大原因。不仅如此，在21世纪中叶基本实现现代化是20世纪80年代国家确定的基本发展战略目标。为了实现这一宏伟目标，在中共十八大《报告》中党提出统筹城乡发展，城乡一体化发展的发展战略。统筹城乡发展，实现城乡一体化发展的前提是打破“城乡分治”的城乡二元社会结构体制。

“城乡分治，一国两策”的做法，使农民依附于生产队，市民依附于单位。公民在本质上缺乏自我发展的自主性。“城乡二元社会结构，带来两个问题，一是阻碍社会流动，使城市化严重滞后于工业化，经济结构和社会结构

---

〔1〕《马克思恩格斯选集》（第1卷），人民出版社1995年版，第243页。

〔2〕胡锦涛：《高举中国特色社会主义伟大旗帜，为夺取全面建设小康社会新胜利而奋斗——在中国共产党第十七次全国代表大会上的报告》（2007年10月5日）。

〔3〕国务院新闻办公室：《2009年中国人权事业的进展》（2010年9月26日）。

〔4〕参见金勇进主编：《数字中国》，人民出版社2008年版，第4页。

不协调；二是阻碍了社会主义市场经济体制的孕育与成长。”[1] 城乡二元社会机构体制，不仅限制了农民的自由流动，更主要的是城乡二元社会体制所依附的一系列制度剥夺了农民的平等社会发展权。郭书田、刘纯彬认为，中国的城乡二元社会结构是以户籍制度为中心，附着了住宅制度、粮食供给制度、副食品和燃料供给制度、生产资料供给制度、就业制度、医疗制度、养老制度、劳动保护制度、婚姻生育制度等十几项制度的制度壁垒。[2] 2013 年 11 月，《中共中央关于全面深化改革若干重大问题的决定》指出，要创新人口管理，加快户籍制度改革，全面放开建制镇和小城市落户限制，有序放开中等城市落户限制，合理确定大城市落户条件，严格控制特大城市人口规模。

废除城乡二元社会结构体制，关键在于废除二元户籍制度，实行一元户籍制度。应取消现行“农业户口”、“暂住户口”、“小城镇户口”、“非农业户口”制度。我们应该建立城乡统一的户籍登记和管理制度。彻底废除区分农业户口和非农业户口的做法，将城市人口和农业人口统一登记为中华人民共和国居民。今后户口登记只有居住地之分，而无农业户口与非农业户口之别。应以居住地（包括购房地和租房地）为户籍登记的标准地，对于连续在某地居住一个月以上的，可以以其居住地或租住地为其居民登记地，可以登记为该地居民，办理该地《居住证》。民政部应统一颁发《中华人民共和国居住证》。

与户籍制度改革密切相关的是农民与城市市民的社会生活平等权的享有。恩格斯指出，“平等是正义的表现，是完善的政治制度或社会制度的原则。”[3] 农村居民应该逐步享有城镇居民户籍所附着的社会福利。居民凭《居住证》享有当地政府所能提供的社会福利和社会保障。诸如就业保障、住房、养老保险、医疗保险、最低生活保障、义务教育、职业教育等等，农村居民应该与城镇居民一样平等享有相应的权利。可能有人会担心，如果城镇和农村户口一下子彻底放开，将会给城市公共服务和公共产品的提供带来巨大压力。为了缓解城镇户口对农民放开后的城市压力，一方面可以在对进城农民进行居住信息登记的基础上采取一步到位放开和逐步放开相结合的政策。对于义务教育，各地城镇政府应根据需要以增加公共投入兴办新学校和扩大原有学

〔1〕陆学艺：“走出‘城乡分治，一国两策’的困境”，载《展望论坛》2000 年第 3 期，第 16 页。

〔2〕参见郭书田、刘纯彬等：《失衡的中国——城市化的过去、现在与未来》，河北人民出版社 1990 年版，第 8 页。

〔3〕《马克思恩格斯全集》（第 20 卷），人民出版社 1971 年版，第 10 页。

校招生规模的方式接纳城市农民工或其他进城农民的子女入校就读。对于养老保险、医疗保险、最低生活保障等社会保险，各地城市可以设置一定的居住年限和城市工作年限让进城农民逐步享有平等的权利。在城市发展的基础上，逐步缩短居住年限和城市工作年限的时间限制，最终达到城市居民和农村居民享有平等的社会保障权的目标。这个过渡期不宜过长，应以十年为界。如此，农村居民能在可以预见到的期限内，享有和城市居民相同的社会福利和社会保障。

为了与国家废除“城乡分治”实现城乡统一户籍制度相对接，国家应修改《宪法》，一方面将“国家实现统一的城乡户籍登记制度”、“为了促进城乡一体化发展，城乡居民享有平等的政治、经济、文化和社会生活的权利”写入《宪法》；另一方面，应该将公民享有“自由迁徙权”写入《宪法》。因为《宪法》是公民权利的保障书，是公平享有平等公民权利的最高保障形式。只有将平等的户籍制度及公民“自由迁徙权”入宪，农民享有平等居住权和自由迁徙权才能获得根本法的保障。农民因二元社会结构体制所产生的社会歧视，才能彻底消除。公民享有“自由迁徙权”能让农民自由迁徙，如遇到城市管理者拒绝将农民登记为城市居民，可以依据此权利获得相应救济。《宪法》中“城乡居民享有平等的政治、经济、文化和社会生活的权利”的宣示，可为进城农民获得平等的政治、经济、文化和社会生活提供宪法依据。

不仅如此，国家应制定《统一户籍管理法》作为《宪法》中关于统一户籍登记管理的基本法。该法首先应以户籍的平等登记和管理作为基本价值取向和基本原则。明确宣示反对因户籍产生的社会歧视。在《户籍法》中应明确农民在诸如社会保障、义务教育、就业、职业培训等社会生活的各方面享有居民平等权利。该法也应为户籍登记设置合理的条件和程序。《统一户籍管理法》将《宪法》宣示的公民户籍平等权在具体的法律中予以落实，对于农民享有平等社会发展权具有极为重要的意义。

二、创新公共产品利益共享机制，提高农村公共产品供给水平

现代政府理论认为，政府的核心职能是公共服务。提供公共产品是政府公共服务的核心内容，政府服务农村社会的主要形式就是为农村提供公共产品。农村公共产品是指包括农村义务教育、基础设施、公共卫生、社会保障、基本医疗、公共文化、公共安全、社会优抚等在内的基本公共服务。农村公共产品

是农民享受生存权和社会发展权的基础，平等享有公共产品是农民享有其他发展权的权利起点。"基本公共服务均等化是公共财政的基本目标，是指政府要为社会公众提供基本的、在不同阶段具有不同标准的、最终大致均等的公共物品和公共服务。公共服务均等化的主要实现手段是政府转移支付。"〔1〕

我国《农业法》第38条规定："各级人民政府在财政预算内安排的各项用于农业的资金应当主要用于：加强农业基础设施建设；支持农业结构调整，促进农业产业化经营；保护粮食综合生产能力，保障国家粮食安全；健全动植物检疫、防疫体系，加强动物疫病和植物病、虫、杂草、鼠害防治；建立健全农产品质量标准和检验检测监督体系、农产品市场及信息服务体系；支持农业科研教育、农业技术推广和农民培训；加强农业生态环境保护建设；扶持贫困地区发展；保障农民收入水平等。"该条规定可谓是政府对农村提供公共产品供给的直接法律依据。

改革农村公共产品投入机制，一方面应赋予农民国民待遇，在公共产品供给上让农民享有和城市市民无差别的待遇。国家统筹城乡发展，实现城乡一体化发展，关键在于实现城乡公共产品供给的一体化。应制定《城乡公共产品供给法》，明确规定城乡公共产品供给的平等原则。对于政府促进城乡公共产品平等供给的责任，予以明确规定。保障农村公共产品的国民待遇，关键在于城乡公共产品财政预算的城乡一体化、平等化。

另一方面，在一定时期应该对农村公共产品投入采取倾斜政策，实行优惠待遇。在21世纪中叶基本实现现代化的宏伟目标就城市而言应该基本没问题。因为国家自新中国成立以来一直偏重于城市发展，主要的资金和其他资源都投向城市。特别是改革开放以来，我国城市建设可谓一日千里，日新月异，发展极为迅猛，个别大城市已经接近现代化的标准和目标。然而，除了诸如华西村等个别沿海地区农村外，大多数农村依然非常落后，很多地方甚至还未通水通电，道路也未硬化，甚至"下雨一脚泥"。因此，为了实现21世纪中叶我国基本实现现代化的目标，国家提出了统筹城乡发展的发展战略。笔者认为，由于长期以来城乡发展差距过于悬殊，为了尽可能缩小城乡发展差距，国家应在一定时期内在公共产品供给上对农村实行政策倾斜。在一定

〔1〕本书编写组编：《中共中央关于制定国民经济和社会发展第十一个五年规划的建议（辅导读本）》，人民出版社2005年版，第575页。

时期内将以城市公共产品供给投入为重点的政策转向以农村为重点，在政府财政预算中加大对农村公共产品的投入比重，快速、持续、健康地促进农村公共产品供给和发展。“在世界农业经济发展的过程中，尽管市场主导农业的发展，但是，由于农业基础地位以及弱质特征，发达国家财政都在农业经济中发挥着不可估量的作用，农业公共产品支出一向是发达国家公共财政支出的重要内容。”〔1〕

为了促进农村公共产品有效投入，促进农村社会发展的有效发展，笔者认为，可从以下几方面入手：

第一，制定《农村公共产品投资法》，在立法上保障公共产品公平投入。为了保障农村公共产品公平投入，该法对农村公共产品投资应重点作出如下规定：①明确公共投资以公平投资为原则。公共投资应该实行地区公平、产业公平和群体公平，同时加强对农村地区、西部地区投资的政策倾斜。②应明确公共产品投资的政府责任。明确农村公共产品投资的中央政府和地方政府责任。应明确中央－省－市－县的公共产品投资的范围及投资比例。对于农村重大公共产品投资可实行多级政府联合投资的机制。③应建立健全公共产品投资的民主决策机制。建立健全以听证制度为核心的农民公共产品投资参与制度。应重点规范农村公共产品投资决策的听证程序，主要包括农村公共产品投资决策听证的项目范围、主持人与参与人的确定、听证程序的期间与时效、听证笔录的内容与效力、听证程序的救济途径等。④建立农村公共产品村民自治的内部决策机制。⑤建立健全农村公共产品投资的监督机制。其一，建立农村公共产品决策监督制度。政府应对特定农村公共产品投入的必要性和合理性尽心监督。其二，确立农村公共产品建设的全程跟踪监管制度。其三，建立农村公共产品项目工程检查验收制度。其四，建立农村公共产品投入财务审计制度。其五，建立农村公共产品负责人责任制。其六，建立公共产品项目后评价制度。

第二，加大引进社会资本投入力度，拓宽农村公共产品投入渠道。传统公共产品供给理论认为，政府应该是公共产品供给的唯一主体，但是“随着经济和社会的发展，政府作为公共产品唯一主体的地位和合法性受到挑战，

〔1〕丁小伦：“提供充足的农业公共产品，营造促进农业增收的新环境”，载《南方经济》2002年第5期，第44页。

公共产品供给主体出现多元化的趋势”。[1]我国农村地区地域广博，在政府有限财力下，若所有公共产品都由政府供给，政府实在难负其重。在新农村建设进程中，为了促进农村公共产品有效供给，有力保障农民社会发展权的实现，实现公共产品供给的多元化是其必然选择。对于那些纯公共产品，诸如大型水利工程、农业基础科学研究、农村义务教育、农村公共卫生等，投资成本大、收益率低、规模大、周期长，私人供给意愿不强，显然只能由政府动用公共财力去供给。对于农村准公共产品诸如自来水供给、病虫害防治、乡村电网建设、农村职业教育等，相对纯公共产品来说投资较小。在政府财力有限的地区，这些准公共产品可以适用市场化运作方式由私人来供给。社区也是农村公共产品供给的有效主体。居住在一定社区的农村居民在社区生活上往往具有一定的利益共同性，可以通过社区自治在农村居民自愿协商、自愿集资的基础上，分摊社区范围内某些公共产品的成本，共享这些公共产品的收益。诸如，在一定社区范围内，可以由社区居民协商共同打一口供大家共同使用的井，大家共同受益共摊成本。此外，非营利性组织和慈善机构也是农村公共产品供给的重要主体。国家应积极鼓励引导这些公共产品供给主体重点向中西部的老、少、边、穷地区进行公共产品供给。在社会主义新农村建设中，只有充分调动社会各界的积极性，实现农村公共产品供给的多元化，才能尽可能提高农村公共产品的供给水平，从而为农民社会发展的实现夯实公共产品基础。

三、完善农民社保制度，确立科学公平的社会保险机制

第十届全国人民代表大会第二次会议通过的《中华人民共和国宪法修正案》将保障人权条款和建立社会保障制度载入宪法，明确了国家建立社会保障制度的义务。《宪法》第45条指出：“中华人民共和国公民在年老、疾病或者丧失劳动能力的情况下，有从国家和社会获得物质帮助的权利。国家发展为公民享受这些权利所需要的社会保险、社会救济和医疗卫生事业。”结合我国《宪法》第33条关于公民平等权的规定，农民作为我国最大的公民群体，理应享有与城市市民同等的社会保障权。为了保障农民社会保障权，为实现农民社会发展权提供保障基础，必须创新农村社会保险机制。建立新型的农

---

[1] 睢党臣：《农村公共产品供给结构研究》，中国社会科学出版社2009年版，第45页。

村社会保障体系，主要应从以下几个方面着手：

1. 实现城乡居民基本养老保险的一体化。城乡一体化发展是我国经济社会协调发展的根本要求，也是我国21世纪中叶基本实现现代化的必然要求。建立和完善城乡一体化的社会保障体系，不仅是我国经济社会发展城乡一体化发展的基本要义，而且也是我国全面建设小康社会构建社会主义和谐社会的迫切需要。城乡社会保障一体化应遵循循序渐进的原则。鉴于我国城乡发展的严重不均衡，考虑到国家财政的实际承载能力，目前阶段要一步到位地实现城乡社会保障水平的完全一致还不现实。城乡社会保障应逐步实现体系合并和制度并轨，可以按照以下顺序逐步并轨，首先实现城乡社会救助一体化，再到实现城乡医疗保障一体化，再到城乡养老保险一体化。农村社会保障水平也应该逐步提高，应最终实现城乡社会保障水平均等化。政府应加大农村社会保障事业的投入，建立农村社会保障预算的长效机制。

当前应调整农村社会保障支出结构，一方面要重点加强对农村特困、重残、低保、五保等特殊群体的社会保障倾斜，切实提高保障水平，真正保障农村特殊社会群体的基本生活；另一方面要扩大农村无收入老年人的保障范围、加大对低收入困难就业群体的帮扶力度，提高其社会保障水平。

农民工社会保障应在与城市工人"同工同酬"的基础上，实现社会保障待遇平等。应扩大城镇社会保险覆盖面，将失地农民和农民工纳入城市社保体系。同时，社会保障应全国统一推进，实行社会保障全国"一卡通"，让农民工社保关系实现跨区域转移和接续，免除农民工工作城市转移后社会保障中断的后顾之忧。

2. 加快农村社会保障制度的立法进程。我国目前的《社会保障法》主要适用于城市职工、无雇工的个体工商户、未在用人单位参加基本养老保险的非全日制从业人员以及其他灵活就业人员，并未包括农民。我们应通过体系整合和制度并轨，最终将农村居民的社会保障纳入统一的社会保障体系，最终实现《社会保障法》对城乡社会的一体保护。

然而由于我国城乡发展不均衡的现实国情，社会保障城乡一体化发展也是一个渐进的过程，不可能一蹴而就。基于我国历史和现实状况，应制定《农民社会保障法》对农民社会保障予以特别法的保护，从而实现农民社会发展权。《农民社会保障法》应遵循城乡一体化发展的基本原则。《农民社会保障法》应该对农民社会保障的基本原则、农民社保基金的筹集方式和管理体制、参保范围、参保人的权利和义务、农民社保基金的支出和发放方式、农民社保相关主体的权责范围和运行机制、农民社会保障的法律责任等予以明确的规范。

中国高速发展的城市化进程产生了大量的失地农民。失地农民的社会保障成为重大的民生问题。为了加强对失地农民的社会保障力度，应尽快制定《失地农民社会保障法》。该法除了规定失地农民社会保障的基本权利和义务以外，应重点规定：其一，完善征地制度，确保被征地农民的知情权、参与权、申诉权和监督权。其二，修改补偿标准，明确建立失地补偿标准随经济发展而相应提高的机制。其三，合理界定失地农民被征用土地补偿款中失地农民社保专项款和直接发放到农民自己手中的款项的合理比例。其四，明确土地补偿款的民主分配机制。完善村民自治的民主功能，创新村民自治的民主决策功能和民主决策机制，确保农地征用款项能公平合理合法地分配到失地农民手中。其五，应明确失地农民就业培训的政府责任，积极引导失地农民就业。失地农民应该享有和城市市民平等的就业培训与创业扶持政策。

3. 完善农村社会保障的缴费制度。“个人缴费、集体补助和政府补贴”三方分担保险费的筹资机制，是一种科学合理的缴费机制。这种缴费制度既能体现“谁享受，谁缴费”的主体责任机制，又能在个人、集体和国家之间分担社保缴费的负担，更能体现我国公有制的优越性，广大人民能共享改革发展的成果和公共财政的阳光。就政府补贴而言，改革开放三十多年以来，我国经济发展迅速，政府财政资金较为充裕。国家应根据保障农民基本需要和国家经济发展状况合理确定国家财政资金的补贴力度。农民社会保险费用中，由于大多农民参保意识不强和受经济条件限制，个人缴费的部分应实行缴费弹性制度。如，养老保险中农民缴费部分从每人每年200到2000元，分十个档次；国家补贴也是随着参保的档次上升而相应上升。个人缴费越多，国家补贴得也越多，享受的社会保障越多。

对于农村社会保险中集体应该补助的部分，应将集体财产的收益优先用于农民社会保险中农民集体应该承担补助责任的部分。然而在目前，全国集体经济发展水平很不一致，中西部广大农村大部分地区集体经济薄弱甚至有很多地方集体经济完全是空壳，在这种情况下，中央和地方政府应积极履行政府帮助之责。拿出一部分政府财政资金对应该由农村集体承担的部分视财政状况予以一定的补贴。同时，政府应采取积极的机制和措施帮助农村集体经济发展壮大。土地是农民生存和发展的起点，也是农民发展的最为基本的财产保障。目前，应改革传统的集体资产实现形式，改集体资产的共同共有为按份共有。实行农村集体资产的股份制，成立农村股份合作社。农民集体资产股份制的根本目的是建立产权明晰、主体明确、收益良好、流转顺畅的农村集体资产产权制度。股份合作制的基本宗旨是盘活集体资产，促进农民发展。我国农村土地是集体所有制，农村集体所有的土地是农民入股农村股份合作社的基本财产。农村集体以集体股从股份合作社分得的收益应优先用于农民社会保险中集体应该承担的部分。农村集体资产股份制改革要坚决杜绝简单地“卖光、分光”的做法，一定要保留一定比例的集体股，一般以1/3为宜。如果急功近利，目光短浅，也许农民短期会明显受益，但很难保证农民股权的长期收益权，农民难以共享经济社会长期增长的效益，难以实现农民个体和农民集体的长期可持续性发展。

4. 建立农村社保基金保值增值机制。社保基金是一项特殊性质的公共资金，事关亿万人民的基本生活。其保值增值状况如何直接关系到社会资金的安全，关系到亿万人民的基本生存保障。众所周知，社保资金转存银行，其利息收益是难以抵御通货膨胀导致的资金贬值的，因此，社保基金存在严重的隐形贬值的风险。农村社保基金事关亿万农民基本生活保障，其保值增值直接关系到农民社保到期是否能如期支付。根据《社会保险基金财务制度》第36条的规定：“财政部门应根据人力资源和社会保障部门提出的意见，在双方共同协商的基础上，及时将基金按规定用于购买国家债券或转存定期存款。”虽然法定的社保基金的保值增值的方式是购买国债和转存定期，但由于国债发行时间不固定，且往往比较热销，每次发行等不到社保基金大量购买就已脱销。因此，探寻农村社保资金合法安全的保值增值渠道势在必行！以下适合社保资金的保障增值的投资渠道可以重点考虑：其一，发行适合社保资金购买的政府特种国债，赋予农民社保资金优先购买权。这种政府特定国债应定向发行，不在市场流通。农村社保基金投资这种政府特定国债比较安全稳健，且利率水平往往比银行利率高，因此可以视为一种最为安全的农村社保基金保值增值的投资渠道。其二，将部分农村社保基金委托全国社会保障基金理事会进行投资运作。投资领域应该是收益稳定、风险较小的行业。也可精选一流证券投资专家团队对包括农村社保基金在内的社保资金进行证券化运作。在行情稳定向上时，操作风格应以稳健为原则，实行证券组合操作。其三，应建立与 CPI 指数挂钩联动的社保基金银行存款优惠利率浮动机制。在物价上涨较快时期，应及时根据 CPI 指数变动对社保基金银行存款优惠利率予以调整，以维护基金利益，规避存款贬值风险。

5. 构建有效的农民社会保障监督制度。①成立农民社会保障监督委员会。农民社会保障监督委员会，由有关部门和农民代表组成，定期和不定期地对农民社会保障实施情况进行监督检查，特别是对农民社会保障资金的筹集、管理和使用情况进行监督检查，通过媒体或其他平台对外公布。②建立农民社会保障信息公开制度，通过网络、电子邮件、短信通知等方式将农民社会保障的基本信息及时通知农民。不仅公布农民个体的社会保障信息，也公布与其相关的一定范围的农民的社会保障信息。让农民及时把握自己和相关集体的社会保障信息，从而为其行使监督权提供信息基础。③建立纵向分权、相互制约的农村社保基金管理制度。譬如对于医保基金，应建立健全“财政拨钱不用钱、医院用钱不管钱、医保管钱不用钱”的严格的监管制度。④建立定期审计制度，保障农民的社会保障监督权。⑤建立社会保障举报制度，让农民对社会保障的实施享有检举、揭发的监督权。

四、转变政府职能，落实保障农民社会发展权的政府责任

（一）应落实公平预算，保证农村社会保障的财政投入

政府应增强对于农村社会保障资金的财政投入力度，让农民享受到公共财政的阳光。目前，新农保采取个人缴费、集体补助和政府补贴的缴费方式，实行个人账户和社会统筹相结合的社保制度。2012 年中央确定的基本养老金标准是每人每月 55 元。2015 年国家统一提高城乡居民基础养老金至每人每月 70 元。然而由于全国各地地方财政能力的差异，很多地方 60 岁以上农民的养老金标准依然很低。截至 2014 年底，湖南省农村 60 岁以上人员每人每月仅 60 元，对于农民养老可谓杯水车薪。尽管 2015 年农村养老保险发放金提高至每人每月 200 元，但与农民养老的生活实际需要还有较大差距。政府应提高农村以社保为核心的社会保障水平，60 岁以上养老金标准应在 3 年内逐步提高到每人每月 500 元以上，并确立一个随着国家经济发展和生活水平逐步提高而不断增长的长效机制。

（二）政府积极扶持，引导农村公共产品的社会投资

现代政府理论认为，政府不仅是责任政府，也是服务政府；政府不仅应

对社会肩负起“守夜人”的角色，也应该肩负起“服务生”的角色。然而，在新农村建设中，农村公共产品供给所需资金可谓天文数字，政府也经常感到力不从心。为此，为了提高和扩大农村公共产品供给的水平和范围，政府应该采取积极有效的措施，对于有些市场主体能运作的公共产品项目应积极引导社会资本本着互利互惠的原则参与供给。同时，积极引导社会慈善团体和个人参与公益捐建，共建农村美好家园。

（三）培育就业环境，保障农民享有平等就业权

政府应改变传统就业促进中对城市市民的偏爱，树立为城市市民和进城农民一体化就业服务的理念和原则。坚决摒弃某些就业岗位针对进城农民制定的政策壁垒。严格执行《劳动法》所规定的男女同工同酬。就业培训应该对农民和城市市民一视同仁。对于失地农民的就业权保障政府应高度重视。农民大多文化素质较低，政府征地后很多农民面对一笔较大的征地补偿款有一种发财的“暴富感”，不少素质较低的农民“暴发户”意识膨胀。很多农民赌博、买六合彩、生活铺张浪费现象极为严重，往往没有几年征地补偿款就被挥霍一空，重新出现“返贫”现象。而此时由于没有土地的保障，很多农民可能因此生活陷入困顿，成为社会发展的一大隐患。因此，政府应因势利导，积极引导被征地农民在失地后重新就业，积极加强就业培训，加强就业指导。积极为失地农民创造就业岗位，优先上岗。积极为失地农民创业提供政策优惠，特别是税收优惠，可实现“三免三减半”政策，即前三年免征所得税和营业税等，后三年减半征收所得税和营业税等。

（四）政府应以镇为单位修建养老院和收养院

随着我国计划生育的推行，农村存在很大一批“失独”或本来就没有子女的“孤寡”老人，以及重残人员，这是农村的极弱势群体，其生活保障彰显社会主义体制文明。应在调查研究的基础上，根据农村孤寡老人和重残人员的人数，一个镇或几个镇拿出修建农村养老院和收养院的预案，由政府财政负担相关费用以保障其基本生活。

五、成立平等社会保障委员会，奠定组织保障

“要想使人类重新自由，就要给社会一种组织，这个组织便利一切人在同

等的地位上满足他们的欲望，发展他们的能力”，[1] 任何权利缺乏组织保障便缺乏依托，没有组织保障的权利是镜中之花、水中之月。笔者认为，为加强对社会成员的社会保障权的平等的保护，可以成立平等社会保障委员会，隶属于全国人大常务委员会，作为其直接的工作部门。平等社会保障委员会工作应坚持独立性原则，使其在处理农民的社会保障权争议时可以不受其他国家机关或社会机构的干涉和制约。平等社会保障委员会应按照行政区划设置至地级市并实行垂直管理，以防止基层政府对其非法干涉。为加强对农民平等社会保障权的保护，在该委员会中应设立子机构作为农民平等社会保障权的特别保护机构。平等社会保障委员会的职责主要为：研究社会平等保障的原理和制度；为社会平等保障提出立法议案；对社会保障制度运行进行监督；对歧视保障申诉案件进行调查和认定；支持受害人进行诉讼，代表国家参加诉讼；提供有关平等社会保障的咨询服务等。平等社会保障委员会的创立和有效运作，必将为包括农民在内的所有公民的平等社会保障权的实现提供有力的组织保障。

六、加强农民社会发展权保障的执法监督，强化司法救济

权力的运行必须在法治的轨道内，不受制约的权力必然导致腐败，绝对的权力必然导致绝对的腐败。因此，有权力必有制约，无制约便无权力的正常行使。不仅如此，西谚曰，“无救济便无权利。”农民社会发展权在实现过程中，往往会受到社会其他强势群体的侵犯，权利救济就显得极为重要。行政救济是基本的权利救济方式，相关执法部门加强执法监督是及时发现侵权行为并予以及时纠正的基本前提，也是农民社会发展权得以有效实现的基本保证。要充分发挥行政监察、审计部门以及相关具体主体的综合监督作用，形成立体监督网络，如政府拨付的农村公共事业和公益事业建设资金，政府审计监察部门应全程监督，确保专款专用。

农民社会发展权实现的监督重点是对农民社会保障权实现的监督。为了推动农村社会保障事业的健康发展，政府部门在政治体制改革中应当加强对农村社会保障管理体制的监督和管理力度。要建立完善的农村社会保障制度，就必须加强国家对社会保障工作的执法监督，必须按照专业、权威和多重的

[1] [德] 威廉·魏特林：《和谐与自由的保证》，孙则明译，商务印书馆1960年版，第32页。

原则来构建健全的社会保障监管体系以切实维护社会保障制度的有效运行，形成以法律监督，政府的行政监督，财政、审计、监察等部门的专门监督，执法部门对行为人的监督，群众监督、社会和舆论监督为一体的监管网络。也就是说，要建立健全以行政监督为主导，管理机构内控自律为基础，专门监督和社会监督为补充的社会保障监管体系。

严格的监督和检查，应实行业务公开和信息定期发布制度，增加工作的透明度，大力推行和普及规范化操作。同时还要建立严格、高效率的社会保障基金管理和营运机制，保证各种保障基金按时、足额发放到受保险人手中；规定社会保障基金的专用性，任何组织和个人不得挪作他用，对于违反规定者，要追究其法律责任；规定社会保障基金的有效投资运营渠道，保证社会保障基金的保值增值。对农村低保户的评定，有关乡镇政府以及民政部门应该加强执法监察，确保评定和发放能公开、公平、公正。可设置流动举报信箱，专门轮流到各村了解农民的心声。一旦发现线索，一查到底，对弄虚作假者依法严肃处理。

司法救济是权利救济的最终途径。在野蛮社会，武力是解决冲突的最后手段；在文明社会，司法是解决冲突的最后手段。农民社会发展权是以农民社会保障为核心，关涉农民基本生活的发展权利族系。农民是一个法律意识相对薄弱的群体，法律维权意识相对较弱。面对高昂的司法救济成本，大多农民可能要么忍气吞声，要么寻求自力救济。如果没有有力有效的司法救济通道，就农民社会发展权受损案件而言，大多农民往往不愿到法院诉讼。人民法院应对包括农民社会发展权在内的所有农民发展权案件设置“绿色通道”。在立案上，应及时立案，由于很多农民文化层次低又请不起律师，应允许这些农民口头起诉。这里需要说明的是，尽管《民事诉讼法》规定可以口头起诉，但实践中没有书面诉状法院一般是不予受理的。在诉讼费上，对于确有困难的诉讼主体应予以减免。在诉讼时限上，应实行快审快结，简单案件适用简易程序一个月内审结；适用合议庭审理的案件应严格控制在三个月内，不应延长。确立农民社会发展权保障的法律援助制度，让需要社会援助的农民诉讼主体都能得到社会的法律援助。确立农民社会发展权保障的公益诉讼制度。对于破坏农村环境卫生给农村环境造成重大影响的行为，利益受损的农民达到法定人数可以提起侵权诉讼，要求相关机构或企业承担停止侵害、消除妨害、恢复原状、赔偿损失等民事责任。

农民社会发展权司法保障的重点是农民社会保障权的司法救济。可以在人民法院设立社会保障法庭，专门审理有关社会保障争议的案件，保证其独立性，并对法官进行专门的业务培训，使农民在其社会保障权益受到不法侵害时可以获得有力的司法保护。社会保障涉及的内容通常与公民的基本生存权有关，如养老金、生活困难补助费等。而且在社会保障关系中享有社会保障权利的，很多属于弱势群体。当农民在行使社会保障权利中发生争议时，涉及的养老金、生活困难补助费等都是其生活所需，被称为“活命钱”。因此在解决社会保障争议时，必须考虑这些特点，应当尽可能地使农民通过最简单快捷而且收费低廉的司法途径获得救济。如果按照现行的民事诉讼程序来解决农民的社会保障争议，一来程序复杂，二来诉讼费用过高，这不利于对农民的社会保障权的保护。因此应当建立一个异于普通诉讼程序的特别程序来解决农民的社会保障权争议问题，应该对有关农民社会保障权的案件实行减免诉讼费，或者是为其提供免费的法律援助等政策。待条件成熟后还可以成立专门的社会保障法庭，使农民的社会保障权受到普遍的尊重和特别的保护。

第七章

主体意识与农民发展权

第一节　主体意识与人的发展

一、主体及主体意识的内涵界定

（一）主体的基本内涵

主体是哲学领域的基本范畴之一，主体与客体是一对与对方关系中获得自身相对规定性的哲学范畴。“主体（subject）”一词源于古希腊文。其在拉丁文中是“subjectus”，有“置于之下”的含义。“subject”在语法中是相对于宾语的主语，具有主动性、能动性和自主性，是行动的发出者和执行者。在无限广袤辽远的时空中，运动着的客观物质实体之间总是相互发生作用与反作用的关系。作用的主动发出者就是主体，而作用的被动接受者即为客体。主体是社会实践中表明和客体相互关系的范畴。在此意义上，世界上的万事万物皆为主体同时也是客体，是主体和客体的辩证统一。主体是在事物本来应有的主导状态中处于支配地位的社会事物。活动的人本身是现实中的主体。然而，在社会历史中并非所有的人都是作为主体而存在的，无论是中国还是西方都曾经把人当成客体，“主体是人并非意味着人都一定是主体。当人失去作为主体的价值性质时，人是可以作为客体而存在的。”〔1〕无论是在中国古代还是在西方，人在特定历史时期都曾经作为客体存在过。在奴隶社会，奴隶主和奴隶的关系就是主体和客体的关系。奴隶没有人身自由，对奴隶主存在完全的人身依附关系。按照马克思主义哲学的观点，主体概念可以在三种意义上使用：

---

〔1〕 李楠明：《价值主体性：主体性研究的新视域》，社会科学文献出版社2005年版，第244页。

第一，本体论意义上的主体。亚里士多德在《范畴论》中，“以‘主体’表示某种状态、特性和作用的承担者。”〔1〕本体论意义上主体回答的是世界的统一性问题。世界统一于物质，而物质是不以人的意志为转移的客观实在。主体是指世界的本原和基础，表征的是性质、属性、联系、运动、变化的载体和承担者，“物质是一切变化的主体”。〔2〕

第二，认识论意义上的主体。在认识论的角度，马克思主义认为，主体是人，客体是客观世界。主体是认识者，客体是被认识或被认知的客观对象。二者是相互依存、相互对照的哲学范畴，一方的存在以对方的存在为条件，并彼此从对方获得自身的规定性。没有主体的存在，客体便无价值和意义；没有客体，也就无所谓主体。认识论上的主体，在现实社会政治生活中直接体现为现代公民。认识论上的主体，落实为社会政治生活上的主体，就成了现代公民。而现代公民的思想自由是其基本人权，剥夺了主体的思想自由就否定了主体的自我存在。

第三，历史论意义上的主体。在历史论意义上，人始终是主体，“历史不过是追求者自己目的的人的活动而已。”〔3〕创造人类历史的不是历史，而是在历史中活动的活生生的人。人民群众是历史的创造者，“人民，只有人民，才是创造世界历史的动力。”〔4〕作为主体的人，正是在社会实践的基础上立足于主体定位的不断生成的自主运动的过程构成了人类社会的发展。人的主体地位是在人从被动的奴役状态走向争取自我解放的主动过程中得以确证的。

（二）主体意识内涵阐释

1. 主体意识的基本内涵。主体意识在哲学上是指主体的自我意识，是人对于自身的主体地位、能力和价值的自我认识以及在此基础上对外部世界的认识和改造的一种自觉意识。“主体意识就是人的主人意识或自主活动的意识，亦就是要做外物的主人，同时也要做自己的主人自己掌握自己的命运的意识。”〔5〕具体而言，主体意识首先是主体地位意识，即人意识到自己是自

---

〔1〕《哲学大辞典》编辑委员会：《哲学大辞典·马克思主义哲学卷》，上海辞书出版社1990年版，第230页。

〔2〕《马克思恩格斯全集》（第2卷），人民出版社1992年版，第164页。

〔3〕《马克思恩格斯全集》（第2卷），人民出版社1992年版，第118页。

〔4〕《毛泽东选集》（第3卷），人民出版社1991年版，第1031页

〔5〕杨金海：“论人的主体意识”，载《求是学刊》1996年第2期，第21～25页。

然界和人类社会的主人，是世界的主人。在同客观世界的关系中，作为主体的人能意识到自己居于主导和主动方面。同时，人意识到自己是自我命运的主人，有独立的自主人格。其次，主体意识包括主体能力意识。人具有主观能动性，具备改造客观世界和主观世界的能力。最后，主体意识包括主体价值意识。“主体标志着一种能动性的价值，主体意味着一种属人的价值关系，只有处在这种关系中的人才是主体，所以，对主体只能从价值的角度去理解。”〔1〕人作为价值主体，在征服改造社会和自然过程中实现人的自我价值和社会价值的统一。作为主体的人，一方面应具有社会价值，为社会作出自己应有的贡献；另一方面人具有自我价值，人在为社会作出贡献实现社会价值的同时，应该具有向社会获取物质和精神财富而获得自我发展的权利。

主体意识是人的主体性的内在方面。主体性是人之为人的自主、自觉、选择和创造的特性。丰子义等学者综合直接或间接与主体性相关的理论后认为，“主体性是人作为劳动实践、社会交往、语言符号这三大主题活动发出者的本质特征，指的是人借助于劳动工具、社会交往、语言符号这三大活动中介系统建立对属人世界的主宰性根本特点，即人对自身活动及对象建立驾驭关系、为我关系、主宰关系，使之服从于自身内在价值尺度的固有本性，其中包含着‘自身活动－社会关系－活动对象’三个方面的自主决定性。”〔2〕丰子义的定义表明人的主体性是人在三大社会实践活动中所确立的，在意识和行为层面所具有的为我性、自主性和能动性等作为人的根本特性，其核心是“自主决定性”。人的对象活动与自身活动遵循人内在的价值尺度。在社会生活领域，人的主体性“主要体现为人作为社会经济活动的主体，也就是作为活动具体价值目标的制定者、活动最终发出者或价值损益的最终感受或承当者，所具有的主体资格和地位，以及在这些主体活动中从内在意识到外显行为方面所具有的为我、自主和能动等特性”。〔3〕

主体性包含主体意识和主体行动两个层面。主体意识作为意识形态的主体性又可以分为两个维度，即感性维度和理性维度。就感性维度而言，“每个个体的人，作为一种灵动的具体存在，最基本而首要的是，都具有一种自主

〔1〕 李楠明：《价值主体性：主体性研究的新视域》，社会科学文献出版社2005年版，第13页。

〔2〕 丰子义等：《主体论——新时代新体制呼唤的新人学》，北京大学出版社1994年版，第62页。

〔3〕 余向华：《主体性与社会秩序的人本建构——转型变迁透视下的经济人假说》，经济科学出版社2010年版，第36页。

自为地实现并改善自身‘存在’意识。”〔1〕人不仅要满足自身的生物性存在，更主要的是要实现社会性存在。人天生是追求自由的。为更好地实现自身社会性存在，人追求的是一种自在自为的主动性存在而绝非纯粹被动的客体式依附式存在。正如余向华所言，“可以说具备自主和独立的主体性的感性欲求，是人确认自身生物性存在、社会性存在进而主体性存在的基本前提。”〔2〕实际上，人在满足生物性存在的同时追求社会性存在，其目标就是满足自身主体性发展。人只有在社会生活领域各方面得到充分发展，才能更好地彰显其社会性存在，同时更好地满足其生物性存在。

主体意识是人内在的属性，是与生俱来的，而不是后天赋予的，集中体现为主体的独立性、主动性和创造性。主体意识也是自觉能动性，它是人的全面发展最根本的特征，也是全面发展的核心和精神实质。自主意识和自由意识是主体意识的核心内容。所谓自主意识是指人不仅意识到自己是外在世界的主宰，同是也意识到是自己命运的主人，“成为他的命运的主人”。〔3〕在同客观世界的关系中，人居于主动和主导地位，同时，人也意识到，每个人都有自己独立自主的人格。所谓自由意识是指主体的最终目的和最高理想就是要克服主客体之间的对立，实现主体的自由。主体意识是人之为人的本质属性的体现，主体不仅要把外部世界当作其认识和实践对象，而且要把自己当“自由的人”。人的出现并不意味着人的主体的确立和主体意识的萌生。人的主体意识的萌生经历了一个历史的过程，是随着社会实践的发展而发展的。

主体意识是人之所以为人的自我意识，是人具有主观能动性的重要根据。主体意识是随着社会实践的发展而发展的。主体意识不仅是一种自觉意识，而且也是一种自由意识。人在自觉意识到自己是世界的主人的同时，具有追求自由发展的意识。自由意识是指主体的最高理想和最终追求，就是要通过克服主客体的对立，实现主体的自由，“不自由，毋宁死。”

2. 主体意识的历史嬗变。人的主体意识的萌生经历了一个历史的过程。人的出现并不意味着人的主体性的确立和主体意识的萌生。“人的主体性作为

---

〔1〕余向华：《主体性与社会秩序的人本建构——转型变迁透视下的经济人假说》，经济科学出版社2010年版，第37页。

〔2〕余向华：《主体性与社会秩序的人本建构——转型变迁透视下的经济人假说》，经济科学出版社2010年版，第38页。

〔3〕［德］黑格尔：《精神现象学》（上），贺麟、王玖兴译，商务印书馆1979年版，第128页。

一种生成的、未完成的存在，它并不存在任何意义上的固定不变的本质，它不只是现实的，更是逻辑的、可能的，它永远处于生成变化的过程之中。”〔1〕在原始社会，由于生产力水平极为低下，人们连电闪雷鸣、天崩地裂等最基本的自然现象都缺乏科学的认识，完全匍匐在自然规律的必然性的奴役之下。在此情形下，人们因为无知，主体自我意识未曾发育。在人类漫长的蒙昧时代，人的主体意识长期处于沉睡之中。随着人类社会实践的不断发展，人的主体意识逐步得以萌生并不断发展，“人以人的方式生存，同时也就开始追求自身的发展。这种追求随着实践能力增强、生存条件改善和主体意识觉醒而逐渐从自发转为自觉。”〔2〕

在古希腊社会，随着简单商品经济和民主政治的发展，人们逐步摆脱了蒙昧无知状态而进入文明社会。人的自我意识开始苏醒，开始意识到人在世界中的地位和价值，在雅典德菲尔神庙的门楣上镌刻着“认识你自己”的箴言正是人的自我意识觉醒的重要表征。苏格拉底发出的“认识你自己”的哲学箴言，把人的主体意识由对自然的审视转向审视人本身，审视人自身的自我存在。古希腊著名哲学家普罗塔哥拉说过：“人是万物的尺度，是存在物存在的尺度，是不存在物不存在的尺度。”〔3〕“人是万物的尺度”，不仅鲜明地确立了人的主体地位，而且将万物的存在的价值和意义与人联系起来，人的主体意识开始萌生。黑格尔对普罗塔哥拉的“人是万物的尺度”命题极为欣赏，认为“人是万物的尺度”是“一个伟大的命题”。他指出，“人是万物的尺度——人，因此也就是一般的主体，因此事务的存在并不是孤立的，而是对我们的认识的存在。”〔4〕此后，苏格拉底响亮地提出了“认识你自己”，这意味着哲学上人的主体意识的自我发现。同时，随着古希腊社会结构的不断演进，契约关系逐步取代了血缘关系。随着古希腊城邦制度的发展，城邦内人们的公民意识得以萌生，而在政治领域公民意识是主体意识的基础意识。所谓公民的古希腊文为 Pops（城邦），意为“属于城邦的人”。古希腊公民身份不仅是一种荣誉和权利，更是一份管理城邦的责任与义务。古希腊哲学家

〔1〕赵海英：《主体性：与历史同行》，首都师范大学出版社 2008 年版，导言第 5 页。

〔2〕陈新夏：《认识·主体·人》，中国社会科学出版社 2007 年版，第 206 页。

〔3〕转引自黄琳：《现代性视阈中的农民主体性》，云南大学出版社 2010 年版，第 20 页

〔4〕［德］黑格尔：《哲学史演讲录》（第 2 卷），贺麟、王太庆译，商务印书馆 1980 年版，第 27～28 页。

所探讨的人的主体地位正是对现实社会人的主体性的人文关照。

在中世纪神学的笼罩下，哲学是神学的婢女；神是人的主人，人是神的奴婢，人的主体性受到严重的遏制。虽然受西欧中世纪神学和封建世俗政权的压制，人性的发展受到严重的压抑，人的主体意识在黑暗中缓慢发展。可以说，近代以前的哲学主要是放眼于对自然世界的认识和对上帝神性的认识，还没有真正确立认得的社会主体地位，人的主体意识还很微弱。“总的说来，近代化以前的哲学史是‘见物不见人’的，主要将关注的目光放在作为客体的外在自然世界或者上帝神性世界之上。”〔1〕

欧洲文艺复兴最大的贡献在于“对人的发现”，人由匍匐在上帝脚下的作为神性世界的客体一跃而成为世俗社会的主体。18世纪古典自然主义哲学家笛卡尔提出“我思故我在”。他把人的存在根据归结于人的理性，认为人因有理性而成为主体。笛卡尔的“我思故我在”更是哲学上人的主体意识，在哲学上真正确立了人的主体地位。人和动物的区别关键在于人具有自我意识和心灵即思想和理性。德国古典哲学家如康德、黑格尔、费希特、谢林等从先验理性角度来认识人的主体意识和主体性。康德极力推崇人的理性，“人为自然立法”，人的理性具有先天性。人的理性给予自然以规定性、内在性和必然性。康德高扬人的理性是其主体思想的凸显。康德明确提出“人是目的”，善良意志是人的目的，是人生活的目的和法则。康德的主体性思想将世俗人间的主体性升华到至善的高度。黑格尔认为实体即主体，主体的精神才是实体的本质。如果实体失去主体则变成空洞的外壳。黑格尔将实体和主体同一，将主体的“自我意识”客观化为宇宙万事万物的实体，即“绝对精神”本身。黑格尔将世界归结为一种绝对的理性的精神力量。然而，正如余向华所指出的，“黑格尔则以‘理性是世界的灵魂’将人的主体性以及主体性中的理性因素强调到了极致，但也反而消解人的主体性，灵动鲜活的主体人不见了，好像只有绝对观念的运动。”〔2〕

古代中国是一个缺乏人的主体意识资源传统的社会。虽然古代中国不乏对人相对于客体自然的主体地位的认识，然而古代中国的人们并未生成出近

---

〔1〕余向华：《主体性与社会秩序的人本建构——转型变迁透视下的经济人假说》，经济科学出版社2010年版，第30页。

〔2〕余向华：《主体性与社会秩序的人本建构——转型变迁透视下的经济人假说》，经济科学出版社2010年版，第31页。

代意义的以人格意识、权利意识、责任意识、自由意识、参与意识和公共意识为核心的主体意识。两千多年前中国古代先人就提出“天生万物，人为贵”。〔1〕《黄帝内经》中就提出：“天覆地载，万物悉备，莫贵于人。人以天地之气生，四时之法成，君王众庶，尽欲全形。”〔2〕战国时期著名军事家孙膑提出“天地之间，莫贵于人”，〔3〕强调人是天地之间最尊贵的，没有比人更加高贵的了。封建正统的儒家思想提出“以民为本”思想，也是强调民在社会结构的基础地位，是将民作为手段而非目的。在奴隶社会，社会大部分人整个人身都依附于奴隶主，甚至其生杀予夺都掌握在奴隶主手中。在奴隶社会，“普天之下，莫非王土；率土之滨，莫非王臣”，甚至奴隶连做人的主体资格都没有，只是法律上的客体，在这种社会制度中，人的主体意识是无法生成的。中国两千多年的封建专制社会，是一个义务本位社会，以皇权为中心的官僚地主阶级从下而上享受无上的权利，而广大老百姓只是义务主体而很少享有社会权利。封建社会的“四大绳索”——皇权、族权、神权、夫权严格地束缚着人的思想和行为，人的主体性缺乏生成和发展的社会空间和土壤。

马克思主义认为，意识活动是区别意识者和意识对象的分水岭。对象是意识的客体，而作为意识的活动的人则是意识的主体。人的主体性意识将人的生命活动和动物的生命活动区别开来。马克思从历史唯物主义出发，认为人是历史的真正主体，人应该树立历史主体意识。历史主体意识是人在历史发展进程中对自身的历史地位、历史使命和历史作用的认识，历史“不过是自己目的的人的活动而已”。〔4〕人的解放的过程是人的主体意识和主体性的确立、获得与发展的过程。随着人的主体意识和主体性的充分发挥，人类必将从必然王国向自由王国的理性境界迈进。

二、主体意识与人的发展

（一）主体意识与人的现代化

现代化（modernization）是描述现代发生的社会和文化变迁的现象和历史

〔1〕荆门市博物馆编：《郭店楚墓竹简》，文物出版社1998年版，第213页。
〔2〕《黄帝内经》。
〔3〕《孙膑兵法·月战》。
〔4〕［德］马克思等：《德意志意识形态（节选本）》，人民出版社1961年版，第42页。

过程的概念。现代化主要指在科学技术革命的冲击下，各个社会将要进行或已经进行的转变过程。大体有四种含义：其一，现代化指非西方社会落后国家在西方资本主义崛起并占据世界中心以及形成世界性的国际资本体系的格局下，如何通过科学技术革命，在经济上赶超世界先进水平的过程。其二，现代化实质上就是工业化，是经济落后国家实现工业化进程。其三，现代化指一种心理态度，价值观念和生活方式改变的过程。其四，现代化是指16世纪和17世纪的科学革命以来所导致的"传统社会"向"现代社会"过渡的全方位急剧变动的过程的统称。[1]现代化是人类社会文明的深刻变化，是人类文明要素的不断创新、选择、传播和退出交替的过程，是落后国家赶超世界先进国家和先进国家试图保持先进水平的历史进程。

现代化在社会形态层面不仅指经济层面的工业生产、市场经济的发展和生产的科学管理，而且指政治层面的民族国家的建立、宪政民主在世界各国的确立。现代化还指社会层面的奉行个人原则和利益机制，也指文化层面的祛魅化与世俗化。具体而言，社会现代化是社会领域的一种革命性的社会变迁，它有六个基本内涵：①从农业社会向工业社会、从工业社会向知识社会的两次社会转型；②社会生产力和生活质量的持续提高；③生活方式和观念的深刻变化；④国民文化和健康素质的大幅提高；⑤国内社会福利与社会公平的根本改善；⑥国际社会地位的变化。[2]现代化不仅仅是高度发达的科技所创造的物质文明，也不仅仅是以民主法治宪政为基本标志的政治文明，还包括人与自然和谐发展的生态文明，更主要的是还包括以具有现代精神的高素质的公民为标志的精神文明。物质文明、政治文明、生态文明和精神文明共同构成了现代化的四个基本维度。

主体性和现代性是同构的。现代性结构包括器物、制度和精神三个层面。中国现代性的启动源于1840年鸦片战争之后。经过洋务运动、戊戌变法到辛亥革命，中国由传统性向现代性的转型由器物层面转向制度层面。五四新文化运动开始触及现代性的精神层面。

现代化不仅是器物层面的现代化，也是制度层面的现代化，更是观念层

---

〔1〕 陈柳钦："现代化的内涵及其理论演进"，载《经济研究参考》，2011年第44期，第16~17页。

〔2〕 参见《中国现代化报告2006》，载 http://www.modernization.com.cn/CMR200602.HTM，最后访问日期：2014年12月12日。

面的现代化。观念现代化即精神现代化。现代化的精神维度在于人的主体性，在于个体独立精神的存在，以人的主体意识、独立思考、道德自律、自由权利等为价值取向。

主体性正在经历由传统主体性向现代主体性发展的总趋势。在以血缘和家族为基础的传统主体性下，人们安土重迁、保守求稳，新的竞争、积极进取的价值观念难以生成。人的发展首先是人格的发展和自我完善。马克思恩格斯指出："人们的观念、观点和概念，一句话，人们的意识，随着人们的生活条件、人们的社会关系、人们的社会存在的改变而改变。"〔1〕人的主体意识的发育必然随着物质生活条件、社会关系和人们的社会存在的发展而发展。在中国，人的人格发展经历了一个从依附性人格向主体性人格发展演变的历程。在中国传统的宗法体制下，家国一体，家国同构，人在长期的历史时期中都匍匐在封建专制和宗法体制之下。人的自主和独立意识难以生成和发育，"历史上长期的依附地位在一定程度上已内化为中国农民一种普遍的政治心理：似乎只有通过某种外在的力量才能'为民做主'，农民对自己的权利主体地位则产生了一种无意识的冷漠。"〔2〕

公民主体性的养成是公民社会形成的基石，是法治国家的基础。公民主体性既是现代法治国家生成的必然条件，也是现代法治国家的基本标志。没有公民的主体性或者说没有具有主体意识和主体精神的公民，法治国家只能是奠定在沙石之上。农民作为主体性的公民，在政治经济和文化生活中应当既有主张、提升与扩展自己权利与利益的能力，又不至于恶性膨胀为一味地独占、排他与斗争。社会现代化的核心是人的现代化。人的现代化与社会现代化的生成发展呈现为一种相互促进的关系，二者互为条件。人的现代化是社会现代化的出发点和归宿。没有人的现代化，就谈不上社会现代化的意义和价值。社会现代化的关键在于人的现代化，而人的现代化的关键又在于人的主体意识的充分发育和主体性的确立，在于作为主体的人的人格的确立和个人自由个性的生成。人的主体意识是人的现代化的内驱力。一方面，人的主体意识的生成和主体性的确立本身也是社会现代化最为重要的标尺。个人

---

〔1〕《马克思恩格斯选集》（第1卷），人民出版社1959年版，第222页。

〔2〕赵聚军："村民自治中农民权利主体地位的异化"，载《重庆社会科学》2004年第S1期，第70页。

主体地位、主体意识和主体性的确立是人类社会从传统社会向现代转型的重要标志。梅因指出，“所有进步社会的运动，到此处为止，是一个‘从身份到契约’的运动。”〔1〕‘从身份到契约’运动的过程就是人类社会从传统社会向现代社会演变的过程。社会现代化就人本身而言，意味着人的人格的确立，人的主体精神的发育，人的公民意识、权利意识、责任意识、自由意识、平等意识、参与意识、公共意识等人的现代主体性的确立。另一方面，人的主体意识的生成、发育和充分发挥是现代化的最为重要的内在推动力。器物物质层面的现代化，是作为世界主体的人推动和创造的，而人的主体性是人创造世界、推动社会现代化发展的根本动力。作为主体的人的主体意识的充分发挥，人的积极性、主动性和创造性的充分发挥是社会现代化实现的动力之源。

（二）主体意识与人的全面发展

自由而全面的发展是马克思关于人的发展理论的基石。马克思主义认为，人的全面发展是人类社会发展的根本目的。人的发展是历史发展的基本标志。人类社会努力发展生产力，通过革命、改革和改良变更生产关系，从而促进社会制度从低级向高级发展，从根本上来讲，是为了促进社会自由而全面的发展。马克思在《德意志意识形态》中，提出了作为主体的人的理想目标：“人终于成为自己的社会结合的主人，从而也就成为自然界的主人，成为自身的主人——自由的人。”〔2〕

马克思关于自由而全面发展的命题是建立在主体性基础之上的。而人的发展的实质内容是人的个性解放与实现，人的主体性的充分发挥。人的自由而全面的发展不仅是以其主体意识的普遍觉醒为前提，而且是以人们主体性的充分发挥为基础。同时，人的主体意识的觉醒和主体性的充分发挥，其根本目的在于促进人的自由而全面的发展。

一方面，人的主体性发挥的根本目的是为了人的自由而全面的发展。发展是人类社会的永恒主题，“社会主义从理论到运动到制度的过程，无非一个目的：争取和保证劳动者即文明主体的社会主体地位，以此促进其自由发

---

〔1〕［英］梅因：《古代法》，沈景一译，商务印书馆1959年版，第97页。

〔2〕《马克思恩格斯选集》（第1卷），人民出版社1995年版，第760页。

展。”[1]劳动者社会主体地位的确立，目的是为了排除以往劳动者仅仅作为社会义务主体而存在的状况，使劳动者也成为社会的权利主体。人的主体性的确立也就是确立人的社会价值和自我价值，并实现二者的有机统一。每个人都有自己独立的价值，马克思主义认为，“……社会本质不是同单个人相对立的抽象个人的一般力量，而是每一个单个人的本质，是他自己的活动，他自己的生活，他自己的享受和他自己的财富。”[2]权利是实现利益的手段。人作为社会价值主体，以各种权利为手段，从而实现政治、经济、文化和社会生活的种种利益，从而有力地促进人的自由而全面的发展。

另一方面，人的自由而全面的发展必须充分发挥人的主体性。马克思主义认为，人是推动社会发展的主体性力量，是一切事业的主体。追求幸福美好的生活是有智慧的人们生生不息的执着追求。在世界分化为主观和客观、主体和客体的二元场域中，人作为客观世界的主体性力量，是实现人类幸福美好生活唯一可以依靠的主体性力量。人的智慧是足以使世界发生翻天覆地、沧海桑田的变化的，人类社会从茹毛饮血的野蛮社会发展到今天高度的文明就是明证。总之，人的主体性是推动社会全面发展，从而逐步实现人的发展，最终实现人的自由而全面发展的根本的内在的驱动力。

第二节 主体意识：农民发展权实现的内驱力

一、农民主体意识的内涵阐释和历史演进

（一）农民主体意识的基本内涵

1. 农民的社会角色与主体地位。农民是一种社会职业，也是一种社会身份，是一种社会角色定位。从社会分工的角度来看，农民是在农村以土地为生产资料，长期专门从事农业生产为社会提供农产品的农业劳动者。而从社会地位的角度来看，农民则是一种身份，具有农业户口的社会身份。在二元社会结构体制下，国家将公民户籍分为农业户口和非农业户口。农民是具有农业户口的社会群体，也意味着一种社会地位较为低下的社会身份。这种具

〔1〕 刘永佶：《主义 方法 主题——社会主义政治经济学之基本》，中国经济出版社2001年版，第43页。

〔2〕《马克思恩格斯全集》（第42卷），人民出版社1979年版，第24页。

有农业户口的身份的人群，是在社会就业、社会保障、受教育权等方面与非农户口享有严重不平等地位的社会身份的人群。

角色是社会分工造成的，只要有社会分工就会导致人们社会角色的不同。个体流向何种角色的社会机制，体现了社会制度的公正与否；因为社会角色的形成，很大程度上是一定社会制度和机制引导、安排的结果。一个良性的制度安排不仅应使个人在社会的角色定位上遵循理性、效率与公平的基本价值和原则，还应形成合埋的流动机制。因为角色的最初安排，社会共同体应根据个体能力的大小来安排，随着个体在发展过程中主观努力和客观条件的差异性，先前处于劣势地位的角色可能与其能力不相称，反之亦然。为公正和效率考虑，应实现角色的合理流动。一潭死水的流动禁止显然不可取，从下向上的流动也是不完善的。因为如果仅仅从下往上流动，那么由于优越地位的角色是稀缺资源，除了等优越地位的角色自然退出或者人为增加优越地位的角色外再无他法。由于社会发展呈现金字塔的社会结构模式，人为增加显然是不可取的，在社会政治领域只会造成机构臃肿而影响效率 。而优势地位角色的自然退出速度太慢。如此社会角色的流动速度就会大大减慢，社会发展的活力和效率也就会较低，社会公正必然随之受损。

传统农业生产的逻辑起点是农业生产，农民是农业生产的主体。在僵化的计划经济体制下，国家通过对二元户籍政策，将农民的社会角色固化在农村。农民除了升学和当兵提干外，鲜有其他渠道实现向上的社会流动，而通过升学和当兵提干走出农村的农民却是凤毛麟角。社会流动的缺失导致整个社会一潭死水，发展缓慢。现代农业的逻辑起点是农民，农民是农村经济社会发展的主体。在新农村建设中，国家一切政策措施的着眼点应该是人——农民，以农民的权益保障和农民的发展为立足点，以实现作为主体的农民的自由而全面的发展作为一切工作的终极目标。国家应尊重农民的意愿和需求，保障农民法定的基本权利，尊重和保障农民的人权，努力创造条件实现农民的发展权。

2. 农民主体意识的基本内涵。所谓农民主体意识，是指农民作为社会和历史的主体所具有的对自身地位、价值和能力的一种自我认识，以及在此基础上对外部世界认识和改造的自觉意识。农民主体意识的基点是人格意识，是农民自觉将自己视为和其他社会阶层一样具有平等社会地位的社会主体。农民主体意识的核心是权利。农民只有自觉意识到自身权利所在并努力为实现和维护权利而奋斗才能得到良好发展。农民主体意识的关键是参与意识。农民只有积极参与社会政治、经济和文化生活，作为创造主体积极创造社会物质财富和精神财富，才能作为价值主体去享受社会物质和精神文明成果。农民主体意识形成的基本标志是公民意识的养成。农民只有将自身视为现代国家具有平等权利和义务的公民，具有强烈的公民意识和公民精神，农民的主体意识才能最终生成。总之，独立的人格意识、自由的权利意识、公共事务的参与意识等构成了农民主体意识的重要方面。

农民的主体意识是农民作为社会主体的本质特性，在农民对象性的实践活动中得到体现，随着农民社会实践的发展而不断发展和提升，具体表现为农民的自觉性、主动性、能动性和创造性的提升。农民的主体意识首先表现在农民对自身的主体地位的意识，农民意识到自己是具有自尊、自强、自爱的独立人格的社会主体，是社会的主体而不是客体，是“社会的主人”。其次，农民认识到自身改变自身生活条件的能力，并自觉主动地运用这种能力参与社会实践，提升自我，改造社会。最后农民意识到自己是一个独立的价值主体，具有社会价值和自我价值，是社会价值主体和自我价值主体的有机统一。农民在为社会作出应有的贡献的同时，向社会索取其应该享有的物质和精神财富以维持其自我生存和发展。

培育农民的主体意识，关键在于培养农民独立思考的能力，使其养成独立的自主人格。主体的积极性和创造性的发挥是主体自我发展的基本条件。如此，在社会政治生活的参与中自觉追求有价值有意义的生活，养成一种与社会和他人相互妥协和宽容的智慧。农民以一种中和的心态去参与社会生活，既不是一个个俯首帖耳的“顺民”，更不是一个个穷凶极恶的“暴民”，而是一个个有着独立主见，具有平等意识、权利意识和参与精神的公民。

根据主体意识所涉及的生活领域，农民的主体意识可以分为农民经济主体意识、政治主体意识、文化主体意识和社会生活主体意识等方面。根据主体意识的具体内容，农民主体意识包括权利意识、责任意识、人格意识、参与意识、纳税意识、公民意识、公共意识等。

（二）农民主体地位确立的历史演进

农民主体地位的确立经历了一个长期的历史演进的过程。在封建社会，以封建皇帝为首的封建地主阶级控制和垄断土地，农民虽然是农业生产的主体，却并不是社会地位的主体。“劳心者治人，劳力者治于人”，在封建社会，由于作为生产资料的土地被封建官僚和地主阶级所垄断，农民作为被统治者，缺乏基本的人权。大部分农民沦为佃农和雇农，在整个社会生活中，农民处于被统治和被剥削的地位。农民因为不是土地主人而成为土地的依附者，因为直接依附土地而间接地依附于土地的主人——地主阶级及其代表的封建官僚集团，从而农民的主体地位丧失。

随着新民主主义革命的胜利，新中国成立后，经过土地改革，农民成为小块土地的占有者，获得了人身权，农民在农村经济社会中的主体地位初步得到确认。但由于极“左”路线的推行和人民公社体制的实行，在计划经济体制下，国家实行“一国两策，城乡分治”，农民的主体地位缺失。在人民公社体制下，生产大队和生产小队只是人民公社的附属物，没有独立的生产资料和生活资料，没有独立的政治经济地位。相应地，作为人民公社社员的农民没有独立的主体地位，农民的社会角色也没有得到合理的定位。。

在传统的二元结构体制下，政府实行的是“城乡分治，一国两策”，农民的社会角色是静止的。农民在国家和社会的地位，正如潘逸阳所指出的，“纵观中国人类社会历史的发展脉络，人们不难发现，农业作为第一产业在传统中国经济结构中的主导性地位，以及农业从业人口在整个社会职业构成中的压倒性比例。其中农民的发展是对共同体依附为前提的，个人只是‘共同体’这架机器上的零部件而已。”〔1〕不仅如此，农民本身就是弱势群体，社会的制度供给有意无意地阻止农民向上流动。甚至农民到城市里去走一遭，还要这样那样的证件，否则可能随时被收容审查。至今我国《宪法》没有赋予国民以自由迁徙权。或者说，人口占大多数的中国农民的迁徙自由缺乏宪法保障。“城乡分治，一国两策”的二元体制严重影响农民的发展，影响了农村各项事业的进步，“发展权面临的首要挑战在于主体的身份化及身份分化的法律化，作为主体的人被类型化为城市居民与农村村民，形成城乡二元主体的对立关系模式，这种不平等首先表现为资格上的不平等，并由资格不平等演化为在发展资源占有上的不平等、发展进程准入上的二元化和发展利益分配上的两极化。其结果是因起点的不公平导致了严重的贫富悬殊，造就了发展的极度不和谐。”〔2〕

〔1〕潘逸阳：《农民主体论》，人民出版社2002年版，第65～66页。
〔2〕汪习根：“发展权与中国发展法治化的三维研究”，载《政治与法律》2007年第4期，第12页。

改革开放以来，农民的创造主体与价值主体经历了一个由统一到分裂再逐步走向统一的过程。改革开放使农民摆脱了计划经济体制下“人民公社共同体”的束缚而走向市场经济。随着人民公社共同体的解体，农民的主体性得到很大程度的觉醒和复苏，主体意识大大增强，农业生产力相比较计划经济时代有了前所未有的发展，农村经济也取得举世瞩目的成就。改革开放对农民的主体性的作用，正如邓小平所指出的，“我们农村改革之所以见效，就是给农民更多的自主权，调动了农民的积极性。”〔1〕20世纪80年代，农民作为创造主体在发挥自主性、能动性和创造性为社会做出巨大贡献的同时，也获得了其相应的利益。相比较计划经济时代物质利益得到根本的解散，目前农民的温饱问题基本得到解决，生存权得到保障。正是在此意义上，农民的自我主体价值得到很大程度的满足，农民的创造主体和价值主体之间获得了较好的统一。

然而，进入20世纪90年代后，由于80年代农村因改革开放造成的生产力解放所产生的落差效应的逐步消失，及国家后续制度供给的不足，导致农村生产力的发展在很大程度上停滞不前。相当地方的农村发展进入比较困难的时期。农民耕种土地经济效益低下，由于农产品价格缺乏保护机制，农民从事农业生产不仅经常面临自然条件的风险，而且面临增产不增收的风险，农业生产效益低下。在此背景下，不少地方农民纷纷选择外出打工，农地抛荒严重，农业生产受到严重影响，不少地方农民日益陷入贫困。在此，农民的基本权利得不到应有保障，农民的主体地位缺失应是重要原因。

进入新世纪，党中央审时度势提出建设社会主义新农村的战略决策，提出了在农村实现“生产发展、生活富裕、乡风文明、村容整洁、管理民主”的发展目标。“确立中国农民在农村经济社会中的主体地位，已经是历史大势之所趋，是社会主义新农村建设的客观需要，是农村经济社会发展的现实反映和必然要求。”〔2〕在建设社会主义新农村战略目标的指引下，中央制定了一系列有利于农业、农村和农民发展的政策和措施，农民的主体地位得到全面恢复，农民的民主权利和其他基本权利得到很大程度的尊重和满足，农民在农村经济社会生活中的主体地位得到确认。2006年10月，中共中央在党的

〔1〕《邓小平文选》（第3卷），人民出版社1993年版，第77~78页。

〔2〕高建民：《当代中国农民与农村经济社会矛盾分析》，中国经济出版社2009年版，第25页。

十七大上庄严宣布：在社会主义新农村建设中要充分发挥农民的主体地位。2008年10月12日，党的十七届三中全会强调农村改革发展必须遵循以下重大原则："必须切实保障农民权益，始终把实现好、维护好、发展好广大农民根本利益作为农村一切工作的出发点和落脚点。坚持以人为本，尊重农民意愿，着力解决农民最关心最直接最现实的利益问题，保障农民政治、经济、文化、社会权益，提高农民综合素质，促进农民全面发展，充分发挥农民主体作用和首创精神，紧紧依靠亿万农民建设社会主义新农村。"〔1〕该《决定》进一步明确确定了农民在社会经济发展和社会主义新农村建设中的主体地位。

二、主体意识之于农民发展权实现价值意蕴

（一）农民主体意识是农民自我发展的内驱力

"发展权作为一项人权，是全体人类中的每一个人都享有的权利。""发展权以人的全面发展和价值实现为终极理想"，〔2〕主体自由而全面的发展，是马克思主义的终极理想和人文关怀。人是社会的主体，社会发展是以人的发展为出发点和归宿。主张发展权根本的是主张主体的发展权，社会发展归根到底是人的发展，其根本动力来自于作为主体的人本身。同时，内因是发展的依据，外因是发展的条件，人的发展的主体性因素是人的发展的内在因素。主体通过对自身本质、地位和价值的自觉认识，从而形成能动地认识和改造客观世界及自身的实践理念。农民只有通过自觉的主体性的深思意识到自己是独立自由主体，认识到自身权利所在，认识到自己是和其他社会主体一样应该具有平等的社会地位，才能在社会生活实践中充分发挥自己的主观能动性。人是天地之精英，万物之灵长，作为主体的农民只有积极发挥自己的主观能动性，其内部的创造潜能才能充分发挥出来，才能努力创造条件去超越客体的制约而实现自身的发展目标。

（二）农民主体意识是新农村建设的根本动力

社会主义新农村建设是我国为了促进农村发展最终实现农民全面发展的

〔1〕中国共产党十七届三中全会：《中共中央关于推进农村改革发展若干重大问题的决定》，载《人民日报》2008年10月20日第1版。

〔2〕汪习根：《法治社会的基本人权——发展权法律制度研究》，中国人民公安大学出版社2002年版，第74页。

战略举措。虽然新农村建设要求政府在促进农村发展上积极有为，然而新农村建设的主体是农民。“三农”问题的解决核心在于农民的主体性发展。建设社会主义新农村，必须充分发挥农民的主体作用。新农村建设是一个包括政治、经济、文化和社会生活在内的全面建设，无论哪方面都离不开农民主体意识的发挥。在新农村建设中，农民不仅是农业生产的主力军，也是农村市场经济发展的主体。市场经济要求主体具备自主、平等、自由、诚信、合作等主体意识，而市场经济的发展又进一步促进农民主体意识的发育。在农村社会生活中，农民不仅是公共事业和公益事业的受益主体，更是公共事业和公益事业的创造主体。

村民自治是新农村建设的基层政治引擎。在村民自治中，农民不仅是民主选举和民主决策的主体，更是民主管理和民主监督的主体。“民主选举”是保证农民选好本村新农村建设掌舵人的基础。“民主决策”是新农村建设的核心，因为只有农民自己才对自己发展需要什么、如何进行最具有发言权。“民主管理”是建设社会主义新农村的重要内容和重要保障，只有全方位的民主管理，才能充分实现农村基层民主。民主监督是新农村建设的关键，农民只有真正享有知情权和监督权，才能对新农村建设中事关农民切身利益的自治事务自治自理，才能有效抑制村民自治中出现的腐败现象。在新农村建设中离开了农民的民主监督，就没有了民主的管理，民主决策在执行中就会变质走样，民主选举的价值在实践中就会落空。而这一切都取决于农民素质的高低，取决于农民主体性是否确立。只有充分尊重农民的主体地位，努力激发农民的积极性、主动性和创造性，农民在新农村建设中才能大有作为。胡锦涛总书记指出：“广大农民群众是推动生产力发展最活跃、最积极的因素。充分发挥广大农民群众的主体作用，是建设社会主义新农村成败的关键。”[1]

（三）农民主体意识是农村落实科学发展观的主体性因素

所谓科学发展观是人们对发展问题的总看法，同时也是解决问题的总方法。胡锦涛总书记在党的十七大上明确指出：“科学发展观的第一要义是发展，核心是以人为本，基本要求是全面协调可持续，根本方法是统筹兼顾。”[2]科

〔1〕 胡锦涛：“在中共中央主办的省部级领导干部建设社会主义新农村专题研讨会开班式上的讲话”，载《人民日报》2006年2月14日，第2版。

〔2〕 中共十七大报告：《高举中国特色社会主义伟大旗帜，为夺取全面建设小康社会新胜利而奋斗》。

学发展观是指导经济社会发展的根本指导思想，是进一步推动中国经济改革与发展的总思路和根本方略。科学发展观的根本要求在于尊重客观规律，按照客观规律办事。按照客观规律办事关键又在于发现隐藏在客观事物内部的稳定的必然的联系。因此科学发展观要求人们充分发挥其主观能动性，充分发挥人的主体性。

科学发展观是指导农村科学发展的根本方法。科学发展观的核心是以人为木，在新农村建设中就是要以农民为本。在新农村建设中贯彻科学发展观，必须尊重和依靠农民的主体地位。只有充分发挥农民的主体意识，激发农民的积极性、能动性和创造性，依靠农民自身的智慧和力量，在农村实现科学发展观才有人文基础。由于种种历史和现实的原因，我国大多数农村发展较为缓慢，农村地区较为贫穷，“三农”问题已经成为制约我国社会主义现代化发展的关键“瓶颈”。加快农村发展已经成为21世纪中叶实现我国社会主义现代化最为紧迫的任务。加快农村发展更要求尊重农村和农业发展的客观规律，尊重农民的主体性。按照科学发展观的客观要求，充分激发农民的主体意识，充分发挥农民的主观能动性，才是促进农村、农业和农民发展的最为深厚的动力源泉。

三、当前农民主体意识的缺失及缘由探析

（一）当前农民主体意识的基本缺失

1. 人格意识薄弱，自主意识不强。人格在法律上是一个人之为人的资格，是自然人主体性要素的总称，是个人的尊严、名誉和价值的总和。人格是一个公民立身行事之本。公民人格是否健全，关系到其立身、做人、做事的成败安危，关乎社会的文明和进步。在现代社会每个公民人格权平等，每个人的人格尊严都应受到法律保护。

在传统小农经济条件下，农民普遍缺乏一种独立自主的精神，“传统中国农民的人格是内向的、封闭的，他们常常有压抑自我的倾向。”〔1〕农民往往不把自己看成和其他社会群体具有平等地位的公民，往往自轻自贱，自觉低人一等。农民长期过着一种“日出而作，日落而息”的自然状态的生活，他们安土重迁、缺乏自由活动的空间。在传统的农耕文化形态下，农民往往对

〔1〕金耀基：《从传统到现代》，中国人民大学出版社1990年版，第281页。

自然充满敬意，缺乏主动改造自然的信念。在个人行为选择上往往表现为从众的心理，往往对社会强人表现出强烈的依附心理。这种依附心理具体表现为对权力的依附，敬畏权力顺从权力，对权力由敬畏顺从进而讨好权力逢迎权力。

农民自我意识缺乏，在强大的社会外力和自然力量面前，农民往往表现出强烈的乏力感和听天由命的宿命论。农民经济实力普遍很弱，不少地区农民由于自然条件差靠天吃饭现象严重，农民在市场经济中往往凭运气吃饭。农民抗风险能力极弱，一旦遇到自然灾害，只能寄希望于政府支撑。天长日久不少农民意识中养成了“坐、等、靠”的思想。随着家庭联产承包责任制度的推行，农民由人民公社时期的“社员”变成了自主经营的个体，农民的自主性和独立性有了一定增强，但也仅仅是刚刚发育。

2. 民主意识欠缺，法治精神淡薄。由于长期以来我国自上而下的压力体制，不少农民养成了惧官畏官的心理。农民政治参与热情不高，基本上是政治生活的受动者。农民对政治冷漠，不仅表现在农民对国家政治漠不关心，而且表现在对事关切身利益的村民自治中的“民主选举、民主决策、民主管理和民主监督”也甚少关心。在村民自治选举中，很多农民由于民主意识不强，不能认识民主选举的重大价值，不能意识到手中的那一票的真正意义。有的认为多自己一票或者少自己一票，不会对整个选举产生影响，从而消极对待选举。也有不少农民认为，谁当村干部都与自己没多大关系，吃饭还得靠自己，“该种田种田，该吃饭吃饭。”农民淡薄的民主意识，为贿选和干预选举提供了很大空间。

民主与法治是一对孪生姐妹，与民主意识薄弱相联系的是农民法治意识淡薄。现实中农民法律知识非常薄弱，对法律认知程度较低，法治观念淡薄，法律意识模糊。不少农民意识里只迷信政治权威，畏惧权力，畏惧掌握权力的官员，法律在其心目中是没有多大权威的。同时，由于中国农村是一个“熟人社会”，人们发生纠纷，更多的是求助于村里的领导和组中长老的的调解，很少诉诸司法。

3. 公共意识缺失，参与意识不强。随着家庭联产承包责任制的推行和农村市场经济的兴起，农民“经济人”意识不断高涨，而“社会人”意识却没有得到应有的发育。这正如丁云所指出的，“我国农民是天然的个人主义者，他们最关心的是自己的直接利益。”[1]改革开放以来，不少农民的经济意识、利益观念得到较快发育，从而催生了权利意识的提高，但是责任意识和义务观念并未同步提高。不少农民奉行“事不关己高高挂起”的处事哲学，对公共事业漠不关心，往往致使农田水利年久失修。有的村民对公益性建设毫无兴趣，不闻不问不参与，更别说集资和出工。在政治上，正是由于农民公共意识的欠缺，农民政治参与意愿不足：一方面，农民理性参与社会事务的意愿和能力薄弱，对于村民自治中的公共事务参与冷漠；另一方面，农民对于其自身和其直接亲属的利益受损又极其敏感，非理性参与行为大量存在。就全国而言，有些地方农民的群体性事件时有发生，且往往具有明显的对抗性。甚至有些偏激者冲击国家机关、堵门拦车塞路，严重干扰社会秩序和政府机关办公秩序的事件也时有发生。

4. 发展意识欠缺，创新意识不足。创新是一个民族的灵魂，一个没有创新精神的民族是一个没有希望的民族，是很难有很大发展前途的；同理，一个没有创新精神的个人同样是一个没有希望的人，是很难有很大发展的。小农经济时代的农村经济上的落后、地域上的闭塞和行为上的封闭性使得农民思维不够开阔、视野不够广阔和观念较为保守。很多农民原有的“养猪为过年，养鸡为买盐，种田为混肚儿圆”的思想至今还在。大多农民安土重迁、小富即安。小农的本性，使其趋于保守、安于现状。同时由于诸多的外在因素的左右，农民无力摆脱外在客观力量的束缚，瞻前顾后、左右为难，创新勇气不足，在发展的道路上不敢勇往直前。即使因为生计问题被迫进城打工，经过一些年后，很多农民也是坚持“金窝银窝不如自己的狗窝”，最后打道回府重操种田旧业。

（二）当前农民主体意识的缺失缘由探析

1. 体制因素：城乡对立的二元社会结构。计划经济体制时代的城乡二元社会结构人为地将农民划分为城市户口和农村户口，城乡壁垒森严。与户籍制度相联系的是“一国两策、城乡分治”，人们的社会权利和义务诸如粮油、入学、参军、就业、住房等均与户口挂钩；同时公民的迁徙自由权被限制。“社会哲学视野中的人格，不是脱离社会的精神或心理的抽象，而是指‘作为人们’的‘现实理念’，是指生活于现实社会的个人，是个人现实生活的性质

---

〔1〕金耀基：《从传统到现代》，法律出版社2010年版，第281页。

和品质，是人的‘社会特质’。”〔1〕在这种社会结构体制下，农民作为“社会人”，其人格受到很大歧视。农民被社会制度安排为“二等公民”，无论在政治、经济、文化和社会生活等方面都受到社会歧视性待遇。这种歧视性待遇使本来处于弱势地位的农民更感到自身价值和社会地位低下，难以感受到翻身做主的“社会主人”地位，其主体意识没有生存的心理空间。计划经济时代城乡二元社会结构体制使得农民的生产积极性、主动性和创造性受到极大扼制，从而滋生出强烈的服从和依附心理，作为社会主体的独立性逐步丧失。“出工一条龙，干活一群虫，收工一窝蜂”，正是这种二元社会结构体制下农民主体性没有得到有效发育而作为一种极端消极被动的社会主体的真实写照。“画地为牢式的‘二元结构’将农民隔离于现代文明的大道之外，含有自由交换、契约精神和平权意识的市民社会具有尊重人的需要、发展人的个性、发挥人的潜能的内在机制。”〔2〕

2. 文化因素：专制传统的深刻影响。我国是有着两千多年封建专制主义传统的国家，封建思想根深蒂固。在专制体制下，每个人都是专制社会的政治奴隶，社会关系也就形成“人的依赖关系”。专制体制压迫人性，将人驯服成为一个个没有人格的人。因为有人格的人是一个具有独立思考能力的人，很容易识别专制统治的伎俩，往往会对专制的愚民政策不满而做出种种抗争。而专制统治者必然会利用其掌握的国家机器对有人格且干预抗争的人予以严厉打击甚至不惜肉体消灭。面对社会高压，久而久之，臣民被专制者驯服为没有灵魂和人格的可怜虫，社会也就形成“万马齐喑究可哀”的没有活力的一潭死水。

在中国两千多年来的专制体制下，中国农民饱受专制统治者的压迫和剥削。其中不乏诸如陈胜吴广、钟相杨幺之类的不甘于封建专制的沉重压迫揭竿而起的人，他们最终不是被封建专制者镇压就是沦为其改朝换代的工具。作为中国人口主体的农民被专制者征服，人格意识没有发展的体制空间。因为专制政体背离人性，将人驯服成无原则顺从的驯服者；只有以自由平等为基础的民主政体，才是培育公民人格等主体意识的温床。新中国成立后，我国虽然推翻了封建专制政体，但封建专制的遗毒远未清除，等级特权思想依

〔1〕 张青兰：“社会结构的变迁与人格的现代转型”，载《理论与改革》2003 年第 6 期，第 11 页。
〔2〕 黄琳：《现代性视阈中的农民主体性》，云南大学出版社 2010 年版，第 166 页。

然根深蒂固。在农村由于“山高皇帝远”，不少干部封建专制主义思想和作风依然存在。由此形成老百姓形成形成了畏官惧官的心理，人格等主体意识很难发育。

3. 自我因素：农民自身素质的相对低下。由于种种原因，现实中农民是一个素质相对低下的群体。由于新中国成立后“城乡分治，一国两策”的歧视政策导致农业发展落后，农民普遍贫穷，长期为温饱问题而奔走操劳。正是因为贫穷，大多农民读书不多，文化素质相对较低。受到良好教育的农民大多已经“鲤鱼跳龙门”或进城打工创业。由于自身素质相对较低，农民有较强的自卑感，不少农民做事谨小慎微、“求稳怕乱”。在人际交往上，奉行“各人自扫门前雪，莫管他人瓦上霜”的处世哲学。不少和他人特别是和干部发生矛盾时能忍自安。很多农民知足常乐，奉行“三亩地、一头牛，老婆孩子热炕头”的价值观。很多农民缺乏进取精神和担当意识，“不求无功，但求无过。”马克思在《路易·波拿巴的雾月十八日》中精辟地论述了农民的本质：

> “他们的生产方式不是使他们互相交往，而是使他们互相隔离。……好像一袋马铃薯是由袋中的一个个马铃薯所集成的那样。数百万家庭的经济生活条件使他们的生活方式、利益和教育程度与其他阶级的生活方式、利益和教育程度各不相同并互相敌对，就这一点而言，他们是一个阶级。而各个小农彼此间只存在地域的联系，他们利益的同一性并不使他们彼此间形成共同关系，形成全国性的联系，形成政治组织，就这一点而言，他们又不是一个阶级。……他们不能代表自己，一定要别人来代表他们。”〔1〕

农民自身素质的相对低下，除了与二元体制和专制传统直接相关外，更与农民相对闭塞封闭的生存环境有直接关系。“对土地的依赖，加之对小农经济所具有的高度自给自足性将中国农民的基本生存方式打上了深深的封闭主义烙印。他们交往范围狭小，往往一个村子或一个镇子附近的几个村子就是他们全部的人生半径。”〔2〕这种相对闭塞的生存环境，使大多数农民难以接受现代文明的洗礼，自我封闭、缺乏进取与创新精神。

---

〔1〕《马克思恩格斯全集》（第8卷），人民出版社1999年版，第217页。

〔2〕周晓虹：《传统与变迁——江浙农民的社会心理及其近代以来的嬗变》，生活·读书·新知三联书店1998年版，第76页。

第三节 培育主体意识，促进农民发展权实现

一、完善农村市场经济体制，培育农民的主体精神

市场经济是现代民主政治得以形成和发展的根本基础和动力。而现代民主政治的关键在于培育现代民主法治精神的公民。市场经济为培育农民的主体意识和主体精神奠定深厚的物质基础。而随着农民主体性和主体意识的形成，农民自身发展意识和能力得到逐步的提高。市场经济是天生的平等派，市场经济蕴含的平等精神必将促进农民自主参与公共事务的意愿和能力。市场经济对于社会一体化程度的促进又促使农民对社会共同体的依赖性增强，从而使个体愈发意识到过问和参与社会公共事物的重要性。对农民平等参与资格的保障，是农民发展权的前提性因素和本原性内容。市场经济增长了农民平等意识，促使农民在市场经济交易中充满了平等交易的渴望，使得计划经济时代对农村资源“一平二调”的不公平做法再也难以推行。而这种平等的权利诉求恰恰是农民发展的内在驱动力。市场经济要求市场主体的地位是独立而自由的。契约自由是市场经济的灵魂。市场内在的自由品质给农民一定的熏陶，其自身自由交易的内心要求也强化了其自由意识。市场经济的发展要求确认市场主体资格，明确产权，充分尊重和平等保护各类市场主体的财产权及其意志，从而有助于农民权利意识的发育。

市场经济要求市场主体主动参与市场活动，才有可能在市场交换中获取自身利益。在市场交换中，市场主体不仅获得自身利益，而且也会产生公共利益和公共事业。在市场经济中，农民个人利益的有效实现，往往有赖于公共利益和公共事业的实现。市场主体在相互交往中，能不断强化作为独立主体之间的相互合作，这种合作不仅是个人利益实现的基础，而且进而产生对公共事业和公共利益关注及参与的意识，衍生个人对团体对社会的责任意识。

而在市场经济条件下，市场内在地要求市场主体遵循主体地位平等、等价有偿、诚实信用的交易原则，只有如此才能形成良性的市场。法的明确性、规范性、稳定性、公开性、权威性、公正性为市场经济的发展提供了有效的调控手段。市场经济呼唤法治，法治为市场经济保驾护航，使市场经济沿着规范的轨道运行。市场经济内含的法治精神使得农民受到潜移默化的影响。

市场经济的发展促进了农民规则意识和法律意识的生成。农民在权利受到侵犯时懂得利用法律维护自己的合法权益。完善市场经济，促进农民主体意识发展，具体来说主要从以下几方面入手：

第一，确认农民独立的市场主体地位。利益是权利的现实基础，权利是利益的法律表达。农民作为现实的独立的利益主体，其在市场经济中的主体地位应该得到应有的尊重和保护。这种尊重和保护不仅只是法律制度的确认，更是要求各级政府和社会对农民的独立的市场主体地位予以现实的尊重和保护。譬如，农民的生产经营自主权问题。农民种什么，不种什么纯粹是其自身的事情，乡镇政府不应该干涉农民生产经济自主权。

第二，加强经营管理意识教育，提高农民经营管理意识和水平。农民参与市场经济，在市场经济中谋取自身物质利益的发展。农民只有具备良好的经济条件，才能为其他一切权利的发展和自身主体发展奠定坚实的物质基础。而市场经济的公平竞争、优胜劣汰等要求农民不断提高自身经营和管理能力。只有这样，才能在市场竞争的浪潮中学会游泳成为市场经济的弄潮儿而不致被市场经济浪潮所淹没。为此，应通过一切培训手段，加强对农民的经营和管理知识的培训，提高其经营管理水平和能力。引导农民认识现代农业与传统农业的区别，教育农民掌握现代农业的发展规律和要求。培养农民的市场意识、商品意识、成本观念、效率观念，培养农民参与市场竞争的能力。不仅如此，还应培养农民的管理意识，树立管理出效益的理念，灌输管理知识，提高农民管理能力和水平。

第三，加强思想观念教育，提高农民市场竞争和风险意识。市场经济是竞争性经济，市场经济也是风险与机遇并存的经济。没有市场竞争意识，无以在市场立足；没有风险意识，则随时可能被市场大潮所淹没。因此，引导农民参与市场经济，加强农民的竞争意识和风险意识教育极为重要。应通过多种形式的宣传教育，深入宣传和普及市场经济的知识和规律，宣传党和政府关于农村发展市场经济的方针和政策。消除封建残余思想、小农思想对农民的束缚，逐步改变农民对土地的依赖思想。激发农民积极参与市场竞争的热情，在竞争中获得更大的发展的斗志。同时，在宣传市场经济有关知识和规律的同时，一定要加强对农民的风险意识教育，让农民深刻意识到“市场不相信眼泪”。只有不断提高自身素质和能力，才能在市场大潮中立于不败之地。

二、完善平等立法，尊重农民的主体地位

农民的主体地位是农民发挥其积极性、主动性、能动性和创造性从事社会主义建设的前提。改革开放以来，农民有了一定的经济自主权，义务教育的普及和现代知识的传播使农民具备了作出独立政治判断的能力，农民的主体性有了相当程度的发育。今天在社会主义新农村建设中，促进农民发展权的实现，关键在于尊重农民的主体地位。“尊重农民的主体地位，就是要承认农民是现代化的创造主体，尊重农民的首创精神，使农民在自由、平等的环境中通过水平流动或垂直流动实现自主发展、自主转化。”[1]

尊重农民主体地位，就必须消除一切束缚农民发展的体制枷锁。长期以来，农民的发展积极性得不到充分发挥，关键在于计划经济时代束缚在农民身上的体制枷锁。这种体制枷锁集中表现为在计划经济时代形成的城乡分割的户籍制度。1958 年 1 月全国人大颁布的《中华人民共和国户口登记暂行条例》人为地将全体公民分为农村户口和城市户口。这种户籍制度人为地对农民进行身份限制，将农民严格限制在农村。这种做法不仅剥夺了农民的迁徙自由权，更主要的是剥夺了社会的正常流动，剥夺了广大农民向上流动发展的机会和权利。不仅如此，国家通过“工农剪刀差”将农民创造的财富汲取到城市。据统计，我国从第一个五年计划到国家工业化的第一阶段（1953～1989）结束，国家从农村汲取工业化资金七千多亿元，约占农村新创造价值的1/5。[2] 农民被动地为国家工业化做出巨大贡献的同时，其自身发展的物质基础却极为薄弱。计划经济时代残留下来的二元机构和二元体制，严重制约着农民的发展，使其长期以来在现代化进程中被边缘化。消除束缚在农民身上的二元体制枷锁，就必须彻底打碎“一国两策，城乡分治”的体制，肃清其影响。以尊重农民的主体地位为出发点，坚持平等原则赋予农民“国民待遇”。应该在《宪法》上恢复和确立公民的迁徙自由权，废除现行《户口登记条例》和相关的配套制度和政策，实行全国统一、平等的户籍管理制度。努力实现社会待遇与户籍相脱钩的政策，废止一切依附在户籍制度上的有关就业、入学、参军、住房、社会保障等对农民不公平的政策。

---

〔1〕 楚成亚：《当代中国城乡居民权利平等问题研究》，山东大学出版社 2009 年版，第 220 页。

〔2〕 张英洪：《给农民以宪法关怀》，中央编译出版社 2010 年版，第 36 页。

尊重农民主体地位，就必须尊重农民人格消除一切人格歧视。由于计划经济体制下形成的传统观念、传统思维以及计划经济体制下没有肃清的体制残余的影响，农民长期以来被边缘化。农民的人格没有得到应有的尊重，对农民的社会歧视严重，农民似乎是“二等公民”的代名词。在传统社会中，我国是一个典型的等级特权社会，“贱农”思想根深蒂固，农民工虽然从事的是非农产业，但是他们的身份依然是农民。“每年成千上万转移到城市务工的农村剩余劳动力所受到的工资歧视、雇佣歧视、职业歧视是农民工就业歧视的集中反映，也是所有农民受歧视的缩影。”〔1〕在很多城市市民心中，农民工文化水平低、素质低下，只配干脏、累、差、重的活。不仅很多市民如此，就是有些政府官员也是持这样的观念。社会歧视可以分为制度性歧视和观念性歧视。制度性歧视表现在现行制度及法规对农民工的歧视，而观念性歧视则是人们在思想理念上形成的对农民的歧视。消除农民人格歧视，不仅要消除束缚在农民身上的体制枷锁，更要通过教育在全社会形成尊农的社会风气。在全社会成员中树立农民是我们“衣食父母”的观念，让每个社会成员真正认识到没有农民，就没有我们的衣食之源。因为农业是天下之本，社会大厦之基；而农民正是一群为了人类的衣食在田间地里“面朝黄土背朝天”劳作的可歌可敬的群体。

尊重农民主体地位，就必须承认农民既是权利主体又是价值主体。如，在农民土地流转中，农民才是土地流转的主体。按照现行土地承包经营制度，农村土地的经营权主体是农民。而按照最新的政策，这种承包经营权的使用期限是“长久”的。因而，任何关于土地流转的安排，其主体是且只能是农民。如果不经农户同意，任何人和机构，包括村集体和地方政府，都无权以任何借口以土地进行流转。

农民不仅是权利主体也是现代化的价值主体。在新农村建设中，应警惕城市文化霸权对农村的侵犯。在新农村建设中，应充分尊重农民的意愿和农民的习惯，事关农民切身利益的事务，应该“由民做主”，而不应该“为民做主”，而土地流转的受益主体是且只能是农民。

尊重农民主体地位，就必须在政治上信任农民，赋予农民“国民待遇”。我国是工人阶级领导的工农联盟，人民当家做主的国家。国家的一切权力属

---

〔1〕程蹊、尹宁波：“农民工就业歧视的政治经济学分析”，载《农村经济》2004年第2期，第20页。

于人民。主体发展需要有良好的政治环境，而公民政治权利的保障又是主体获得发展的关键。解决“三农”问题促进农村发展，核心在于促进农民主体性发展，农民作为社会主体的积极性和创造性的发挥是其自我发展的基本条件。保障农民充分享有政治权利，将不断启蒙农民的民主意识和民主观念，激发农民的政治参与热情，锻炼和提高农民的政治素质，培养和重塑新一代农村政治人。同时，农民享有充分的民主权利，平等地参与政治生活，能够增强其社会主人翁的归宿感，大大激发其投身社会主义现代化建设事业生产的主动性和积极性，为农民的全面发展奠定坚实的政治基础。占人口大多数的农民为中国革命和建设作出了卓越的贡献，理应成为国家政治生活的主人。邓小平曾经说过：“一个革命的政党就怕听不到人民的声音，最可怕的就是鸦雀无声。”〔1〕赋予农民组织自己的权利，准许农民像工人成立工会那样成立农会。通过农民的组织化维权，将农民单个个体的上访纳入到组织化合法化的轨道，从而将农民个体维权可能带来的社会不稳定因素消解于无形。

三、优化村民自治，培育农民政治参与意识

村民自治是国家在农村基层实行民主的制度性安排，是我国社会主义民主的生长点。广大村民通过“民主选举、民主决策、民主管理、民主监督”对村务进行自治自理。村民自治是中国特色社会主义民主的基础工程，对于培育村民的主体意识具有极为重要的价值，“村民自治的首要目的就是在农村社会培育真正的公民文化，塑造农民独立的权利、政治人格。”〔2〕村民自治对于启蒙村民的民主意识、增强民主观念和提高民主素质具有重大意义。村民自治通过民主协商和民主管理，能增强村民的平等意识，激发其主人翁意识。通过村民自治广大村民对事关其切身利益的公共事务和公益事业实现自治自理，能增强其协作互助的合作精神。总之，村民自治在我国作为基础性的民主制度安排，对于培养和锻炼农民的民主意识和法治意识具有重要意义，对于培育和重塑新一代具有独立人格和主体意识的农村公民具有不可估量的价值。

---

〔1〕《邓小平文选》(第2卷)，人民出版社1994年版，第144～145页。

〔2〕赵聚军：“村民自治中农民权利主体地位的异化”，载《重庆社会科学》2004年第S1期，第72页。

村民自治重在参与。然而在实践中，村民自治存在着严重的主体和功能错位，村民自治异化现象非常严重，很多地方农民参与度不高，甚至表现出一种对村民自治的政治冷漠。为了利用村民自治的民主平台培育村民的主体意识，优化村民自治势在必行。一方面，必须创新乡镇管理体制，放手让村民自治自理。虽然《村民委员会组织》将乡村关系界定为指导与被指导关系，但实践中二者关系往往被异化为领导与被领导关系。乡镇政府自觉或不自觉地将村委会沦为自己的“腿”，使得村民自治难以按照村民的意志进行。为此，应改变目前乡镇体制，实行乡镇自选，由全乡村民直接选举镇长，实行乡村自治的全面对接。应科学界定乡镇政府职权，从实际出发明确界定哪些事项乡镇政府应该指导、帮助和支持，哪些事项完全属于村民自治自理乡镇政府无权干涉。同时，还应规定监督机制和乡镇政府违规指导的法律责任。

另一方面，应强化村务公开，让村民真正享有村务知情权和监督权。村务公开是村民自治中民主管理和民主监督的重要环节，只有村务公开，让整个村务都置于村民的监督之下，才能激发村民参与村民自治的热情。村务公开不仅包括结果公开也包括程序公开，强化事前事中公开让重大村务由村民全程参与和监督。应设立村务监督委员会作为村民监督村务的重要平台。村务监督的重点是财务监督。应规范村财务公开的范围、内容、程序和方式。应规范村集体财务收支审批程序，实现民主理财制度化和经常化。应设置村民财务监督小组对村民自治的财务运作情况进行监督。应确立村干部离任审计、村财务年度审计以及重大项目专项审计制度。应充分运用一切可资借用的公开形式和平台，多层面地对村财务情况进行监督。要综合运用公开栏、广播、黑板报等公开形式，村务公开栏应在显眼醒目的位置。鉴于大多数村民参与村务不太主动的现实状况，村委会可以以“明白纸”的形式定期将村里的财务状况分发到各村民小组和各个农户。应该设立意见箱，主动征集群众对财务公开的意见和建议。为实现村财务乃至各种村务信息知情面的最大化，充分利用现代信息技术开拓村务公开新途径。每个村建立自己的网站，确立政务公开的平台，对各种村务特别是财务应作公开的重点。每户确立一个户代表，村里可通过手机短信的方式通知户代表到村里或网上查看村务公开的信息，并对村民自治财务公开进行网络投票表明意见。充分利用网络平台进行村务公开的平台效应，除设置村务公开栏外，还应设置村务信息反馈栏、村务栏等栏目。村务公开不仅应公开村务结果，更要公开村务民主决策和民主管理过程；不仅应该在村委会所在地公开，而且应该通过网络等平台，让所有村民都知晓。

四、加强公民教育，培育农村公民文化

公民文化是建立在民主政治和市场经济基础上的现代文化，是公民社会的软件。公民文化以自由、平等、协商等公民社会基本理念为基础，不仅是公民社会发展的必然要求，而且也是公民社会主动性建构的产物。阿尔蒙德和维巴将公民意识看作是反映公民生活的“公民文化”，并把这种文化理解为公民的一种心理倾向和心理活动模式。〔1〕

公民文化的形成以公民的主体性为基础，同时又能促进公民主体性的生长。新农村建设离不开作为价值主体和建设主体的农民的广泛参与，而农民广泛参与离不开农民独立意识和公共精神的有力支撑。农民主体意识的生成必须以农村公民建设和公民文化培育为基础，“尊重公民主体地位，努力造就公民意识转化为公民行为的文化环境是统筹城乡发展与公民社会培育的基础。”〔2〕加强公民教育是培育公民以主体意识和公共精神为核心的公民文化的重要途径。中共十七大报告明确提出：“加强公民意识教育，树立社会主义民主法治、自由平等、公平正义理念。”“公民社会在本质上也是一种文化机制，应通过多种途径，利用教育和媒体等手段大力加强社会规范、现代价值观念的供给，教育和引导农村居民理解和运用信任、公正、合作、博爱等理念。”〔3〕

首先，追本溯源，农村公民教育应从娃娃抓起。人的意识的形成，入学启蒙是关键。公民主体意识形成应从九年制义务教育抓起，应在小学阶段就开设公民教育课程，培育学生遵章守纪守法的规范意识，在孩子幼小的心灵中播撒自由、平等、独立、自尊、自强的主体意识和主体精神的种子。

其次，培育农村公民社团，保障结社自由。结社自由是公民为特定宗旨，依照法定条件和程序参加具有持续性的社会团体的自由。结社自由是宪法赋予公民的一项基本权利，是公民权利保障的组织化权利。结社自由的基本属性是自治，而自治的本质是自由。自治是公民通过成立各种以维护各种利益

---

〔1〕参见［美］加布里埃尔·A. 阿尔蒙德、西德尼·维巴：《公民文化——五个国家的政治态度和民主制》，徐湘林等译，东方出版社2008年版，第169页。

〔2〕高建民：《当代中国农民与农村经济社会矛盾分析》，中国经济出版社2009年版，第195页。

〔3〕高建民：《当代中国农民与农村经济社会矛盾分析》，中国经济出版社2009年版，第197页。

为目的的社会团体，实现对与其公共利益相关的公共事务的自治自理。公民在通过结社自由实现的对共同体公共事务的自治实践中，公民的自主、独立、平等、协商、民主等主体意识必然得到有力的增长。结社自由发育到一定阶段，必然导向公民社会的形成。因此，培育公民社团保障结社自由是培育公民主体性最为生动有力的实践方式。

由于种种原因，农民结社自由权没有得到有效保障，农民社团没有得到较好发育，影响了农民主体性和农村公民社会的发育，迟滞了农村法治社会的形成。马长山指出："法治的动力既来自国家，也来源社会，而社会力量对法治进程的推动则更为根本和持久。……尤其是民间社会组织构成了当今民主法治的重要动力。"〔1〕培育农民公民社会组织，保障农民结社自由势在必行。

再次，构建农村社区平台，加强农村公民教育。2006年10月，中共十六届六中全会通过的《中共中央关于构建社会主义和谐社会若干重大问题的决定》提出"积极推进农村社区建设，健全新型社区管理和服务体制，把社区建设成为管理有序、服务完善、文明祥和的社会生活共同体"，首次在最高政治权威文件中提出"农村社区"概念。十七大要求把农村社区建设成为"居民自治、管理有序、服务完善、文明祥和的生活共同体"。实际上，农村社区是借鉴城市社区发展的经验，将传统分散居住的农民相对集中于一定区域内，不仅为村民相互交流与沟通搭建了一个有益的平台，而且为现代民主、法治精神提供了一个很好的平台。农民主体性的培育离不开公民教育，而农村社区正是对农民进行公民教育的绝佳平台。一方面，应充分利用农村社区中农民相对集中居住的优势，对农民进行经常性的文化教育和技能培训，应充分盘活现有农村文化资源，在农村社区共同体中进行公民教育和素质教育；同时也应充分利用农村社区的集中居住优势，利用一切可以运用的途径和手段"送法下乡"、"送文化下乡"，对农民进行公民教育和素质教育。另一方面，应充分利用农村社会的平台作用将村民自治实践引向深入。农村社区为村民自治的民主选举、民主决策、民主管理和民主监督搭建了新平台，激活了乡村自治的各种资源和正能量，从而有效推动村民自治的良性运转。农民公民

〔1〕马长山："民间社会组织能力建设与法治秩序"，载《华东政法学院学报》2006年第1期，第3页。

教育，应重视农村社区的平台作用，深入挖掘社区文化教育和公民教育的功能和资源，以村民自治为主要的制度载体，将农村社区建设成为提升农民民主意识、法治意识、权利意识等主体意识和公民意识的重要场所。

最后，应重视农村文化建设，全面提升农民素质。农民公民素质提高和农村公民文化的形成，是以农民文化素质的综合提高为前提的。很难想象，一群文化素质低下甚至大字不识一个的文盲会有很高的公民素质和主体精神。因此，农村文化的普及与提高为农民公民素质和主体精神的提升奠定深厚的文化基础和文化积淀。农村文化建设，一方面应加强农民的科学文化建设，加强职业教育培训，培育农民的生存和发展技能。国家应该加强职业教育的引导和投入，不仅应重视中等和高等学校职业教育，而且应重视农民特别是中青年农民日常的技能培育，拨付农民职业专项培训基金，特别是对农村专业户的技能培训应予以全方位的大力支持。另一方面应加强农民人文素质的培养。应充分利用文化建设的方式和平台，学校教育除突出人文教育的内容外，更应综合利用社区图书室、流动影院、农民夜校、法治宣讲、农村文艺“百团大战”巡回演出等各种形式培育农民的人文素养。精选培育农民自主、自立、自强的意识，以现代民主、法治、人权为核心题材的内容对农民进行公民教育，让农民主体意识和主体精神在“润物细无声”中得到有效的培育。

第八章

政府责任与农民发展权保障

第一节　政府责任与责任政府

一、政府责任与责任政府之内涵

（一）政府责任与责任政府的含义

在《现代汉语词典》中，“责任”一词有两层含义：一是指分内应做的事；二是指没有做好分内应做的事，因而应当承担的不利后果和强制性义务。同理，政府责任也包含两层内涵：一是政府必须对人民履行既定的义务；二是如果政府没有履行既定的义务应该承担的否定性后果。具体来说，政府责任包括两个层面：一方面是政府作为整体对国家权力主体承担责任；另一方面是政府公务员对行政过程中的行政行为所承担的职责和义务以及违背其职责和义务应受到的惩罚性后果。前者是政府的政治责任，后者是政府的行政责任。政府的政治责任决定了政府的行政责任，而政府的行政责任是其政治责任的落实和延伸。政治责任是第一位的，行政责任是第二位的。

政府责任的外延，从广义而言，包括立法、行政、司法机关在内的所有国家机关对所属公民应承担的责任。从狭义而言，仅指行政机关对公民应承担的责任。从内容上看，政府责任包括政府对人民承担的政治责任、法律责任、经济责任、社会责任和道德责任。

责任政府是区别于专制政府的一种政府体制形式，是一种民主政府的形式。《布莱克法律词典》（*Black's Law Dictionary*）对“责任政府”的解释是：“这个术语通常用来指这样的政府体制，在这种政府体制里，政府必须对其公共政策和国家行为负责，当议会对其投不信任票或他们提出的重要政策遭到失败，表明其大政方针不能令人满意时，他们必须辞职。”〔1〕政府是否真正对人民负责，是民主政治与专制政治的重要分野岭。在专制体制下，政府享有无限的权利，其责任却没有限定。

纵观人类社会政府历史，政府责任经历了对上负责到对下负责的价值理念的历史转变。经历了从侧重“秩序与效率”到注重“公平与正义”再到倡导“服务与竞争”的历史嬗变历程。传统专制社会奉行“君权神授”，由于皇权王权在人们的观念中来自上天的授予，君主垄断一切，“普天之下，莫非王土；率土之滨，莫非王臣。”〔2〕君主的权力来自于上天的授予，而各级官吏的权力又来自于君主的授予。在传统专制社会，权力本位是“主权在君”。既然皇帝是国家主权的享有者，那么，各级政府官僚机构完全受皇帝操控，责任体制自然是向上负责体制。封建帝王是国家主权的拥有者，手中掌握不受约束的最高权力。各级封建官吏的权力来自于封建皇帝的赋予，即使最高权力运行失误甚至给社会带来深重的灾难也是不用承担任何责任的。前资本主义社会，君主是主权者，是社会最高主宰，因此君主“口含天宪”、金口玉言，甚至“君要臣死，臣不得不死”，更不用说普通草民，君主更是视其为草芥。

随着西方资本主义的萌芽和逐步发展，资产阶级革命启蒙思想逐步勃兴。西方启蒙思想家高扬人道主义的大旗，高扬人性，极力宣扬人的价值和尊严，极力尊重人的权利。现在“天”赋予的不是君权而是“人权”；普通老百姓像君主一样同样被“天”赋予基本的作为人的权利。在“天赋人权”基本人权理念的引导下，国家的主权当然不在作为独夫的“君”而在作为亿万普普通通的“人”即“民”的手中。“主权在民”的法律理念逐步代替了封建专制社会的“主权在君”。到了资本主义时期，人类历史上破天荒地在形式上规定了公民是国家权力的主体。人民是政府权力的终极来源，各级政府机关最终都要向人民负责，这样就确立了政府向下负责的责任体制。政府从对上负责向君主负责的责任体制到对下负责向人民负责的责任体制的转变是人类历史上政府责任转变的划时代革命，从此开辟了人类人权保障的新纪元。

（二）责任政府之法治逻辑

1. 人民主权说。从根本上来说，责任政府源于人民主权的民主理念和民

〔1〕《布莱克法律词典》（英文版），1979年版，第1180页。

〔2〕《诗经·小雅·谷风》。

主制度。人民主权是当代民主政治的理论基石。人民主权意味着国家的主权掌握在人民手中，人民是主权归属主体。其实，人民主权的事实古已有之。譬如，古代的罗马贵族共和国、雅典民主共和国、迦太基贵族共和国的主权都是掌握在人民手中。在奴隶社会，贵族共和国的人民仅是奴隶主阶级中的贵族而已，而民主共和国的人民仅是奴隶主阶级全体成员而已。人民主权理论，是17、18世纪欧洲启蒙运动时期在西方资产阶级反封建的斗争中发展起来的，是资产阶级宪政理论的一块重要的基石。人民主权学说是由著名的启蒙思想家卢梭提出。卢梭认为，国家是民众的结合体，国家的一切权力是由人民将其天赋的自然权利转让给国家而形成的。因此，人民是国家权力的源泉，只有人民才是国家最高的主权者，国家的主权属于人民。卢梭认为，人民主权具有不可转让、不能分割、不能代表的属性。“主权是不可转让的，因为国家由主权者构成，只有主权者才能行使主权；主权是不可分割的，因为代表主权的意志是一个整体；主权是不可代表的，因为主权在本质上是由公意所构成的，而意志又是绝不可以代表的；它只能是同一个意志，或者是另一个意志，而绝不能有什么中间的东西。因此人民的议员就不是、也不可能是人民的代表，他们只不过是人民的办事员罢了，他们并不能做出任何肯定的决定。”〔1〕

卢梭的人民主权是建立在“公意”基础之上的，公意是卢梭人民主权思想的逻辑起点。公意是国家全体公民的共同意志，是人民的意志或主权者的意志。公意既然是全体公民的意志，那么公意永远是公正的，而且永远以公共利益为依归。公意的实现是通过民主的议会来实现的，任何人不服从公意，全体公民就要迫使他服从公意。美国1776年的《独立宣言》宣称，“如有任何政府损害这些目的（保障生命、获得自由及追求幸福），人民就有权利改变或废除它……”，《独立宣言》第一次将人民主权说体现在资产阶级具有法律效力的文件中。此后，人民主权说还在美国1787年宪法和法国《权利宣言》中都有不同程度的体现。

根据人民主权的基本原理，政府和人民之间是一种“代理人”和“委托人”的关系。实际上，在这里有两重关系，一是政府作为人民的代理人代理人民“打理”公共事务和公益事业；二是政府又将公共事务和公益事业分解

---

〔1〕［法］卢梭：《社会契约论》，何兆武译，商务印书馆2003年版，第120页。

后由不同公务员去具体“打理”。虽然有两重法律关系，但作为代理关系中“代理人”的法律人格主体只有一个，即政府。与人民的代理关系中政府是作为代理人的责任主体。政府公务员和人民之间是“仆人”和“主人”的关系，政府公务员是人民的“公仆”。

在封建皇权时代，由于奉行“君权神授”，君主“口含天宪”、“金口玉言”享有绝对的神圣不可侵犯的权力，而对人民却没有任何法定的义务和责任。封建官僚系统也只向君王负责而不向人民负责。在现代民主政治下，政府必将是作为责任政府出现于政治舞台上，并履行以法律责任为主的一系列政府责任。在民主政体下，人民主权成为社会基本价值理念，国家一切权力属于人民，政府的权力来自于人民的授予。人民主权说的本质在于以人为社会历史的主体，人民是一切权力的所有者，强调对人的尊重、人权的尊重和保护。马克思指出：“人的根本就是人本身，人是人的最高本质。”[1]政府只是人民的代理人，人民才是真正的权力所有人，是委托人。政府行使公共权力必须遵从委托方——人民的意愿，全心全意为人民服务，对人民负责。在民主政体下，对人民负责是公共权力来源和归属所决定的。人民作为主权者，当然有权对政府履行职权的行为全程予以监督，从而保证政府及其公务员在履行国家权力时不违背人民的意志，从而能促进人民利益的实现。为了保障代理人能正确履行代理义务，必须在法律上对被代理人的权利、义务和责任进行明确界定；同时，当“代理人”违反既定的责任和义务而损害甚至侵害人民利益时，人民有权解除代理关系。

2. 社会契约论。社会契约论是西方宪政理论中的核心学说之一。社会契约论者普遍认为，人类早期社会处于自然状态之下，享受着自然权利，受自然法的调整和规范。然而自然状态缺乏政治权威，人们的自然权利得不到保障。理性的人们便将一部分自然权利让渡给政府和政府缔结一种社会契约，由政府来保障人们的共同的安全、谋求共同的福祉。对于社会契约的起点——自然状态——则有不同的认识。霍布斯认为，自然法没有强制约束力，如果没有政治权威，趋利避害的人们为了自我利益经常违背自然法，“没有武力，信约便只是一纸空文，完全没有力量使人们得到安全保障。这样说来，虽然有自然法（每一个人都只在有遵守的意愿并在遵守后可保安全时才会遵

〔1〕《马克思恩格斯选集》（第1卷），人民出版社1972年版，第9页。

守），要是没有建立一个权力或权力不足以保障我们的安全的话，每一个人就会而且也可以合法地依靠自己的力量和计策来戒备所有其他的人。”〔1〕因此，自然状态是“每个人对每个人的战争”的状态，是一种“狼与狼”的关系，大家不是你吃了我就是我吃了你。人们为了不至于在这种相互战争的狼一样的状态中共同毁灭，就相约缔结社会契约将一部分自然权利让渡给政府，而使自己的自然权利一定程度上受到抑制。

洛克认为，在政治社会出现之前，人类社会处于“自然状态”之中。在自然状态下，人们毫无差别地享有同样的自然权利、运用自身的身心能力，从而构成了同政治社会的本质差别。洛克认为，在自然状态中，自然法最为本质的规定，一方面每个人都要保护自己的生命健康、自由和财产，并且不侵犯他人；另一方面是在与保全自我不相冲突的前提下，人们同时也尽力保全他人。同时，洛克认为，由于人性具有不完善性，自然权利经常被侵犯，自然法时常被违反。正是基于此，人类社会亟需有权依照法律来裁判争端的裁判者。人性的不完善导致的自然状态被破坏，要求人们将一部分权利交给社会，并由社会委托立法机关或指定专门人员，按照社会成员的共同意愿来行使权利。

卢梭则认为，在自然状态下，存在着自然的自由和平等，而维持人与人之间关系的是人的天然的怜悯和自爱之心，“人类的精神活动能使这两种原理协调并配合起来，由此产生了调节自然状态中人与人之间关系的自然法；在其中没有法律、没有国家、没有不平等。”〔2〕在卢梭眼中，自然状态中的人比文明社会的人更高贵、更自由。随着私有制的建立，对物质财富的私人占有产生了自然的不平等。那些占有大量财产的富人意识到自己的财产总是处于危险的状态之中，为此人与人之间也确实经常发生冲突，自然状态最终演变为令人恐怖的战争状态。理性的人们都意识到，权利取代暴力是符合人们的共同利益的，于是人们签订社会契约力求实现自我保存。“寻求出一种结合的形式，使它能以全部共用的力量来护卫和保障每个结合者的人身和财富，并且由于这一结合而使得每一个与主体相联后的个人又只不过是在服从其本

---

〔1〕［英］霍布斯：《利维坦》，黎思复、黎廷弼译，商务印书馆1985年版，第36页。

〔2〕［法］卢梭：《论人类不平等的起源和基础》，李常山译，商务印书馆1982年版，第7页。

人，并且仍然像以往一样地自由。”[1]

社会契约论的核心在于人们基于自我保全的需要将自我权利的一部分让渡给作为社会公共机构的政府，由政府来保障人民的权利和福祉。正是基于此，政府的权力来源于人民，政府和人民的关系是“主仆关系”，是服务关系，政府是人民的“公仆”。

3. 无赖原则。古希腊的圣哲亚里士多德曾经说过：“人类倘若由他任性行事，总是难保不施展他内在的恶性。”[2]苏格兰启蒙思想家休谟以人性恶为前提，强调人性的自私和慷慨。“正义只是起源于人的自私和有限的慷慨。”[3]休谟在人性恶的前提下，提出了著名的政治生活中的“无赖”理论，“必须把每个人都设想为无赖之徒确实是条正确的政治格言。虽然，这同时看来有些令人奇怪：箴言在政治上是真理，在现实中则是谬误。”[4]他认为，在政治生活中，必须把每个成员设想成无赖之徒，每个人都是自私自利的。休谟指出：“在设计任何体制和确定该体制若干制约、监督机构时，必须把每个成员都设定成无赖之徒，并设想他的一切作为都是为了谋求私利，别无其他目标。我们必须利用这种个人利害来控制他，并使他与公益合作。”[5]政治结构和政治体制必须符合这一基本原理，政府组织的设置也必须遵循这一人性基础，“自由的政府，不是以信赖，而是以猜忌为基础建立的。我们用制约性的宪法约束受托于权力的人们，这不是出自信赖，而是来自猜忌。”[6]

实际上，人性的普遍自利是人性的自然流露，是人世间普通人最基本的人性，也是共同具有的最基本事实。“有生之初，人各自私，人各自利也。”[7]人作为一个独立的生命个体，自利是维持自我生存和发展的需要，这本身无所谓善恶。人是而且应当是对自己最负责的，当然具有一定的利益诉求。人的自利性不仅是一个事实判断，而且也是一个价值命题。甚至于可以说，人类的普遍自利是人类文明和社会进步的最根本动力。“天下熙熙，皆为利来，

---

〔1〕［法］卢梭：《社会契约论》，何兆武译，商务印书馆2003年版，第19页。

〔2〕［古希腊］亚里士多德：《政治学》，吴寿彭译，商务印书馆1965年版，第319页。

〔3〕［英］休谟：《人性论》（下），关文运译，商务印书馆1980年版，第536页。

〔4〕［英］休谟：《休谟政治论文选》，张若衡译，商务印书馆1993年版，第27页。

〔5〕［英］休谟：《休谟政治论文选》，张若衡译，商务印书馆1993年版，第27页。

〔6〕［日］杉原泰雄：《宪法的历史——比较宪法学新论》，吕昶、渠涛译，社会科学文献出版社2000年版，第22~23页。

〔7〕黄宗羲：《原君》。

天下攘攘，皆为利往。"[1]对自我利益的追求是人类发展最为基本的原动力。任何制度的设计如果不能正视这一人性的基本前提，都将无异于缘木求鱼。制度的设计永远摆脱不了人性的弱点，要求制度设计者直面人性，遏制人性的恶，培育人性的善。

正是基于人性自利的基本考量，休谟将政府成员设定为一个个无赖之徒。不仅如此，权力本身具有天然的滥用倾向。当代研究公共权力的美国学者格尔哈斯·伦斯基认为："权力有作恶和滥用的自然本性：这一原则由西方人士所信奉，最迟同文字、文明一样古老。"[2]正是基于此，理论界清醒地认识到，宪政的本质是限政。限制政府公权力，保障公民基本人权是宪政的本质之所在。宪政即限政。正是基于对人性的基本考量和对宪政本质的认识，对公权力的行使者——政府课以明确的责任就是现代宪政的根本要求和应有之义。一方面，对政府分内的职责予以明确界定；另一方面，对政府及其公务员违背其职责的不作为、渎职甚至犯罪行为予以相应的处罚。美国学者梅里亚姆认为："政府不只是人民的仆人，而且是一个不能信赖的、靠不住的仆人。不能让政府自由掌握它的主人的事务，相反，必须对它施加限制；必须在每一个可能的要点上对它约束，随时对它抱有戒心。否则，它就不再是仆人，并且反仆为主。"[3]政府是由个体的"公民"组成，公务员同时具有"公仆"和"公民"的双重角色，前者是公职角色而后者则是私人角色。这两种角色在本质上具有相互冲突的性质，"公仆"角色要求公务员在行使其职权时应该一心为公、廉洁奉公、不谋私利，应该"权为民所谋、权为民所用、权为民所利"。

公务员作为公民角色，同时又具有自己的私利欲求。而一旦作为私人的公民执掌公权力，为了保障其按照公益的目的来行使权力，必须对其私心进行有效的规制。古今中外，对其进行规制的路径无非两条：一是内部规制，即加强公职人员的内部修养建设，这是一条伦理道德的规制路线；另一条是外部规制，即通过国家的刚性法律，确立公职人员的行为规范，然后通过法治的手段保证严格遵守。对政府和公职人员行为的规制路径除了以上两种典

---

〔1〕《史记·货殖列传》。

〔2〕［美］格尔哈斯·伦斯基：《权力与特权——社会分层的理论》，关信平等译，浙江人民出版社1988年版，第8页。

〔3〕［美］梅里亚姆：《美国政治学说史》，朱曾汶译，商务印书馆1988年版，第41页。

型的路径以外，还有两种与上面两种相联系的规制路径：一种是以道德规制为主，法律规制为辅；另一种是以法律规制为主，道德规制为辅。实际上，对政府公职人员的规制模式的选择，必然经历从道德规制到以道德规制为主、法律规制为辅，再到以法律规制为主、道德规制为辅的发展历程。

二、责任政府之法治意蕴

（一）责任政府是民主法治社会的基本诉求

现代社会是一个以法治文明为核心的政治文明社会，宪政是现代社会政治文明的制度基石。民主、法治、人权是我国社会主义政治文明的三块基石。如果说，人权是社会主义保障的内在价值的话，民主和法治则是我国社会主义社会实现的双翼，“民主、法治、人权是一面多棱镜。民主的表是法治，民主的里是人权。”〔1〕

民主法治社会，一方面要求政府在制定公共政策和行使公共权力的过程中应该听取社会公众的声音，了解公众的需求，保障公众的利益；另一方面政府的行政行为应该在法治的轨道内行使，从而防止政府行为的恣意，防范权力的滥用和腐败。从这一意义而言，民主法治社会的政府应该是负责的政府。

民主社会意味着人民是国家权力的所有者，人民和政府的关系是一种委托与被委托的关系。人民基于保障公共利益的需要将有关人民的共同事务委托给作为公共权力的政府，人民是公共权力的委托人。政府作为公共权力的被委托人必须忠诚履行人民委托的事务对人民负责。因此，民主社会与责任政府有着一种天然的联系，应该说责任政府不仅是民主社会的必然要求，而且也是民主社会孕育了责任政府。一个不负责任的政府是与民主社会的社会属性根本相违的，一个不负责任的政府迟早必将被人民民主的力量所抛弃。我国是社会主义国家，“国家的一切权力属于人民”，政府是人民权力的委托行使者。因此，对人民负责是我国政府的根本要求。我国政府的人民性要求政府在行使自己的权力时，一定要对人民负责，受人民监督。

民主与法治是一对孪生姐妹。民主是法治的前提和基础，法治是民主的

〔1〕 徐显明：“法治的真谛是人权（代序）”，载徐显明主编：《人权研究》（第1卷），山东人民出版社2001年版，第3页。

保障。没有民主，法治必将失去精神内核；没有法治，民主必将失去基本的制度依托。应该说，一个民主的、负责任的政府必然是在宪法和法律轨道内运行的政府。一个不受法治约束的政府必然是一个权力滥用、腐败丛生的政府。限制政府权力，保障公民权利，是现代民主社会的基本政治理念。而限制政府权力的根本办法就是将政府权力纳入法治的轨道，通过宪法和法律从根本上约束政府权力。通过法治对政府的规范和限制作用，必将有力地促进责任政府的培育和成长。法治政府是责任政府的本质属性，法治是责任政府的精神内核和制度基石。

（二）责任政府是构建有限政府的客观需要

孙中山认为，“政，就是众人之事；治，就是管理。管理众人之事就是政治。”〔1〕在现代社会由于权力本位已经由传统专制社会的“主权在君”已经转变为“主权在民。”政府及其公职人员掌握公共权力绝不是谁的私家权力，天下“乃天下人之天下。”〔2〕权力永远姓“公”而不是姓“私”。现代政府角色的定位是人民的“代理人”，政府公务员的角色定位是人民的“公仆”。人民和政府的这种“主仆”关系决定了政府必须向人民负责。构建责任政府从根本上来说，就是政府能真正对人民负责，而绝不只是停留在口头之上。

传统的无限政府，政府权力无所不包，权力极大而责任极小，“无限政府是人治政府，其品格体现为统治者个人好恶秉性，而不是人类的理性品格。”〔3〕限制国家权力，才能保障公民权利。传统的政府具有无限权力，是政府肆意侵犯公民权利、腐败丛生的根源之所在。建构有限政府，将政府权力置于“笼子”之中，是现代法治的精髓之所在。现代法治的最重要的政治职能就是消除无限政府，建构“有限政府”。肖北庚教授将“有限政府”的“有限性”界定为政府功能、结构、职能、职权和职责的有限性。〔4〕通过宪政手段防止政府膨胀为政治“利维坦”，确立并维持一个在规模、权力和作用上都受到法律严格限制的“有限政府”。实践证明，全能政府必然是一个不负责任的政府，只有建构有限政府才能建立真正的责任政府。一个权力无所不包又不受制约的政府，必然为权力寻租和权力腐败留下空间。建构“有限政府”，关键

〔1〕孙中山：《孙中山选集》（下），人民出版社1981年版，第661页。

〔2〕《六韬》。

〔3〕肖北庚：《走向法治政府》，知识产权出版社2006年版，第4页。

〔4〕参见肖北庚：《走向法治政府》，知识产权出版社2006年版，第7~11页。

在于明确政府责任，建构责任政府。建构“有限政府”关键在于实现政府职能从“全能政府”向“有限权力政府”转变。建构有限政府主要运用法律的手段将政府的权力、职责和义务予以明确规定，同时对政府及其公职人员违背法律规定的行为根据其情节课以相应的法律制裁。责任政府是建构有限政府最为核心的内容。没有政府责任的明确规范，有限政府的建构必将只是空中楼阁。

（三）责任政府是遏制权力滥用和腐败的体制保障。

孟德斯鸠认为：“一切有权力的人都容易滥用权力，这是万古不易的一条经验。有权力的人们使用权力一直到遇有界限的地方才休止。”〔1〕权力天然具有扩张的趋向，有权力的人易于滥用权力，绝对的权力导致绝对的腐败。因为，执掌权力的是人而不是神，而只要是人往往就有其私利诉求。而具有私利诉求的人一旦和不受约束的权力相结合，权力滥用和权力腐败就在所难免。同时，权力的滥用必然导致腐败，“绝对的权力会产生绝对的腐败。”〔2〕因此，对权力进行有效的控制和遏制是权力沿着公益的法治轨道运行的核心环节。

对权力运行进行有效控制的基本路径有两条，即权利制约权力和权力制约权力。尽管以公民权利控制国家权力更为根本，但在法律体制不够完备、公民意识不够强烈和公民参与精神相对有限的现实中，完善权力控制和制约权力对于推进权力尽快步入法治轨道更加具有现实意义和紧迫性。

三、现代责任政府之政府责任

责任是一个动态的、发展的概念。温家宝总理在一次与中外记者见面会上说：“公平正义就是要尊重每一个人、维护每一个人的合法权益，在自由平等的条件下，为每一个人创造全面发展的机会。如果说发展经济、改善民生是政府的天职，那么推动社会公平正义就是政府的良心。”可见，公平正义是责任政府的坐标，是责任政府的基本价值理念。一个公平正义理念缺失的政府绝不是责任政府，也是不可能真正对社会承担任何政府责任的。政府责任在不同的历史时期有不同的内涵。现代社会政府责任主要包含如下几个方面：

---

〔1〕［法］孟德斯鸠：《论法的精神》，张雁深译，商务印书馆1961年版，第154页。

〔2〕［英］阿克顿：《自由与权力》，侯建、范亚峰译，商务印书馆2001年版，第342页。

（一）经济责任——培育市场经济

马克思主义认为，经济基础决定上层建筑。法律作为上层建筑根源于社会的经济基础，“法的关系正像国家的形式一样，既不能从它们本身来理解，也不能从所谓人类精神的一般发展来理解，相反，它们根源于物质的生活关系。”〔1〕经济是社会发展的基础。培育和发展社会主义市场经济是我国政府的首要的基本的责任。我国在社会主义市场经济培育中，政府应该承担保育员、调控员和裁判员的角色。

首先，政府应该是社会主义市场经济的保育员。市场经济是一个不断发育的过程。在社会主义市场经济发育过程中，政府应积极充当培育社会主义市场经济的“保育员”的角色。政府应积极通过改革努力消除影响市场经济发展的旧的制度和机制，努力建构适应社会主义市场经济发展需要的制度和机制。政府应搭建市场平台，努力为市场的良性运作培育积极的环境。

其次，政府应该是社会主义市场经济的调控员。市场的无序性需要政府的理性引导。宏观调控是政府调整市场的基本手段。政府在市场经济的宏观调控中不仅应稳定市场，平抑物价，而且应该调剂和储备大宗商品，保证国防和民众生活的需求及长久需要。针对市场的恶性竞争等非理性行为，政府应该积极采取有效的市场规制措施。政府应努力采取积极措施保障市场秩序，大力打击破坏市场经济发展良性秩序的行为。

最后，政府应该是社会主义市场经济的裁判员。市场经济的发展不可避免地产生竞争。在市场经济条件下为了创造更多财富，资源的稀缺性决定了资源分配必须追求效率最大化。为了实现资源配置的最优化，必须要求一个权威对资源进行最有效率和公平的分配。竞标就是公共资源公平和有效率分配的基本形式，政府相关部门就是必须承担对竞标公平裁判的权威部门。政府通过对公共资源竞标公平合理的裁判，从而实现公共资源优化配置，实现市场经济的效益最大化。

不仅如此，矛盾是普遍存在的。在市场经济发展过程中不可避免地会存在各种各样的矛盾和冲突。虽然司法是解决冲突的最后手段，但诉讼的成本过高并且很可能有损市场主体冲突双方的关系和谐。政府调解可能是一种既具有权威性，又能减少纠纷解决成本，甚至也对市场主体双方的关系损害不

---

〔1〕《马克思恩格斯选集》（第1卷），人民出版社1995年版，第56页。

大的解决争端的现实之举。

（二）政治责任——政治上对人民负责

现代社会，人民是国家权力的真正所有人。我国《宪法》第2条规定，“中华人民共和国的一切权力属于人民”、“人民行使国家权力的机关是全国人民代表大会和地方各级人民代表大会”。由于人民的人数众多，不可能由所有人民共同直接行使公共权力。在我国，广大人民群众通过代议制度，由人民组成的人民代表大会行使国家权力，由政府执行国家权力机关的决议。因此，从根本上来讲，政府的权力来源于人民的授予。因此，政府必须对人民的代议机关——全国人大及地方各级人大负责，受其监督。政府机关及其工作人员的行政行为必须体现广大人民的意志，符合其利益，否则将受到代议机关的制裁和人民群众的谴责。政府对人民代表大会负责，归根结底是对人民负责。

在法治社会，政府为了在政治上真正对人民负责，关键在于依法行政。“公开、公平、公正”是现代政府依法行政的基本原则。只有公开，才能公平；只有公开，才能公正。为了促进政府努力完成其政治责任，首先必须大力推行政务公开。公开是杀灭腐败病菌的阳光。只有全面推行政务公开，让广大公民享有对政务的知情权，才能对政府和政务进行有效地监督。我国应该制定《政务信息公开法》，明确信息公开的原则、范围和程序等。该法应明确规定除国家机密、商业秘密、个人隐私之外，其他所有政务信息原则上都应该向社会公开。其次，建立健全政府及其公务员的问责制。最后，全面强化对政府行为的监督。应建立立体监督之网，建立以人大监督为核心的包括政府自我监督、社会监督、媒体监督、舆论监督等在内的综合监督体系。

（三）社会责任——构建和谐社会

建立和谐社会，是人类孜孜以求的崇高而美好的理想生活图景。构建社会主义和谐社会，也是我们党和政府不懈追求的社会理想。和谐社会是民主法治、公平正义、诚信友爱、充满活力、安定有序、人与自然和谐相处的社会。构建社会主义和谐社会，必须坚持以人为本的根本宗旨，坚持民主法治。提出建设和谐社会的深层次背景是，改革开放三十多年由于体制和机制等多方面原因，社会积累了很多深层次的矛盾。这些矛盾诸如社会贫富两极分化严重、权力腐败现象严重、环境污染严重等，已经严重影响了社会的和谐与稳定。

社会主义和谐社会的构建需要作为社会权威的政府的积极引导和大力推动。中国的现代化进程是由政府主导和推动的，和谐社会的建构离不开政府的主导和推动。罗尔斯指出，“正义是社会制度的首要价值，正像真理是思想体系的首要价值一样。”〔1〕而政府理应是社会正义的“守护神”，在我国社会主义和谐社会建构中政府只有始终坚持以正义为首要的基本的价值准则，才能积极有效地推动社会主义和谐社会的建设。在和谐社会的建构中，政府应理顺各种复杂关系，建立公平正义的社会体制和机制，创造全体公民“万类霜天竞自由”的公平的社会环境。政府应努力推动国际之间、社会群体之间、个人与社会之间、个人与个人之间，以及人与自然关系的和谐。政府应坚持以人为本，关注民生，让社会大多数人公平分享改革和发展成果。政府应严厉打击权力腐败行为，让权力阳光运行，积极为人民造福。政府应努力解决发展中遇到的各种矛盾和困难，推动社会可持续性发展。

（四）道德责任——建设高尚政府

公共性是政府的根本属性，政府所拥有的一切权力均源于人民赋予，政府应该是公共意志的代言人和公共利益的代表者。政府的根本职责在于维护和实现公共利益。因此，政府道德责任的核心也是表达公共意志，实现公共利益。尤其是在我们社会主义国家人民是国家的主人，国家的一切权力属于人民。为人民服务是政府的基本责任。只有真正全心全意为人民服务的政府，才是一个有德政府、高尚的政府。政府的道德责任要求政府不仅将自己的宗旨挂在口头上，更要落实在行动中。

法律是道德的底线。合法不一定符合道德的要求。政府应该是社会的道德良心。有时政府在法治的边界之外不违法也不违宪，却存在明显背离社会善良风俗的行为，这时政府也应承担相应的道德责任。诚信是政府的第一道德责任，“主动以诚信为自律原则的政府是诚信政府。”〔2〕“诚信是政治文明的应有之义，这是政治文明的本质所决定的。”〔3〕一个假话盛行的政府，必将导致社会风气败坏，因为“上梁不正下梁歪，中梁不正倒下来”。政府具有引领社会风气向良善发展的道德责任。政府机关及其公职人员只有以身作则，才能真

〔1〕［美］约翰·罗尔斯：《正义论》，何怀宏等译，中国社会科学出版社1988年版，第2页。
〔2〕肖北庚：《走向法治政府》，知识产权出版社2006年版，第14页。
〔3〕肖北庚：《走向法治政府》，知识产权出版社2006年版，第13页。

正对社会起到表率作用，“政府要从内心唤起自我约束的‘道德律’。”〔1〕为此，通过一定制度和机制，将社会上那些真正的德才兼备的高尚之士选拔到各级政府机关才是构建高尚政府的前提和关键。同时，人是社会的人，只有充分发扬民主，才能真正了解和把握一个人的德行，因为“群众的眼睛是雪亮的”。同时，建构政府公职道德的养成与培育的长效机制是构建道德政府的根本路径。只有从入口上把好政府公职人员的道德观与长期的持久的政府机关道德培育相结合，才有望建成一个真正的德行高尚的道德政府。

第二节　政府责任：农民发展权实现的体制保障

在建设社会主义新农村，全面建设小康社会的历史进程中，农民发展权保障问题日益成为学界的热点和焦点课题。政府作为现代文明社会的“守夜人”，在推进农民发展权保护的进程中应当首当其责。《发展权利宣言》在其宗旨中指出：“创造有利于各国人民和个人发展的条件是国家的主要责任。”“各国应采取一切必要措施实现发展权利，并确保除其他事项外所有人在获得基本资源、教育、保健服务、粮食、住房、就业、收入公平分配等方面机会均等。应采取有效措施确保妇女在发展过程中发挥积极作用。应进行适当的经济和社会改革以根除所有的社会不公正现象。各国应鼓励民众在各个领域的参与，这是发展和充分实现所有人权的重要因素。”〔2〕政府作为国家权力的执掌者，国家责任主要通过政府责任得以体现和落实。落实联合国《发展权利宣言》关于人民发展的国家责任是政府不可推卸的责任。探讨农民发展权保护的政府责任对于推进农民发展，推进社会主义新农村建设乃至构建和谐社会具有极为深远的意义。

一、农民发展权保护政府的价值定位

（一）保护包括农民在内的公民发展权益是现代政府的基本职责

公民在其生存权得到保障后，必然谋求发展。保障公民发展权益是现代政府的基本职责，也是现代政府存在的基本价值，“责任政府既是现代民主政

---

〔1〕 肖北庚：《走向法治政府》，知识产权出版社2006年版，第11页。

〔2〕 联合国大会1986年12月4日第41/128号决议：《发展权利宣言》第8条。

治的基本理念，又是一种对政府公共行政的制度安排。"〔1〕按照卢梭的社会契约论的基本观点，公民之所以把自身的一部分权利让渡给政府，乃是对政府维护自身权益的期待。致力民生，把公民赋予的权力真正用在为公民谋利益上，是政府应该扮演的角色和应当承担的责任。公民权利既包括生存权又包括发展权，是生存权和发展权的统一。公民在基本生存权得到保障后，重要的便是谋求发展，"发展权利是一项不可剥夺的人权，由于这种权利，每个人和所有各国人民均有权参加并促进经济、社会、文化和政治发展，在这种发展中所有人权和基本自由都获得充分实现。"〔2〕在革命战争年代，毛泽东同志曾经指出，"农民问题乃是国民革命的中心问题。"〔3〕在今天全面建设小康社会、构建社会主义和谐社会的历史进程中，农民问题仍然是我们面临的关键问题。农民作为社会主义建设事业的重要力量，是我国人数最多的公民群体。农民在生存权得到保障后，能否获得平等的发展机会，既是落实宪法赋予的公民平等权的关键，也是政府保障公民权益职责的基本要义，更是保障农民发展权促进农民发展的核心。

（二）农民发展权保护是政府以人为本、关注民生的价值体现

《礼记》曰："天地之精英，惟在于人。"人本主义历来是中国传统法律思想的精华。经济发展和社会进步的最终目的都是为了人自身的解放和幸福，"人的发展是一切发展的核心和最终目的"，〔4〕"发展权以人的全面发展和价值实现为终极理想"。〔5〕在当代，一个政府实质合法性的获得，关键应看它是否坚持以人为本的人本主义价值理念，是否把人作为一切政府活动的目的。是否坚持"以人为本"、切实尊重和保障人权，将人民的发展利益放在首位，是衡量一个政府是法治政府还是专制政府的根本标准。可以说，"以人为本"、人权保障是现代政府全部工作的出发点和最终依归，是政府的最高宗旨。2004年中央政府在《政府工作报告》中提出"以人为本、关注民生"，这表明我国政府有比较明确的人本理念，始终关注民生福利，把人民的基本利益

---

〔1〕张成福："责任政府论"，载《中国人民大学学报》2000年第2期，第74页。

〔2〕联合国大会1986年12月4日第41/128号决议：《发展权利宣言》。

〔3〕中共中央文献研究室编：《关于建国以来党的若干历史问题的决议（注释本）》，人民出版社1985年版，第137页。

〔4〕张琢、马福云：《发展社会学》，中国社会科学出版社2010年版，第18页。

〔5〕汪习根：《法治社会的基本人权——发展权法律制度研究》，中国人民公安大学出版社2002年版，第74页。

和发展权益置于至高无上的地位。

农民是中国最大的公民群体，也是最大的弱势群体。政府关注民生，就必须关注农民，保护其合法发展权益。客观地说，经过改革开放三十多年的发展，中国农民已经基本解决了温饱问题，大多数中国农民正走在奔向小康社会的康庄大道上。由于历史和现实的原因，大多数农民相对于城市市民而言发展水平和发展速度显然有很大差距。政府以人为本、关注民生的基本理念要求政府关注中国最大弱势群体的民生问题。发展成为解决“三农”问题的硬道理。保障农民发展权益，正是体现了政府坚持以人为本这一最基本的执政理念。从农民的需要出发，尊重、爱护、关心、依靠农民，努力实现好、维护好农民的发展权益，体现对农民的尊重和关怀，是政府“以人为本、关注民生”价值取向的切实体现。

(三) 农民权益保护是统筹城乡发展、实现政府目标的关键

“21 世纪中叶，人均国民生产总值达到中等发达国家水平，人民生活比较富裕，基本实现现代化，建成富强、民主、文明的社会主义国家”，[1]是社会主义现代化建设的战略目标，也是我国政府极为重要的战略目标。由于城乡二元结构的长期制约，农村发展已成为社会主义现代化建设的瓶颈，成为实现现代化目标的最大障碍。为实现这一目标，必须统筹城乡发展，缩小城乡差别，“城乡统筹是全面实现小康社会目标的根本途径”。[2]因此，农民发展问题是事关我国经济和社会发展全局的重大问题，是政府建设中国特色社会主义的战略任务。而在社会发展系统中主体的发展是社会发展的核心和归宿，“发展权是以人的全面发展和价值实现为终极理想”。[3]可以说，保障农民发展权是统筹城乡发展缩小城乡差距的前提和基础。如果农民连基本的政治、经济、文化和社会发展权益都得不到维护，那么统筹农村发展、建设社会主义新农村都将是一句空话。如果政府不努力消除各种对农民权益的侵害行为，城市和农村的差距将会越来越大，那么社会发展就会偏离它原有的目标，到 21 世纪中叶基本实现现代化的战略目标也很难达成。

---

〔1〕 中国共产党十三次全国代表大会报告：《沿着有中国特色的社会主义道路前进》。

〔2〕 曾业松：《新农论》，新华出版社 2004 年版，第 106 页。

〔3〕 汪习根：“发展权主体的法哲学探析”，载《现代法学》2002 年第 1 期，第 45 页。

二、农民发展权保障政府责任缺失的现状

近年来，一方面，随着保障农民发展权利的呼声日益高涨，21 世纪初叶党和国家审时度势，在提出建构社会主义和谐社会的基础上于 2005 年 10 月提出建设社会主义新农村的伟大构想。近十年来，按照《十一五规划纲要建议》提出的“生产发展、生活宽裕、乡风文明、村容整洁、管理民主”的建设社会主义新农村的发展要求，广大农村获得了长足的发展。然而，另一方面，在实践中农民发展权实现依然有限，离城乡一体化发展还有相当一段距离，农民在发展中的弱势地位并未得到根本改善。政府作为社会发展的权威驱动，农民发展权没有得到切实应有的保障，与政府责任缺失具有不可分割的联系。具体来说，农民发展权保障中政府责任缺失主要表现在以下三个方面：

（一）农民发展权保障中政府责任的缺位

公共服务型政府是现代政府应扮演的角色之一，“以人为本、关注民生”正是公共服务型政府的指导思想。而一些政府却受城乡二元结构等原因的制约，在农民权益保护问题上并没有真正承担起一个公共服务型政府应当承担的社会职能。实践中，本应由政府提供的公共产品诸如义务教育、水利道路建设等基础设施和基础工程，很多地方政府往往把其推给农民自己，使本来很贫困的农民不堪重负。对于在城市务工的农民来说，政府应该规范和引导劳动力市场、规范中介组织行为、监督和规范用工单位的用工行为，但遗憾的是，一旦涉及农民工，政府的以上公共职能都存在不同程度的缺位现象。实际上，政府举办的劳动力市场，作为城市的公共就业服务系统，往往只服务于城镇居民，很少向农民开放，多数农民在进城求职时不得不去“黑职介”。[1] 虽然这在“农民经济”规模较大地区没有那么严重，但这一现象的存在，仍使得部分农民的劳动权、发展权得不到有效的保护。农民发展权保护中，地方政府责任的缺位，使得农民发展权的合法享有缺乏一个有效的平台。

（二）农民发展权保障中政府责任的越位

在社会主义市场经济条件下，政府应实现从无限政府向有限政府的转换，

---

〔1〕 杜鹃、唐绍洪：“实现政府职能归位 保障农民权益”，载《郑州航空工业管理学院学报》（社会科学版）2006 年第 4 期，第 95 页。

政府活动应在法治轨道内运行，业已成为理论界的共识。然而，实践中政府常常难以摆正自己的位置，特别是农村基层政府越位侵权现象较为严重。如，在市场经济条件下，农民应享有完全的经营自主权，政府对农民实行行政指导应坚持自愿原则，但实践中，不少地方政府领导片面追求所谓“政绩”对农民经营自主权横加干涉，不顾客观实际强行要求农民种植其规定的农作物品种，往往给农民带来巨大的经济损失。如，山西省沁水县嘉丰镇李庄村毁田种树八百亩，全村一千多人无田可耕。[1]

在村民自治中，根据《村民委员会组织法》的相关规定，乡镇政府和村委会的关系应是指导和被指导的关系，乡镇政府不能越位干预村委会的内部事务。然而，实践中乡镇政府总是自觉或不自觉地把村委会沦为自己的“腿”，常常非法干预村民选举，把符合自己意愿的人员扶持进甚至安置进村委会，使得村民自治发生严重的异化现象而变质走样。政府角色的越位为农民发展权的行使和享有平添了障碍。

（三）农民发展权益保障中政府责任的错位

现代政府应是服务型政府，为社会提供公共服务理应是政府的基本职责。然而，在经济转型过程中，政府职能失当、行为失措，导致政府扭曲了与社会的关系。政府往往与强势利益集团相互联结，对农民发展利益作出不合理的安排和处置。社会权利分配不公和社会结构不合理等制度性障碍在很大程度上造成了农民的弱势地位。农民作为最大的弱势群体，对于中国工业化和城市化作出了巨大的贡献，其发展理应得到政府扶持和帮助，然而，一些地方政府却“站错了位”，以不适当的立场和方式对待农民发展权益。如在农村土地的征用中，地方政府理应站在农民一边，以法律为武器维护农民权益。而实践中不少地方政府往往和开发商或其他强势主体勾结起来，以政府的名义对农民进行打压，共同对农民的土地利益进行侵犯。本案课题组在调查中发现，湖南省常德市鼎城区周家店镇政府将本来属于该镇娥公桥村、闵家桥村的狮子山、猎山、斗笠山等“荒山”，于1997年12月4日以协议的方式擅自转让给湖南省国营西洞庭农场。通过调查发现，狮子山、猎山、斗笠山等“荒山”的转让该村并未召开村民会议或村民代表大会，并未履行《村民委员

---

〔1〕“山西省沁水县毁田种树800亩调查”，载西部时报网，http://www.westtimes.com/2011/0601/yMMDAwMDA1MzMyMg.html，最后访问日期：2015年5月9日。

会组织法》及相关法律规定的农地转让的法律程序。转让协议中被转让方国营西洞庭农场对“荒山”的用途是发展林果业，而实际上被转让方却一直将其用于安葬建坟。这些被该镇政府擅自转让的“荒山”位于湘北公路干线东侧，用来安葬建坟不仅经常堵塞交通，而且燃放的鞭炮对周围环境造成严重污染。又如，基于政府基本的服务功能，政府应为城市农民工提供公共服务，而现实中，不少地方政府设立的劳动力市场在为农民服务的过程中把服务行为变成了创收行为，通过向农民颁发务工许可证的手段向农民收费；把限制措施从以行政手段为主过渡到以经济手段为主，如规定城市企业使用外来劳动力不仅要劳动行政部门审批，而且要交费；进城农民子女入学即使得到校方同意，也要缴纳一笔数目可观的费用，有的城市还要求农民进城后要缴纳暂住费、管理费、岗前培训费等，这些都是对农民合法权利的侵害，违背了农民希望通过进城务工改善生活质量，谋求发展的基本愿望。农民发展权益保护中的政府错位现象，较之于缺位对农民发展权益保护更具有侵害性，是一种在冠冕堂皇的理由下所进行的不合理行为，有时比政府职能的缺位给农民带来的损害更甚。

三、农民发展权保障政府责任的缺失缘由

农民发展权保护政府责任缺失现象林林总总，原因不一而足。从法律角度来说，归结起来，笔者认为主要有如下几个方面：

（一）二元体制的制约，法律制度的缺失

1958 年，全国人大常委会通过的《户口登记条例》规定：“公民由农村迁往城市，必须持有城市劳动部门的录用证明，学校的录取证明，或者城市户口登记机关的准予迁入的证明。”该《条例》人为地在城乡之间挖出了一条难以逾越的鸿沟，筑起了一道难以冲破的制度性壁垒。从此，农村人口不能自由迁徙城镇的城乡分隔的二元户籍制度开始形成。

城乡分治的二元体制使得具体的立法中对农民的歧视性制度大量存在。由于户籍制度的限制，农民被排除在城市居民的范畴之外，农民往往很难得到与城市居民同等的待遇。在政治上，农民缺失平等的政治权利。虽然修改后的《选举法》将全国人大代表城乡代表所代表的选民人数从 1∶4 修改为 1∶1，然而在政治上农民依然难以像城市市民一样享有平等的权利。如：农民缺乏组织农会的权利；在全国人大代表中真正的农民代表与作为中国最大的

公民群体的农民的比例极为不称，在国家最高权力机关中农民的声音较为微弱；农民的利益诉求表达通道较为狭窄难以对政府决策产生实质性的影响，等等。在经济上，“工农剪刀差”长期存在；农村的基础建设得不到像城市一样的平等投入。在文化教育方面，农村义务教育得不到国家财政的有力支持。在社会生活方面，绝大部分农村没能像城市一样建立完整的社会保障体系。如此等等，不一而足。法律制度的缺位使得政府在农村政治经济文化和社会生活中不可避免地缺位。不仅如此，由于农民的发展权利没有法律制度的明确保障，基层政府往往利用手中的职权任意侵犯农民合法权益，如有些地方政府借口对农民进行指导而擅自干涉，农民的经营自主权。农民种什么，不种什么，个别地方政府往往横加干涉。制度的缺失往往导致实践的背离。

（二）社会歧视严重，责任意识淡薄

社会歧视是指在社会生活中，相同的人（事）被不平等地对待或不同的人（事）被同等地对待。社会歧视可以分为制度性歧视和观念性歧视。这两种社会歧视在农民身上都得到了一定的体现。制度性歧视表现在现行制度及法规对农民的歧视。国家宪法和基本法律虽然在价值取向上整体上对农民是平等保护，但我国宪法及其部门法中除了人大代表中城乡代表所代表人数不合理外，也没有赋予公民迁徙自由权，这实际上是对农民的一种限制；我国法律至今仍未确立城乡平等的社会保障体系。在国家法律之外，一些部门和地方政府往往还通过制定规范性文件，出台“法外法”的办法，强化对农民的制度歧视。对于许多城市居民来说，农民似乎意味着素质低，似乎代表落后，从而在心理上对农民有偏见或者歧视。制度性歧视根源于观念性歧视，二者互相支持、交互为用，共同形成对农民强大的歧视力量。正是在这种对农民的歧视倾向下，很多地方政府无论在规章制度还是具体行动中往往总是对农民发展权利进行漠视或侵害。如在城镇土地征收中，不少地方政府对于土地补偿费规定的归农民所有的部分往往以不合理的形式明目张胆地予以掠夺正体现了这一点。

不仅如此，长期以来我国政府责任理念淡薄，在不少政府官员意识中，政府是权力机关，发号施令，只享有权力不承担责任和义务。出了问题后国家和人民付出沉重代价，不少地方政府也往往以交了学费搪塞了事。不少地方政府官员特别是基层政府官员正是基于这种认识及对农民的观念歧视等多重因素的作用下，对农民负责任的意识极为淡薄。即使因为瞎指挥给农民带来重大损失，基层政府也往往以种种理由推卸责任。政府对农民保护的责任意识的淡薄，必然导致农民很多合法合理的权利得不到尊重和有效的保护，从而抑制农民和农村的发展。

(三) 维权组织缺位,监督机制缺乏

市场经济是一个各利益集团为了各自的利益相互博弈的过程。任何个体面对强大的利益集团，没有自己的维权组织，单凭个体的抗争力量显然是微不足道的。对中国革命起到了巨大作用的农会，新中国成立以后由于种种原因被取消。农民自治组织的缺失使其在国家政治生活中失语，其利益诉求往往缺乏真正代表其利益的组织去表达；甚至直接面临地方政府侵权时更是缺乏与之抗衡的组织力量。由于农民处于弱势群体地位，自身素质普遍不高，对法律知识的了解不够，大部分农民在权益受到不法侵害时因法律意识的淡薄而无法伸张正义，勇于维权的农民却在缺少有效维权组织的情况下求助无门，在与政府相关部门及用人单位对话时缺乏应有的分量。同时，由于农民活动具有分散性，又缺乏有效组织，在无力通过法律途径维护自己的权益时，往往各自为政，各谋其策，各行其是，如同一盘散沙，很难形成一股强而有力的维权合力。维权组织的缺失，使得农民在发展权利和权益受损时缺乏必要的组织保障。

不仅如此，政府监督机制的缺失也是政府责任缺失的重要原因。不受监督的权力必然导致腐败，更遑论责任。在西方国家，问责制是一种追究政府官员责任最基本、最常用的制度。行政问责机制能够形成对政府公务员的一种有效的监督机制。但在我国并没有形成系统健全的行政责任问责制，社会公众缺乏对政府监督的有效的机制、渠道和平台。不少农村基层政府往往因为天高皇帝远，对其行政行为的监督更是缺乏。现实中，不少地方政府在农村诸如救济金的发放等涉农政策的实施中往往缺乏监督。救济金是否全部真正发放到最需要救济的农民手中，是一个现实中值得警醒的问题。政府依法行政监督机制的缺乏，使得农民发展权利缺乏保护，农民发展权保障缺乏必要的监督机制。

第三节 构建责任政府，促进农民发展权实现

农民发展权保障是一项系统工程，需要各个方面的共同努力，政府首当

其责。笔者认为，保障农民发展权促进新农村建设，应以强化政府责任为核心。具体来说，应从以下几个方面来着手：

一、消除二元体制，完善法律制度

现行的城乡分割制度是产生农民问题的直接体制性原因。要想从根本上解决农民问题，必须解决产生农民问题的体制性和制度性原因，这就首先要求消除城乡分割的二元制度体制。党的十六大明确提出统筹城乡经济社会发展和改变城乡二元经济结构的战略。十六届三中全会把建立有利于逐步改变城乡二元经济结构的体制作为完善社会主义市场经济体制的一项主要任务。改变城乡二元经济结构的根本途径是深化户籍制度改革，坚持公平立法，进一步完善法律体系。户籍制度改革的根本目的是保障公民迁徙和居住的自由，消除附加在户口上的城乡居民权利不平等的现象。深化户籍制度改革的制度取向是打破城乡分割、区域封闭，建立按居住地划分城镇户口与农村户口的户籍登记管理制度，实行以固定住所和稳定收入为依据申报城镇户口的政策。改革户籍制度，不是取消户籍登记管理，关键是制定相关的《户籍法》，剔除附在户籍上的劳动用工、住房、教育等不合理的制度，平等对待新进城落户居民与原城镇居民的权利和义务，逐步实现人口的自由迁徙，建立起城乡一体的户籍管理制度。

不仅如此，还应加强对农民发展权的系统保护，建议尽快出台《农民发展权保护法》，将该法作为对中国最大的弱势群体实行特别保护的基本法律。该法应坚持对农民发展权保护实行公平保护与优惠保护相结合的原则，从而实现对作为弱势群体的农民加强法律保护的人文关怀；加大对农民发展权保护的权重，从而尽快实现城乡一体化发展。在该法中应对农民保护的政府责任列专章予以规定，对政府责任的有关原则、范围、法律责任等一系列问题进行系统规定。同时，应不断完善农民权益专门保护的相关法规和条例，并使相关法律更具可操作性，从而构建基本法律和单行法律法规相结合的完整严密的法律保护体系。

《农民发展权保护法》只有坚持“统筹城乡发展”的新理念，才能在消除城乡二元社会结构的基础上，实现城乡之间社会资源的公平分配，实现改革开放成果在城乡直接公平享有。只有这样，才能消除以往侵损农民发展权利的不公正政策的存在基础，从而促进城乡良性关系的建立，最后促进我国稳定的、良性的社会主义和谐社会的建立。

二、以公平为核心理念，打造责任政府

构建责任政府是现代政治文明的客观需要，是民主法治的必然要求。构建责任政府，必须以公平为核心理念，使政府真正成为想群众之所想，急群众之所急，谋群众之所求的责任政府。政府不仅应依法行政，更要公平行政，"在社会分层日益加剧的时代，政府更容易受强势阶层影响，更倾向于对强势阶层负责，从而背离民主政治最基本的平等精神。责任政府的公共性要求政府对社会各阶层都负有平等的责任。"〔1〕政府在社会成员之间分配人财物等社会资源时应坚持公平正义的基本价值理念。政府应在社会资源分配上坚持城乡公平分配原则，使得农村和城市一样公平地分享社会主义物质文明成果，使城乡获得公平的均衡的发展，"将那些公认的、最基本的、而又在社会政治经济和文化生活中可能实现的平等要求确认为法定权利而受到国家的强力保护。"〔2〕

责任政府关键要求政府要依法行政。在建设社会主义新农村和社会主义和谐社会建构的进程中，农民发展权的保障，首先在于政府依法行政，在于建构法治政府。在法治社会，对于权力，法无明文授权则无权力；对于权利，法无明文禁止则有权利。只有将政府公共权力约束在法治的轨道内，才能有效地防止其权力的滥用。只有建立一个廉政的、高效的服务的法治政府，才能强化政府对农村的公共服务和公益事务的管理职能，从而为农村、农业和农民的公平发展提供有效的组织基础和平台。

为了打造责任政府，政府应创新管理方式，增强政府促进农民发展的服务意识，改变过去对农民防范、限制式的传统管理的"管制政府"、"权力政府"等角色，实现政府向公共服务型现代政府的转变。现阶段，政府应创新对农民的管理，实现"有限政府"和"责任政府"服务性职能管理的转变。在市场经济条件下，政府应积极为农民适应市场寻求发展搭建平台，运用政府的优势地位为农村市场经济的发展搭建一个公平、有序、开放、合理的市场平台。同时，加强对农民职业技能的培训，增强农民适应市场的能力。政

〔1〕陈国权、李院林："论政府责任的基本属性"，载《社会科学战线》2008年第2期，第201页。

〔2〕周仲秋：《平等观念的历程》，海南出版社2002年版，第338～339页。

府要根据市场和企业的需求，按照不同行业、不同工种对从业人员基本技能的要求，安排培训内容，提高农民的劳动技能，为农民的发展奠定坚实的基础。

三、加大农村投入，增强政府培育力度

目前中国农村的贫困最基本的首要的还是物质贫困，农民发展的最大制约瓶颈是经济的落后。农村落后首先是物质的贫困，经济落后是制约农村发展和农民发展权实现的关键。在目前中国绝大多数农村地区经济较为落后的情况下，仅靠农民自身力量是难以赶上城市发展的步伐的。统筹城乡发展，关键在于政府采取一切可能的积极措施促进农村快速发展，从而不断缩小农村与城市的发展差距。为此政府促进农村发展，保障农民发展权实现首先在于政府加大财政预算对农村投入的比例。以往政府对农村的投入主要集中在农田水利建设等生产性方面，今后应加强对与农民生活密切相关的水、电、交通、通讯等设施的投入与建设，更要加强对农村文化教育、社会保障等方面的投入，继续加大对农村公共卫生、科技发展、环境设施和文化设施建设项目的支持力度，促进农村社会事业全面发展。

为了支持农村发展，除了直接加大投入外，政府更要注重增强对农村的培育力度，从而增强农民的造血功能。政府培育力度对农民发展权保障的作用重点体现在为农民提供发展机会和发展保障。加大政府培育力度，在经济方面主要要求政府应积极加大农村社会主义市场经济环境的培育，为分散弱势的农民在市场经济中搭建一个公平的交易平台，夯实农民发展的物质基础。在政治上，在社会层面的民主——村民自治中，应在充分尊重村民自治权的基础上努力引导农民正确参加民主选举、民主决策、民主管理和民主监督；在国家民主层面上，为农民参政议政搭建平台，保证农民平等地参与国家政治生活。政府应保障公民具有平等的选举权和被选举权，拆除限制农民民主权利的藩篱；建立和完善一套调节利益冲突的社会协调和控制机制，畅通农民表达利益的渠道。在文化教育上，政府应积极履行义务教育的政府责任，为此除政府直接加大投入外，还应积极培育专门的农村教育募捐组织；加强农村文化教育，全面实行免费的义务教育；以农民喜闻乐见的形式提高农民文化知识水平，增强农民法律素质。在社会生活上，应推进社会保障制度改革，逐步建立和完善农民的社会保障体系。政府应统筹规划，逐步实现城乡

一体化的社会养老保险、医疗保险等基本的社会保险制度。目前，最重要的是完善医疗保险尤其是大病医疗保险。总之，应该通过改革将政府对农民的职责从以管理职能为主逐步转向以服务职能为主。政府通过全方位的服务，为农民的自主发展权提供权威性的组织保障，从而为农民自主自立发展提供广阔空间。

四、确立互动机制，强化政府监督

社会良性互动是政府、组织和社会各阶层之间相互作用的一种表现形式。当代政府治理理论认为，以政府为核心，建立多元主体合作的社会机制。不仅如此，和谐社会本身就内在地包含着国家和社会之间的和谐；构建和谐社会，需要政府自上而下的推动和公民社会自下而上的合作，两者双向互动。政府和社会双向互动以其合力促进和谐社会的早日到来。建设社会主义新农村，实现农民发展权是一项前无古人的事业，需要加强政府和农村社会的互动。农村社会和政府双向互动关系的建立，关键在于政府对农民发展权利的尊重和满足。就政府而言，一方面，农村经济发展和社会进步离不开政府的主导作用及其施政能力。政府应当提供维护农村市场经济良性运行的规则，以促进农村经济的发展和物质的繁荣。另一方面应当发挥它的权威性分配职能，适当干预和调整社会分配，在一定历史时期内对农民实行优惠待遇。通过构建利益均衡机制，为作为社会弱势群体的农民找到表达和维护自己利益的平台，从而避免利益的失衡及其背后权利的失衡。

就农村社会而言，作为我国人口最多的公民群体应当成为一个充分发育、富有生机的实体，成为政府的坚实基础和协作系统。为此，政府应积极搭建沟通政府和农村社会互动的平台。这不仅应充分发挥村民自治的社会作用，努力实现广大村民通过村民委员会与基层政府的沟通与对话，而且更主要的是应在政府与农民之间培育中间组织作为二者沟通的桥梁，同时培育对政府进行监督的有效力量。因为政府和社会有效的良性互动需要建立一种双向、开放、民主的沟通机制，增强农民作为公民参加社会政治生活的能力，“任何一种既定政体的稳定都依赖于政治参与程度和政治制度之间的相互关系”。[1]

---

〔1〕［美］亨廷顿：《变化社会中的政治秩序》，王冠华、刘为译，三联书店1989年版，第73页。

立法上，应为政府和农村社会搭建制度平台。恢复新中国成立以后被取消的农会不失为一种明智的选择。通过农会，形成农民自己的利益代言人，反映农民的要求与心声，“农会可以集中代表和体现其所拥有的农民会员的经济利益和政治利益”。〔1〕通过该组织，加强与政府的沟通和对话，用制度方式消解社会矛盾，避免酿成农民与政府的大规模的冲突，从而使农民在权利保护方面获得更多的支持与保障力量。实际上，全国有些地方如湖南衡阳等地已自发筹建农民协会，国家应积极引导农会组织的发展，使其成为维护农民合法权利的重要组织载体与沟通和协调政府与农民关系的重要桥梁。〔2〕之所以如此，在政府和农民的关系中，政府作为强者运用其权力管理农民，二者是管理和被管理的关系，其关系天然不平等。如果不形成对政府的监督制约机制，二者的良性互动关系只是一句空话。为了强化政府责任，使政府权力按照其应然的方向运行，就必须运用社会的力量，对其形成有效监督，社会与政府又应是监督与被监督的关系。加强对政府的监督当然是一个系统工程，充分利用农民的力量加强对政府监督应是其中重要一环。

总之，农民问题是我国从传统农业社会向现代工业社会转型期出现的重大社会历史问题。农民发展权保障问题，是一个非常严重而又亟待解决的问题，对于促进农民、农村和农业发展具有深远意义。农民发展权保护是一个系统工程，政府首当其责。切实解决农民发展权保障中政府责任的缺位、越位和错位现象，消除二元体制，充分发挥政府在分配社会资源和公共服务中的权威地位和独特作用，为农民的发展建立公平的体制和机制。同时应有效实现政府和农村社会的互动，政府应增强培育农村市场经济和社会全面发展的能力，为农民、农村和农业发展搭建公平合理的平台。只有这样，才能为农民、农村和农业的发展撑起一片美好的蓝天，为统筹城乡发展、构建和谐社会奠定牢固的根基。

---

〔1〕 郭殊：“论农会问题与农民的结社自由”，载《法商研究》2006 年第 3 期，第 5 页。

〔2〕 参见于建嵘：“当代中国农民维权组织的发育与成长——基于衡阳农民协会的实证研究”，载《中国农村观察》2005 年第 2 期，第 57 ~ 64 页。

参考文献

一、著作类

1.《马克思恩格斯选集》，人民出版社 1995 年版。
2.《列宁全集》，人民出版社 1986 年版。
3.《毛泽东选集》，人民出版社 1991 年版。
4.《邓小平文选》（第 3 卷），人民出版社 1993 年版。
5. 冷溶等主编：《邓小平思想年谱》，中央文献出版社 2004 年版。
6.《建国以来重要文献选编》，中央文献出版社 1993 年版。
7.［古希腊］亚里斯多德：《政治学》，吴寿彭译，商务印书馆 1965 年版。
8.［英］霍布斯：《利维坦》，黎思复、黎廷弼译，商务印书馆 1996 年版。
9.［英］洛克：《人类理解论》，关文运译，商务印书馆 1959 年版。
10.［法］孟德斯鸠：《论法的精神》（上卷），张雁深译，商务印书馆 1978 年版。
11.［法］卢梭：《论人类不平等的起源与基础》，李常山译，商务印书馆 1982 年版。
12.［法］卢梭：《社会契约论》，何兆武译，商务印书馆 2005 年版。
13.［美］塞缪尔·亨廷顿：《变革社会中的政治秩序》，李盛平等译，华夏出版社 1988 年版。
14.［英］雷蒙·威廉斯：《文化与社会：1780 - 1950》，高晓玲译，吉林出版集团有限责任公司 2011 年版。
15.［法］皮埃尔·勒鲁：《论平等》，王允道译，商务印书馆 1988 年版。

16. [美] 乔治·霍兰·萨拜因:《政治学说史》,盛葵阳、崔妙因译,商务印书馆1986年版。
17. [美] 德沃金:《认真地看待权利》,哈佛大学出版社1977年版。
18. [美] 波斯纳:《正义的经济学》,哈佛大学出版社1981年版。
19. [法] 托克维尔:《论美国的民主》(下卷),董果良译,商务印书馆1997年版。
20. [日] 杉原泰雄:《宪法的历史——比较宪法学新论》,吕昶、渠涛译,社会科学文献出版社2000年版。
21. [日] 蒲岛郁夫:《政治参与》,解莉莉译,经济日报出版社1989年版。
22. [美] 戴维·赫尔德:《民主的模式》,燕继荣等译,中央编译出版社1998年版。
23. [美] 路易斯·亨金、阿尔伯特·J. 罗森塔尔编:《宪政与权利——美国宪法的域外影响》,郑戈等译,三联书店1996年版。
24. [英] 约翰·斯道雷:《文化理论与大众文化导论》(第5版),常江译,北京大学出版社2010年版。
25. [法] 菲·邦纳罗蒂:《为平等而密谋》,陈叔平译,商务印书馆1989年版。
26. [英] 戴雪:《英宪精义》,雷宾南译,中国法制出版社2001年版。
27. [英] 哈耶克:《通往奴役之路》,王明毅等译,中国社会科学出版社1997年版。
28. [美] 罗尔斯:《正义论》,哈佛大学出版社所属Belknap出版社1971年版。
29. [美] 乔·萨托利:《民主新论》,冯克利、阎克文译,东方出版社1998年版。
30. [美] 埃弗里特·M. 罗杰斯、拉伯尔·J. 伯德格:《乡村社会变迁》,王晓毅、王地宁译,浙江人民出版社1988年版。
31. [美] 格尔哈斯·伦斯基:《权力与特权——社会分层的理论》,关信平等译,浙江人民出版社1988年版。
32. [英] 阿克顿:《自由与权力》,范亚峰译,商务印书馆2001年版。
33. [美] 乔治·S. 布莱尔:《社区权力与公民参与——美国的基层政府》,伊佩庄、张雅竹编译,中国社会出版社2003年版。
34. [澳] 马克·吉布森:《文化与权力——文化研究史》,王加为译,北京大学出版社 2012 年版。
35. [英] 梅因：《古代法》，沈景一译，商务印书馆 1959 年版。
36. [法] H. 孟德拉斯：《农民的终结》，李培林译，中国社会科学出版社 1991 年版。
37. [美] 鲍桑葵：《关于国家的哲学理论》，汪淑钧译，商务印书馆 1995 年版。
38. [法] 皮埃尔·勒鲁：《论平等》，王允道译，商务印书馆 1988 年版。
39. [英] 汤林森：《文化帝国主义》，上海人民出版社 1999 年版。
40. [美] 杰弗里·亚历山大编：《国家与市民社会——一种社会理论的研究路径》，邓正来译，中央编译出版社 1999 年版。
41. 黄哲真：《地方自治纲要》，中华书局 1936 年版。
42. 梁慧星：《中国物权法研究》，法律出版社 1996 年版。
43. 江平主编：《中国土地立法研究》，中国政法大学出版社 1999 年版。
44. 徐显明主编：《人权研究》（第 2 卷），山东大学出版社 1999 年版。
45. 齐良书编著：《发展经济学》，中国发展出版社 2002 年版。
46. 王启富、刘金国主编：《人权问题的法理学研究》，中国政法大学出版社 2003 年版。
47. 范进学：《权利政治论：一种宪政民主理论的阐释》，山东人民出版社 2003 年版。
48. 何华辉：《比较宪法学》，武汉大学出版社 1988 年版。
49. 白钢、林广华：《宪政通论》，社会科学文献出版社 2005 年版。
50. 黄少安：《产权经济学导论》，经济科学出版社 2004 年版。
51. 曾哲：《公民私有财产权的宪法保护研究》，中国法制出版社 2009 年版。
52. 唐贤兴：《产权、国家与民主》，复旦大学出版社 2002 年版。
53. 孙弘：《中国土地发展权研究——土地开发与资源保护的新视角》，中国人民大学出版社 2004 年版。
54. 汪习根：《法治社会的基本人权——发展权法律制度研究》，中国人民公安大学出版社 2002 年版。
55. 陈明：《农民产权制度创新与农民土地财产权利保护》，湖北人民出版社 2006 年版。
56. 姜军松：《中国农地产权配置制度研究》，湘潭大学出版社 2012 年版。
57. 张庆福主编：《宪政论丛》（第 1 卷），法律出版社 1998 年版。

58. 季卫东:《法律程序的意义——对中国法制建设的另一种思考》，中国法制出版社 2004 年版。
59. 程燎原、王人博:《权利及其救济》，山东人民出版社 1998 年版。
60. 夏勇主编:《走向权利的时代——中国公民权利发展研究》，中国政法大学出版社 2000 年版。
61. 夏勇:《法理讲义——关于法律的道理与学问》（上），北京大学出版社 2010 年版。
62. 徐勇:《中国农村村民自治》，华中师范大学出版社 1997 年版。
63. 余秋雨:《何谓文化》，长江文艺出版社 2012 年版。
64. 卓泽渊:《法政治学》，法律出版社 2005 年版。
65. 张英洪:《给农民以宪法关怀》，中央编译出版社 2010 年版。
66. 张英洪等:《认真对待农民权利》，中国社会出版社 2011 年版。
67. 张英洪:《农民、公民权与国家——1949～2009 年的湘西农村》，中央编译出版社 2013 年版。
68. 于建嵘:《岳村政治——转型期中国乡村政治结构的变迁》，商务印书馆 2001 年版。
69. 焦守田:《培养现代农民》，中国农业出版社 2004 年版。
70. 陆学艺:《“三农”新论——当前中国农业、农村、农民问题研究》，社会科学文献出版社 2005 年版。
71. 沈宗灵:《现代西方法理学》，北京大学出版社 1992 年版。
72. 李步云主编:《人权法学》，高等教育出版社 2005 年版。
73. 郭书田、刘纯彬等:《失衡的中国——城市的过去、现在与未来》，河北人民出版社 1990 年版。
73. 睢党臣:《农村公共产品供给结构研究》，中国社会科学出版社 2009 年版。
74. 陶东明，陈明明编著:《当代中国政治参与》，浙江人民出版社 1998 年版。
75. 虞崇胜:《政治文明论》，武汉大学出版社 2003 年版。
76. 黄琳:《现代性视阈中的农民主体性》，云南大学出版社 2010 年版。
77. 陈晓莉:《政治文明视域中的农民政治参与》，中国社会科学出版社 2007 年版。
78. 刘培峰:《结社自由及其限制》，社会科学文献出版社 2007 年版。

79. 周金华:《新公民论——当代中国个体社会政治身份建构引论》,中国社会科学出版社2010年版。
80. 商春荣:《中国农村妇女土地权利保障研究》,中国经济出版社2010年版。
81. 林端:《儒家伦理与法律文化——社会学观点的探索》,中国政法大学出版社2002年版。
82. 孙哲:《新人权论》,河南人民出版社1992年版。
83. 郭殊:《和谐农村与农民权利的宪法保障》,中国社会出版社2010年版。
84. 丁德昌:《民初湖南省宪自治研究》,上海人民出版社2011年版。
85. 米有录、王爱平主编:《静悄悄的革命》,中国社会出版社1999年版。
86. 陈新夏:《认识·主体·人》,中国社会科学出版社2007年版。
87. 余向华:《主体性与社会秩序的人本建构——转型变迁透视下的经济人假说》,经济科学出版社2010年版。
88. 丰子义等:《主体性——新时代新体制呼唤的新人学》,北京大学出版社1994年版。
89. 赵海英:《主体性:与历史同行》,首都师范大学出版社2008年版。
90. 潘逸阳:《农民主体论》,人民出版社2002年版。
91. 高建民:《当代中国农民与农村经济社会矛盾分析》,中国经济出版社2009年版。
92. 楚成亚:《当代中国城乡居民权利平等问题研究》,山东大学出版社2009年版。
93. 张琢、马福云:《发展社会学》,中国社会科学出版社2001年版。
94. 曾业松:《新农论》,新华出版社2004年版。
95. 周仲秋:《平等观念的历程》,海南出版社2002年版。
96. 胡美灵:《当代中国农民权利的嬗变》,知识产权出版社2008年版。
97. 朱金鹤:《中国农村公共产品供给:制度与效率研究》,中国农业出版社2009年版。
98. 罗中枢、王卓:《公民社会与农村社区治理》,社会科学文献出版社2010年版。
99. 李水山、单正丰主编:《城乡一体化发展中的中国农民教育研究》,中国农业科学技术出版社2012年版。
100. 储诚炜:《破解"三农"难题农民教育发展研究》,光明日报出版社2013年版。

100. 运迪:《当代中国农民的教育与自身发展》，苏州大学出版社 2012 年版。
101. 刘豪兴主编:《农村社会学》(第 2 版)，中国人民大学出版社 2012 年版。
102. 刘云升、任广浩:《农民权利及其法律保障问题研究》，中国社会科学出版社 2004 年版。
103. 任梅:《中国农民专业合作社的政府规制》，中国经济出版社 2012 年版。
104. 贺雪峰:《地权的逻辑——中国农村土地制度向何处去》，中国政法大学出版社 2010 年版。
105. 马彦丽:《促进我国农民专业合作社健康发展研究》，中国社会科学出版社 2011 年版。
106. 周振民:《农田灌溉用水权有偿转让机制与农民受益研究》，中国水利水电出版社 2007 年版。
107. 陈春生:《“三农”问题的实践与思考》，山西经济出版社 2011 年版。
108. 王玉贵:《共和国领袖的“三农”思想》，江苏大学出版社 2009 年版。
109. 龙方:《中国“三农”问题研究的新思维》，中国农业出版社 2005 年版。
110. 包宗顺:《农村改革发展与农民权益保护》，社会科学文献出版社 2011 年版。
111. 张秀生主编:《农村公共产品供给与农民收入增长》，中国农业出版社 2008 年版。
112. 高岸起:《利益的主体性》，人民出版社 2008 年版。
113. 陶勇:《农村公共产品供给与农民负担》，上海财经大学出版社 2005 年版。
114. 陈文胜主编、刘新荣编著:《新型农民能力培养·交往与礼仪》，湖南人民出版社 2010 年版。
115. 温万名:《新农村建设与村民自治法律研究》，山西人民出版社 2011 年版。
116. 李长健:《中国农业补贴法律制度研究：以生存权与发展权平等为中心》，法律出版社 2009 年版。
117. 罗荣渠:《现代化新论——世界与中国的现代化进程》，北京大学出版社 1993 年版。
116. 许崇德主编:《宪法与民主政治》，中国检察出版社 1994 年版。
118. 丁云等编著:《当代中国农民政治参与》，知识产权出版社 2011 年版。
119. 郑造恒主编:《公民权利与社会保障》，浙江大学出版社 2008 年版。

120. 杨海坤主编:《宪法基本权利新论》，北京大学出版社2004年版。

二、论文类

1. 汪习根:“发展权主体的法哲学探析”，载《现代法学》2002年第1期。
2. 汪习根:“发展权含义的法哲学分析”，载《现代法学》2004年第6期。
3. 汪习根、王信川:“文化发展权”，载《太平洋学报》2007年第12期。
4. 汪习根:“发展权与中国发展法治化”，载《政治与法律》2007年第4期。
5. 汪习根、涂少彬:“发展权的后现代法学解读”，载《法制与社会发展》2005年第12期。
6. 汪习根:“论发展权的本质”，载《社会科学战线》2008年第2期。
7. 汪习根:“发展权主体的法哲学探析”，载《现代法学》2002年第1期。
8. 汪习根、杨丰菀:“论农民平等发展权”，载《湖北社会科学》2009年第9期。
9. 李长健、伍文辉:“基于农民权益保护的社区发展权理论研究”，载《法律科学》2006年第6期。
10. 李长健:“农民发展权问题探析”，载《沈阳大学学报》2009年第3期。
11. 丁德昌:“国民待遇:农民发展权保障的权利基石”，载《湖南社会科学》2013年第3期。
12. 丁德昌:“农民经济发展权法治保障机制研究”，载《长白学刊》2014年第1期。
13. 丁德昌:“论农民发展权保护的政府责任”，载《湖南文理学院学报》(社会科学) 2008年第6期。
14. 丁德昌:“村民自治与农民法治意识的培育”，载《理论观察》2014年第10期。
15. 丁德昌、罗红:“论和谐社会秩序建构中发展权视野下的农民政治权利保护”，载《华北电力大学学报》(社会科学版) 2008年第8期。
16. 丁德昌:“论和谐社会秩序建构中的农民社会保障权”，载《黑龙江省政法干部管理学院学报》2008年第5期。
17. 丁德昌:“论发展权视野中农地产权保护的法律机制”，载《黑龙江省政法管理干部学院学报》2007年第6期。
18. 丁德昌:“村民自治与农民主体意识的培育”，载《行政与法》2015年第1期。

19. 丁德昌:“村民自治与农村法治社会的相生与互动”, 载《攀登》2014年第3期。
20. 丁德昌:“村民自治与农民公民意识的培育”, 载《辽东学院学报》(社会科学版) 2014年版第3期。
21. 丁德昌:“村民自治异化的法理初探”, 载《法学论坛》2006年第6期。
22. 丁德昌:“法官良知:司法公正的原动力”, 载《法学论坛》2015年第3期。
23. 丁德昌:“人民政协与公民社会的勃兴”, 载《求索》2011年第6期。
24. 丁德昌:“农民发展权保护的法律机制”, 载《行政论坛》2009年第3期。
25. 周海明:“农民发展权及其实现——兼论新农村建设的合理性”, 载《理论研究》2008年第5期。
26. 肖巍:“作为人权的发展权与反贫困”, 载《社会科学》2005年第10期。
27. 何颖:“发展权:人权实现的保障”, 载《新视野》2008年第5期。
28. 李培林:“从‘农民的终极’到‘村落的终结’”, 载《传承》2012年第15期。
29. 袁银传、郑洁:“社会公平及其在构建和谐社会中的作用”, 载《学习与实践》2005年第5期。
30. 陈依元:“现代化、文化现代化、文化现代化指标体系”, 载《福建论坛》(经济社会版) 2000年第10期。
31. 李文冰:“中国传统政治文化现代化的目标定位”, 载《浙江学刊》2004年第6期。
32. 李翔海:“中国文化现代化历程的哲学省思”, 载《中国社会科学》2002年第6期。
33. 束锦:“农村民间组织与村民自治的共生与互动———基于市民社会语境下的探讨”, 载《江海学刊》2010年第4期。
34. 于建嵘:“当代中国农民维权组织的发育与成长——基于衡阳农民协会的实证研究”, 载《中国农村观察》2005年第2期。
35. 郭殊:“论农会问题与农民的结社自由”, 载《法商研究》2006年第3期。
36. 牛毅:“从产权角度看土地征用问题”, 载《产权导刊》2006年第9期。
37. 张建云:“主体意识与人的全面发展”, 载《中共四川省委党校学报》2002年第4期。
38. 赵聚军:“村民自治中农民权利主体地位的异化, 载《重庆社会科学》

2004 年第 1 期。
39. 杨灿明、胡洪曙、施惠玲:“农民国民待遇与制度伦理分析——兼论‘三农’问题的解决对策”,载《中南财经政法大学学报》2003 年第 5 期。
40. 杨年松:“中国改革过程中农民的政治参与和政治稳定”,载《社会主义研究》1998 年第 5 期。
41. 石磊:“建构国家与农民关系的‘第二纵队’——韩国农协的变革及其启示”,载《国家行政学院学报》2005 年第 4 期。
42. 彭澎:“转型期农村基层治理变革的宪政内涵”,载《湖南财政经济学院学报》2013 年第 1 期。
43. 张建云:《主体意识与人的全面发展》,载《中共四川省委党校学报》2002 年第 4 期。
45. 张太英,刘小姚:“中国的社会保障制度建设”,载《中国农村研究》2000 年第 19 期。
46. 杨金海:“论人的主体意识”,载《求是学刊》1996 年第 2 期。
47. 赵聚军:“村民自治中农民权利主体地位的异化”,载《重庆社会科学》2004 年第 1 期。
48. 张青兰:“社会结构的变迁与人格的现代化”,载《理论与现代化》2003 年第 6 期。
49. 马长山:“民间社会组织能力建设与法治秩序”,载《华东政法学院学报》2006 年第 1 期。
50. 陈国权:“论政府责任的基本属性”,载《社会科学战线》2008 年第 2 期。

后记

“天上那个云波咯！水里的霞哟呵！八百里洞庭啊！我的家叻。”歌曲《八百里洞庭我的家》优美的旋律经常在耳际回响。生于斯，长于斯，洞庭湖西畔——我的故乡。

我的家乡位于以“湖广熟天下足”闻名的三湘大地，西洞庭的一个湖泊纵横、草木丰盛的地方——冲天湖。作为20世纪70年代初出生的农家子弟，笔者经历了中国从计划经济向市场经济发展的历史转型期，亲历了“农民真苦、农村真穷、农业真危险”的农村发展过程中的彷徨与困惑，也享受了改革开放带给农民的政策红利和种种实惠。改革开放前，亿万农民为了温饱，苦苦挣扎在田间地头，面朝黄土背朝天。他们一年到头，在田间辛勤劳作，温饱问题却始终难以解决，一年到头难得吃几回肉。为了维护基本的生存权，农民战天斗地，兀兀穷年，艰难生活的场景历历在目……改革开放后，随着农村家庭联产承包责任制的推行，农民的生产积极性、主动性和创造性得到极大提高，迎来了改革开放以来农村发展的第一个春天。然而，随着家庭联产承包责任制推行所释放的农村生产力发展的落差效应递减，农村改革后续的制度供给缺失，到了20世纪80年代末90年代初，农民、农村和农业发展再次陷入困境。随着各种税费和提留的不断加重，农民不堪重负，往往增产不增收，大多数农民生活日益困顿。农业生产效益下降，农民仅靠种田种地，连基本的生活都难以维持，有的地方甚至出现了种田户倒负债的怪象。

20世纪80、90年代，我家就是这样一种状况。20世纪80年代末，我家祸不单行。先是我妹妹因患脑膜炎而导致双耳失聪，后又我母亲不幸罹患乳腺癌。为了给妹妹和母亲治病，同时支持我读高中，我家欠了在今天看来只是区区几千元的一个小数目，但在当时却怎么也还不完的巨债。自我上高中起，家里经济就已经被掏空，高中三年一直到大学，尽管我父亲和年迈的爷爷每天在田间奔波，收入却极为有限，难以供我上学。有亲友出于好心，为了给我们这个家庭解困，力劝父亲让我弃学，可父亲却执着地不惜借高利贷也要供我读书。我父亲虽然文化有限，让我努力读书考大学、实现“鲤鱼跳龙门”却是他以命相搏的精神支柱，也是他一辈子最为神圣的事业！尽管我家所欠债务包括高利贷的利滚利最多也没过万，但由于农村耕种效益低下，成为一笔怎么也还不完的债，这巨额债务像一座大山压得父母喘不过气来，也压垮了他们的身体。1989 年 12 月，我母亲癌症晚期不治，离开人世。母亲去世后，家景更加困难。为了还债，在家中仅有我父亲作为主要劳力和年逾古稀的爷爷做帮手的情况下，我家不仅要耕种自家的十多亩责任田，还“租”种了同组村民因外出务工而抛荒的十多亩田地。我父亲多么希望通过拼死劳作而增收，偿还全部债务！可他万万没有想到，种了那么多地，收成也不错，一方面由于农民税费和提留过高；另一方面，由于当时统购统销政策等因素的影响，粮油价格很低，种了二十多亩地，收入竟然十分微薄。父亲很失望，经常失眠，借酒消愁，加上身体长期超负荷运转，本来身强体壮的他竟然被查出食道癌。父亲热爱生活，当然希望延年益寿，安享晚年。由于当时家中困难到了极点，亲友也一样的穷，也没有医保等社会救济途径，我竭尽全力想办法送他住院，但一想到高额的医疗费用，父亲望而却步，他老人家一辈子穷怕了，不愿意拖累孩子，仅同意在家做保守治疗。新千年元旦前夕，我父亲阖然长逝，生命之光在新世纪的钟声敲响之前滑落。至今思之，依然痛彻骨髓！父亲去世后的次年清明节前，当时在北京读硕士的我彻夜难眠！作为人子，出于对父亲的深深怀念和未能让他享受良好生活和医治的内疚，我在一天深夜写下《清明祭父》。在清明节那天，《中国绿色时报》副刊在显著位置刊登了我的那篇祭文。在文中，我写到“父亲是我的天，如今天却塌了。在人间，再也没有人为我遮风挡雨了。……”

我父母双亲的命运就是中国20世纪一代农民命运的缩影。也许我们家由于天灾人祸不断，这种困难更为突出，但大多农民生活之苦，从湖北监利县棋盘乡党委书记李昌平上书时任国务院总理朱镕基的疾呼“农民真苦、农村真穷、农业真危险”可见一斑！农民的贫困从表象来看是经济的贫困，深层的是文化的贫困，根本的是权利的贫困！“经济的贫困，必然导致文化的贫困；文化的贫困必然导致权利意识的贫困。”[1]农民经济贫困在很大程度上源于文化贫困，而农民文化贫困则进一步加剧其经济贫困。农民文化的贫困则必然导致其发展权利意识发育不足。应该说，到20世纪90年代，经过改革开放近20年的发展，我国大多数农民基本解决了温饱问题，农民的生存权得到有效保障。农民生存权获得保障后，作为价值主体和利益主体，农民必然谋求进一步的发展，农民发展权保障问题凸显为时代主题。农村生产力和社会发展状况与农民不断增长的发展需求形成巨大反差，严重制约着农村、农业和农民发展，成为我国21世纪中叶基本实现现代化的重大“瓶颈”！

新世纪以来，党和国家审时度势，深刻洞悉农村、农业和农民的发展对于我国现代化实现的战略意义。2003年12月30日，胡锦涛签署《中共中央、国务院关于促进农民增加收入若干政策的意见》。此后，党和国家十次以中央“一号文件”部署农村发展问题，彰显了党和国家对“三农”问题的高度关注。2004年9月19日，中国共产党第十六届五中全会提出“构建社会主义和谐社会”的伟大战略。2005年10月，中国共产党十六届五中全会通过《十一五规划纲要建议》，提出要按照“生产发展、生活宽裕、乡风文明、村容整洁、管理民主”的要求，扎实推进社会主义新农村建设。新农村建设是社会主义和谐社会建设的核心内容。2006年1月1日，中国完全取消了农业四税（农业税、屠宰税、牧业税、农林特产税），在中国延续了千年的农业税成为历史。2006年10月，党的十六届六中全会提出“为构建社会主义和谐社会努力奋斗”的目标。2008年10月，党的十七届三中全会作出“城乡一体化”的发展战略，标志着我国城乡二元社会体制的终结，标志着我国将进入城乡一体化发展的新时期。2013年11月12日，中共中央十八届三中全会通过了《关于全面深化改革若干重大问题的决定》，提出了城乡一体化发展的机制和体制，指出“城乡二元结构是制约城乡发展一体化的主要障碍。必须健全体制机制，形成以工促农、以城带乡、工农互惠、城乡一体的新型工农城乡关系，让广大农民平等参与现代化进程、共同分享现代化成果”。城乡一体化发展战略的提出和实施，标志着我国《宪法》规定的公民平等权在城乡发展问题上得到国家政策的落实，一个城乡平等发展、一体化发展的繁荣伟大的现代化中国必将矗立于世界东方！城乡一体化发展战略不仅是彻底解决我国

〔1〕 丁德昌：《民初湖南省宪自治研究》，上海人民出版社2011年版，第294～295页。

“三农”问题的根本之策，也是我国社会主义现代化实现的根本保证。“三农”问题，核心的是农民问题，归根结底是农民发展问题。只有农民发展权得到有效切实保障，“三农”问题才有望彻底解决！

如今，到湘西北的大多数乡村走一走，就能直观地感受到农村地区近些年的巨变。例如，乡村“路路通”工程使农村交通条件大为改善，很多村民家里用上了洁净的自来水，很多乡镇建立了政府或民间人士创办的养老和福利机构，一部分残疾村民和鳏寡老人等受到较好的照顾；乡镇卫生院的建设力度加大，农民开始享受初步的医保；城乡电力同价，供电条件大为改善……但是，随着农民教育程度的提高、生活水平的改善和权利意识的觉醒，农民对自身生存和发展的要求也越来越高，对照发达地区的职员和市民，农民的发展权利保障还远不充分。比如，农村基层组织涣散，对党员干部的监督缺位，腐败问题严重，侵害农民权益的事时有发生；对农村残疾、失独和鳏寡老人等弱势群体的救济远未普及；农村宅基地和农地的流转与市场化制度不完善，农民在征地和房屋拆迁中话语权缺失，利益受损严重；农村学校合并的后遗症明显，孩子上学路程远，家长接送不便，校车远未普及，农民孩子享受优质教育的愿望难以实现；还有部分农村地区地下传教泛滥、邪教猖獗，农村的“黄赌毒”等丑恶现象蔓延，农村文化市场凋敝和管理失范，农村大龄青年的婚恋难题引发关注，等等，这些都与农民的发展权保障息息相关。“发展是硬道理”，问题的解决归根结底要靠国家的总体发展、执政理念的更新和制度的完善，非一日之功。就现阶段而言，农村的发展权保障问题，关系到中国九亿农民的切身利益。某些涉农问题稍处置不力，就有可能诱发社会事件，影响社会稳定。由此可见，农民的发展权保障问题，不仅有重大的理论意义，更具深远的现实意义。农民的发展问题一日不解决，“中国梦”就一日难以实现。

自从我从教以来，尤其是在高校任职以来，始终牢记父母生前的教诲，在努力工作的同时，也取得了一些研究成果，大都与农村法治建设及农民发展权保障相关。我长期关注此问题的研究动态，查阅档案文献，展开田野调查，参阅了众多学界同仁的研究成果，为本书的写作做了较为扎实的前期准备。我的妻子雷杰，一位敬业的人民教师，优秀的政协委员。现任常德育才会计学校校长、常德某民办学校校长，长期从事民办教育工作。她在我最无助的时候嫁给我，孝敬公婆，关爱小姑，付出甚多。我父亲去世，当时读研的我没有收入，是她出钱出力，操办后事。后又无怨无悔，夫妻二人共同赡养八十多岁的爷爷直至终老；二十多年来，她一直关心我失去劳动力、没有收入的妹妹；她甚至省吃俭用，筹钱为我妹妹在乡下建房。她为本书的形成，不仅提供家庭支持，还利用其会计学和统计学的专业特长，设计问卷。没有雷杰多年的奉献，我难以走到今天。我的硕士生导师、首都师范大学教授聂月燕教授，博士生导师、华东政法大学王立民教授等都曾就此问题给我做过悉心指导。在本书写作过程中，还得到刘潇潇教授、邱润根教授、周建国副教授等的大力指点和支持。我读硕士、博士期间的学友遍布全国各地，他们也大多农村出身，给我提供了宝贵的资料，有的外省市同学还替我做调研。特别值得一提的是，我在首都师大政法学院攻读硕士期间的师兄——中国石油大学的曹培强博士给予我的课题研究极大支持。我的好友高署丰从事编辑工作，他从专业的学术规范的角度对全书提出了很多修改意见，在此一并致谢！由于本人的水平有限，论述难免有疏漏之处，恳请读者及专家学者批评指正！

“位卑未敢忘忧国。”关注农村、关注农民发展、给农民发展以学术关照，从法治的视角予以审视，是我的学术使命，是我内心良知对自己的一种呼喊！笔者虽是一位普通的高校教师，但一刻也未曾忘记生我养我的农村土地，一刻也未敢忘记像我父母那样朴实、勤劳、爱国爱家，虽历经磨难却一直怀揣着过好日子梦想的土里刨食的父老乡亲！

丁德昌

2015年6月1日

于白马湖畔